07-14

D1615889

MATRIMONIO CONFIDENCIAL

MATRIMONIO CONFIDENCIAL

Pamela Haag

Traducción de Javier Guerrero

GRUPO ZETA

Barcelona • Madrid • Bogotá • Buenos Aires • Caracas • México D.F. • Miami • Montevideo • Santiago de Chile

Título original: *Marriage confidential*
Traducción: Javier Guerrero
1.ª edición: marzo 2013

© 2011 by Pamela Haag
© Ediciones B, S. A., 2013
   Consell de Cent, 425-427 - 08009 Barcelona (España)
   www.edicionesb.com

Printed in Spain
ISBN: 978-84-666-5232-2
Depósito legal: B. 2.031-2013

Impreso por LIMPERGRAF, S.L.
Mogoda, 29-31 Polígon Can Salvatella
08210 - Barberà del Vallès (Barcelona)

Índice

TERCERA PARTE

Nuevos giros en viejas infidelidades o la forma
en que nos apartamos del buen camino hoy

CUARTA PARTE

La nueva monogamia

Introducción

Matrimonio en la cornisa

Andy es un conocido de mi marido, John. Tiene cuarenta y pocos. Es listo, curioso e ingenioso, y tiene una mujer maravillosa que se queda en casa cuidando de sus dos hijos. Sin embargo, con mi marido, Andy se deja llevar hacia comentarios sinceros sobre su matrimonio. Cuando lo hace, dice cosas como esta: «¡Lo que necesito es una tarde en una habitación de hotel con una mujer desconocida!» Pero, por supuesto, no da ningún paso para conseguirlo. O dice: «A veces me pregunto cómo voy a pasar el día sin llevarme por delante a esta mujer.» Mira a John de hito en hito antes de añadir: «Y lo digo en serio.»

Pero por supuesto no lo dice en serio, no del todo.

A pesar de sus arrebatos melodramáticos, Andy es cualquier cosa menos alguien que abusa de su mujer o un marido desagradable u hostil. Para ser más precisos, es consciente de sus deberes y atento, aunque un poco calzonazos. Su matrimonio, sin lugar a dudas, es funcional, estable y satisfactorio; pero al mismo tiempo tiene deficiencias en otros aspectos que provocan nostalgia y parece revestido de hastío. Si lo pones contra la espada y la pared, Andy dirá que la relación funciona suficientemente bien para él. Aun así, hay momentos en los que, con aire meditabundo y casi filosófico, se pregunta en voz alta: «¿No podría ser mejor?»

Mi amiga Laura, que lleva más de diez años casada, siente una ambivalencia similar. Una tarde sopesará compungida si continúa casada solo porque carece de «valor para divorciarse». Otra tarde afirmará su amor y afecto por su marido y considerará el matrimonio como un «regalo» de «la lealtad» en la vida; en otra ocasión reconstituirá su sentido del realismo y el deber y dirá del matrimonio: «Para algunas de nosotras, el matrimonio es en lo bueno y en lo malo. Y si es en lo malo, pues en lo malo. Es lo que hay.»

Millones de esposas y maridos tienen esos sentimientos cada día. Se preguntan en privado por una variación de la pregunta que el técnico de los Orioles de Baltimore le planteó en pleno partido a su *pitcher* Jim Palmer (que luego entraría en el Salón de la Fama): «¿Vas a hacerlo mejor o esto es lo que hay?» No tienen respuesta, pero en secreto les inquieta la sensación de que hay algo en su matrimonio que no funciona, que posiblemente no podrá funcionar y que no va a mejorar. En lo que respecta a sus matrimonios, temen que realmente esto sea todo lo que hay. Estos cónyuges sienten más tristeza que sufrimiento, más decepción que infelicidad crónica. Como dirían los psiquiatras, sus matrimonios son «melancolía»: viven en una tristeza perturbadora que con frecuencia carece de una causa obvia y tangible.

Estas parejas melancólicas podrían no recordar lo que soñaron que sería su matrimonio, pero el sueño los recuerda a ellos. Tira de ellos de un modo inquietante. Saben que, per se, no es culpa suya ni del cónyuge. Después de unos años, un matrimonio es más como un tercero en discordia, con personalidad y vida propias. No puede reducirse a la suma de sus creadores de carne y hueso, lo mismo que los hijos no son la suma de sus padres.

Conozco bien a estas personas, porque comparto sus pensamientos. Si tú también has llegado a esta conclusión incómoda sobre tu matrimonio, también sabes lo que ocurre después. Te encuentras discutiendo sola. En momentos de calma te preguntas «¿Esto es lo que hay?», y al mismo tiempo te reprendes por planteártelo. Te acusas de ser egoísta por querer más de lo que ya tienes. Te sientes culpable al pensar en sueños perdidos o postergados, y te preguntas si es noble o útil pedirle al matrimonio más que las cosas buenas que ya te da. Incluso podrías cuestionarte tus deseos. Quizás el ansia de pedir más al matrimonio es solo el vestigio de un ideal romántico inmaduro y contraproducente en el que ya ni siquiera confías, pero que no puedes terminar de sacártelo de la cabeza.

Hace unos años empecé a preguntar de manera informal a mujeres y hombres sobre sus matrimonios, continuamente. Una reacción común consistía en que una mujer o un marido dijera: «Estoy muy satisfecho con mi matrimonio, pero...» o «Soy feliz, pero...» Los déficits cuidadosamente inventariados y los sueños suspendidos que venían después del «pero» por lo general sonaban completamente serios e importantes. No era una cuestión de la tapa del váter levantada ni de defectos fácilmente remediables, sino de deficiencias conniventes e indescriptibles como el marchitamiento de la pasión, el aburrimiento, la falta de conexión, las afinidades perdidas o un hastío del mundo que acosaban la vida matrimonial. Aun así, también sentían, y yo los creía, que estaban más o menos satisfechos. No contemplaban la separación, a pesar de las carencias y anhelos en sus matrimonios. Esos elementos ausentes no bastaban, aparentemente, para contar como una fuente de desdicha legítima; aunque parecían lo bastante serios para que yo, al cabo de un rato, empezara a preguntarme por qué no contaban.

En general, uno vive con ambivalencia e indeterminación genuinas: en un momento sientes que tu matrimonio es algo bueno y sólido; al siguiente, te molesta y piensas cómo puedes seguir viviendo con esa persona. En otro momento no puedes imaginar quedarte; al siguiente, no puedes imaginar irte.

Estoy casada con el prototipo del gran hombre y el padre maravilloso de nuestros hijos. Y de verdad lo es. Te caería bien John. Siempre cae bien. Es un hombre agresivamente inofensivo, con el alma de una madraza en el cuerpo de un deportista. En mañanas de invierno, se levanta antes de que amanezca, se sube a su bicicleta estática de diseño alemán con resistencia electromagnética y pedalea durante horas. Oigo la bici rugiendo y zumbando de manera tan ruidosa en el piso de abajo que me da por pensar que pretende calentar la casa con el esfuerzo de sus célebres piernas esculpidas. «El otro día estaba hablando de los músculos de tus pantorrillas con el mecánico en el garaje de Joe», le cuenta un vecino. Lo sorprendente es que esta clase de cosas se las sueltan otros hombres casados.

John, quizá porque es triatleta, corredor de fondo y ciclista de larga distancia, sabe lo que es el aguante y tiene en mente esa visión a largo plazo, de metabolismo lento. Su vida está adaptada a resistir la incomodidad y a sufrir durante largos períodos, y sin duda esta virtud le ha venido bien en el matrimonio.

John arregla cosas, mecánicas y humanas. Lo hace hasta durmiendo. Sus sueños lo llevan a complicadas tramas en las cuales ayuda a presos políticos a escapar de detrás de las líneas enemigas o despliega ingenio técnico para ser más listo que los villanos. Sus ojos se iluminan cuando le presento una bisagra suelta en un armario o un problema técnico en el ordenador que puede resolver para mí. En ocasiones, se interesa por problemas de los que me he quejado de manera efímera en el pasado. «¿Instalaste ese cajón para el teclado?», pregunta esperanzado. Es ingeniero por temperamento y profesión; en la actualidad trabaja de ingeniero financiero y concibe modelos matemáticos para una empresa que comercia con materias primas.

Si el término no estuviera tan gastado conceptualmente por sucesivos sistemas de autoayuda, diría que John es un «posibilitador» en el sentido meritorio del término. Te ayuda a ser mejor en lo que quieras ser. En una fiesta te encantaría su sencilla gentileza del Medio Oeste, un ideal del político, y es el más alto, el más ancho de hombros y con frecuencia el más guapo de la sala. Intuirías que estabas en presencia de un adulto real, probablemente el más adulto entre los presentes. Como me suele pasar, te sentirías momentáneamente aplastada por su compañía, y segura. Pensarías: «Ahora se resolverá el problema, se tomarán medidas, se hará algo.»

A John, por ser una persona que se guía por el cumplimiento de las reglas, le satisface más que a mí el concepto del matrimonio, aunque él también tiene ideas ambivalentes al respecto. Es un estado que se adapta a su forma de ser, porque ordena elementos indisciplinados e impone una rutina en la vida. A John le gusta el orden. En una barbacoa, coloca las salchichas de manera geométrica en la parrilla, en un cuadrado perfecto.

Nos amamos, pero el amor se ha extendido para contener tantos significados tiernos y modificados a lo largo de los años que ha dejado de significar o contener nada. A diferencia del intenso amor que compartimos por nuestro hijo, que tiene ángulos nítidos y precisos y ultimátums (los dos daríamos la vida por él), el amor conyugal significa todo, y por lo tanto no significa nada. Es solo la atmósfera. Confiamos el cuidado de nuestras vidas el uno al otro, y John es una de mis personas favoritas del mundo. Tengo un matrimonio bonito, un marido encantador. Y él también me quiere.

Pero nunca se sabe. En otros días, y en otros momentos, creo que este bien podría ser el último año de nuestro matrimonio.

De más de un millón de divorcios que ocurren cada año en Estados Unidos, la mayoría procede de una población de la que sabemos poco, que apenas localizamos y cuyos problemas son invisibles e inescrutables para conocidos, amigos e incluso familia. No hace mucho tiempo, descubrí que el matrimonio semifeliz constituye una especie diferenciada en los anales de la investigación académica. Lo aprendí hojeando las páginas del número de agosto del *Journal of Marriage and Family*. Allí, en 2001, el destacado investigador del matrimonio Paul Amato publicó un artículo sobre el matrimonio infeliz de «bajo conflicto» y baja tensión.[1] Amato calcula que hasta un 60 % de los divorcios sale de sus filas.

En contraste con el matrimonio de «sufrimiento elevado» y alto conflicto, que puede conllevar abuso, violencia, adicciones, peleas a puñetazos, discusiones crónicas, zapatos y platos usados como proyectiles y otros hábitos evidentemente disfuncionales que conducen al divorcio, el matrimonio de bajo conflicto y baja tensión no es, según los académicos, ni mucho menos «tan malo». No obstante, esa expresión elástica de «no tan malo» rebaja de manera artera e inevitable nuestras expectativas con objeto de prepararnos para lo que ocurrirá a continuación. «Simplemente no son matrimonios eufóricos.» Como explica Amato, en estos matrimonios «bastante buenos», «la elección no es entre [...] estar triste o separarse. La elección es [...] entre ser moderadamente feliz [...] o divorciarse».[2] Y aun así, esos matrimonios conducen al divorcio con más frecuencia que los de cualquier otra clase. La Comisión sobre el Matrimonio del estado de Utah[3] concluyó en 2003 que entre el 70 y el 80% «se divorcia, quizá de manera innecesaria» en «matrimonios de bajo conflicto» y lo hace por «razones endebles»; presumiblemente por motivos como el aburrimiento, el hastío, el tedio u otras fuentes de infelicidad de escaso conflicto. Los investigadores consideran esto —a nosotros— desconcertante, viéndolo desde fuera.[4] Como reflexiona el académico Alan Booth: «No hay estudios de padres que rara vez discuten o se pelean y, sin embargo, sus matrimonios terminan en divorcio, un resultado conyugal supuestamente fuera de lugar —señala—, pero que parece algo muy común.» Y tanto.

No son solo los académicos los que se rascan la cabeza y se preguntan por qué esos matrimonios son tan insatisfactorios que provocan que las dos partes se separen. Lo mismo les ocurre a amigos y familia. Para el observador exterior no hay nada que vaya «tan mal» en estos matrimonios de baja tensión y bajo conflicto; como si no solo estuviéramos casados por un papel sino sobre el papel y por currículum; como si el matrimonio fuera algo bien elegido y no bien vivido. Sin embargo, las parejas agradables y de buenas intenciones que se encuentran empantanadas en la creación académica del matrimonio de bajo conflicto y baja tensión se enfrentan —con frecuencia en privado— con el siguiente dilema: ¿este anhelo es una razón «suficiente» para divorciarse o separarse?

Mi primer objetivo en este libro es dar voz a este anhelo y al matrimonio de bajo conflicto y melancólico, y mostrar a los millones que vivimos en estos matrimonios ambivalentes que no estamos solos. Quiero proporcionar momentos consoladores de autorreconocimiento y satisfacer la curiosidad sobre la vida secreta de estos matrimonios llevándote a su interior. El matrimonio de los no famosos es una institución cerrada, incluso en nuestra era de desprecio de la intimidad. Sus fracasos, así como sus revisiones improvisadas y extravagantes, quedan ocultos con mucha frecuencia. Mi objetivo es descorrer la cortina y crear un retrato colectivo de estos matrimonios: cómo llegamos allí, qué decisiones nos impulsan al hastío. Este libro cuestiona de manera tácita el adagio de Liev Tolstói: quizá todos los matrimonios infelices no son infelices cada uno a su manera; quizás en un montón de casos son infelices debido a decisiones, actitudes y sensibilidades de este tiempo nuestro que compartimos. Normalmente persigo las almas de estos matrimonios más que indicios cuantitativos o datos sobre cómo estas parejas distribuyen las tareas o el trabajo.

Si vives en uno de estos matrimonios —si tienes sentimientos vagos de descontento; si tu cónyuge se siente así, y tú estás confundido o se te parte el corazón porque no eres lo «suficiente» para tu pareja; si conoces a alguien así en tu familia o en tu círculo de amigos; si estás cerca de un matrimonio que parece malhumorado o irritado, o letárgico y mustio, y cada vez que dejas su compañía te preguntas por qué no son más felices cuando da la impresión de que deberían serlo— entonces, para ti, quiero ponerle cara a la melancolía.

A primera vista, me sorprende que el rebaño de matrimonios infelices de bajo conflicto, representado sobre todo por una cohorte de gente de treinta y muchos, cuarenta y tantos o cincuenta y pocos sea tan grande como es. Este hecho sugiere una paradoja que me interesa y de la que me ocuparé a lo largo de este libro: tenemos en el matrimonio más libertad, elección y flexibilidad que nunca —no sentimos el peso de los imperativos del viejo matrimonio y las opiniones del consenso— y sin embargo, muchos de nosotros, incluso con cierto privilegio y libertad, terminamos siendo tan melancólicos y tan ortodoxos en nuestras concepciones del matrimonio como lo fueron generaciones de hombres y mujeres que se casaron antes que nosotros. Con frecuencia nos sentimos más cómodos rompiendo las reglas del matrimonio que aprobando una revisión de estas. Y pese a que contamos tanto con los medios (y la libertad) como con el incentivo (la melancolía) para provocar un cambio, lo cierto es que no usamos esa libertad para pensar en cómo nuestro matrimonio podría evolucionar —de un modo sustantivo, no superficial— en algo mejor y más satisfactorio.

Con esa finalidad, mi segundo objetivo en este libro es proporcionarte una nueva manera de reflexionar sobre la complicada situación de un matrimonio estable pero melancólico. Podría no tratarse de ti ni de tu cónyuge. Podría tratarse de la institución del matrimonio en sí. No considero ni propongo que el matrimonio sea obsoleto, como otros han sugerido, pero siento que en ocasiones ha de evolucionar hacia formas nuevas.

A partir de la lectura de buena parte de la amplia bibliografía de investigación sobre el matrimonio, me resulta obvio que no solo el estado del matrimonio puede cambiar, sino que cambiará. La cuestión no es si lo hará, sino cómo lo hará. Stephanie Coontz describe en su innovador libro *Historia del matrimonio*[5] que, en la transición del siglo XIX al XX, el matrimonio pasó de ser una institución social robusta, un deber y una obligación, a algo más inestable, un vínculo mucho más frágil basado en grandes expectativas de amor romántico, afecto, emoción e intimidad. Si, como apunta Coontz, en el siglo XIX imperó el matrimonio «tradicional», definido como institución social y obligación, y en el siglo XX imperó el romántico, yo estoy interesada en el siguiente paradigma de matrimonio, el del siglo XXI, que gradualmente está sustituyendo al romántico.

Lo llamo espíritu posromántico.[6] No soporta ni el guión romántico ni el guión tradicional de los matrimonios que lo precedieron: desmantela las premisas y los ideales románticos en relación con la trayectoria profesional, el trabajo, el estilo de vida, la crianza de los hijos o el sexo en el matrimonio con efectos diferentes y distintos grados de consciencia. En ocasiones nos vemos empujados hacia una era posromántica sin pensar en ello. En otros casos, y matrimonios, estamos desmantelando y trastocando deliberadamente tanto el guión tradicional como el romántico.

Puede que no sientas empatía con todos los matrimonios aquí descritos, pero mi ambición no es recomendar o apoyar ningún camino o estilo de vida conyugal en particular (esto no es en modo alguno un libro de consejos), sino apartar nuestro pensamiento del familiar anquilosamiento entre divorciarse o aguantar, y proponer que ampliemos nuestras simpatías, reduzcamos nuestros juicios y pensemos sin ideas preconcebidas, con espíritu de aventura, con curiosidad, diversión e imaginación sobre adónde debería dirigirse el matrimonio, o bien nuestros propios matrimonios o la institución del matrimonio. En ocasiones, en una búsqueda de comunes denominadores de nuestro descontento, adopto la posición de abogado del diablo y cuestiono algunas de las formas en que pensamos (y pienso) y actuamos (y actúo) en el matrimonio de hoy. A veces me pregunto si esto es todo lo que deberíamos querer o esperar. En otras ocasiones, adopto la posición del provocador y busco el extraño matrimonio tradicional y nuevos modelos de pensar el matrimonio para sustituir los conocidos y quizás obsoletos.

Estas nuevas formas de pensar, por definición, no son todavía la norma ni la corriente principal. Espero que comprendas adónde podría dirigirse el matrimonio, no según los censos estadísticos de brocha gorda, que capturan los movimientos más tectónicos después de que ocurran, sino de manera íntima, según los pioneros que están en las trincheras, estirando los límites de lo posible en el matrimonio. Estos pioneros tienen matrimonios Oreo, tradicionales por fuera pero innovadores por dentro. Con frecuencia se han enfrentado a los mismos dilemas y anhelos, pero han optado por una tercera vía. Han cambiado las reglas de una forma o de otra, o han cuestionado algún elemento de la ortodoxia matrimonial. Algunos llamarían a estos matrimonios excéntricos y raros, y puedo entenderlo. Pero no es tan fácil determinar dónde termina lo «excéntrico» y comienza la «vanguardia».

Hace solo sesenta años, en Estados Unidos nadie imaginaba la procreación y el matrimonio por separado, ni siquiera el sexo y la procreación por separado; probablemente nadie imaginaba una era de amplia tolerancia por el sexo prematrimonial, «vivir juntos» o el matrimonio interracial, por no mencionar los matrimonios homosexuales; nadie podía imaginar matrimonios con padres que se quedan en casa y mujeres que sostienen a la familia. Después de que en 1964 se aprobara el Título VII, que ilegalizó la discriminación por razón de sexo en el trabajo, un ejecutivo de recursos humanos de una compañía aérea se preguntó con preocupación en el *Wall Street Journal*: «¿Qué vamos a hacer cuando entre en la oficina una joven y diga que quiere ser piloto? ¿O qué haremos cuando entre un muchacho y diga que quiere ser azafata?»[7] Cosas tan inconcebibles iban a tolerarse, e incluso a convertirse en norma en el siguiente medio siglo.

Matrimonios excéntricos y de vanguardia se arriesgan a ser juzgados por sus improvisaciones y en ocasiones viven su compromiso en secreto por esa razón. Resistir y reconstituir el matrimonio tradicional acarrea una recompensa social; el cambio de reglas, poner fin a un matrimonio, negarse a casarse o perseguir las propias ambiciones acarrea vergüenza; aunque eso pueda hacer que el matrimonio o la vida sean más felices.

Unas palabras sobre organización y método: después de un primer capítulo que establece el escenario y el contexto, este libro avanza abiertamente en tres ejes temáticos que abordan los principales elementos de cualquier matrimonio: trabajo, carrera profesional y dinero; hijos; y sexo.

Para tratar de comprender la melancolía, al estilo *CSI Matrimonio*, he hecho diversas cosas y he recurrido a técnicas eclécticas. En ocasiones, para descubrir la vida secreta del matrimonio tienes que aventurarte a lugares secretos, así que he puesto la oreja, tanto en persona como en el ciberespacio; he entrevistado; me he unido a grupos de discusión y redes sociales donde la gente comparte la cautivadora quimera del anonimato y la intimidad. He llevado a cabo dos encuestas, he revisado los comentarios populares y he hecho viajes en secreto para hacer trabajos de campo en internet y en el mundo real. Estoy muy agradecida a las más de cincuenta personas que he entrevistado tanto en persona como por teléfono o por correspondencia con el objetivo de familiarizarme con el matrimonio real de hoy. En algunos casos dejo que estas mujeres y maridos hablen largo y tendido; en otros casos me ha parecido mejor agregar o sintetizar voces de fuentes distintas para demostrar un sentimiento.

Un importante descargo de responsabilidad: no pretendo describir o analizar todos los factores, rasgos de carácter y decisiones que contribuyen a cualquiera de los matrimonios descritos aquí, incluido el mío. Como he dicho, mi premisa es que cada matrimonio es completamente único y que cada uno es, además, en uno o muchos aspectos, un producto de nuestro tiempo. Los lectores percibirán y discernirán en el material diversos temas. Mi intención no es analizar la complejidad multifacética de cada matrimonio, sino presentar en cada capítulo historias que ilustren uno o dos grandes rasgos, atmósferas o tendencias de interés más amplias en un capítulo en particular.

Aunque este no es un libro académico, he aprovechado mi pasado académico. Me formé como historiadora, así que comparto de vez en cuando la perspectiva de lo que ha cambiado con el tiempo. También he revisado algunas de las investigaciones, pero desde luego no todas, sobre las tendencias de los matrimonios en Estados Unidos. Esa investigación es un cimiento sobre el que he construido aquí, y a partir de ella he alcanzado algunas de mis hipótesis y conclusiones. Normalmente solo aparece resumida o, con más frecuencia, anidada dentro de una historia, en el cuerpo principal de este libro. Ahora bien, como parte de esta investigación me parece fascinante, y una base sólida sobre la que podría especular, discurrir y explorar, la he citado y descrito de manera más concienzuda en la sección de Notas.

En unas pocas ocasiones también reflexiono sobre mi propio matrimonio o comparto alguna conversación de este, porque mi matrimonio ha sido el espíritu incandescente detrás de este proyecto. También lo hago porque, obviamente, no puedo esperar conocer otro matrimonio mejor, o más íntimamente, que el mío. He recibido como un regalo la franqueza de otros sobre sus matrimonios, y yo la ofrezco con este mismo espíritu. Por su consentimiento y valor en esta cuestión estoy sumamente agradecida a John, que sin duda lamenta haberse casado con una escritora de no ficción.

1

Los dilemas de un matrimonio semifeliz

¿Por qué nos conformamos con la ambivalencia?

Josie es una de mis amigas más queridas. Vive en una ciudad de Nueva Inglaterra y hace años que la conozco. Es una ejecutiva de éxito avispada y valiente que trabaja en una organización sin ánimo de lucro, una mujer segura y alegre en apariencia y temperamento. Josie y algunas otras de mis amigas juegan de vez en cuando a un juego de descripción metafórica: «Si esta persona fuera un árbol, ¿qué clase de árbol sería?», y ese tipo de cosas. El animal que Josie evocaba era siempre uno juguetón, listo y sociable, una nutria o algo parecido.

Josie se casó cuando estaba a punto de cumplir treinta años, aunque no de manera formal a ojos del estado, porque su pareja era otra mujer, Rory. Adoptó dos hijos con ella. Lo que Josie valoraba en esta relación era contar con un lugar de residencia y una sensación de seguridad que no siempre estuvo presente en su infancia. En cierta ocasión, en una tarde de primavera poco después de casarse, miró por la ventana el prado y el río que se extendían delante de su casa y nos confesó que no podía creer que esa fuera su vida; era una imagen demasiado fiel al idilio doméstico con el que había soñado.

No duró para siempre. Con la llegada de los niños y el caos habitual que conllevan, su matrimonio se convirtió en una cuestión de «sobrevivir un día más». Josie se lamenta de que su casa se transformó en un lugar donde podía sentirse sola, donde Rory no hacía ningún esfuerzo para conectar con ella ni física ni emocionalmente. Ambas se enorgullecían de no haber levantado nunca la voz ni discutido jamás delante de los niños. Vivían en un hogar eficiente y tranquilo, pero Josie no se sentía rejuvenecida, sino un poco invisible en su matrimonio. «Sé lo que es sentirse sola en tu propio matrimonio», dice.

Como con otras relaciones poco entusiastas, no ocurrió nada terrible que la empujara a la melancolía. Fueran cuales fuesen sus problemas juntas, no había nada que fuera «mal» con Rory en un sentido definitivo. Ella era, y es, una persona decente, interesante y con mucho talento. Los indicios forenses del deterioro del matrimonio son opacos. A mí siempre me pareció que al principio Josie, en su búsqueda de domesticidad, se esforzaba demasiado en complacer a Rory. Subordinaba demasiado sus propias preferencias y carácter, y se ceñía en exceso al estilo de vida de Rory. Al final, el resentimiento de Josie por lo que veía como su generosidad en comparación con el ensimismamiento de Rory fue haciendo mella en ella. Y muchos de nosotros, quizá también Josie, terminamos queriendo más lo que menos sabemos asegurarnos por nosotros mismos en el matrimonio. Josie quería, y quiere, esa estabilidad, pero es difícil conciliarla con su experiencia. El alma inquieta que creció sin estabilidad familiar solo busca asentarse; la que creció siendo testigo de un matrimonio desapasionado de estabilidad frígida solo quiere correr con los lobos. Quizá no es más que la naturaleza humana: estar perpetua pero inútilmente atraídos al matrimonio por el misterio del código que nunca hemos logrado descifrar.

Una noche, con lágrimas en los ojos, Josie nos reveló por primera vez su descontento durante un improvisado retiro de mujeres, tomando margaritas en la playa. Josie había besado a otra en una *happy hour* y lo sentía como el inicio de una cuesta abajo conyugal. Estaba atormentada por la idea de acabar con su matrimonio. Está profundamente consagrada a sus hijos y a la casa, y como defensora de los derechos matrimoniales de gays y lesbianas siente una responsabilidad especial en hacer que su matrimonio funcione. En algunos aspectos sentía que ella y Rory se habían convertido en el equivalente de un piso muestra de la feliz domesticidad lesbiana. Pero ya había pasado bastantes años sacrificándose según las directrices de la estabilidad y el no tan feliz pragmatismo de un matrimonio de bajo conflicto y baja tensión, que era precisamente lo que tenía. No se presentaba ningún camino sencillo, pero Josie no estaba satisfecha y no podía seguir disimulando con nosotras.

Retomaré luego la historia de Josie, pero su dilema hasta este momento ilustra el ambiente. El país está trufado de matrimonios poco entusiastas como este.[1] En mi encuesta por internet pedí a 2.000 personas que respondieran a la afirmación: «La mayoría de los matrimonios que veo no son del todo felices.» El 40% expresó un acuerdo entre moderado y «completo», lo cual me parece un porcentaje muy elevado. Todavía me interesaba más averiguar cuánta gente cree que el matrimonio habita un rango neutral y ambivalente. Así pues, a continuación solicité una reacción a la afirmación: «La mayoría de los matrimonios no son ni felices ni infelices.» La afirmación produjo un elevado valor de incertidumbre, con un 38% que aseguró que no estaba ni de acuerdo ni en desacuerdo, porque nunca podemos estar seguros de los matrimonios ajenos. Pero casi el 30% sostuvo que la «mayoría» de los matrimonios se encuentran en algún limbo entre la felicidad y la infelicidad.

Kyle formaba parte de este grupo. En una entrevista dice: «Interpreto que esa pregunta se refiere a que la gente es ambivalente o se sitúa en un punto medio, y creo que eso es cierto. Mucha gente se casa por presión social, pero es algo tan arraigado que la gente ni siquiera se lo plantea. Tal vez son relativamente fieles, van pasando, lo soportan. Pero no viven sus ambiciones con plenitud.»

Hay una sensación única en este matrimonio semifeliz. Es diferente de la resignación del «con tu pan te lo comas» de la época de mis padres. Esta melancolía es también distinta de la vieja historia de aguantar lo que te echen. Todavía tenemos muchos de esos matrimonios, y la crisis económica que empezó en 2008 no ha hecho más que engrosar sus filas, porque muchas parejas simplemente no pueden costearse un divorcio. O, si se divorcian, la drástica reducción del valor de la casa hace que cueste deshacerse de ella, porque ninguno de los cónyuges la quiere y no pueden venderla a un buen precio. Los cónyuges que aguantan mecha siguen la ética aristotélica de que hay que elegir la virtud por encima de la felicidad. Saben perfectamente bien que son infelices, pero eligen permanecer juntos por los niños o por la casa. Según la frase acuñada por un investigador, son «lo más infelices que es posible ser sin buscar alivio en el divorcio».[2]

El matrimonio que estoy describiendo posee una ambivalencia más genuina. En mi propio caso, muchas veces no sé si en realidad mi matrimonio es deplorable o sublime. A lo mejor estoy tan profundamente satisfecha que lo percibo como infelicidad, porque el nirvana es apagado en ese mismo sentido, sin escalofríos. La sabiduría budista nos cuenta que el final del deseo es también el final de la pena. Tal vez la satisfacción conyugal sea un lugar de calma donde no ocurre nada, un vacío sin ningún conflicto ni pasión desmelenada. Con frecuencia siento que estoy «encallada». Ahora bien, ¿significa eso que estoy varada en la playa antes de que mi viaje empiece siquiera, o que ya he llegado al destino apacible que buscábamos, que estoy firme aunque ingenuamente asentada en la vida por la que echamos raíces?

Tal indeterminación de extremos emocionales habría sido inconcebible para mí cuando tenía veintitantos. A diferencia del padre de un amigo nuestro, que de manera inequívoca declaró que el estado del matrimonio era «tan aburrido» que se «cortaría las venas» si tenía que soportarlo un minuto más, el matrimonio melancólico de bajo conflicto y baja tensión presenta una paleta de colores apagados. Robert Frost podría haber coincidido en que se trata de un matrimonio extinguido no por el fuego, sino por el hielo. Este matrimonio no explota, implosiona. Contemplas tu escapatoria, o alivio a través de la huida, desde un hogar sin discusiones, tranquilo, bien ordenado, donde todo funciona y los enfrentamientos a gritos con tu cónyuge son sucesos intrapsíquicos en gran parte fantaseados. A cambio de la felicidad, ganas estabilidad, confort, rutina, decoro, comodidad y cierto sentido de éxito en ser responsable de tus hijos.

Se desarrollan trucos y habilidades diversas en un matrimonio melancólico. En el mío, hemos aprendido y perfeccionado la función de salvapantallas conyugal del otro: el porte medio consciente, medio dormido del cónyuge habituado. Desde el nudo intrincado de nuestro matrimonio, hemos aprendido a tirar de las hebras de conversación de aquellos temas con más opciones de producir una alianza, de estimular el acuerdo y mantener la armonía entre nosotros. A modo de sublimación de mi pesimismo y mis preocupaciones conyugales, me he obsesionado más con el trabajo y bebo más vino tinto; John hace ejercicio siempre que puede (es su versión de la «diversión») y ha cultivado una conformidad exagerada, concebida para mantener el equilibrio conyugal. Ha desarrollado un caso de síndrome de Ed McMahon: «¡Tiene razón, señor!» Intenta con un fervor casi desesperado ser una pareja-compañero inofensivo y amable.

Sin embargo, mientras nosotros hacemos estas cosas, el matrimonio, al estilo de la CNN, tiene su propio flujo de noticias en la parte inferior de la pantalla por donde se va desplazando un subtexto mental fracturado de quejas no articuladas, logros pospuestos y éxtasis perdido. Cuando te frustras, es posible que fantasees con que eres una Elizabeth Taylor alcoholizadamente combativa («Si no estuvieras muerto, me divorciaría de ti», le susurra a Richard Burton en *¿Quién teme a Virginia Woolf?*), pero en tu vida haces la colada, preparas el almuerzo, respetas el tráfico y pagas las facturas. Aceptas con temblorosa reverencia la receta, por interiorizada que esté, de que hay que evitar el divorcio. Y ni siquiera estás del todo segura de que el divorcio es lo que quieres. No hay elecciones puras ni decisiones obvias que tomar.

Tener anhelos conyugales y ambiciones como esta en un matrimonio por lo demás agradable es vivir desfasados de nuestro tiempo. En un eco tenue de las amas de casa «desquiciadas» de Betty Friedan, que «deberían» haber sido más felices de lo que fueron en sus matrimonios con todas las comodidades, hoy a los cónyuges melancólicos les dicen, directa o indirectamente, que deberían ser más felices en el matrimonio y más optimistas respecto a él de lo que se sienten en realidad.

Por un lado, si vives, o has vivido alguna vez, en un matrimonio semifeliz de bajo conflicto estás en el punto de mira del autodenominado movimiento matrimonial de Estados Unidos.[3] El movimiento matrimonial es un grupo de investigadores, abogados y fuerzas «pro-matrimonio» (algunas de las cuales también se oponen a los matrimonios homosexuales) vagamente relacionados entre sí que expusieron sus principios por primera vez en junio de 2000. Confían en revivir una cultura del matrimonio, alientan la «interdependencia conyugal» (esto es, una división del trabajo por sexos en el matrimonio) y promueven políticas gubernamentales que sean explícitamente promatrimoniales y no neutrales en cuanto al matrimonio. Quieren recuperar el modelo tradicional de matrimonio, no el romántico. Tengo la sensación de que estas posiciones políticas, la atmósfera cultural y las opiniones de nuestros amigos, e incluso sus matrimonios, llegan a afectarnos realmente de manera personal, aunque no compartamos del todo sus puntos de vista, sobre todo porque de manera sutil o no tan sutil modelan lo que esperamos de nuestro matrimonio o lo que pedimos de él. El consejo del movimiento matrimonial es tratar de hacer que el matrimonio funcione, aunque sea con poco entusiasmo, al menos por los hijos. Quienes defienden el movimiento matrimonial podrían haber explicado a Josie que se sentía insatisfecha para empezar porque, cegada por el romanticismo, esperaba demasiado del matrimonio; y como solución le habrían aconsejado que debería recalibrar sus deseos hacia un realismo pragmático.

David Popenoe, destacado investigador del matrimonio de la Universidad de Rutgers y antiguo director del National Marriage Project (también hijo del icónico autor de la columna «¿Puede salvarse este matrimonio?» en el *Ladies' Home Journal*), considera que «la idea del matrimonio de mucha gente podría ser tan poco realista [romántica y narcisista, especifica] que está condenada al fracaso».[4]

El romanticismo se ha granjeado un enemigo reconocido en el movimiento matrimonial, por difícil que resulte comprender que alguien tome las armas contra el sueño suave, sedoso y empalagoso del amor verdadero. Kristina Zurcher, especialista de la Universidad de Notre Dame, resume la posición del movimiento según la cual el ideal de matrimonio debería ser «más fuerte, más duradero y centrado en algo más que el amor romántico»,[5] pues este, al fin y al cabo, es un valor altamente perecedero. Como prueba, el movimiento matrimonial podría señalar la preponderancia de los divorcios en Estados Unidos en los primeros cinco a diez años de matrimonio.[6] Los investigadores conjeturan que los recién casados cautivados por el romanticismo y con expectativas no realistas tienden a desilusionarse rápidamente y a divorciarse enseguida, cuando baja la espuma (lo que me hace pensar que los vestidos de novia románticos, con encaje y volantes como el de la princesa Diana, podrían ser paradigmáticos augurios de divorcio). Los defensores del matrimonio, por consiguiente, hablan de «sobrevivir» a los primeros años, como si estuvieran debatiendo sobre las tasas de mortalidad del cáncer o sobre tablas de amortización de un préstamo.

Esta reacción al romanticismo se encuentra muy extendida y no se limita a las fuerzas de defensa del matrimonio. Basta con hojear los comentarios de periódico para encontrarse con titulares que profanan el romanticismo como «Los matrimonios requieren trabajar con ahínco», un enfoque de «hombre con pijama gris» para ponerte manos a la obra en tu matrimonio. «Muchos llegan al matrimonio con falsas esperanzas, esa noción romántica de vivir felices y comer perdices —explica de manera característica una columnista del *Houston Chronicle*—. Si queremos evitar el divorcio, hemos de prepararnos para el matrimonio no con la mirada vidriosa de las expectativas del cuento de hadas, sino con la convicción inquebrantable y la percepción realista de que se requiere muchísimo esfuerzo.»[7] El columnista conservador del *New York Times* David Brooks opina de manera muy gráfica que es mejor que lo dejemos si vemos el matrimonio como «una máquina social que, si va acompañada del manual de instrucciones adecuado, puede resultar útil para lograr fines prácticos».[8] Si la musa romántica del matrimonio era el poeta, la suya es el ingeniero. Para permanecer casado, «solo has de comunicarte hasta que te sangren los nudillos»,[9] explica con característica imaginería truculenta una mujer que se dedica a la educación matrimonial. Y quizás esta idea del matrimonio como una máquina bien engrasada, o trabajo pesado, promete, si no felicidad, al menos cierta clase de satisfacción en el consuelo del heroísmo y la consecución, si no del éxtasis, al menos de la valentía. Estás batallando en la línea del frente, lo cual es gratificante; siempre y cuando elijas la metáfora adecuada y pienses en tu matrimonio como en una película de guerra y no como una película de amor, algo más parecido a *El día más largo* que a *Casablanca*.

Da la impresión de que la jeremiada romántica está calando: un estudio de Gallup de 2001 descubrió que el 80% de los encuestados solteros de entre veinte y treinta años anticipaba el matrimonio como «algo duro y con frecuencia difícil».[10]

Shirin, que no está casada a sus casi cuarenta años, dirige su propio negocio en Los Ángeles después de haber sido una «esclava asalariada durante muchos, muchos años». Sus sentimientos hacia el matrimonio romántico son representativos de la mayor ambivalencia. «Creo que el matrimonio está demodé en este momento —me dice para empezar—. No cuadra con la manera en que hemos evolucionado como personas. Creo que en algún momento se extinguirá o se convertirá en algo bastante inusual. Cuando la necesidad práctica desaparece, ¿qué queda? Amor, amor, amor. Siento que cada decisión que tomamos en nuestra vida es práctica. Si no podemos tener un aspecto un poco mágico, ¿qué sentido tiene?» Así pues, Shirin se ve en parte como defensora de la fe romántica y sigue la progresión del matrimonio que describe Coontz: de una necesidad práctica a un vínculo emocional y romántico. Eso sí, Shirin se aventura un poco más allá: «Ahora que he leído todos los libros de autoayuda de Barnes & Noble —concede—, veo que no existe tal cosa.» El que «hace que tu corazón se vuelva loco» es solo «el amor romántico, no el amor verdadero. Ahora más o menos creo eso». Shirin admite que el ideal romántico es probablemente una ilusión, pero sigue siendo su ilusión, y no es fácil de desplazar, por quijotesca que sea. «Parece una situación en la que no se puede ganar», concluye con añoranza. Como otras mujeres de nuestra edad, Shirin nació en el sueño romántico y creció en su ocaso. Lleva la impronta de un arquetipo romántico en el que ya no confía del todo.

Yo soy ambivalente sobre esta reacción del amor verdadero. Tal vez sea mejor descartar muchos ideales románticos típicos.

Creo que es dolorosamente ingenuo esperar una felicidad continuada y sin conflictos, o que un cónyuge conozca tus necesidades por telepatía y las satisfaga por completo, o incluso esperar un cónyuge psicológicamente «incólume». Buena suerte si buscas uno. En cambio, una mujer realista espera encontrar un marido con neurosis que se complementen y relacionen de una manera armónica con las suyas.

Ahora bien, ¿no hay algunos anhelos, no forzosamente «románticos», como alimentar tu alma en un matrimonio, o tener un matrimonio que enriquezca tu vida de maneras que te importan, o disfrutar de un matrimonio animado y vivo que no tengas que estar reforzando incansablemente como un deber o un matrimonio que haga tu vida más grande de lo que sería sin él, por los que vale la pena luchar? ¿Toda ambición conyugal es solo una versión del romanticismo insensato? En esta reacción se percibe que «romántico» se ha convertido en una invectiva comodín contra cualquier sueño conyugal que se aventure más allá de la persistencia estable y no violenta. El resumen de la ingenuidad romántica me parece harto razonable, pero no el resumen de la esperanza, no el de la codicia conyugal.

Si bien el apogeo romántico está palideciendo y su ideal languidece bajo el peso tanto de la crítica como de la experiencia, un nuevo estado de ánimo está tomando forma para desafiarlo. Da la impresión de que la estabilidad (incluso la mediocridad) conyugal está siendo elevada casi hasta la categoría de un ideal. Este es un experimento conyugal improvisado y secreto: ¿qué ocurre si sustituyes el sueño de sentirte adorada por el sueño de la estabilidad? En este clima, algunos matrimonios buscan el equilibrio por encima del drama; la intimidad por encima del idilio; lo estable por encima de lo sublime; la baja tensión por encima de la pasión.[11] Elevan el pragmatismo estable de la categoría de lo normal (lo que suelen ser los matrimonios) a la categoría de lo normativo (lo que idealmente deberían ser). Si los románticos veían el matrimonio como un escenario para la joya de la pasión, estos cónyuges ven el matrimonio y la pasión como elementos antinómicos e incompatibles.

Oigo movimientos de este ideal posromántico en conversaciones y entrevistas. «La felicidad personal no es lo más importante para mí en el matrimonio. No busco la diversión», declara Maggie, que vive en una relación comprometida a largo plazo. «Me identifico con ella», declara John cuando lo comparto con él.

Beth, mi mejor amiga de la universidad, reflexiona: «Es simplemente irrealista pensar que la persona con la que hablas de contratar un fontanero va a ser tu gran aventura amorosa.» Para ella, a pesar de las deficiencias y una o dos crisis en su relación, es el aguante lo que aprecia en el matrimonio y sus tradiciones y rutinas consoladoramente fiables día tras día. No importan los dramas ni los contratiempos, dice, «al final del año, iluminaremos juntos el árbol de Navidad». No se venden tarjetas de felicitación en homenaje al aguante, pero esas son las expectativas de Beth en el matrimonio, y no son expectativas poco comunes ni incomprensibles.

Shirin vive en la oscilante frontera entre lo romántico y lo posromántico, pero tiene muchas amigas que hacen gala de una «orientación más práctica». Observa que lo que más buscan y desean es la experiencia de una «nueva etapa» en la vida —matrimonio e hijos— más que «fuegos artificiales». Entre esas amigas que han «tomado la ruta práctica», Shirin se siente observada «como si fuera de otro planeta. Creo que es una combinación de personalidad y (para ser sincera) amigas que están más preocupadas con estar cómodas en el aspecto económico y a salvo en el aspecto emocional». Buscan los elementos estables de la zona media de la tabla periódica y no los inestables de los extremos. «En este momento y a esta edad, la gente quiere la garantía y la seguridad. Si te arriesgas a elegir solo amor, puedes terminar con las manos vacías, un riesgo que estoy corriendo ahora mismo.»

Una versión más acusada y literal de la «ruta práctica» queda patente en lo que he abreviado como el clima del matrimonio feliz. No le busques tres pies al gato al chico, abraza la institución; si te sientes vagamente descontenta en el matrimonio, cambia la felicidad por las mayores comodidades que te ofrece. El concepto se entremezcla con el movimiento matrimonial, pero en modo alguno se ciñe a él. Lori Gottlieb escribió un superventas sobre la idea de renunciar a la búsqueda del señor Perfecto.[12] La nuestra es una sociedad de parejas; pasa por alto defectos menores en tu compañero y elige el matrimonio. Gottlieb invitó a mujeres que profesaban una vida de soltería feliz a inspeccionarse en el espejo y encontrar la insinceridad devolviéndoles la mirada.

La locutora de radio de derechas doctora Laura (Schlessinger) —como parte de lo que me parece una campaña amorfa pero omnipresente para convencernos de que los hombres son idiotas grandes y que por lo tanto se trata de elegir uno, casarte con él y no esperar demasiado— ha afirmado que lo único que los hombres quieren de las mujeres es «sexo y alguien que les prepare un sándwich». Ya existen términos para designar a las mujeres que proporcionan estos servicios: «prostituta» y «criada». Además de querer sexo y el sándwich, los hombres que conocí de soltera también tenían cerebro, talento, ambiciones, aficiones y causas políticas que querían compartir con sus futuras esposas. En un momento en que posee el potencial de ser cualquier cosa menos banal, el matrimonio es exaltado por su banalidad.

Hablando en broma, el amor de culto por los pingüinos emperador entre chicas en edad escolar podría tener sus raíces en este afecto recién descubierto de fantasear con maridos aburridos, conscientes de sus deberes e intercambiables en términos generales. Las chicas todavía se imbuyen del sueño de princesa, pero también adoran el cuento de hadas de los pingüinos. Hace unos años, chicas jóvenes de mi barrio se hicieron habituales de «salas de chat de pingüinos» y adoraban la película *El viaje del emperador*, que recaudó 77 millones de dólares. Consumieron parafernalia de pingüino. Pero si lo piensas, los pingüinos no son más que prototipos del MacMarido, completamente intercambiable y estable. Todos tienen el mismo aspecto, todos suenan y actúan y «se visten» exactamente igual, «el hombre del traje (o esmoquin en este caso) gris» del mundo animal, y cada pingüino es exactamente igual que otro. No se apartan del buen camino. De hecho, no tienen intención de enamorarse de una hembra de pingüino más atractiva y joven. Vuelven al mismo sitio cada año, y avanzan con torpeza a través de las tragedias en ocasiones fatales de su guión doméstico de marido-proveedor.

Los adultos, entretanto, están cada vez más orgullosos de las bodas y parejas concertadas, una práctica prerromántica de matrimonio feliz que ha seguido un inverosímil camino desde la barbarie a la moda en este siglo posromántico.[13] Como los pingüinos emperadores, un marido es más o menos igual que otro. Una mujer británica que concierta bodas en un *reality* televisivo califica la práctica de «muy moderna y actual». Para estas esposas, el señor Correcto deja lugar al señor Ahora Mismo. Ya no se trata del sueño de nuestra pareja perfecta que está vagando por el mundo, a la que descubrimos por casualidad en la cola del supermercado o, como fantasea una amiga mía divorciada, mientras viajamos en tren.

Los casamenteros ya forman parte de la corriente dominante si contamos eHarmony, la celestina de más éxito de todos los tiempos. Con 20 millones de clientes registrados desde su inicio en 2000, eHarmony ha facilitado un promedio de 236 matrimonios diarios.[14] Match.com es un bar de solteros virtual, que reúne sin más a los candidatos en línea, pero eHarmony es un casamentero de *shtetl* virtual en el cual el papel emparejador del anciano se ha asignado a un sistema de compatibilidad registrado, un meticuloso test de quinientas preguntas. Con eHarmony, como con cualquier otra agencia matrimonial, el cónyuge potencial confía las selecciones iniciales a la razón por encima del deseo: el método por encima de la epifanía. Un intermediario —el sistema científico, en este caso— filtra y propone parejas basándose en una experiencia clarividente. «¿Quién iba a pensar que el amor y la ciencia podían ser tan compatibles?», se pregunta eHarmony, maravillado de sí mismo.

Robert Epstein, ex director de *Psychology Today*, publicó un controvertido editorial en 2002 proponiendo que no deberíamos enamorarnos, sino proceder de un modo deliberado y racional, y luego aprender a vivir en un matrimonio feliz.[15] Epstein propuso un «contrato de amor» mediante el cual él y una mujer aprenderían a amarse a través de «numerosas sesiones de orientación». Aunque no llegó a recomendar un matrimonio concertado (y en última instancia encontró una pareja de un modo más convencional), Epstein señaló en otro artículo que «el 60% de las bodas del mundo se planea así». El matrimonio por amor americano, basado en la atracción física y el idilio, declaró, es «francamente horrible».[16] Es una tesis sólida. El matrimonio romántico con sus nociones de dependencia crónica y satisfacción emocional no tenía, ni tiene, un guión sostenible, y estos capítulos mostrarán distintas formas de aclararlo. Aun así, me pregunto si no existe una musa matrimonial alternativa para nosotros, en algún lugar entre el poeta y el mecánico.

El refrendo del realismo conyugal (¿o es mediocridad?) no es solo una abstracción de la política del matrimonio. La idea se transmite y refuerza cada día en nuestras propias vidas por medio de los habituales tubos capilares de cotilleo, cuentos y opinión social. Los criterios y normas conyugales son siempre una conspiración ad hoc, a la que se llega de manera espontánea (en la década de 1970 había cierta recompensa y aprobación sociales en abandonar los matrimonios o en la búsqueda de elementos de liberación ahora pintorescos como el «autodescubrimiento» o la «realización personal»): todos hemos de coincidir tácitamente en que no hay nada diferente o mejor en terminar con el matrimonio y luego hemos de vigilar de manera informal a aquellos que insisten precisamente en eso.

Me viene en mente Pete. Tiene tres hijos, una esposa y una vida profesional estable pero insatisfactoria. Es un hombre listo e inteligente que probablemente podría cambiar cosas, pero, escudándose en el manto de superioridad del realista acuciado por los problemas, le dice a John: «Simplemente así es el mundo.» Después asegura: «Todos estamos enfadados. Yo soy un hombre enfadado», e insta a John a limitarse a «superar» su decepción. En una versión del mal de muchos consuelo de tontos, Pete busca el peculiar solaz de aguantar mecha al sentir que todos estamos decepcionados juntos, y considera que ser un adulto responsable hasta cierto punto significa ser pesimista y que no hay mucho que hacer al respecto. Como su capacidad de aceptar la mediocridad depende del sentido de universalidad e inevitabilidad, Pete tiene tendencia a sentirse amenazado y atacado, e incluso se vuelve sentencioso cuando otros maridos y padres que traen el dinero a casa tratan de romper el yugo. De una manera extraña pero urgentemente real, la ecuanimidad personal de Pete sí que tiene algo que ver con tu matrimonio: este depende de que otros cónyuges conspiren para quedarse donde están con la misma languidez. Un marido como Pete puede parecer remilgadamente afectado por cuenta ajena cuando sus amigos se divorcian, como si se hubieran ensañado clavando agujas de vudú a un muñeco de su matrimonio. Lily, que aparecerá en un capítulo posterior, dice: «Nuestros amigos quedaron afectados por el divorcio y luego empezaron a pensar que es contagioso. Los amigos actúan como si se tratara de una enfermedad de la que pudieran contagiarse.»[17] Yo tengo la misma impresión.

Hoy en día se acumula una gran cantidad de vergüenza sobre la disolución conyugal. Mi voz interior y personificación de esa vergüenza es un coro griego, reunido a lo largo de años de hipocresía promatrimonial y profamiliar. El coro se inquieta, se burla, canta y aconseja dentro de mi cabeza como un hilo musical. Su composición cambia, pero han formado parte de él el conservador James Dobson, fundador de Focus on the Family, mis padres y nuestro asesor fiscal. En ocasiones le doy un papel a miembros de la cola del carril de coche compartido de mi hijo. «¿Qué pensará la gente?», me exhorta el coro. «No vas a divorciarte, ¿verdad? ¡Yo en tu lugar no lo haría! ¡Supéralo! ¡Nunca funcionará!»

Dos críticas muy concretas —«egoísta» y «quejica»— probablemente contribuyen más que otras a crear vergüenza y reprimir ambiciones conyugales. Funcionan como aguijonazos retóricos que nos llevan en manada al redil, junto con nuestras reflexiones traicioneras contra el matrimonio, y nos convierten en subversivos secretos. Oigo los términos frecuentemente o, en ocasiones, solo «egoistayquejica», arrastrando rápidamente las palabras en una antología del insulto. Y no me lo dice gente sentenciosa, sino personas reflexivas que no son conservadoras ni en lo religioso ni en lo social en sus visiones del matrimonio. Existen hoy en día en Estados Unidos culturas conyugales distintas,[18] divididas por actitudes y clase,[19] que modelan, por usar una frase académica, «diferentes posiciones conyugales».[20] Una cultura matrimonial de América, en pocas palabras, parece la Suecia del siglo XXI; la otra se asemeja más al Kansas del siglo XIX. Pero de las dos Américas del matrimonio, el llamado Cinturón Bíblico tiene actualmente la tasa de divorcio más alta del país mientras que Massachusetts registra la más baja. Si los valores conyugales influyen en esa brecha en la tasa de divorcios, parece que el egoísmo quejica secular y las opiniones quejicas tienen tanta incidencia como los bíblicos y evangélicos.

Muchas clases de mujeres son por la tanto acusadas, desde una mujer y madre con carrera profesional, lo cual es egoísta (y es extraño oír la ética laboral descrita de esa manera), hasta una mujer que se queda en casa que se cuestiona sobre su matrimonio cuando debería sentirse afortunada de no tener que trabajar, lo cual es quejica. Por encima de todo, el término «egoísta» se aplica a la mujer que se enfrenta al momento de reconocimiento de que en su matrimonio falta algo importante y decide dejar al gran tipo —un MacMarido— sin «ninguna buena razón» y cuando «no hay nada que vaya mal en el matrimonio», como he oído decir.

La vergüenza por lo general prefiere la superficie a la profundidad; es partidaria de la vida tranquila. Pero sobre todo es así hoy, con nuestros puntos de vista promatrimoniales y nuestra peligrosa confusión con la diferencia entre parecer algo y ser algo. En cualquier caso, en algún punto del matrimonio y la mediana edad, se hace difícil distinguir entre el simulacro de un matrimonio feliz y la realidad. Es como si un matrimonio fuera una representación de *kabuki*, en la cual las sombras se convierten en el verdadero espectáculo.

El dilema de un matrimonio poco entusiasta es que, en estos tiempos antirrománticos y tentativamente posrománticos, puede llegar a confundirnos de verdad respecto a si podemos confiar en nuestros propios anhelos. ¿Un matrimonio parcialmente insatisfecho pero estable es un fracaso romántico o un ideal posromántico? Cuando permaneces en un matrimonio, quizá tienes expectativas realistas o quizá solo estás racionalizando la mediocridad; cuando lo abandonas, quizás eres valiente o quizá solo eres víctima de un delirio egoísta. En el ocaso de la era romántica, hemos valorado la mediocridad conyugal y la hemos llamado realismo; hemos vilipendiado la ambición conyugal y la hemos llamado egoísmo. De manera consecuente, en un momento en que el matrimonio podría ser cualquier cosa, con mucha frecuencia esperamos que sea menos.

Josie no recalibró sus expectativas. Se divorció. No se divorció para buscar la «gran pasión» fuera del matrimonio, sino para buscar un matrimonio que unifique pasión y domesticidad. «Quiero una compañera que me desee y que quiera tirarme al suelo en medio de la pasión, pero que no pueda hacerlo porque estoy cocinando la cena y cuidando de los niños y la estoy rechazando y quiero que a ella eso le parezca sexy.» Josie me lo contó a posteriori. Esto para ella es un anhelo doméstico inscrito como el ADN en su alma. Hoy explica su divorcio diciendo que tenía la responsabilidad de honrar su propia humanidad además de a su familia. La ruptura fue devastadora para ella desde el punto de vista económico, como suele ocurrir, pero Josie no lo lamenta. Las amigas todavía le dirán en ocasiones, años después, que esperan que algún día vuelva con Rory, porque la de ellas parecía una vida feliz. Pese a que ella y Rory tienen una relación muy cordial y son buenas amigas, la idea la desconcierta y la hace reír, porque Josie eligió «la integridad por encima de la conveniencia».

Una mañana de un día laborable, no hace mucho tiempo, Josie me llama. «Estoy que echo humo», declara de camino a su oficina. Con frecuencia hace cuatro cosas a la vez. Continúa la conversación mientras entra en su edificio y pulsa el botón del ascensor. Su teléfono móvil interrumpe periódicamente nuestra conversación con un sonido como una ventosidad de vaca, para advertirle que ya ha hablado tanto esta mañana que su batería se está agotando.

Josie había estado con una vieja amiga la noche anterior. Su amiga, aunque se había quejado amargamente de su matrimonio, se las arregló para dejar a Josie sintiéndose juzgada por haberse divorciado.

«Quizá mis hijos tendrán matrimonios duraderos, y quizá no —continúa Josie—, pero sabrán que cuando eres infeliz haces algo para cambiar, tomas medidas para mejorar tu vida. Ella solo quiere desahogarse para luego volver a su matrimonio infeliz y sentirse superior respecto a sus decisiones.»

Es cierto que la gente que se divorcia en matrimonios de bajo conflicto pero tristes con tipos buenos y mujeres maravillosas recibe escasa compasión en nuestra era antidivorcio. Después de que Josie se divorciara, pensé mucho en su decisión, y cuanto más lo meditaba, más veía su lógica. En cualquier matrimonio has de decidir qué parte de ti quieres dejar escapar. Un matrimonio añade cosas a tu vida, y también se lleva cosas. La constancia mata la alegría; la alegría mata la seguridad; la seguridad mata el deseo; el deseo mata la estabilidad; la estabilidad mata la libido. Renuncias a algo; una parte de ti se pierde de vista. Es algo sin lo cual puedes vivir o no lo es. Y quizás es difícil saber antes del matrimonio qué parte del yo es prescindible —una expectativa de matrimonio inmadura y quizá romántica, útilmente superada— y cuál forma parte de tu espíritu. El matrimonio transmuta el carácter de cada cónyuge y lo cambia. No obstante, en última instancia, un elemento central —una parte de tu carácter o pasión, una ambición profesional, un sueño, tu fe o un grupo de amigos, quizá—, disuelto desde hace tiempo en una aleación matrimonial, podría reconstituirse.

En el caso de Josie no fue una expectativa infantil de «felicidad constante» lo que provocó la decisión de divorciarse, sino un momento de autorreconocimiento más profundo. Un marido o una esposa pueden darse cuenta de que la parte de sí mismos a la que renunciaron para estar casados es demasiado grande y vital para vivir sin ella. Y en cierto momento, a causa de sucesos de la vida aleatorios o imprevistos o premeditados, pueden perder la capacidad de que no les importe esa renuncia. Esto probablemente también le ocurre a otras mujeres, cuyos divorcios son inescrutables para quienes ven la perfección curricular de la pareja. Josie estaba eligiendo «humanidad adulta», dirá hoy, por encima de melancolía comprometida.

Josie tiene poca paciencia con historias de los anales de los matrimonios melancólicos. «Eligen una vida cómoda —tiende a decir—. Eso es lo que ocurre.» Piensa que los matrimonios de bajo conflicto, baja tensión e infelices asfixian la humanidad de las esposas (y los maridos). «Si se divorciara —especula vigorosamente Josie sobre una de mis amigas—, adelgazaría, tendría más energía, probablemente saldría y tendría una gran aventura romántica.» Josie siempre puede imaginar y liberar una vida mejor y una mujer más feliz bajo las capas aislantes de un matrimonio mediocre. Es extremadamente persuasiva. Cuando habla de esta forma, capto un atisbo de la mujer nueva y mejorada, su verdadero espíritu agradablemente desencarnado del matrimonio. Lo ideal es cambiar las cosas en un matrimonio, aconseja Josie, pero si el matrimonio llega a un cenagal «donde resulta imposible imaginar» el cambio, entonces es casi un deber para con tu alma divorciarte, y esta fue su decisión, arriesgarse por algo más a costa del mundo conocido y estable en el que vivía.

En estos tiempos desencantados, el cónyuge melancólico suele elegir entre tres opciones. La primera opción es prestar atención a la idea antirromántica o posromántica de que estamos pidiendo demasiado al matrimonio. Esto nos permite ver la persistente pregunta de «¿esto es lo que hay?» como una cuestión contraproducente y ávida. Aun así, como ha descubierto Shirin, es enloquecedoramente difícil sacudirte de la sombra de tu propio sueño, sobre todo después de que te lo hayan recordado.

Una segunda opción es decidir que el matrimonio simplemente no es para nosotros y renunciar a la institución del matrimonio en general como algo opresivo, fútil o arcaico. Presentar la «acusación contra el matrimonio», como tituló el *Atlantic* un ensayo de Sandra Tsing Loh en 2009. Es una posición muy popular en los países «posmatrimoniales» de Europa occidental,[21] donde, por ejemplo, una profesora sueca casada y madre de cuatro hijos comenta que «los valores tradicionales ya no son importantes para nosotros. Son algo que investigamos, como un fósil».[22] La entonces ministra de Defensa de Francia Michèle Alliot-Marie, que vive en pareja sin casarse desde hace tiempo, despreció el matrimonio como un vestigio de «institución burguesa»[23] en una entrevista de 2006.

Una tercera opción consiste en renunciar a tu cónyuge, concluir que no era la persona adecuada con la que casarte y convertirte en monógamo o monógama en serie, convencido de que tu siguiente pareja funcionará mejor. En algunos matrimonios, el divorcio bien podría ser la dirección revitalizadora, por más que pudieran juzgarte por eso.

En otros casos, en cambio, el divorcio es duro de aceptar, porque sabemos que tenemos matrimonios felices en cuestiones realmente importantes y deseamos, con poco entusiasmo, seguir casados, pese a que otra parte de nosotros tira hacia la separación. Un auténtico dilema de estos matrimonios es que en realidad no son tan malos. Solo son parciales. Normalmente tienen los vicios de sus virtudes. Muchas frases para describir un matrimonio que funciona pero que no es genial empiezan: «Si al menos pudiera...» o «Si pudiéramos...» Si al menos nuestro matrimonio tuviera un año sabático; si al menos pudiéramos tener espacios separados; si al menos pudiéramos salvar esta parte del matrimonio y no esa. El tiempo favorito del matrimonio de bajo conflicto y baja tensión es el condicional: el tiempo de la conjetura, el interrogante y la especulación. Pero parece que si el matrimonio fracasa de un modo estrepitoso en otro aspecto que nos preocupa de verdad, nos vemos abocados al dilema de perder lo bueno con lo malo. Así que nos quedamos con la sensación de que no tenemos alternativa salvo cambiar nuestros sueños matrimoniales, cambiar de cónyuge o renegar de la idea de matrimonio por principio. Como dijo una vez mi amiga Beth, «el matrimonio elimina opciones», o eso sentimos.

La cuestión destacable en todo esto es que no tratamos de cambiar el matrimonio. Semejante disfunción institucional no se tolera en el sector privado. El abogado de divorcio Raoul Felder se maravilla del matrimonio, pues asegura que «no hay ningún producto en el mundo (quizá con la excepción de las fotocopiadoras) que tenga un 50 % de averías y siga funcionando».[24]

Esto me sorprende. Somos claramente más libres de cambiar el matrimonio para que se adapte a nuestro temperamento que ninguna otra generación antes que la nuestra. Mis padres no tenían nuestra sensación de libertad. Se casaron en 1952, durante el cenit del consenso matrimonial: una época en la que el matrimonio con hijos era la norma para todas las clases sociales y «todas las mujeres estaban embarazadas» como recordaba John Updike en un ensayo del *New Yorker*. La académica Claudia Goldin describe a mujeres que se graduaron en la universidad entre 1946 y 1965. En 1946, la edad promedio del primer matrimonio para las mujeres en general estaba en su punto más bajo, por debajo de los veinte años. Alrededor del 90 % de las mujeres con educación secundaria se casaba, y alrededor del 90 % de ellas tenía hijos. La mitad de estas ya se habían casado a los veintitrés, probablemente con alguien que conocieron en la facultad.[25] Las mujeres con educación universitaria se casaban con el mismo índice que las mujeres que no ingresaban en la universidad. Económicamente, las mujeres solteras no tenían muchas opciones en empleos o profesiones. En 1963, casi todas las mujeres asalariadas (el 90 %) ganaban cinco mil dólares o menos al año.[26] El número de mujeres licenciadas en todas las facultades de derecho de Estados Unidos juntas en 1956 cabrían perfectamente en un Starbucks grande. En medio de preocupaciones sobre el reclutamiento para Vietnam, el decano de la facultad de derecho de Harvard Nathan Pusey se quejó de que «nos quedaremos con los cojos, los ciegos y las mujeres»[27] como únicos estudiantes. Las estadounidenses se casaban jóvenes y más o menos de manera obligatoria. Como recuerda mi madre de ochenta años, no había mucho más o mejor que hacer. «Hay cosas peores en la vida que estar aburrida e insatisfecha», me aconsejaría mi madre cada vez que descartaba a otro «yerno potencial joven y guapo» con personalidad anodina y segura.

El matrimonio era el principio de la historia para la generación de mis padres. Se casaron y construyeron una vida en común como un matrimonio, como una unidad («¿cómo está tu mejor mitad?», decía un viejo saludo). El matrimonio no era parte de la edad adulta, sino el tejido con el que se trenzaba la vida adulta. Los cónyuges empezaban y construían sus carreras, compraban y amueblaban sus primeras casas, descubrían su sexualidad (más o menos), forjaban sus redes sociales, establecían su identidad social y tenían hijos, todo como una creación conjunta del matrimonio, y esa fue la norma de la época.

Algunos contemplan con cariño la era del matrimonio por consenso. Estos cónyuges, como hicieron mis padres, podrían haber disfrutado de felicidad y camaradería en circunstancias afortunadas, de estar todos juntos, siguiendo el mismo guión de Mac-Matrimonio que todos los demás. El consenso también dejó a muchos infelices, atrofiados y vulnerables, porque se construyó sobre la desigualdad entre sexos y roles rígidos. «Yo en realidad no quería casarme —recuerda la escritora Alix Kates Shulman de principios de la década de 1960—. Quería ser algo, pero sabía que si no me casaba lo lamentaría. [...] Solo los bichos raros no se casaban.»[28] Shulman también sabía que tenía que casarse pronto, antes de que hubieran elegido a todos los hombres decentes. Con el consuelo del consenso viene la opresión de la conformidad. Haría falta el trabajo electrizante de Betty Friedan para exponer la difícil situación del ama de casa y el consecuente movimiento feminista para deshacer parte del daño. En cualquier caso, tanto si pensamos que la era del consenso era cualitativamente mejor o peor, sin duda, el lugar del matrimonio ha cambiado para nosotros.

Hoy en día, la mayoría nos casamos en la mitad del guión de nuestras vidas.[29] Esta es una de las tendencias más básicas y trascendentales de las últimas cuatro décadas. Nos casamos con muchos aspectos de nuestras vidas ya formados. Hemos concluido nuestra educación, conseguido nuestro primer empleo o encarrilado nuestra carrera profesional, comprado nuestra primera casa, construido una red de apoyo social y contactos, quizás hemos viajado un poco y hemos tenido relaciones sexuales. Muchos de nosotros llegamos a nuestros matrimonios después de haber amado y después de que nos hayan roto el corazón. Nos hemos enamorado, de verdad, antes de conocer a nuestros cónyuges. El gran amor o pasión de nuestras vidas y el marido pueden ser la misma persona o no.

Mi generación creció en el vértice entre la era del matrimonio como imperativo y la del matrimonio como opción. Nos hicimos adultos en el cambio de impulso retórico del «cuando me case...» al «si me caso...». Los imperativos del matrimonio se habían desdibujado. No necesitábamos el matrimonio para comer; no lo necesitábamos para obtener nuestra identidad social o tener vida sexual; ni siquiera lo necesitábamos para tener hijos, porque la idea de la «maternidad monoparental como elección» estaba empezando a despegar a finales de la década de 1980.

Esto significa que donde el matrimonio era una institución gruesa —que tenía numerosos imperativos solapados y reforzados, tercamente inculcados y por consiguiente difíciles de cambiar— es ahora una institución más delgada y débil que se sostiene o cae por sí misma. Sin embargo, también significa que tenemos una libertad sin precedentes para definir el matrimonio a nuestra propia imagen y no a imagen de nuestros padres. El movimiento feminista nos hizo el trabajo pesado y creó las opciones que nos liberaron de los imperativos del matrimonio.

Bajo esta luz, no deja de ser una paradoja fascinante, y profundamente relevante para la situación difícil del matrimonio de bajo conflicto y lúgubre, que los hechos, circunstancias y la cáscara del matrimonio hayan cambiado tan increíblemente en la era de la posliberación y, sin embargo, el alma del matrimonio —sus sueños, conciencia, ética y reglas— no necesariamente ha evolucionado para mantenerse a su altura. En cambio, seguimos visceralmente muchas de las mismas premisas y ortodoxias de nuestros padres, como si el matrimonio fuera una estructura monolítica a la cual debemos conformarnos, más que al revés. Desde luego, merece la pena mantener algunas de estas reglas. Pero quizá valdría la pena modificar y reinventar otras. O, al menos, podría valer la pena reinventarlas en los matrimonios que me interesan aquí, aquellos que son parcialmente satisfactorios pero melancólicos, y que se sitúan al filo del divorcio. Ya el iconoclasta arquitecto R. Buckminster Fuller instó a «no tratar de cambiar al hombre» y tratar de «cambiar el entorno».

Por las «reglas» del matrimonio, tengo en mente algo diferente y más metafísico que, digamos, los roles de género. La mayoría de nosotros no queremos los «matrimonios tradicionales» de nuestros padres en relación con las tareas o la subordinación de la mujer. Una investigación de 2002 descubrió que si las mujeres tenían que elegir entre quedarse solteras o vivir en un matrimonio tradicional definido así, un abrumador 80% de ellas optarían por permanecer solteras.[30] (Por cierto, esta estadística me lleva a especular que el matrimonio tradicional podría estar acabando con el matrimonio tradicional en el cinturón bíblico plagado de divorcios de hoy. Quizás el matrimonio sobrevive mejor oscilando un poco con el viento que enfrentándose a él.) Cuando hablo de reglas me refiero más a los desafíos básicos del matrimonio, pero dentro de su marco tradicional: algo más que la reubicación de tareas, pero algo menos que la poligamia. Esto podría significar cierto descaro secreto, como repensar la expectativa de una monogamia conyugal de larga duración o la idea de que el matrimonio está estructurado para cumplir con la mayoría de nuestras necesidades de intimidad, o que es una unidad para la movilidad social y una mayor prosperidad o incluso que el matrimonio significa, en el plano de lo ideal, vivir en la misma casa o que el matrimonio es para siempre. Quizás un matrimonio podría ser, de manera intencionada, un acuerdo parental temporal. Hay muchas premisas y muchas posibilidades. Son solo unas pocas las que se me ocurren.

Una frase de cambio inminente con la que me encuentro casi con la misma frecuencia que «egoístayquejica» es «matrimonio real». Todos queremos un «matrimonio real», no un matrimonio falso de marca blanca, pero ¿qué significa eso? La frase es al mismo tiempo enfática y vaga. Hoy, se invoca con frecuencia una prueba decisiva conyugal desde las fuerzas promatrimoniales y los opositores al matrimonio gay que defienden que un «matrimonio real» o un «matrimonio natural», otro término que también han acuñado, solo puede ser entre un hombre y una mujer y desean que la Constitución lo diga. Los liberales rechazan ese criterio, pero muchos de nosotros tenemos nuestros propios criterios de autenticidad conyugal.

Una mujer con la que hablo sostiene que un matrimonio a distancia que no requiere los juicios y las intimidades de la cohabitación «no es un matrimonio real», sino «una historia de fin de semana, el matrimonio como un *hobby*». Secretamente, más de una de mis amigas ve el matrimonio sin hijos como algo no del todo real, porque sus confines son más sueltos y se rompen sin tanta culpa, aunque nunca serán tan groseras como para decirlo en voz alta y confinan esa conversación a sus cónyuges y a otros amigos casados con hijos.

He oído a gente casada afirmar de manera categórica que un matrimonio deja de ser un matrimonio cuando no implica intimidad sexual o cuando no es sexualmente monógamo. Tengo una amiga triunfadora, mundana, secular y sin ningún recargamiento romántico en sus puntos de vista conyugales. Una noche, muy tarde, después de una fiesta, sacamos el tema del matrimonio y la cuestión del sexo conyugal o de su ausencia. Habla de una manera casi bíblica de «deber conyugal». Dice que en ocasiones preferiría que no «invadieran» su cuerpo, pero que lo controla. No está hablando de violación dentro del matrimonio, se apresura a tranquilizarme, y la creo, sino de deberes sexuales recíprocos, lo cual para ella es la marca de agua de un matrimonio auténtico.

—¿Y si no lo hicieras cuando no tienes ganas?

—Bueno... entonces no sería un matrimonio real.

Hay un criterio de matrimonio real acechando, incluso en mentes seculares que no montan en cólera contra el matrimonio gay. El número de programas de telerrealidad sobre «amas de casa reales» habla a las claras de nuestra ansiedad respecto a lo que es verdaderamente el matrimonio en estos días, pero la idea de no tener un matrimonio real puede avergonzarnos y disuadirnos de tratar de cambiar el matrimonio.

John y yo desarrollamos una metáfora de que el «matrimonio real» es como un boxeador que acorrala en el rincón del divorcio a matrimonios por lo demás de buen corazón, bien intencionados y sinceros, aunque no completamente exitosos. Por el simple hecho de fijar un estándar de lo que es el matrimonio, si no cumples con el criterio, te sientes empujado hacia la separación. John dice: «Todos tenemos formas únicas de ser amigos o de mantener otra clase de relaciones. Pero en la relación que es más única, un matrimonio, imponemos un máximo de reglas.»

Como resultado tenemos un archivador colectivo —o quizás una caja de Pandora— lleno de ideas privadas y creativas para reinventar el matrimonio. John y yo jugueteamos con ideas varias. «Pongamos límites de duración —sugirió una vez John—. Hagamos un matrimonio de diez o quince años. Luego si va bien, renuevas el contrato. La cuestión de toda la vida, es demasiado difícil.» Quizá lo ideal no es que el matrimonio dure para siempre. Quizá podamos tener varios matrimonios «satisfactorios» en el curso de una vida. El poeta Jack Gilbert pregunta si un matrimonio está «fracasando» cuando muere, o simplemente está llegando al final de su triunfo.

Me encanta la idea de límites temporales de John y la he investigado un poco. Resulta que la «política más glamurosa» de Baviera, por extraño que sea imaginarlo, fomentó precisamente esa idea.[31] Gabriele Pauli es una bella pelirroja de cincuenta y tantos, motera ferviente que una vez posó en una revista con guantes de látex negros y vestida de cuero. Pauli asombró a los votantes en su estado profundamente católico al proponer durante una campaña electoral de 2007 que los matrimonios deberían venir con fecha de caducidad y amortizarse automáticamente después de siete años; si la pareja todavía era feliz podía alargar el matrimonio. La idea no fue a ninguna parte. Su partido, la Unión Social Cristiana (CSU), comparó la idea de Pauli con «la mugre de debajo de las uñas» y el ministro de consumo alemán Horst Seehofer, rival por la dirección de la CSU, lo llamó «absurdo». Pero este tenía escasa credibilidad, porque había tenido una larga aventura extramatrimonial con una mujer más joven y había tenido un hijo con ella. Su posición no es inusual. Rompemos las normas matrimoniales que no funcionan demasiado bien antes que aprobar una revisión de las mismas.

Admiro la obra de Alternativas al Matrimonio, la única organización nacional que aboga contra la discriminación conyugal, pero lo que me interesa aún más son las alternativas dentro del matrimonio, una forma de evolucionar el matrimonio para que se adapte a nuestros tiempos, o el temperamento cambiante de nuestro amor conyugal. Esta es, a mi juicio, la verdadera oportunidad perdida y el potencial de los matrimonios de mi generación.

También ha sido una oportunidad perdida en mi propio matrimonio. Juntos, John y yo parecemos la clase de pareja predecible y blandengue a la que le pedirías orientación si te perdieras en una ciudad extraña. En otras palabras, somos la pareja casada más seria que te gustaría conocer. «Cuando entraste esta noche pensé para mí: "Guau ahí viene una señora hetero"», me dijo la amiga lesbiana de una amiga en una fiesta, y no lo decía como un insulto.

—¿Y si lo pensamos desde fuera, desde otra perspectiva? —le digo a John en ocasiones para provocarlo.

—Me gusta desde dentro —responde—. Es un lugar seguro; sabes dónde está todo.

John y yo hemos sido un matrimonio al que nos gusta estar dentro.

Graham Greene describió en cierta ocasión a unos buitres que habían sido laboriosamente adiestrados para quedarse en una rama y persistieron en este hábito incluso cuando los pusieron en libertad. No se les ocurría otra cosa que hacer. En mi matrimonio, me siento un poco como esos buitres. Hasta hace poco tiempo, no había contemplado seriamente nuevas reglas, forjar una tercera vía entre la persistencia de la melancolía y el divorcio. Este libro narra historias y percepciones de una travesía para comprender las fuentes del descontento conyugal de hoy y para buscar formas de hacer las cosas de manera diferente, en un espíritu de aventura e incluso riesgo conyugal. Empieza donde se inician nuestros matrimonios: con maridos y mujeres que se parecen más entre sí que nunca antes en cuanto a su educación y carrera. Ellos —nosotros— somos herederos, en la superficie, del sueño de un matrimonio posliberación.

PRIMERA PARTE

La nueva normalidad
de carrera y matrimonio

2

«Compañeros de vida»

Cómo demasiada intimidad acabó con la intimidad

En 1963, la mística femenina lo llamó, de manera brillante y consecuente, «el problema que no tiene nombre», esa vaga melancolía conyugal acuciante en la época de Betty Friedan.[1] Con frecuencia me descubro volviendo a las páginas canónicas y electrizantes de esta autora en mi contemplación del matrimonio y la vaga melancolía de nuestra propia época. Friedan me recuerda el sueño de posliberación del matrimonio en su concepción inmaculada, antes de que el movimiento feminista creciera y se ocupara de programas más intrincados y variopintos y de las complicaciones del mundo real. Para Friedan, la desigualdad económica, vocacional o de oportunidades para las mujeres y esposas se hallaba en el origen de la depresión del ama de casa aburguesada. Friedan se preocupó profundamente del «atrofiamiento» del potencial humano y del crecimiento de una esposa como consecuencia de la falta de oportunidades para disfrutar de su vocación o de un trabajo o carrera profesional significativos. «Está mal que una mujer, por la razón que sea, pase los días en un trabajo que no se mueve, mientras el mundo a su alrededor se está moviendo, en un trabajo que no explota su energía creativa —escribió Friedan—. Seguramente hay muchas mujeres en este país que hoy son felices como amas de casa [...]. Pero la felicidad no es lo mismo que la sensación de vitalidad de dar el máximo.» Recordando las palabras de Friedan como una informal piedra de toque, los cuatro capítulos de esta parte analizan en qué se ha convertido su sueño de trabajo productivo y carrera profesional para mujeres y maridos después de la liberación; después de que nos liberaran de organizar el trabajo y el matrimonio según el guión del ama de casa desesperada y el marido sostén económico de la familia propuesto en la era romántica. El sueño se hizo realidad de muchas maneras. Podemos organizar trabajo, carrera profesional y matrimonio de formas diversas y disfrutamos más que nunca de cercanía y paridad con nuestros cónyuges en educación y carrera profesional. No obstante, al hacerse realidad, el sueño también creó nuevas variaciones posrománticas de melancolía, así como desequilibrios en el índice de monotonía del matrimonio que Friedan nunca habría previsto.

Estoy cenando con Allen, un amigo mayor y más sabio. Estamos reflexionando sobre el matrimonio. Él hace una pausa pensativa mientras considera mi historia conyugal y dice: «Tú y John me parecéis compañeros de vida.» ¿Compañeros de vida? Cielo santo, pensé, me suena al nombre de una mutua de salud o de una empresa de biotecnología. Me lo imagino grabado en botellas de agua y bolígrafos promocionales. Sin embargo, tras una posterior reflexión, creo que la frase de Allen es adecuada para describir no solo mi propio matrimonio, sino también muchos otros matrimonios de nuestros días. En lo que la académica Barbara Risman llama matrimonios «posgénero», los roles de marido y mujer no están delimitados ni son desiguales.[2] Lo más básico y llamativo del matrimonio de «compañeros de vida» es que tenemos una igualdad y afinidad con nuestro cónyuge sin precedentes, tanto en educación, carrera y trabajo, como en temperamento, visión del mundo, experiencias vitales y potencial de ingresos. En general, este era precisamente el objetivo de la liberación e indiscutiblemente es algo bueno, pero puede tener curiosos e irritantes efectos colaterales sobre la forma en que sentimos y vivimos íntimamente dentro del matrimonio.

En esencia, John y yo nos casamos con nosotros mismos. Formamos parte de la amplia tendencia de «emparejamiento selectivo» que subyace al matrimonio de compañeros de vida.[3] Emparejamiento selectivo significa que uno se casa con alguien muy similar, con una precisión propia de la taxonomía de Linneo. En un artículo publicado en 2005 en *Demography*, Christine Schwartz y Robert Mare documentaron una tendencia hacia el emparejamiento selectivo en función del nivel de educación y la consecuente trayectoria profesional. La «homogamia educacional» (término sociológico para designar la similitud educacional y profesional entre los cónyuges) descendió de 1940 a 1960, durante el apogeo romántico, pero desde la década de 1970, y continuando en el siglo XXI, las posibilidades de un matrimonio mixto desde el punto de vista educacional han disminuido. Tales estudios implican que al tiempo que la igualdad crece con el matrimonio, porque nos casamos con nuestros iguales, la desigualdad crece entre matrimonios: matrimonios ricos que se hacen más ricos y matrimonios pobres que se hacen más pobres. Este hecho trastoca la narrativa matrimonial de Cenicienta —propia de la era romántica— como una ruta de ascenso social, también, para una mujer menos educada.

Con curiosidad respecto a esta tendencia, leo los anuncios de boda del *New York Times* y el *Baltimore Sun* de los últimos meses de 2008. Compilo una muestra de 120 parejas cuya formación se mencionaba en el anuncio y organizo los datos en una hoja de cálculo. Solo en uno de los 120 casos un hombre sin formación universitaria, un bombero, se casó con una mujer educada en la universidad. Me alegré un montón al verlo. Supongo que dentro de mí se esconde una romántica. La pareja logró esta hazaña democrática cuando el señor Wright dio un curso de reanimación cardiopulmonar para la tripulación de un barco diseñado por la empresa de quien sería su prometida. Se conocieron allí, y el mundo de los yates y el de los bomberos se unieron en un matrimonio improbable.

Aparte del señor Wright, todos (todos) los demás anuncios de mi muestra correspondían a parejas homógamas, según el criterio más básico de que cada miembro de la pareja cuenta con al menos una licenciatura. Muchos han compartido carrera. Pero esto no cuenta la historia completa de lo que equivale a un emparejamiento hiperselectivo.

Cotejo mi hoja de cálculo de anuncios con el controvertido pero profundamente influyente ránking de universidades del *US News & World Report* correspondiente al año 2008.[4] Resulta que los hombres y mujeres con educación universitaria se emparejan microscópicamente según su clase particular de universidad, medidas estas según criterios de selección, prestigio, coste económico y rango. Usando solo estudios universitarios como punto de comparación, en 70 de los 120 casos (el 58%) las parejas o bien asistieron a la misma universidad (y los investigadores han señalado que las universidades han heredado las funciones de emparejamiento previamente reservadas a las iglesias, las organizaciones comunitarias y los barrios) o, con más frecuencia, asistieron a universidades prácticamente idénticas en términos de ránking y criterios de selección. Algunos lograron encontrar a su alma gemela en una universidad situada a cinco mil kilómetros de distancia, pero cerca de la suya en ránking (por ejemplo, una mujer de la Universidad de Florida, situada en el puesto 49 del ránking universitario, se casó con un hombre de la Universidad de California en San Diego, situada en el puesto 35).

La variación que descubro es muy escasa. En 23 casos (19%), la universidad del marido estaba por encima de la universidad de la esposa, y en 27 casos (22%) la facultad de la mujer superaba a la del marido, pero rara vez de manera drástica. Olvidémonos de estrafalarios abismos educacionales como los que se ven en una comedia romántica: albañiles que solo han ido al instituto que se casan con abogadas valientes y guapísimas. Ni siquiera es tan común encontrar un matrimonio con diferencias menores: una mujer de Harvard, por ejemplo, que se casó con un hombre de la Universidad de Rutgers, eminentemente respetable pero que no forma parte de la selecta Ivy League. Unos cuantos de los prometidos con licenciados de las universidades de la Ivy League se casaron con parejas que asistieron a universidades conocidas popularmente como «la Harvard de [insertar región aquí]». Una novia se licenció en Stanford, «la Harvard del Oeste», mientras que su marido lo hizo en la facultad de derecho del Harvard Harvard. Kevin asistió a la Universidad de Pensilvania y su mujer, Stacey, estudió en la McGill, «la Harvard de Canadá», etcétera, etcétera. Harvard debería vender camisetas que dijeran: «Harvard: la Harvard del noreste.»

Esta clase de microordenación también se produce entre graduados en las facultades del «escalafón inferior» mencionadas en el *Baltimore Sun*. No se trata solo de un fenómeno de elite entre parejas poderosas del *New York Times* y la cabalística Ivy League. Mi muestra incluye una pizca de parejas interraciales y parejas del mismo sexo, pero no son parejas intereducacionales, y en ese sentido no son tan poco convencionales. Un hombre afroamericano de Princeton se casó con una mujer blanca, también de Princeton; dos hombres que se casaron entre sí eran ambos licenciados por universidades de la Ivy League.

A finales de la década de 1990, participé en una conferencia de prensa con Betty Friedan. Bromeó con que en cierto momento el doctorado de una mujer podría llegar a ser un activo tan atractivo para los hombres como sus «tetas». Aunque me impresionó oír hablar de un doctorado —quizás incluso mi doctorado— yuxtapuesto con tetas como un activo sexual en el mercado matrimonial, incluso en un espíritu feminista, la especulación espontánea de Friedan se está revelando cierta. Megan Sweeney y Maria Cancian aseguran que los hombres de hoy valoran los potenciales ingresos de una futura esposa igual que siempre lo han hecho las mujeres en sus futuros maridos. En otras palabras, si quieres casarte con un hombre con doctorado, doctórate tú.

El desplazamiento hacia el emparejamiento selectivo y la confusión entre colega y cónyuge es evidente incluso en la forma en que valoramos potenciales parejas. Jake es un ingeniero de éxito profesional que se ocupa de sistemas complejos. Cuando estaba soltero, concibió su propio test, un «instrumento de análisis de distancias», para que le ayudara a ordenar sus ideas sobre potenciales matrimonios. Pensó en todas las relaciones románticas importantes que había tenido y anotó «lo bueno y lo malo» de cada una. A partir de ahí organizó las cualidades en columnas, buscando las palabras positivas y negativas que se repetían y se le ocurrieron «cuatro categorías de cosas ordenadas por prioridad» que quería en un matrimonio futuro: «cariño, inteligencia, belleza y sofisticación», CIBS lo llamó Jake cediendo a la irresistible urgencia a formar siglas que existe en Washington. Jake se apresuró a explicar que la belleza significaba para él algo más profundo que la apariencia física, una especie de belleza del alma. No puntuaba a las mujeres con las que salía de un modo numérico, pero cuando se sentía ambivalente calculaba su CIBS, «repasaba la lista y trataba de averiguar la causa». El «enfoque racional concreto» ayudaba cuando las cosas estaban poco claras. Jake valoraba a las parejas potenciales mediante tests, mediciones e instrumentos similares a los que se usan con potenciales empleados, compañeros y colegas.

No obstante, se me ocurre que en lo que respecta a dinero y profesión, la liberación de los imperativos del viejo matrimonio ha funcionado en hombres y mujeres de forma completamente opuesta. La liberación ahorró a las mujeres tener que valorar a los hombres como si fueran tíquets de restaurante y fuentes de estatus social, mientras que la misma liberación «permitió» que los hombres empezaran a valorar a las mujeres como tíquets de restaurante y fuentes de estatus social.[5] Y, como revela una investigación de 2010, de hecho hoy los hombres tienen más a ganar en el matrimonio que las mujeres, puesto que se incrementan las probabilidades de que las mujeres posean más ingresos y educación que sus maridos, en comparación con sus equivalentes de 1970. Sin duda, el matrimonio es una institución pragmática revestida de sentimental, pero sean cuales sean los motivos materiales ocultos que podamos tener, las mujeres sufren para renegar de ellos, mientras que algunos hombres ahora se sienten liberados para reivindicarlos.

Esta nueva libertad para los hombres solteros centrados en su carrera profesional es exagerada en epicentros de ambición como Nueva York. He hablado con muchas mujeres solteras de casi cuarenta años y, de manera acumulativa, describen algo así como los Hombres Panda de Manhattan, a los que, como osos panda gigantes, no se les puede molestar con los rituales de la seducción y el emparejamiento, que debilitan y distraen. Estas mujeres —una de las cuales es una guapa aspirante a actriz y la otra una consumada abogada— fueron abandonadas por sus novios serios porque, en el caso de la actriz, el hombre quería «estar con alguien de más éxito» que ella y, en el caso de la abogada Samila, porque su pretendiente quería casarse con alguien que ganara más dinero. El hombre que terminó proponiendo matrimonio a Samila durante su vida de soltera en Manhattan era un preso de Riker Island. Había visto imágenes de ella en un reportaje sobre una nueva técnica para el control del cabello encrespado. Samila se identificaba como «víctima del encrespamiento» y el recluso la localizó y le envió una carta. «Montones de hombres de aquí tienen esposas fuera», escribió para tentarla.

En mi más humilde localidad también viven hombres-panda remilgados. Vanya es una mujer encantadora que se educó en Moscú. Me cuenta que la gente tiene que casarse más joven que ella, que se casó a los veintiuno, y «por pasión». Ella misma se casó porque sentía «una fuerte urgencia por procrear», una explicación inusualmente primigenia y que rara vez oigo en mis conversaciones. Cuando le pregunto porque prefiere el matrimonio temprano, dice: «Estos matrimonios tardíos no los entiendo. Son mucho más racionales y calculadores.» Como ejemplo, me habla de un psicólogo que conoce. Tenía una relación aparentemente de amor con una mujer y estaba pensando en casarse. Hasta que le hizo pasar a ella un test de inteligencia y descubrió que su coeficiente estaba «por debajo de la media». La abandonó. «Es una pena —se lamenta Vanya—. Era una persona cariñosa.»

Entretanto, si los hombres solteros tienen ahora más libertad para actuar como las mujeres solteras en la década de 1950 —buscando un próspero «señor Licenciado», administrando tests de inteligencia y buscando a alguien que «gane más dinero»—, la otra cara de la moneda es que las mujeres solteras disponen ahora de más libertad para actuar como hombres que buscan una segunda mujer trofeo. Pueden buscar un bonito «aditivo», según el término de una esposa, para una vida adulta cuyas necesidades esenciales en torno al dinero y la profesión ya han satisfecho por sí mismas. Como el marido que busca una esposa trofeo, estas mujeres están contentas posponiendo el matrimonio hasta que encuentren a alguien que pueda complementarlas de verdad y decorar sus vidas colmadas de éxitos logrados de manera independiente.

En cualquier caso, la tendencia hacia la homogamia conyugal probablemente se intensificará también debido a los cambios en las técnicas de cita. El fundador de Craigslist, por ejemplo, observa que alguna gente «ha obtenido todo en su vida, desde la esposa a la casa, muebles o vacaciones» gracias a su servicio. Así pues, ¿quién necesita anunciarse? La selección de cónyuge se mezcla con otras adquisiciones, desde objetos de *Star Trek* a sofás. Esto es noticia. En 1952, la forma en que comprabas una nevera y la forma en que conocías a tu marido simplemente no eran lo mismo. Recuerdo muy bien el tiempo en que los anuncios personales aparecían de manera oscura e innoble en periódicos gratuitos de la ciudad, a solo una categoría de distancia de los servicios de chicas de compañía y las listas de lugares donde vender óvulos, esperma y plaquetas. Hoy la mitad de los solteros de Estados Unidos utilizan servicios de internet para encontrar pareja. Los 40 millones de visitantes a servicios de citas en línea —la mitad de la población de solteros de Estados Unidos— bien podrían encontrar esposa a través de Match.com o servicios tecnológicos semejantes.[6]

Ya solo por su diseño, estos servicios favorecen aún más el emparejamiento selectivo con una afinación precisa. Quizás en un hábitat natural de persona soltera —una fiesta o una parada de autobús—, una mujer con carrera profesional podría sentirse atraída azarosamente por un pequeño gesto encantador, o por feromonas, y enamorarse de un hombre improbable. Con las prestaciones de filtro de internet, la misma mujer puede buscar a los de su propia clase con precisión quirúrgica.

—Eso es cierto —coincide John—. ¿Te habría escogido en internet? Habría tenido un filtro como ha de ser ciclista o ha de ser una atleta.

—Yo también habría tenido uno —digo, ligeramente ofendida al pensar que no habría superado su filtro—. Tiene que conocer la diferencia entre Eve Sedgwick y Eddie Sedgwick o no debe confundir «afecto» y «efecto».

—¿Recuerdas nuestra primera cita? —pregunta John—. Te

escribí pidiéndote que saliéramos en bici y tú me contestaste y dijiste: «¿No podemos ir a un bar?» Y yo lo pasé por alto —dice maravillado.

—¡No tuviste suerte con eso!

—Nunca habríamos conectado en Match.com. Nos habríamos descartado mutuamente en un filtro de aficiones y habríamos terminado con alguien incluso más exacta y precisamente como nosotros.

Toda esta intimidad, en el sentido de similitud, ocasiona extrañas variaciones en la intimidad, en el sentido de cercanía. Un día de San Valentín de no hace mucho tiempo, me descubrí mirando desconcertada una tarjeta blanca al acercarse las seis de la tarde. Estaba tratando de pensar en palabras significativas y sinceras que condensaran el vínculo que nos une. Ya casi podía oír a John sacando el correo de nuestro buzón. «¡Deprisa! ¡Escribe algo!» Por fin garabateé lo primero que se me ocurrió: «¡Gracias por todo lo que haces!» Oh, Dios mío, podría haber escrito un anuncio comercial para publicar en *Meet the Press*: «Por todo lo que hacen», atronaría la voz. John y yo ahora bromeamos sobre esa frase, desplegando el talento de supervivencia conyugal del sentido del humor con el ridículo.

—Tenemos algo más profundo que los déficits. Es un vínculo de alma gemela —dice John ahora—. De verdad te veo así.

En privado, la adopción y dilución de la espiritualidad oriental me divierte un poco. ¡Ni mi marido se salva! El alma gemela es un concepto tan omnipresente que va camino de aparecer en anuncios de ambientador o de café instantáneo. Es el nuevo tópico del matrimonio estadounidense. En 2001, Marriage Project (Proyecto Matrimonial) encargó a Gallup una encuesta y descubrió que las personas de entre veinte y treinta años casi unánimemente (el 96 %) estaban de acuerdo con la afirmación: «Cuando te cases, quieres que tu cónyuge sea, en primer lugar y ante todo, tu alma gemela.»[7] A David Popenoe, investigador del matrimonio, le preocupa que esto sea un ideal inflado y contraproducente para un cónyuge.

Probablemente. Pero lo que me interesa más que la ligereza quijotesca del término es su falta de romanticismo. Este patrón oro del matrimonio del siglo XXI, aparte de irrealista, no es, estrictamente hablando, una idea romántica de encontrar un amante o un contrapunto erótico, un yin para tu yang. No es un ideal que se distinga por la pasión o la sensualidad, ni es inherentemente específico a un vínculo conyugal. Según sus ahora profundamente emborronadas raíces hindúes, el alma gemela es cualquiera, desde un niño a un peluquero o un vecino molesto pero kármicamente instructivo con el que uno ha compartido vidas pasadas y al que continuará encontrando en vidas futuras. La inflación del alma gemela es galopante en Estados Unidos. Una amiga mía lo aplica con generosidad descuidada a nuestro camarero favorito. La intimidad de un alma gemela es unisex y genérica, abarca cualquier clase de relación. Cuando oigo el término, y lo oigo con frecuencia, imagino un matrimonio que flota de manera incorpórea, que se considera profundamente íntimo, pero no romántico per se.

Los votos matrimoniales, la cristalización de nuestro sueño en su inicio, revelan ideales similarmente unisex. Las parejas cada vez más prefieren personalizar sus votos como parte de una tendencia dominante hacia las bodas «únicas». Recojo en internet una muestra de los votos matrimoniales más populares hoy. Si no seleccionamos el modismo del alma gemela, solemos declararnos «compañeros». Como si hurgáramos en los anales del comunismo de la guerra fría, nos comprometemos a ser robustos «camaradas» o «compañeros en la educación de los hijos». Las frases preferidas son: «Te haré mi compañero» y «Eres mi mejor amigo para la vida». Un voto empieza «Te acepto como mi compañero, mi amigo y mi amor» (presumiblemente en ese orden), y continúa casi como una lista de paradigmas de actuación: «Buscaré equilibrar mis necesidades con las de nuestra comunidad y familia. Beberé de nuestra experiencia conjunta...» Leyendo estos votos pienso en el gesto que es la quintaesencia de la camaradería de un matrimonio: el choque de puños que Michele y Barack Obama intercambiaron de manera casi tímida después de que él obtuviera la nominación.

Este ideal notablemente andrógino del matrimonio contradice el romántico, que sostiene que el amor y la pasión distinguen y ensalzan la relación. El matrimonio en el apogeo romántico disfrutó del estatus de ser un vínculo sui generis. Un matrimonio posromántico comparte más características con otras intimidades y vínculos sociales, ya sea entre buenos amigos, socios de negocios, colegas o compañeros. Ya no hay tanto matrimonio en el matrimonio. Sería zafio declarar, aunque fuera en los términos más delicadamente eufemísticos, que vas a casarte con tu amante cañón porque te vuelve loca de deseo. No cabe duda, este modelo romántico y el modelo tradicional que lo precedió tenían sus propios problemas. Pero el estilo posromántico, aunque quizá no sea cuantitativamente mejor o peor que lo que vino antes, tiene una nueva sensibilidad que crea sus propios problemas y singularidades, y posee sus propias piedras de toque en la melancolía matrimonial.

Paula es una ingeniera química de cuarenta y pocos. Dice de su matrimonio que quería encontrar un «auténtico compañero. Lo mejor es la comodidad que aporta tener a alguien que ve la vida de un modo muy semejante y que tiene objetivos similares a los míos». Es un sueño común. Pido en mi encuesta de internet que se reaccione a la afirmación: «Hoy en día el matrimonio es más cuestión de amistad que de otra cosa.» Esta opinión provoca uno de los niveles de consenso más elevados de todas mis preguntas con un 50% de quienes responden de acuerdo en una gama que va desde «algo» a «completamente». Solo el 30% está en desacuerdo. Hay en marcha un proceso en el que la intimidad se desdibuja y un cónyuge parece más un amigo o un colega.

El emparejamiento selectivo se aleja de la mayor parte de la historia del matrimonio estadounidense y trastoca la básica (aunque cuestionable) hipótesis del yin y el yang romántico: «los opuestos se atraen». Hasta las últimas décadas, maridos y mujeres se complementaban entre sí más de lo que se parecían como colegas.

La complementariedad entre cónyuges fue piedra angular de

la cultura de clase media en el siglo XIX, cuando el matrimonio estaba en su apogeo como institución social. Nuestros clisés más manidos bordados en cañamazo («No hay nada como el hogar») fueron en un tiempo vivas revelaciones que afirmaban una alianza entre la ambición despiadada en la economía y la educación desinteresada y la moralidad en el matrimonio. La historiadora Nancy F. Cott examinó periódicos, diarios, cartas y otros archivos de la clase media ascendente en el siglo XIX y descubrió que un matrimonio formaba una unidad cultural única con una personalidad dividida.[8] El marido estaba obligado por «la excitación pecuniaria y la competición ambiciosa» de la economía de mercado. Él se enzarzaba en «luchas de mercado amorales» en la incipiente carrera de codazos, mientras su mujer calmaba esos síntomas de la ambición que aplastan el alma y borran la moral. Así era como funcionaba el matrimonio en teoría. El marido actuaba de manera despiadada pero provechosa en el trabajo; la mujer servía de paliativo emocional e inculcaba de forma ética actos de «salvación» en el mundo tremendamente distinto del matrimonio.

No eran matrimonios «íntimos», al menos no por prescripción. Había tanta distancia cultural entre maridos y mujeres, no solo en roles sino también en sus temperamentos y almas, que habitaban y gobernaban dominios separados. Sus intimidades más profundas tendían a ser con los de su propio sexo, y las mujeres eran tan claramente desiguales y estaban tan limitadas en sus oportunidades fuera de la casa que no tenían mucha elección en la materia. Este es el doble sentido de Cott en su discusión de los «lazos» de la condición femenina. Los lazos de opresión que creaban lazos de intimidad entre mujeres.[9]

La complementariedad conyugal persistió a través de la década de 1950 y en el apogeo romántico, cuando se convirtió en una historia de hombre de empresa en bancarrota espiritual que conducía un coche enorme desde las zonas residenciales a la oficina del centro con ambición de prosperar, mientras su mujer pasaba los días sepultada en un bungaló rodeada de un foso de césped verde, privada de vocación, esperando para atender las necesidades sexuales, gastronómicas, de libaciones y emocionales de su marido al final del día. La casa y la oficina todavía conservaban temperamentos distintos. El empresario esclavo y el cautivo de su salario comprendían que el objetivo del trabajo era para el patrón sacar del obrero el máximo trabajo posible y para este dar lo mínimo requerido para garantizarse un ascenso. Esta ecuación fue ampliamente comprendida y aceptada. La oficina no tenía mucho que ver con la ética, el sentimiento, la intimidad o la emoción, ni siquiera con la relación entre colegas. Estos valores pertenecían, si es que pertenecían a algún sitio, al matrimonio y al hogar.

El éxito del movimiento feminista, que cristalizó con la contribución de Friedan, erosionó el cortafuegos ético entre las esferas de esposa y marido. En el nuevo patrón migratorio del matrimonio moderno, maridos y mujeres se movían con más frecuencia y con más libertad entre el trabajo y la casa que en ningún otro momento de la historia. Las mujeres progresaron en sus carreras y puestos profesionales, y los hombres adoptaron un rol más activo en la familia. Hoy, los temperamentos de trabajo y hogar, antes diferenciados por definición, se infiltran mutuamente con un efecto curioso y no sin consecuencias.

John trabaja con colegas neurológicamente exóticos en un departamento de investigación que es casi exclusivamente masculino. El entorno laboral y profesional de John es intenso, enervante y ligeramente desquiciado. John llama a su oficina el Matrix: cuando uno está allí, está conectado a un organismo animado y sensible, que funciona a base de dinero, riesgo y testosterona. Algo siempre está pitando o destellando o temblando en una pantalla. Las pantallas blancas están cubiertas de notaciones matemáticas y garabatos numéricos. En una oficina típica del departamento de investigación, no verás a una persona sentada a su escritorio bañada en brillo de ordenador, porque dos o tres monitores enormes lo tapan, rodeándolo de un muro defensivo tecnológico. John tiene que agachar la cabeza entre los monitores para establecer contacto visual conmigo cuando lo visito.

Y en el Matrix, John tiene un «cónyuge de oficina», un fenómeno creciente. Estos matrimonios de oficina suelen ser platónicos, informa el *Boston Globe*, enraizados en «la intimidad de los objetivos comunes».[10] En otras palabras, son casi intercambiables con un matrimonio de compañeros de vida, que se basa en prácticamente lo mismo.

El cónyuge laboral de John es su compañero Gaspar, a quien mi marido respeta y aprecia mucho. Gaspar es un genio ecléctico, calvo, con un físico de bujía y un temperamento belicoso y bullicioso. Además de su brillantez matemática, es concertista de piano y meteorólogo. Está obsesionado, sin ninguna razón discernible, con la injusticia de la violación carcelaria y con frecuencia predice para John un día equivalente a «una violación carcelaria sin vaselina» si percibe un mal temperamento en los mercados. También es un neófito aficionado a los trineos de perros que sueña con abrir una escuela de piano en los páramos de Alaska y le gusta comprar enormes parcelas y crear allí mundos propios con su mujer y sus tres hijos. Yo me lo imagino con cariño en sus posesiones de Alaska como una versión congelada del Kurtz de *El corazón de las tinieblas*. Desde sus vacaciones en la tundra, Gaspar envía informes al Matrix para explicarle a John el temperamento de su equipo de huskies. De vez en cuando, se agacha junto a su jauría de perros y se pelea con ellos o pellizca uno o dos cuellos, «solo para que recuerden quien es el perro guía». Cuando no está en un trineo de perros en Alaska, disfruta persiguiendo huracanes en la faja de Oklahoma. Gaspar está convencido de que el estado de Maryland coarta sus libertades.

—¿Tus libertades para hacer qué, exactamente? —pregunta John.

—Mis libertades en general —responde Gaspar de manera evasiva.

John no ha descubierto qué estaría haciendo Gaspar en un estado más libre, y cree que es mejor no hurgar demasiado.

El cónyuge laboral de John es en muchos aspectos tangibles y sinceros más esposa y más atenta que su esposa de verdad. Gaspar comprende la brillantez de John de un modo que yo no puedo ni soñar, porque esta implica números en lugar de palabras. Gaspar lo halaga más. Recuerdo una discusión durante los primeros años de nuestro matrimonio en la cual acusé a John de prestar atención a Gaspar con mucha más complejidad, profundidad e intensidad de visión —que es el alma de la intimidad— que las que me dedicaba a mí, como si Gaspar fuera la querida cuyos más leves cambios de humor y caprichos John registraba con tierna consideración.

Salimos a cenar una noche con Gaspar y su mujer.

—John y yo, nos conocemos muy bien —me confió Gaspar en el aperitivo—. Somos almas gemelas.

¿Almas gemelas? Casi me reí ruidosamente. Gaspar acababa de describir su relación con mi marido exactamente en los mismos términos en que John había descrito su relación conmigo. Yo era para John como esposa lo mismo que Gaspar era para mi marido como colega. Era una paradoja lógica demencial.

Cuando su cónyuge de oficina no está disponible, John tiene su terapeuta de oficina. La oficina de John lleva tiempo en terapia y por una buena razón. Esta es otra dimensión de la frontera borrosa de la intimidad entre trabajo y hogar. John y sus colegas pueden «elaborar» con el terapeuta de grupo cuestiones que son tan delicadamente idiosincráticas y nebulosas como las que se suponían antes en un matrimonio turbulento; antes de la moda de la mano firme de «manuales de instrucciones» prácticos de la «máquina social»; antes de que el trabajo empezara a sentirse más como el matrimonio y el matrimonio más como el trabajo de la mecánica de automóviles.

Michael Kramer tuvo una carrera de veinte años como asesor matrimonial con licencia antes de convertirse en terapeuta laboral en la zona de St. Louis.[11] Kramer se califica de capellán de empresa y considera que su talento de consejero matrimonial es intercambiable con el que se necesita para abordar los problemas en el seno de una empresa. «No hay diferencia entre disfunción en la familia y disfunción en la organización», dice, y no deja de ser extraordinario si lo piensas.

Shirin, mi informante soltera de Los Ángeles, pasó años en un puesto empresarial muy dinámico. Señala al trabajo y a los cónyuges de oficina como la mayor amenaza para el matrimonio, y la investigación confirma su instinto. La vulnerabilidad de la esposa de hoy que se queda en casa no es solo económica, sino también sexual.[12] El sexo y la economía son una doble hélice: son cuestiones distintas, pero están morfológicamente entrelazadas.

Cuando el marido es el único sostén económico, tiene más oportunidades para apartarse del buen camino con una mujer a la que admira académica e intelectualmente. «Si quieres culpar a algo —declara Shirin—, culpa a los viajes de negocios. Viaje exótico, hoteles de primera clase, noches solitarias, colegas del sexo opuesto que pasan enormes cantidades de tiempo juntos hablando de intereses comunes, todo lo de casa parece un sueño lejano.» Shirin, de manera divertida pero convincente, convierte el viaje de negocios en una cita romántica sexy.

Las oficinas son hoy lugares más amables y más íntimos. Creo que esto es especialmente cierto cuando la ortodoxia gerencial se desplaza hacia la colaboración y cuando la economía deja de basarse en la manufactura para hacerlo en el servicio, porque el trabajador paradigma en una economía de servicio es más empático y sensible, estereotípicamente femenino. Pese a que las empresas son tan codiciosas y ambiciosas como siempre, las oficinas en sí funcionan más como familias que tienden a un desarrollo moral y ético de sus empleados (por ejemplo, la formación sobre diversidad cultural), a evitar la avaricia (uno quiere ser un participante colaborador), y donde la ambición declarada es algo impropio cuando no peligroso para la salud de un empleado.

Todo esto era predecible, aunque no intencionado. Cuando las mujeres entraron en la oficina y los maridos en el hogar, las cosas estaban destinadas a una polinización cruzada. En 2005, el mismo año en que Judith Warner describió el impulso hipercompetitivo por la paternidad perfecta en el hogar, Marcus Buckingham describió en la *Harvard Business Review* un conjunto de valores más amables para la oficina, valores inspirados, literalmente, por el movimiento romántico.[13] Buckingham trastoca de manera provocativa décadas de aforismos de la gestión de empresas al proponer que los gerentes auténticamente buenos saben cómo mimar y cultivar la «individualidad» de sus empleados. Este autor consigue trazar un paralelismo, quizá por primera vez en la historia humana, entre un director de supermercado y grandes maestros de la literatura romántica como John Keats y Percy Bysshe Shelley. Como un romántico auténtico, concluye, el director «no intenta cambiar el estilo personal de un empleado» ni encajar una pieza cuadrada en un hueco redondo. Armado con su comprensión íntima de las «idiosincrasias perdurables» de sus empleados, su familia de urnas griegas, alimenta su sensación de seguridad en ellos mismos y prepara sus funciones de manera acorde. Buckingham consigue una deslumbrante metástasis ideológica de la casa a la oficina. Su estilo de gestión romántica recuerda la apreciación de una madre por cada uno de sus hijos, a todos los cuales «ama por igual» a pesar —o a causa— de sus personalidades únicas.

Entretanto, de vuelta a la casa. El aura de algo familiar, emocional y conyugal en la oficina es una cara de la frontera difusa de la intimidad, pero también crea una sensación más de colegas, de camaradería e incluso profesional en nuestros matrimonios, con resultados ambivalentes y en ocasiones melancólicos. Mientras los colegas se comportan casi como cónyuges, los cónyuges se están comportando de manera más parecida a la de colegas de trabajo y menos romántica.

Bill, un hombre de casi cincuenta años al que conocí en una comunidad de internet, tiene al parecer un prototípico matrimonio de compañeros de vida: de bajo conflicto pero ambivalente. Él y su mujer se declaran «los mejores amigos», sexualmente aletargados pero con un alto funcionamiento en el aspecto logístico. «Vivo en un matrimonio de veinte años, de colega a colega y sin sexo. Somos copropietarios de una empresa y tenemos hijos, que son el motivo por el cual estamos juntos. No está mal —escribe—, porque no discutimos ni levantamos la voz y hemos creado un entorno seguro y tranquilo para los niños. Compartimos los mismos intereses y nos dividimos al cincuenta por ciento la educación de los hijos y el trabajo doméstico.» Esto suena a equilibrio básico posromántico. «Mi única queja sobre la falta de sexo —continúa— es que ella no accede a un matrimonio abierto ni a investigar la escena del intercambio de parejas, que sería perfecta para nosotros. También me dice que si voy con una prostituta o tengo una aventura ella disolverá la sociedad, me sacará de casa y se quedará los niños. Así que si buscara activamente sexo con alguien y ella me pillara, perdería todo, incluido mi trabajo, y a mi edad es demasiado tarde para empezar de nuevo.»

Escribo como respuesta que a mí me parece un caso desconcertante como la paradoja de la novela *Trampa 22*, pero él está más relajado al respecto. «Sí, es una lata —reconoce—, pero las cosas estarían bien si pudiera encontrar una amiga con derecho a roce», una amiga que actuara como «sustituta» sexual, como se llama en ocasiones, de la esposa sin derecho a roce. «Como he dicho —concluye Bill—, el matrimonio está bien, salvo por la cuestión de la ausencia de sexo.»

El matrimonio de Kristin podría llamarse «El caso de una buena amistad estropeada». Ella y Ted fueron «grandes amigos» durante la mayor parte de su matrimonio. Esto es lo primero que me dice Kristin. La gente envidiaba su matrimonio de bajo conflicto y ostensiblemente próspero. Tenían una casa de vacaciones en las montañas e iban a esquiar. Ahora, diecisiete años después de que estos grandes amigos se casaran, Kristin está divorciada, con dos hijos, vive en un nuevo hogar y tiene que lidiar con abogados, contables y el fisco. Los dos abogados matrimonialistas que todavía representan a la pareja mientras tratan de negociar son ellos mismos adversarios, lo cual añade otra capa de rabia. Kristin reconoce que es agotador, pero no lo adivinarías por su apariencia. Tiene unos ojos verdes resplandecientes, cabello rojizo y rizado y brazos tonificados por la natación. Se ríe con entusiasmo y parece que maneja con aplomo los cataclismos enredados de su divorcio. Le pregunto cómo se organiza. Kristin me cuenta que intenta pensar en cómo ha atraído malas relaciones, se toma en serio su propio crecimiento personal y asiste a un instituto que lo alienta. Medita. En ocasiones también golpea la almohada con un bate de béisbol.

Escuchar a Kristin haciendo la crónica del fracaso de su matrimonio me recuerda una vieja técnica siciliana de pesca de atún llamada *mattanza*, en la cual los atunes son conducidos a redes y compartimentos cada vez más pequeños hasta que encuentran la muerte en la de menor tamaño. Kristin procede de una familia católica de once hermanos, solo dos de los cuales están divorciados. «Somos los "mancillados". —Se ríe—. Nunca pensé que me divorciaría, de lo contrario no me habría casado.» Los amigos Kristin y Ted empezaron en un barrio acogedor, sociable, con trabajos separados y sin hijos. Como auténticos compañeros de vida con ansias de conocer mundo, no querían «ataduras». Después se adentraron en espacios secuencialmente más ajustados y más confinados en su matrimonio. La fuerza de su camaradería los inspiraba a cada paso a hacer más cosas juntos.

Cuando Kristin habla sobre lo que fue mal para ellos, gravita en primer lugar hacia el error de montar un negocio con Ted. «Sabía que no deberíamos haber empezado un negocio juntos», se lamenta. Transcurridos varios años de su matrimonio, Kristin y Ted se unieron a las filas cada vez más nutridas de matrimonios «coemprendedores»,[14] donde el compañero de vida es también el socio de trabajo: negocio y matrimonio unidos en una misma empresa. Hay 24 millones de negocios propiedad de familias en Estados Unidos, y más concretamente algunos cálculos cifran el número de socios empresariales casados en 3,6 millones.

Kristin y Ted dirigían su empresa desde su casa. «Era sofocante —recuerda ella—. Nunca pasábamos tiempo separados.» Más tarde, cuando Kristin tenía treinta y siete años, ambos decidieron simultáneamente que querían hijos. «Nuestra idea fue que los agregaríamos a esta gran unidad que teníamos.» Tuvieron un primer hijo y un segundo unos años después.

Ted se entusiasmó con la idea de vivir en un barrio más elegante y prestigioso. Vendieron su primera casa en una zona menos prestigiosa pero más sociable y compraron una casa de finales del siglo XIX que necesitaba mucho trabajo de restauración. Empezaron a remodelarla también como socios en este proyecto. «No cogía en brazos a mis bebés los fines de semana —recuerda Kristin—, porque estábamos demasiado ocupados con los muros de mampostería.» Da la impresión de que ella no se hizo valer mucho en el matrimonio, y se sintió obligada por las prioridades e intereses maníacos de Ted.

Les encantó tener hijos, pero cuando pregunto cómo afectó la paternidad al matrimonio, dice: «definitivamente nos empujó hacia el divorcio». Fueron «coprogenitores», en el estilo moderno de una sociedad, pero como padres tenían temperamentos que chocaban. Eran, como en otras cuestiones, socios en conflicto. «Ted grita. Necesita menoscabar a la gente —dice Kristin, golpeando con un puño contra la mano—; no físicamente, sino con gritos. Y yo soy de las que pide calma. Cuando alguien me grita simplemente le dejo ganar.» Kristin cree que compartieron la educación de los hijos, pero «si le preguntas a Ted diría que yo era una nodriza y él era el que hacía la labor de padre y madre». En todo caso, estaban criando a los hijos juntos, como supuestos iguales. Sus amigos se redujeron, Ted y Kristin se aislaron más y al final «nadie quería estar cerca de nosotros porque discutíamos todo el tiempo».

Mientras hablamos me doy cuenta de que no hay zona en su matrimonio donde no fueran «compañeros de vida»: ni en su carrera y negocios, ni en la remodelación de la casa ni en la paternidad y maternidad ni en su vida social. «Después de más o menos ocho años de casados —dijo ella—, es demasiado difícil desenredar las cosas. Es más fácil permanecer juntos cuando no estás casado.» Lo que Kristin quiere decir es que es más fácil estar cerca y contento cuando estás menos cerca.

Después de leer dos años de mensajes de correo de su ex marido mientras se estaba divorciando, Kristin calcula ahora que él trabajaba dos horas al día y probablemente pasaba el resto del tiempo, en «Home Depot, cafeterías y la piscina». Al cabo de unos minutos de divorciarse, cuenta Kristin, Ted empezó una relación con una mujer de la piscina cuyo marido pasaba meses fuera de casa por negocios. Cuando esa relación terminó, Ted inició una aventura con otra mujer casada de la misma piscina. Kristin y sus amigas las llamaban sus «zorras de piscina».

Kristin tenía la venda en los ojos en relación con el dinero. Resultó que él no había estado pagando las retenciones de impuestos de sus empleados y que el nombre de Kristin no figuraba en las cuentas «compartidas» de su matrimonio empresarial. Ella es socia de la empresa y por lo tanto igual de culpable ante el fisco.

Me interesa su decisión de divorciarse, el momento en que quedó claro para ella y por qué. No dejo de imaginar un momento de revelación, pero para Kristin fue más bien un avance imperceptible hasta que por fin declaró, en la consulta de una terapeuta de pareja, que no quería continuar casada. Su matrimonio tuvo una lenta agonía que duró más de cinco años, pero empezó con un brazalete. Ted se lo había regalado por su cumpleaños y le dijo de antemano que podía cambiarlo. Cuando ella manifestó que quería cambiarlo, «él me gritó durante horas que era una desagradecida y que nada me hacía feliz. Todavía recuerdo exactamente el lugar de la habitación en el que estaba y que pensé "se acabó". Me di cuenta de que estaba muy sola».

Parece el colmo de lo irónico que Kristin tuviera una relación tan sofocantemente estrecha con su marido en todos los aspectos de la vida y que se sintiera sola en el matrimonio. Quizá se sentía sola por estar tanto con su marido y parecerse tanto a él, como el ama de casa desesperada de Friedan que se sentía sola por estar tan apartada y ser tan distinta del suyo. Y para Kristin la falta de intimidad era, sencillamente, demasiado grande para pasar sin ella, y en eso no importaban ni los hijos ni la conveniencia ni la casa.

Aun así, Kristin se engañó a sí misma a lo largo de los años siguientes, pensando que las cosas cambiarían si compraban un barco nuevo o terminaban de reformar la casa. Ahora ella es el tema de una lección en las clases de relación que su hermana imparte sobre «cuánto tiempo toleras algo». «Entiendo cómo estalla una guerra —musita Kristin—. Estoy cargada de energía negativa, aunque soy muy pacífica.» Si Ted grita a los niños, «tengo que decirles algo razonable como "a lo mejor papá ha tenido un mal día", cuando secretamente tengo ganas de decir "tu padre es el capullo más grande del mundo"».

Kristin dejó que su matrimonio semifeliz, y finalmente infeliz, continuara mucho tiempo después del incidente del brazalete porque ella dependía de Ted, no según el viejo estilo de la década de 1950, sino porque había pasado tanto tiempo «enredada» en una sociedad vital con él que no podía imaginarse «viviendo sola». La «integridad» es hoy su corolario del matrimonio. La necesitas, dice. Kristin se refiere a la integridad en el sentido de franqueza con tu pareja y contigo misma, pero podría igualmente significar la integridad de dos entidades distintas, con límites claros.

«Sola» es la palabra que oigo de manera sistemática, casi omnipresente, cuando hablo con mujeres que tomaron la decisión de divorciarse en matrimonios de bajo conflicto pero melancólicos.

Es una extraña manera de que fracasen los matrimonios de afinidad. Tiene que haber un punto delicado y dulce para la intimidad conyugal, en algún lugar intermedio entre demasiado diferente y demasiado familiar. No estoy segura de que el matrimonio de compañeros de vida tenga en sí suficiente matrimonio, suficiente tracción o fricción. Por un lado, por supuesto, las almas gemelas etéreas no tienen sexo. Pertenecen a la bóveda de la capilla Sixtina. Como especula Beth, mi amiga que valora el aguante de cada día en el matrimonio: «Quizás el problema es que nos llevamos demasiado bien como amigos. Si esa parte no fuera tan fácil podríamos intentar con más fuerza estar casados.»

3

«Yo puedo tenerlo todo»

Cómo tenerlo todo se convirtió en tener dos cosas a medias

Quizá sacamos menos del matrimonio porque esperamos menos. En mis años de infancia no era así. No pensaba mucho en el matrimonio de niña, pero cuando lo hacía, después de recibir una penosa educación por medio de los anuncios de televisión, pensaba que sería la mujer del perfume Enjoli y «lo tendría todo». Era el sueño autóctono de un matrimonio de posliberación entre «compañeros de vida». Como la modelo delgada del vestido dorado, llevaría el beicon a casa y lo freiría en una sartén después de mi día de triunfos en una Oficina, de la clase que fuera, donde ejercería mi Gran Profesión, de la clase que fuera. Me pondría el zapato de cristal para pisar el techo de cristal y hacerlo añicos. No tenía ni idea de qué significaba «no dejar nunca que olvide que es un hombre», pero sonaba como algo factible. Cuando imaginaba el matrimonio, me imaginaba a mí misma como una mitad de una pareja con dos profesiones.

Otras mujeres se imaginaban de manera similar. En 1970, una encuesta de la Asociación Americana de Mujeres Universitarias descubrió que entre las mujeres mejor educadas, casi la mitad seguían pensando que el papel principal de una mujer era ser esposa y madre.[1] Solo trece años después, en 1983, cuando mis amigas y yo acabábamos de terminar el instituto, una encuesta reveló que un asombroso 85 % de mujeres universitarias aspiraba a tenerlo todo, es decir, a ser «mujeres casadas con una profesión y con hijos».[2] Para estas mujeres, ser esposa y madre sin una carrera había pasado, con notable velocidad, de ser la apoteosis de la feminidad de clase media a convertirse en una marca de fracaso y mediocridad.

Cuando terminé la facultad, cumplí con mis objetivos de educación y profesión y me casé, el sueño de tenerlo todo atravesaba momentos difíciles. Su reputación había sido aporreada por una coalición accidental de conservadores antifeministas y esposas agotadas y amargadas por el exceso de trabajo, entre ellas mujeres que no se sentían como la glamurosa modelo de Enjoli sino como Boxer, el caballo de *Rebelión en la granja* que siempre vota por «trabajar más».

Ese sueño está tristemente hecho trizas hoy.[3] «Tenerlo todo», que suena como un regalo y un triunfo, se convirtió en «hacerlo todo», que suena como una carga y una tarea. Shirin, mi informante soltera, lo resume así: «Las mujeres tienen conflictos en diez direcciones diferentes. Saben que no pueden tenerlo todo. No puedes tener la carrera, los viajes, la amistad, el tiempo para estar sola y la familia. Las mujeres terminan sacrificando más. Y tampoco conozco a muchos hombres que cumplan con el cincuenta por ciento de las tareas domésticas.» Todos saben que el sueño de tenerlo todo simplemente nos hace infelices. No obstante, merece la pena señalar que Friedan, por su parte, hizo una distinción crucial que con mucha frecuencia se pasa por alto en la polémica contemporánea: el feminismo buscaba igualdad de oportunidades y responsabilidades para que las mujeres fueran participantes plenas en la vida, tanto si esas cosas conducían hacia una mayor felicidad personal como si no. La felicidad personal de una mujer nunca fue el principal objetivo de la segunda ola de feminismo. Friedan reconocía que podría haber muchas mujeres en Estados Unidos que «hoy son felices como amas de casa. [...] Pero la felicidad no es lo mismo que la sensación de vitalidad de dar el máximo». El objetivo del feminismo y el de tenerlo todo estaban más cerca de la liberación, la oportunidad y la igualdad. En ocasiones, esos objetivos podrían hacer que nuestros matrimonios y vidas fueran más ricos y más producto de nuestra invención, pero no más felices per se.

En todo caso, no comparto del todo la posición pesimista. Supongo que John y yo llevamos el beicon a casa y lo freímos razonablemente bien. En cuanto a no dejarle olvidar que es un hombre..., bueno, no importa. El heredero del sueño de tenerlo todo es el equilibrio trabajo-vida, un sueño tan familiar hoy en día que se reduce a simplemente «equilibrio». Es el mantra de los profesionales casados de treinta y tantos y cuarenta y tantos. Sin embargo, pese a su modestia aparente, ha demostrado que no es presa fácil para los matrimonios modernos, que rara vez anuncian haberlo conseguido. El sueño atrevido de tenerlo todo, macerado en la proverbial ambición maníaca de Estados Unidos, se ha metamorfoseado en mi generación en el sueño sumiso de «tener dos cosas a medias».

Sospecho que hay que reconocer que el equilibrio es sobre todo un resumen del sentimiento sumamente comprensible y familiar en el matrimonio de dos carreras: «estoy muy cansado y necesito vacaciones», y ¿quién puede envidiar a su pareja por que desee no sentirse exhausta? Pero hasta el punto de que es una aspiración de estilo de vida o conyugal, los sutiles supuestos que subyacen a la idea del equilibrio me dejan perpleja. El equilibrio me hace imaginar los dos cimientos de la vida, tal y como lo veía Freud —«trabajo y amor, es lo único que hay»—, como fardos genéricos e intercambiables de actividad vital que hacen contrapeso en la balanza. ¿Desde cuándo lo contamos todo tan obsesivamente? Lo opuesto del equilibrio no es necesariamente el desequilibrio, sino la pasión. Esa pasión podría conducir en cualquier dirección. El equilibrio, como parámetro conyugal, por lo general desprestigia la pasión —ya sea pasión por una carrera o pasión por el hogar— en un solo gesto conciso de desdén. Pese a toda su lógica, este equilibrio carece del carácter orgánico de una vida en la cual los sueños y los compromisos no pueden planearse en una agenda ni medirse. Obsesión y pasión no provocan desequilibrio bajo ningún concepto. ¿Acaso no hay que defender una manera de hacer exuberante, guiada por la pasión y el impulso? Pronto terminamos con resultados exasperantemente tibios. ¿Por qué soñar con ellos? ¿Por qué aspirar a un matrimonio que tiene que ver más con la gestión que con la inspiración?

La guerra de equilibrio contra pasión no tiene un carácter meramente retórico. Es una metáfora del matrimonio que, como todas las grandes metáforas que nos contamos, nos ayuda a modelar nuestras vidas. En 1995, la socióloga Karen Arnold publicó una fascinante investigación longitudinal sobre la «planificación de contingencia»[4] entre mujeres universitarias a punto de licenciarse con buenos resultados. Descubrió que esas jóvenes listas que en otra época podrían haber aspirado a tenerlo todo son con frecuencia tímidas y cautas en sus fantasías profesionales y de matrimonio por deferencia al sueño imposible de tenerlo todo. Antes de casarse, mucho antes de tener hijos o su primer empleo, hacen planes profesionales sin perder de vista lo que sería más fácil si algún día llegaran a casarse y tener hijos. Una forma similar de pensamiento previsor inspiró el ampliamente discutido grupo de mujeres de universidades de elite que, al ser entrevistadas por una periodista del *New York Times* en 2005, dijeron que planeaban tener una carrera durante unos años y luego dejarla de lado para quedarse en casa.[5] Se trata de una variación del equilibrio, planificar hacer un poco de esto y un poco de aquello de una forma esquemática. Es este penetrante humor retro en el matrimonio lo que preocupa a Leslie Bennetts en *The Feminist Mistake*, que ha desencadenado una muy bien documentada «guerra de maternidad» entre mujeres que se quedan en casa y mujeres trabajadoras, y que esporádicamente inspira nuevos artículos de periódico que defienden que lo que en realidad quieren todas las mujeres es un marido que sea un macho cortés que traiga el pan a casa, un regreso a la ortodoxia romántica o incluso a la tradicional.[6]

Algunas mujeres tienen en cuenta el escepticismo hacia el sueño de tenerlo todo y planean sus vidas profesionales para evitar el punto de frustración con aquello de lo que fueron testimonios en las vidas ajetreadas de sus madres. «Sentimos mucha presión para tener éxito en el mundo laboral, pero ¿cómo lo conseguimos y al mismo tiempo tenemos éxito en casa?»,[7] dice una estudiante del Wellesley College entrevistada en *Christian Science Monitor*. El parámetro del «éxito», un término nacido en el puesto de trabajo y trasplantado desde allí al hogar, hace que las cosas parezcan más duras de lo que deberían ser. Estas mujeres bien podrían tener éxito en la conocida troika de la maternidad de mi propia infancia —que proporcionamos «comida, ropa y refugio» a nuestra descendencia y no les pegamos—, pero se preocupan por el fracaso según los criterios extravagantemente embellecidos de ser madres hoy.

«Estas mujeres tienen razón en estar preocupadas —dice Elayne Rapping, profesora de estudios de la mujer—. La noción de tenerlo todo implica mucho más de lo que prevén las jóvenes. Es muy difícil negociar dentro de un matrimonio quién hará qué cuando ambas personas tienen carreras de prestigio.» Las tareas domésticas no son fáciles, es cierto. De hecho, pueden resultar agotadoras. Como argumenta de manera perceptiva Joan Williams, muchas mujeres más que elegir abandonar la población activa son expulsadas de esta,[8] porque vivimos en una cultura que de manera persistente imagina al «empleado» como un hombre blanco de mediana edad con una mujer a tiempo completo en casa que se ocupa del hogar y de los hijos.

La población activa no se adapta a los padres y madres, y es esta una política continuada y un reto social. Otro reto, más privado e interno, consiste en ser lo bastante valientes en nuestros matrimonios para resistir la presión de iguales hacia la perfección maternal cuando esos criterios nos hacen sentir ansiosas, melancólicas o demasiado tímidas. Quizá podríamos «tenerlo todo» si nos fijáramos objetivos domésticos realistas y aceptáramos la idea de que hay tantas formas de ser una madre «triunfadora» como imaginamos que hay de ser una madre fracasada. Aparte de eso, demasiadas mujeres de hoy experimentan la singular melancolía conyugal posliberación de sentir que han fracasado como madres o que han fracasado en alcanzar su potencial o, en el peor de los casos, que han fracasado en los dos terrenos.

En ese sentido, ¿dónde termina la previsión sagaz y empieza la cautela corta de miras? Las mujeres a punto de licenciarse de Arnold, y hasta cierto punto el grupo de las que renuncian al trabajo, parecen estar funcionando bajo una especie de realismo prematuro.

No obstante, en ocasiones, si no prevés los problemas, no los tienes. Es una lección curiosa y, quizá contraintuitiva, que obtenemos más del matrimonio si planeamos menos; o al menos si no planeamos sobre la imposibilidad de tenerlo todo. Pensemos en Paula, la ingeniera química: «Nunca supuse que me casaría —declara—. El futuro que imaginaba para mí era que sería una mujer soltera trabajando en un empleo corporativo de altos vuelos vestida de traje chaqueta en una gran ciudad, y cada mañana compraría un *bagel* y un café para llevar de camino a la oficina.» Paula se educó como una chica «brillante», el término de moda en nuestros días, y —en los años de «Soy una mujer, escúchame rugir» del movimiento feminista— siempre se esperó de ella que tendría una carrera. La madre de Paula alentó el sueño. Producto del consenso matrimonial de los años cincuenta, su madre había pasado de estudiante universitaria a esposa y madre en el transcurso de un año, a la edad de veintiún años, y no estaba muy satisfecha con su matrimonio al principio. En cuanto al padre de Paula, su «cantinela repetitiva era que, como era regordeta y lista, los hombres no iban a quererme y iba a pasarlo mal en la vida, así que necesitaría sacarme carrera».

Sin embargo, Paula no desarrolló ideas fijas sobre la carrera y el matrimonio, ni tenía «nada en contra» de casarse. Igual que nos ocurría a muchas de nosotras a finales de la década de 1970, simplemente no era algo que le quitara el sueño. Después, en la facultad, Paula no hizo ningún «plan de contingencia» para un futuro matrimonio, ni anticipó una retirada al hogar, ni pensó de manera preventiva en las dificultades de «tenerlo todo» ni planeó de forma proactiva «tenerlo todo», ni se preocupó por el «equilibrio». En realidad, no planificó demasiado, sino que empezó en su vida adulta dejando que las cosas se desplegaran de manera más natural. Siguió la llamada de su pasión, la ingeniería química. Ahora, después de seguir el consejo profesional icónico de la película *El graduado*, trabaja en una empresa de plástico que forma parte de la lista Fortune 500. Paula ascendió con rapidez, y su carrera profesional le pareció profundamente satisfactoria y próspera. «Mi carrera era predominantemente mi vida», dice.

Cuando Paula se acercaba a los treinta, tuvo la familiar revelación entre chicas profesionales de que había olvidado casarse y procrear. Podría haber encajado en la categoría de mujeres profesionales compungidas y arrepentidas sin hijos ni marido, sobre las que la autora Sylvia Hewlett nos advirtió en su libro ampliamente discutido *Creating a Life*, pero Paula no se desesperó. Cuando empezó a contemplar la posibilidad de un matrimonio, pensó en ello en el espíritu de matrimonio-trofeo de nuestro tiempo, como algo que tenía que «ser un aditivo» para la vida plena y autosuficiente que ya se había construido por sí misma. Entonces, con el alma de un ingeniero más que con espíritu romántico, se dio cuenta de que podía «organizarlo como un proyecto» y empezó lo que ella llama misión «Tener una Vida». Compró billetes de temporada para eventos culturales para solteros en Detroit y así conoció a su marido, Alex, en 1999. Se casaron un año después. Cuando llamó a sus padres para contarles que se había comprometido, la respuesta de su madre fue: «¿Cómo va el trabajo? ¿Te han ascendido?»

Según las intenciones, este iba a ser un matrimonio de dos carreras: «Yo dejé muy claro que mi carrera era extremadamente importante para mí —dice— y que no esperaba que esa importancia disminuyera una vez que nos casáramos, si nos casábamos.» Alex, que trabaja en una empresa con solo tres empleados, es algo menos ambicioso. «Le gusta controlar sus proyectos, pero no quiere conquistar el mundo. Yo venía de una perspectiva de conquistar el mundo y el espacio exterior», dice Paula riendo. Afirma de manera inequívoca que no consigues grandes avances «en un horario a tiempo parcial. Eso no ocurre». (Esa conclusión podría no ser justa o deseable, pero probablemente es nuestra realidad. El antiguo presidente de Harvard Lawrence Summers, notorio por su comentario políticamente incorrecto, aventuró la misma conclusión cuando comentó que los científicos no logran realmente grandeza con la devoción profesional modificada que implica el «equilibrio». Pero destrozó esta idea de tal modo —y luego hizo saltar chispas en la tercera vía de la política feminista después de meterse a comparar por medio de la neurología los cerebros de hombre y mujer— que tuvo que renunciar a su presidencia como resultado.)

Si Paula no planeaba casarse, estaba «completamente segura de que no pensaba en tener hijos», pero la espontaneidad ante nuevos objetivos es un «tema recurrente» en su vida. «Estoy abierta a novedades. Puede que no piense que la probabilidad de que ocurran es tan genial, pero me animo a probar cosas.» Paula decidió que su carrera y los hijos podían funcionar de manera simbiótica. Ya casada e inquieta por tener un nuevo reto, utilizó un permiso de maternidad no remunerado de seis meses como un improvisado año sabático en lugar de dejar el trabajo. Estuvo temporalmente fuera de la «lista de posibles ascensos» en su empresa, y «fue una gran renuncia, pero lo que realmente me enganchó fue que quizás esta podría ser una aventura mejor».

Paula accedió a la baja por maternidad sabática con mentalidad abierta. «No tenía ni idea de qué iba a resultar.» Su posición es notable por la modesta razón de que no tenía expectativas fijadas o criterios de éxito. Otras madres jóvenes que he conocido tenían convicciones prenatales tan firmes respecto a que iban a dar el pecho o a tener un parto natural que terminaron reprendiéndose y sintiéndose fracasadas cuando terminaron prefiriendo trabajar. (Por ejemplo, una conocida mía finalmente dio a luz a su primer hijo solo cuando su médico tuvo una revelación y le dijo: «¿Sabes, no te dan una medalla por hacerlo sin medicación?» Desengañada de la noción de una medalla de alguna clase —supongo que por parir de forma «natural»—, accedió a que le pusieran la epidural y enseguida dio a luz al bebé.)

El primer hijo de Paula fue un reto. Algunos días eran «geniales» y otros «tan frustrantes que estaba ansiosa porque terminaran». Sin embargo, lo que descubrió que disfrutaba era «la oportunidad de tener un nuevo proyecto que exigía mucho trabajo para intentar comprenderlo del todo». La mentalidad profesional de Paula la ayudó a afrontar el desafío de la maternidad más como un ingeniero que como una diosa doméstica.

Paula tiene ahora dos niños pequeños y ha vuelto al trabajo. Resulta interesante que vea su matrimonio como «muy poco convencional. No soy una madre que se queda en casa, y tengo una carrera profesional activa». Es interesante que el sueño de tenerlo todo, tan crucial para la idea de un matrimonio posliberación, se perciba ahora como algo un tanto extravagante. Pero Paula podría tener razón. Su matrimonio y el de otras parejas incorregibles de dos carreras son hoy en cierto sentido pioneros, no porque hayan inventado un nuevo sueño para el matrimonio, sino porque han elegido seguir creyendo en uno viejo, impopular e incluso ridículo, y trabajan en sus matrimonios en torno a ese sueño.

Paula y Alex realmente tienen un matrimonio cincuenta-cincuenta, en opinión de ella, aunque no por una contabilidad literal de quién hace cuántas horas de tareas exactamente comparables (te puedes volver loca tratando de equilibrar una hoja de contabilidad como esa). Como Alex trabaja en la actualidad a tiempo parcial, se ocupa más de las tareas domésticas que Paula, que trabaja a tiempo completo, pero son iguales al compartir lo que llamo en todos estos capítulos el «cociente de monotonía». Cada uno hace tareas desagradables o necesarias pero poco inspiradoras —según sus propias definiciones de desagradables, porque lo que es una pesadez para la mujer puede ser la felicidad del marido— para mantener la casa y la familia. La prueba decisiva es que no discuten sobre quién hace más. Paula se levanta a las 4.30 para hacer un turno que termina a mediodía, y Alex se ocupa de los hijos por la mañana. Cocina, limpia. El control del dinero siempre ha sido crucial para Paula, así que tienen cuentas bancarias separadas.

Paula se educó con una mentalidad de «tener una cosa». Creía que probablemente solo podría tener una carrera y luego se topó con «tenerlo todo»: una carrera prometedora, matrimonio, hijos y amigos. El significado de su historia es que consiguió más por no hacer planes de manera demasiado tímida, o demasiado temprano, para tener menos. O planeó —solo en la medida en que Betty Friedan podría haber esperado— ser una mujer que primero persigue su propia musa y pasión en la vida. La idea y el humor imperantes hoy son los de planear tener menos. Hay una gran dosis de escepticismo en la actualidad sobre el sueño de tenerlo todo. Sin embargo, mujeres como Paula sugieren una recomendación contraintuitiva según la cual prever el problema podría formar parte del problema. Esto conduce a las mujeres, y quizá también a los hombres, a restringir la ambición antes de intentarlo en el matrimonio.

Paula aconsejaría a sus propios hijos hacer más o menos lo que ella ha hecho: dejarse guiar por su pasión, aprender a mantenerse por sí mismos y esperar hasta más tarde para casarse. «Estaba segura de mi identidad antes de intentar obtener la satisfacción de cualquier otro», dice. Si no quieren casarse, espera que encuentren un grupo de amigos que los apoyen, y no cree que ella abogue ni a favor ni en contra del matrimonio. Una buena amistad, razona Paula en el espíritu posromántico, puede cumplir muchas de las necesidades emocionales del matrimonio. Sobre todo, no quiere que sus hijos se sientan obligados a casarse demasiado pronto.

En el mismo número de *Christian Science Monitor* sobre «tenerlo todo», otra estudiante de Wellesley anuncia que ella y sus amigos hablan constantemente sobre cómo harán «malabarismos» con las exigencias de casa y trabajo, los dos elementos imaginados y temidos como fuerzas antagonistas en la vida. Se trata de un punto de vista que está calando: en el matrimonio de dos carreras, versión 2.0, la carrera es una tarea, la familia es una tarea, las dos hay que controlarlas con amargos malabarismos.

Tenerlo todo podría descartarse como el sueño imposible. No obstante, mientras las pruebas se acumulan lentamente, tampoco está claro que abandonar el trabajo en busca de equilibrio sea un sueño factible, aunque suene razonable sobre el papel y tenga la promesa de su aparente novedad. Tomemos el hecho de que en Estados Unidos las mujeres ahora superan a los hombres en doctorados. Hoy, algunas de esas mujeres, con talento y ambición indudables, aspiran a hacer malabarismos con la maternidad y la carrera convirtiéndose en profesoras a tiempo parcial, mal pagadas y en gran medida poco respetadas. Según Alison Gopnick, psicóloga en Berkeley, las madres que hacen malabarismos con carrera e hijos tienen la esperanza de que ser profesoras adjuntas a tiempo parcial sea un medio de lograr equilibrio —mantener un pie en casa y otro, ligeramente, en una carrera—, pero de hecho este plan parece confinar a estas mujeres a un gueto profesional permanente. «Muchas mujeres piensan que pueden tener familias y quedarse en el mundo profesional siendo profesoras adjuntas»,[9] dice Gopnick, pero quedan atrapadas allí, y cuando quieren volver a una carrera a tiempo completo, la carrera ya no está. Una mujer así tenía una carrera académica muy prometedora, asistió a facultades de prestigio e incluso escribió un libro comercial. Luego optó por dar clases a tiempo parcial para poder estar presente para sus tres hijas. Ahora lleva años divorciada y se las arregla para obtener unos ingresos de menos de 40.000 dólares al año para su familia enseñando en varios cursos en dos escuelas universitarias. Nunca recuperó el lado profesional de la ecuación, o el sueño del equilibrio.

En lugar de hacer malabarismos, Amelia y Kyle encontraron la simbiosis. Lo que me interesa de su historia es cómo terminaron usando el matrimonio para que ambos avanzaran en las ambiciones de sus carreras.[10]

Su matrimonio es esa rara criatura que hace de puente entre las dos Américas del matrimonio. Amelia creció con las expectativas conyugales del matrimonio posromántico típico del estado demócrata secular. «Siempre creí que me casaría, pero nunca lo di por hecho, y cuando fui mayor incluso pensé que no me casaría y empecé a planear mi vida con eso en mente.» Cuando decidió casarse, se sintió como «en un trampolín. No lo contemplaba como el resultado final, sino que sentía que deberíamos casarnos para tener un seguro de salud, para tenerlo todo más fácil, para tener hijos».

Kyle creció en un enclave rural del Medio Oeste con expectativas de matrimonio tradicional y conservadurismo social. «Nunca pensé formalmente en eso, pero culturalmente todo el mundo lo hacía —recuerda—. Te casas nada más terminar la facultad y tienes hijos enseguida. Es lo que haces.» Cuando se desplazó a Washington, donde reside hoy la pareja, «mis colegas decididamente no hacían eso. Esperaban más, viajaban por el mundo, se divertían y se zambullían en sus carreras. No soy capaz de expresar la presión cultural que sentía entonces. Era como si estuviera siendo desobediente».

—Nunca había visto eso antes, el nivel de preocupación por el hecho de que no se casara —coincide Amelia—. Tenía treinta y tantos y un gran trabajo...

—La gente bromeaba conmigo preguntándome si era gay —interviene Kyle—. No era despectivo; simplemente no podían comprenderlo. No conocían a ningún tipo de treinta y tantos sano y sin casar.

Kyle desarrolló puntos de vista más progresistas del matrimonio, más parecidos a los de Amelia y más en consonancia con la lógica del matrimonio de nuestro tiempo: vio el matrimonio como algo no distinto de otra relación comprometida, pero sabía que sus padres los apreciarían más «si teníamos un hijo bajo el estandarte del matrimonio», aunque «podríamos tener una relación profundamente comprometida sin él». Sin embargo, el matrimonio «fue importante para mis objetivos», añade, porque le dio «la flexibilidad que quiero en la vida para cambiar de carrera, para perseguir mis sueños».

Cuando se casaron, Kyle llevaba seis años en un grupo de presión de Washington, y aunque en muchos sentidos era un trabajo perfecto, no quería estar en una oficina en la calle K, vestido de traje y corbata durante el resto de su vida. Ya tenía derecho a pensión y quería probar un trabajo nuevo: dar clases de escritura creativa y de consultoría. «Pude hacerlo gracias al matrimonio. Amelia tiene seguro de salud. Casarme hizo que fuera económicamente factible cultivar mi lado creativo.» También hay beneficios menos tangibles. Kyle dice que en lo que respecta a la carrera, «Amelia me permite soñar, encontrar cosas que amo. Me da el permiso para hacerlo». Amelia coincide en que «permitir a la pareja la libertad para hacer lo que está bien para ambos» es una gran parte del éxito conyugal.

Del mismo modo, Kyle apoya la carrera de Amelia. Ella trabaja en una prestigiosa empresa de consultoría en Washington y le encanta su empleo y su empresa. «Amelia estaba preparada para ir a todo gas con su carrera», dice Kyle; y ha podido hacerlo porque el trabajo y el puesto de Kyle en una escuela universitaria tiene más flexibilidad. Él trabaja, pero también hace la mayoría de las tareas de casa para que Amelia pueda dedicarle más horas a su profesión.

Kyle se habría sentido culpable y habría pensado que el matrimonio era «desigual» si hubiera dado un paso atrás profesionalmente antes de haber ahorrado suficiente dinero, y Amelia no se habría sentido bien si Kyle se hubiera pasado el tiempo holgazaneando y mirando anuncios. «Mi única preocupación con el hecho de que Kyle dejara su trabajo era que lo tomara como una oportunidad para no hacer nada. Con eso estaría de acuerdo un mes o dos —se apresura a añadir—, pero sé que me molestaría si él estuviera todo el día mirando la tele y yo tuviera que hacer las tareas del hogar y sacar adelante una profesión mientras él está sentado.»

Sin embargo, tal y como están las cosas, Amelia se encuentra en la agradable posición de que su matrimonio real supera sus tímidas expectativas. «En realidad, pensaba que el matrimonio sería mucho peor», dice. Había interiorizado la advertencia de que tenerlo todo nunca funciona. «Tenía la expectativa de que el matrimonio conllevaría muchas renuncias y que haría más tareas domésticas y más trabajo desagradable. La realidad tiene mucho más que ver con una sociedad.» Amelia da mucha importancia a elegir al marido adecuado. «La mayoría de las mujeres que conozco son muy abiertas, y parece que la cuestión se reduce al marido y a su voluntad de igualdad. Una amiga salía con un tipo que sentía que tenía que "proporcionar" lo suficiente. La mujer podía trabajar, pero eso era un problema.» Como Paula, Amelia no cree que tenerlo todo sea un mito. «Siento que lo tengo todo. Quiero tener hijos y entonces cambiarán las cosas, pero confío en que lograremos que funcione.» Los dos tienen un acuerdo simbiótico que utiliza el potencial de dos carreras de nuestro tiempo de manera que ambos terminen consiguiendo lo que quieren. El matrimonio funciona para añadir posibilidades más que para crear nuevas complicaciones, cargas o desigualdades.

Estoy cenando con una pareja casada con dos carreras, que tiene dos hijos en edad escolar. Los dos cónyuges están muy consagrados a sus respectivas profesiones en campos creativos. El equilibrio no es algo que se les ocurra. Aprecian la vida familiar, pero Anna es inusualmente desenvuelta respecto a su preferencia de la pasión por encima del equilibrio, en el sentido de que es incorregible sobre su amor por el trabajo duro, la ambición y la carrera. «¿Qué otra cosa hay? —dice Anna—. Hablamos de nuestro trabajo constantemente, o de eso o de los niños. Es lo que mantiene unido al matrimonio.» Ella tiene una ética laboral para tareas distintas de la paternidad y parece bastante inmune a las tendencias a los remordimientos contra la construcción de una carrera, la diversión, las aspiraciones no parentales y la prerrogativa adulta en un matrimonio. De manera refrescante, rechaza la «vinculación parental» actualmente en boga, que mantiene a mujeres y madres aún más atadas a sus hijos y hogares. «Soy la compañera de juegos más aburrida que mis hijos podrían tener —afirma—. Es bueno que puedan verme haciendo el trabajo que me importa.»

Anna y Gordon desarrollaron su idea del matrimonio y el trabajo con el tiempo. Anna es casi una década más joven que Gordon, y recuerda que, quizá como vestigio de su educación, tenía una obsesión de «nueva novia» que se expresó en un ansia por los últimos electrodomésticos y otros aparatos que asociaba con la vida matrimonial. Anna cree que, como era más joven, podría haber cargado a Gordon con la expectativa de que él se encargara de las cosas. Estas son expectativas románticas. Pero hoy no «es el romance» lo que hace que un matrimonio funcione, dice Anna. En cambio, a lo largo de los años, Anna y Gordon siguieron volviendo a la idea de su trabajo, su «producción cultural», como una especie de misión compartida o una militancia para su matrimonio. Querían producir y crear juntos, no consumir. Da la impresión de que se han labrado un camino, a contracorriente del equilibrio, hacia un matrimonio que les permita una oportunidad de sentir, en términos de Friedan, «la vitalidad de dar el máximo» en la vida, aunque trabajen con ahínco.

«Creo que es una doble oportunidad», dice Anna de tener una carrera y un matrimonio con hijos. Me gusta su comentario. Me gusta su ambición. Intensidad, ambición, resolución y obsesión no son elementos bien vistos estos días, al menos en cónyuges. El padre que ansía su carrera, que es verdaderamente el más feliz cuando persigue esa musa, tiende a amortiguar su celo en capas de disculpa. Y al contrario, la mujer que deja el trabajo, por ejemplo, que descubre que en realidad tiene una pasión inquebrantable por la domesticidad, de un modo orgánico, sin lavados de cerebro y sin ser sumisa, puede terminar sintiéndose avergonzada por el hecho de buscar ese objetivo con entusiasmo y ofrecer sus propias disculpas a la defensiva de las razones por las cuales «no hace nada», como he oído que lo describían. Podría presentarse como «una madre que me quedo en casa, aunque soy abogada», o las que sean sus últimas coordenadas de carrera profesional.

Quizá por eso nos hemos decidido por un sueño de equilibrio por encima de la pasión de tenerlo todo. Las evasivas actuales de las apuestas a través del equilibrio parece la posición menos censurable, mordaz y socialmente ofensiva a adoptar. ¿Quién podría juzgarnos o vilipendiarnos por un hito tan modesto? ¿Quién podría criticarlo como un sueño egoísta, ambicioso, obsesivo o estúpidamente idealista en el matrimonio? ¿Quién podría acusarnos de ser amas de casa retro, desesperadas o mujeres profesionales «egoístas» si solo tratamos de imponer un poco de cada cosa y hacer malabarismos para controlarlo todo?

No es que nos falten historias de éxito de «tenerlo todo». Simplemente se trata de que no confiamos en el sueño, de manera que estos matrimonios son contados más en tonos de precaución que como victoriosos (como dice Shirin: «Saben que no puedes tenerlo todo...»). Han llegado a sentirse como algo ilícito, triunfos escondidos en la época del equilibrio. Esta desconfianza del gran sueño del matrimonio —el sueño de vivir a lo grande en el matrimonio— podría marcar la pauta de un retroceso más general frente al riesgo y el espíritu de aventura en la cultura estadounidense, al tiempo que nos volvemos más quejosos y cautelosos. En todo caso, tiene consecuencias. Es desesperanzador ver mujeres jóvenes haciendo planes sin apenas ambición, por comprensibles que sean sus preocupaciones, porque nada es fácil.

Quizá la mujer de Enjoli en realidad era el caballo Boxer disfrazado, pero yo reivindico el espíritu atrevido, prodigioso y audaz del sueño rehabilitado como un deseo bueno y plausible. En ese sueño, el matrimonio era un escenario con estilo, cargado de pasión e impulso y energía divertida. La modelo de Enjoli no se estaba disculpando por ser sexy, exitosa, insinuante, caliente y tan hábil en la cocina que podía preparar la cena con un encantador vestido gris largo hasta los pies. No, estaba alardeando. El matrimonio de «tenerlo todo» apoyaba una especie de exceso chillón. El sueño proponía que todos deberíamos ser lo contrario del personaje de Bartleby de Herman Melville, deberíamos «preferir hacerlo» y preferir hacer más. Ahora que el imperativo económico de encontrar un tíquet de restaurante («me casaré por la comida») se ha desdibujado, ahora que la economía conyugal puede ser cualquier cosa que queramos, ¿por qué no querer más?

4

El matrimonio Tom Sawyer

Los apuros de la nueva esposa bestia de carga

> Tom entregó la brocha y mientras [...] [su amigo]
> Ben trabajaba y sudaba bajo sol, el artista retirado se
> sentó en un barril cercano, a la sombra. A media tar-
> de, Tom [...] había pasado un buen rato ocioso [...] y
> ¡la cerca tenía tres capas de pintura blanca!
>
> MARK TWAIN,
> *Las aventuras de Tom Sawyer*

Algunos cónyuges, desde luego, quieren más y esperan que el matrimonio sea más, no menos. Todavía persiguen la ambición en el matrimonio y el gran sueño. Casi por intuición, o tal vez porque se trata de un hábito profundamente arraigado, encuentran vías a través del matrimonio para evitar «trabajos que no aprovechan como es debido su energía creativa», como había esperado Friedan, pero a costa de generar un efecto de melancolía y mal humor en sus esposas. Esta es la historia de cómo los Tom Sawyer modernos consiguen que sus mujeres les pinten la cerca.

Beth, una de mis más viejas amigas, era especial entre las mujeres especiales de nuestra universidad porque rechazó ir a Yale, y nadie hacía eso. Al presentarse a programas de posgrado en ciencias después de terminar la carrera, fue aceptada por todas las universidades a las que se había presentado y tuvo ocasión de rechazar Yale por segunda vez, y lo hizo.

Cuando Beth cursaba sus estudios de posgrado, conoció y se casó con Richard, un compañero que estudiaba ciencias con ella. Rich es un hombre encantador y listo, con grandes sueños. Se disfruta hablando con él y resiste cualquier categorización fácil de su pensamiento o sus creencias. Beth tuvo un hijo antes de lo que habían planeado, cuando todavía se esforzaba por completar su doctorado.

Beth sobrellevó los altibajos habituales de la maternidad mientras de manera simultánea terminaba su tesis doctoral. La familia residía en un pequeño apartamento de una ciudad del Medio Oeste y Richard disfrutaba de una beca excitante desde el punto de vista intelectual, pero característicamente mal pagada. Visité mucho a Beth en el año después de que diera a luz y ella seguía llevando su ropa negra premamá. Hoy recuerda que ese año estuvo deprimida. Las tensiones en la pareja respecto a la división de las tareas fermentaba bajo la superficie.

Desde entonces, hace doce años, se han mudado cada pocos años, con frecuencia por el sueño de posibilidades profesionales de Rich, y una vez por las de Beth. Ella, de manera sistemática, ha terminado como la bestia de carga que trabaja para la pareja. A Beth no le gustaban varios de sus lucrativos pero insatisfactorios trabajos. («Escribo informes para los estantes de los burócratas.») Sin embargo, Richard siempre tuvo más claridad y pasión que Beth en relación con sus sueños profesionales, y buscó trabajos que le proporcionaran retos interesantes. En cierta ocasión, se empeñó en fundar su propia empresa; en otra, aceptó un trabajo mal remunerado pero satisfactorio como profesor adjunto; y en otra, trabajó de entrenador de atletismo. Rich incluso exploró la posibilidad de abandonar su campo profesional principal para convertirse en misionero y entró a trabajar sin sueldo en una iglesia a tiempo parcial. Al elegir entre empleos potenciales, Rich ha seguido a una musa. Beth ha tenido que seguir el signo del dólar. Quizá cada pequeña decisión del camino tuvo sentido para ella, y para ellos, o les pareció justa o conveniente de manera temporal, pero con el paso de los años se fueron acumulando en una vida que le cortaba las alas a Beth y la obligaba a un feroz ajetreo laboral que aturde el alma.

En una visita, hace varios años, Beth no estaba en buen lugar. Aunque desearía que no fuera así, su vida me tenía perpleja. Traté de apoyarla, pero nos conocemos desde hace tanto tiempo que mi incomodidad, que linda con una frustración sincera sobre sus circunstancias, me traicionó. Rich acababa de aceptar otro trabajo mal pagado de maestro en una escuela situada a tres horas de distancia, lo cual significaba que pasaba muchas noches fuera de casa. Este hecho había condenado a Beth a ocuparse de las responsabilidades del cuidado de los hijos durante la mayor parte de la semana, así como a un trabajo que desprecia.

Estamos cómodamente sentadas en el sofá de su salón —en ese punto dulce y efímero de intimidad de vino tinto entre buenas amigas, lo bastante borrachas para decir la verdad pero no tanto como para escudarnos en ello— cuando Beth me dice, casi con lágrimas en los ojos:

—Estaría bien tener una oportunidad de ser una madre de verdad antes de que sean demasiado grandes.

No importa lo íntima o duradera que sea una amistad, difícilmente hay un conjunto de temas domésticos más sensibles entre las mujeres que la maternidad, los compromisos parentales y el dinero. Entramos en este campo minado con gran peligro. No obstante, el patetismo nostálgico de Beth me genera un valor y una franqueza poco comunes.

—Bueno... ¿no puede ser Richard el que gane el dinero durante un tiempo? ¿No puede apoyarte a ti para que tú tengas tiempo libre? Parece justo. —Dicho está. He señalado el problema que nadie quiere ver y le he puesto nombre.

—Ya lo sé. Estoy frustrada de ser la que gana la mayor parte del dinero. —Hace una pausa para arrancar un trozo de pan de la barra que ha preparado con olivas y queso y mastica con agresividad.

Y luego, además de la maternidad, me atrevo a sacar a colación todos los sueños profesionales que ha barajado desde sus días en la facultad y que ha tenido que aparcar.

—¿Crees que después podrías dar un paso hacia tu siguiente

trabajo? Te imagino colaborando con gente en trabajo social, o ¿te acuerdas?, querías trabajar con animales grandes. —Me estremezco al pensar en lo parecido que suena esto a conversaciones que he tenido en mi calle con niñas de cinco años, todas las cuales quieren ser veterinarias o princesas.

Beth me ha oído, pero no hay ninguna reacción.

—Rich —dice en voz alta—, ¿puedes ajustar la lámpara de la cocina? Hay demasiada luz aquí.

Capto la indirecta y la conversación se va apagando.

Beth le pide a Rich que lave los platos de la cena, lo cual tomo como una señal esperanzadora. Es un pequeño paso hacia la afirmación de equilibrio en el cociente de monotonía de su matrimonio. Richard cumple con esa tarea con alegría y mi humor mejora. Sin embargo, Rich se equivoca con las etiquetas desconocidas y usa lavavajillas en lugar del líquido para el lavaplatos. El aparato enseguida empieza a vomitar espuma y esta se derrama por el impecable suelo de madera de Beth.

—Dios mío, es un episodio de *Yo quiero a Lucy* —digo.

Se ríen. Beth limpia el desastre. Yo ayudo. Richard desaparece para hacer alguna cosa, mirar su correo electrónico, quizás, o buscar algo en Google.

En cierto modo, una hija del feminismo se ha convertido en la melancólica heredera del hombre del traje gris.

Me sorprende descubrir que el caso de Beth no es tan idiosincrásico o raro. En la actualidad, en uno de cada tres matrimonios (33 %) de Estados Unidos las mujeres ganan más que sus maridos: un incremento desde uno de cada cuatro (24 %) en 1987. El 33 % comprende matrimonios muy diversos. Desde luego, hay matrimonios modernos simbióticos, o al menos benignos, en los cuales un padre que se queda en casa cumple con la parte pesada del cuidado de los hijos y el trabajo doméstico, mientras que la mujer se centra en una carrera más o menos satisfactoria, y ambos sienten que el acuerdo funciona y los hace felices.

A mi entender, este compromiso se sitúa sin duda entre los éxitos feministas más puros de nuestro tiempo, porque el marido y la mujer realmente trascienden roles de sexo y funcionan de acuerdo a sus propias necesidades, predilecciones y preferencias. En ese 33% también se encuentran algunos de esos matrimonios atribulados en los que los dos miembros trabajan, donde la mujer podría ganar algo más que el marido, pero ambos dedican básicamente las mismas horas a cambio de básicamente el mismo salario en trabajos que básicamente les gustan o básicamente desprecian. Estas parejas tienen una paridad entre ellas nefasta y agotadora: su cociente de monotonía se compensa. También hay mujeres que son el sostén económico de la familia entre ese 33%; mujeres para quienes sus carreras son enternecedoramente satisfactorias y que no renunciarán a ellas por nada del mundo. (Charlé con una de estas felices mujeres cuando la vi llevando a su hijo a la misma guardería que el mío. «¿Cuándo abren las puertas de las aulas?», me preguntó con avidez, ansiosa por respirar de nuevo el aire sagrado del rincón de su oficina. Su marido se queda en casa para cuidar a los hijos, y los dos están contentos con el acuerdo.)

Pero acurrucado en ese tercio de los matrimonios se encuentra un subconjunto más problemático en el que se incluyen algunas de mis amigas descontentas, mujeres con educación superior, triunfadoras, ambiciosas y con talento, que habitan en matrimonios melancólicos de bajo conflicto de hoy, pero por razones claramente modernas. La mayoría de ellas terminaron la facultad y enseguida superaron prestigiosos programas profesionales y doctorados a finales de la década de 1980 y principios de los noventa. Son abogadas, investigadoras científicas, académicas, editoras y emprendedoras.

Y ahora son esposas con trabajos exigentes por los cuales sienten escasa pasión o afecto, que apoyan económicamente a maridos que siguen el dictado de sus propias musas creativas, artísticas, de aficiones o intelectuales.

Si Tom Sawyer se casara, esta podría ser su vida.

Para mujeres bestia de carga como Beth, la profesión de alto rendimiento económico es el nuevo trabajo doméstico. Como sacar la basura, pasar la aspiradora o limpiar el cuarto de baño, es aquello que ni el marido ni la esposa tienen especiales ganas de hacer; pero la mujer lo hace más como una tarea que con alegría.

¿El efecto Tom Sawyer (mujer bestia de carga alicaída que apoya al marido feliz liberado de una carrera profesional) es el caso extremo de gueto sexual? Algunos economistas sostienen que el prestigio de una profesión disminuye con el tiempo cuando las mujeres se infiltran en ella (¡el barrio ya no es lo que era!), con el resultado de que profesiones codiciadas, de alto estatus y bien pagadas dominadas por los hombres dejan de serlo en cuanto las mujeres ponen un pie en la puerta. El poder, como la moda, se las arregla para estar siempre un paso por delante de arribistas ansiosos. El ejemplo más obvio de nuestro tiempo es el sector de la informática y la tecnología, que se animó en cuanto las mujeres estaban terminando sus años de facultad para constituir casi mayorías en bastiones antes prestigiosamente masculinos como la medicina y el derecho. Cuando una mujer obtenía con orgullo su doctorado, un niño prodigio de la tecnología de la misma edad ya había empezado una puntocom en el sótano de sus padres, había ganado millones, comprado propiedades inmobiliarias y se había retirado.

Quizá no se trata solo de maridos bien educados que han huido de una profesión feminizada, sino de que han renunciado a todas ellas. Según el analista económico Anirban Basu del Sage Policy Group, una investigación reciente muestra que el número de hombres que abandonan la vida laboral ha subido del 5 % en la década de 1960 a casi el 13 % hoy, y la recesión que empezó en 2008 ha exacerbado el desempleo masculino. Ese éxodo de la economía a través de ventas de empresa, jubilaciones anticipadas, incapacidad, despidos o decisión personal es transversal en todos los niveles de ingresos e incluye a hombres con profesiones liberales. El desgaste en este último grupo, me cuenta Basu,[1] es un fenómeno más reciente, pero ya está documentado por *Business-Week* y el *Wall Street Journal*, entre otras publicaciones comerciales y de negocios.

Mi amiga Gretchen lleva quince años haciendo un viaje al trabajo sumamente aburrido y agotador, cuatro o cinco días por semana. Primero conduce quince minutos hasta un transbordador al alba, luego pasa al metro para completar el trayecto en el otro lado. Su marido, Adam, es una de las personas más listas y deliciosas que John y yo conocemos. Así pues, muchos maridos Tom Sawyer poseen una chispa y un brillo que sospecho que proceden de hacer exactamente lo que quieren con su talento y su tiempo. Hablar con estas personas es indefectiblemente interesante. Adam ha vivido quince años mucho menos monótonos o tediosos que los de su mujer. Pasó la mayor parte de esos años progresando de manera irregular hacia una licenciatura, que no completó, en un oscuro programa de humanidades que coincidía con sus intereses y pasiones intelectuales. Ha tenido trabajos en los que ganaba algo, pero no lo suficiente para aliviar a Gretchen de lo que esta considera el yugo de una profesión. Desde hace varios años, Gretchen desea hacer algo que le permita sentirse más como Adam, descubrir una vocación que sea también una misión, donde sus deseos se armonicen con su estilo de vida. Ha contemplado varias posibilidades: abrir una papelería, convertirse en periodista, producir un documental, cambiar a otro campo distinto dentro de la abogacía, abandonar el derecho por completo, trabajar para una organización sin ánimo de lucro o dar clases en el instituto.

Ninguna de estas cosas ha ocurrido, porque, entre otros obstáculos, está la cuestión insuperable de una hipoteca, la comida y la gasolina. Gretchen y Adam no son de los que actúan de inmediato. He pensado con frecuencia que serían más felices si alguien les estampara una fecha de caducidad en sus vidas para darles un empujoncito artificial que los obligara a tomar una decisión. En este punto, Gretchen ha pospuesto sus sueños, apilados en un rincón polvoriento de su matrimonio: el sueño de la maternidad, expirado; el sueño de una casa nueva, en permanente espera; y el sueño de una carrera que satisfaga su alma, pospuesto.

Gretchen y Adam son personas que se autocuestionan. Si la mujer bestia de carga se siente «atrapada» en el rol de sostén económico, como Gretchen y Beth han descrito su situación, no es por falta de intentar evitarlo. Cuando hace muchos años surgió el tema por primera vez en la conversación, Gretchen se me quejó, igual que lo había hecho directamente a Adam, de que la incapacidad de este para devolver los créditos estudiantiles o postularse para mejores trabajos había frustrado su propia vida. Yo, enfadada de manera indirecta, pregunté si no le parecía injusto haberse convertido en la bestia de carga. Gretchen reflexionó y reconoció que era una injusticia. «Pero si le pido a él que gane más dinero, y entonces no consigue escribir su libro o sacarse la licenciatura —dice—, sería como no darle la oportunidad de cumplir su sueño.» Eso tenía sentido para mí. Todavía no comprendo por qué ni a ella ni a mí se nos ocurrió preguntar por el sueño de Gretchen esa noche.

Aunque claro está, muchos acuerdos tácitos establecidos entre compañeros de toda la vida son tan singulares que ni siquiera los mejores amigos pueden entender lo que puede haberse intercambiado y por qué. Cada matrimonio calibra la balanza a su manera.

No es coincidencia que Beth y Gretchen sean de la vieja escuela. Beth también tiene una personalidad muy magnánima, parece que incluso en relación con su marido. Estas mujeres son fuertes, con impulso y ambición, y les avergüenza el fracaso. Tienen elevados criterios de perfección y control, así que al mismo tiempo que les gustaría que sus maridos ayudaran con más labores básicas, y podrían insistir en vano en esa dirección, también les preocupa que no puedan realizar las tareas según sus propios criterios. He oído a dos mujeres bestia de carga quejarse en términos casi idénticos de bacterias en sus lavabos; murmurar que quizá sus maridos deberían asumir su trabajo en el cuarto de baño, y luego desechar esa idea, también en términos idénticos, porque sus maridos no sabían limpiar el cuarto de baño como es debido, y aparentemente estaban incapacitados para aprender. Cuando Beth y Rich atravesaron una mala racha en su matrimonio y hablaron de separación, la profundidad de la impotencia adquirida de Rich quedó patente: «¿Cómo voy a vivir?», le preguntó lastimeramente a Beth. En concreto, estaba desconcertado por la tarea de encontrar un apartamento. Da la impresión de que tratar al marido como un niño encantador pero poco formal proporciona cierta satisfacción a la mujer bestia de carga: una especie de poder maternal sobre el marido en lugar de la igualdad conyugal.

Beth podría rebajar sus criterios, desde luego, pero para la relación la búsqueda de Richard de un sueño frágil o volátil tiene un carácter sagrado. De manera inevitable, y sin ningún esquema o intención maliciosa, la nueva «tarea doméstica» de desarrollar una profesión queda encomendada a la mujer. Nadie quiere llevar el beicon a casa ni freírlo en una sartén, para el caso. Pero la vida no es gratis, y alguien tiene que hacerlo.

En cierto modo, esta es una situación disparatada y delirante revestida de un ropaje posfeminista. Las apariencias engañan. Lo que sobre el papel pasa por liberación —el derecho de una mujer bestia de carga a tener una profesión—, bajo la superficie parece algo abyecto, un retazo de 1959 reencarnado en 2009. Estas mujeres tienen la cáscara del sueño feminista —la profesión y la autonomía económica—, pero sus maridos tienen su alma: la vida con un trabajo con sentido, un matrimonio que apoya un gran sueño chabacano. Pese a que en lugar de escobas llevan Black Berry, las mujeres bestia de carga son una nueva inflexión de una vieja historia. Subordinan sus vidas cotidianas a la monotonía, esta vez en la competitividad febril, para apoyar las aspiraciones intelectuales y creativas de sus maridos.

La situación de la mujer bestia de carga no es tan extendida ni tan unidimensional como la del ama de casa de Friedan. Sin embargo, si sustituimos «trabajo» por «profesión» en el pasaje de Friedan sobre las amas de casa que pasan «el día en un trabajo que no se mueve, mientras el mundo a su alrededor se está moviendo», describiremos con precisión el brete de la esposa que, según el término acuñado por Friedan, tiene el yo «confiscado»[2] al servicio de los objetivos del marido.

En una ironía desalentadora, las mujeres bestia de carga han tomado una ruta larga y difícil para volver al punto de partida. En la época prefeminista, las mujeres trabajaban y se afanaban en el hogar para apoyar las carreras y los sueños de éxito de sus maridos. Un artículo del *New York Times* de 1963 se refería a la mujer que hacía «algún trabajo de oficina»[3] para mantener al marido que estudiaba en la universidad. La corriente de pensamiento principal de Estados Unidos consideraba que el trabajo de la mujer era secundario al del marido, y se realizaba para apuntalar las ambiciones de él. Hoy la mujer bestia de carga hace básicamente lo mismo con diferentes artilugios y tareas.

Judy Syfers escribió de manera memorable a principios de la década de 1970 que necesitaba «una esposa», lo cual significa que necesitaba a alguien que cuidara de su bienestar, de su alma, de su ego y del mantenimiento de la casa. Si el marido Tom Sawyer estuviera jugando alegremente a ser la metafórica esposa de su esposa, el acuerdo tendría más sentido y se percibiría más justo. Contaría como una notable victoria feminista: de cada partícipe en la relación según las necesidades y talentos de cada uno, sin contemplar camisas de fuerza de roles por sexo. Pero al parecer los Tom Sawyer no reciben a sus mujeres al final del día con un *dry martini* perfecto en la mano y la cena en el horno. Según un estudio reciente del *American Journal of Sociology*, cuanto más gana una mujer y más trabaja en su carrera, menos tareas lleva a cabo su marido en la casa.[4] Cuando una mujer contribuye en más de la mitad de los ingresos de la familia, la contribución del marido a las tareas domésticas cae; cuando ella es el único sostén económico, la contribución doméstica del marido se reduce aún más.

Este era el caso de Helen, la atractiva propietaria única de su propio bufet de abogados. Durante la mayor parte de su matrimonio, ella y su marido Colin no tuvieron hijos. Volvía tarde del trabajo todas las noches, se arrastraba hasta el dormitorio del piso de arriba y las más de las veces estaba tan agotada que se quedaba dormida delante de la tele mientras Colin le subía la cena: platos como malvaviscos, palomitas y Nutella. Él nunca fue un gran cocinero y no había aprendido ninguna de las tan cacareadas artes de las astutas diosas domésticas prefeministas.

En una brillante aunque no premeditada táctica de *jiu-jitsu*, utilizando la fuerza del oponente en beneficio propio, los maridos Tom Sawyer han convertido la espada del feminismo en el arado del gorroneo. Los que conozco son extremadamente feministas de un modo consciente y se consideran completamente liberados: amables, listos, abiertos a nuevas ideas respecto a los sexos, dispuestos a subvertir las normas. Es paradójico que una sensibilidad feminista en un matrimonio despierte una desigualdad prefeminista. Sin embargo, en cierto modo, es ese lustre sofisticado del feminismo lo que en el matrimonio Tom Sawyer parece paralizar a la mujer hasta el punto de que ella no puede hacer demandas más prácticas y razonables al marido. ¿Qué mujer feminista que se precie iba a querer encadenar a su marido al papel de sostén económico o confiar en su salario? ¿Qué hombre feminista que se precie definiría su masculinidad en relación a las vacuas nociones de obligación, represión emocional y conformidad propias de su padre?

Hay pocas becas o facultades prestigiosas que mi amiga Constance no haya conquistado. Además, es guapa, sexy, se viste de maravilla, está comprometida en política y es una buena amiga: una máquina de éxito en perpetuo movimiento.

No puedo entender cómo funcionan los compromisos domésticos de Constance. En una ocasión me confesó que no funcionan. Su marido, Ian, macerado él también en un *ethos* feminista, es dramaturgo, aunque todavía no ha publicado nada. Cuando Constance tuvo hijos ya era profesora, con sentimientos ambivalentes sobre su profesión, pero con toda la intención de asegurarse un puesto permanente. Sin embargo, las responsabilidades parentales y domésticas todavía recayeron sobre sus hombros, junto con el peso de ganar el pan, porque Ian estaba escribiendo y haciendo pequeños trabajos de profesor en talleres de escritura. Todo parecía al revés, y Constance lo sabía.

«Estoy resentida por no poder quedarme más en casa y desear que fuera de otra manera», me escribió en cierta ocasión después de que diera a luz un segundo hijo.

Ahora bien, ¿por qué no podía ser de otra manera si Constance así lo quería en esa fase de su vida? Me pregunto si las sensibilidades feministas de Constance la hicieron sentirse opresivamente tradicional respecto a plantear demandas razonables de paridad con Ian. Me pregunto si Ian se sentía liberado por eludirlas. Nada requiere más mantenimiento para la mujer bestia de carga que un marido listo, soñador y feminista convencido.

Encuentro a un marido casero en un café, con mapas del Pacífico Sur y las islas Fiyi desplegados de forma llamativa sobre su mesa. No está planeando un viaje. Está trabajando en una novela de aventuras sobre activistas medioambientales. Su mujer es doctora.

No tengo ni idea de si su matrimonio se ha convertido en uno del tipo Tom Sawyer, porque mis criterios requieren que la mujer bestia de carga esté de mal humor por el trabajo que le toca y su mujer podría estar contenta. Quien sabe, quizás él le masajea los pies al final del día y le alisa su frente surcada de arrugas. Aun así, me preocupa el cociente de monotonía del matrimonio. Me subleva pensar en su mujer abriendo frenéticamente una caja torácica en una sala de urgencias o suturando las consecuencias de una carnicería en las calles violentas de Baltimore mientras su marido desempleado, sin hijos y autor sin nada publicado, estudia con minuciosa alegría los mapas de islas remotas y se imagina en un entorno superradical de ecologistas defensores de ballenas.

Pero no me molestan los maridos Tom Sawyer en su persecución de sus sueños y aficiones. Al contrario. Todos deberían disfrutar de esa clase de emancipación. Era eso lo que Friedan y las feministas de la segunda ola tenían en mente... para las esposas.

Al menos nuestros amigos Tom Sawyer no viven en Malasia. Allí serían objetivos de una fetua contra los maridos que se quedan en casa.[5] Qué mundo emocionante y peligroso es este, donde lo que pasa por liberación en una cultura enciende una guerra santa en otra. En mayo de 2006, influyentes clérigos islámicos dictaron que los hombres que se quedan en casa para hacer (o no) trabajo doméstico mientras sus mujeres trabajan son aislámicos y deben ser detenidos. «Tal práctica está claramente prohibida en el islam», declaró el clérigo Noh Gadut. O, si no aislámico, entonces a lo sumo es un «vergonzoso» haragán, según Shahrizat Jalil, ministra malaya de Asuntos Sociales y de la Mujer: «La única razón por la que los hombres quieren quedarse en casa es probablemente que son perezosos o no pueden afrontar el trabajo de oficina.»

Podría parecer que los Tom Sawyer han comprometido su masculinidad, que los estadounidenses han vinculado durante siglos con el hecho de ganar el pan. John piensa que en muchos casos es así. «Están acosados —observa— y sus mujeres piensan que son idiotas.» Quizá. Pero dejando de lado la indignidad menor de la castración por el acoso (inútil), esos maridos suelen estar más envalentados que castrados por sus compromisos conyugales. Mi círculo de amigos Tom Sawyer ha mostrado una nueva dignidad calibrada por la libertad personal, intelectual y creativa; el rol del sostén económico tiene una asombrosa irrelevancia para su identidad o autoestima como maridos y hombres, no es una fuente de gran orgullo ni tampoco una fuente de gran bochorno.

Rotundamente, Tom Sawyer no es una versión adulta del notorio gen X perezoso. Los maridos Tom Sawyer son soñadores y quijotescos, pero no son holgazanes o gandules. En este punto, algunas de mis amigas discrepan («No están siguiendo a ninguna "musa", salvo aquellas que conducen a las patatas fritas y el fútbol», dice Laura), pero veo que la mayoría de ellos trabajan con tesón, son creativos e inspirados a su manera; es decir, ambiciosos de una forma que no sirve para pagar facturas. No faltan a ninguna vergüenza masculina en particular al no ganar su parte, no son nada parecido a los reflexivos héroes abandonados de cualquier canción de Bruce Springsteen. Trabajan de manera diligente, pero el suyo es un trabajo de amor, asegurado por el trabajo de sus mujeres.

Los Tom Sawyer tienen cierto parecido genealógico con los desinhibidos de *Playboy* de la década de 1970, que empezaron a definir su masculinidad, según argumenta Barbara Ehrenreich, en torno al consumo, el sexo ocasional y la diversión. Pero Tom Sawyer busca su masculinidad no convencional en una casa convencional, y con una ética del trabajo duro intacta aunque extravagante. El pariente más cercano de Tom Sawyer podría ser el hombre diletante del Renacimiento. Lo que antes aseguraba un fondo fiduciario ahora lo proporciona una mujer con dinero: una oportunidad de gozar de una vida espléndida fuera de los caminos habituales como explorador diletante e intelectual.

He captado atisbos de esta clase de masculinidad en la sección de necrológicas del *Washington Post*. Ahí en ocasiones encuentras una necrológica halagadora de un hombre atractivo, que aparece vestido de frac en una obra de caridad, que pasó su vida en aventuras filantrópicas y arqueológicas de algún tipo. Con una educación sólida, pero gustos católicos, el difunto habrá logrado una vida obviamente rica y llena de expediciones sin ninguna fuente de ingresos obvia más que la riqueza heredada. Cualquier persona inteligente y con curiosidad podría querer algo así. Cualquiera preferiría pasar sus días escribiendo poesía o pintando antes que hacerlo tomando café rancio y escribiendo memorandos. Una mujer bestia de carga que conozco le preguntó a su marido en cierta ocasión: «¿Qué quieres ser cuando seas mayor?»

No obstante, por lo general, la peculiaridad en el núcleo del matrimonio se elide con discreción. Las identidades son declaradas, no verificadas: Joe es abogado, pero no tiene clientes; Jack es novelista, pero no ha publicado nada; John es empresario, pero no posee ningún negocio. El marido simula trabajar; la mujer simula creérselo. El marido crea un pueblo Potiomkin y la mujer paga para decorarlo. Con tiempo y hábito, el problema evidente —¿por qué ese hombre no se ocupa de sí mismo?— es esquivado como un mueble al que se presta escasa atención.

En unos pocos casos que conozco, las mujeres bestia de carga, por descontentas que estén, se deleitan en la codependencia del encantador e infantil desorden de las vidas profesionales de sus maridos. Sus maridos simplemente no saben cotillear, me dirán con un guiño de absolución en la mirada, o «moverse en el puesto de trabajo» o descifrar la política de oficina o «comprender la autoridad y la jerarquía». Por supuesto, nadie disfruta ocupándose de estas cosas, pero la mayoría nos las arreglamos. Para ser justos, a algunos Tom Sawyer les incordia tanto su incompetencia que medio imagino su gorroneo como una forma de venganza contra la autoridad.

En el punto de la supuesta incompetencia, Tom Sawyer tiene de su parte la neurología popular. Un grupo de expertos parece haber convergido en la idea de que las capacidades sociales y las tendencias neurológicas de los hombres dificultan su capacidad de realizar tareas en la cacareada nueva economía. El conocimiento emergente sobre la inferioridad de los hombres en la escuela, las interacciones sociales e incluso en su dominio tradicional de los rincones de las oficinas hace que sea más fácil tratar a los Tom Sawyer como simpáticas figuras desgraciadas que carecen de los «talentos» de rigor en el siglo XXI. Los gurús de la administración de empresas han estado genuflexos a los pies de mujeres gerentes y profesionales durante años, y quizás esa visión de la obsolescencia ocupacional de los hombres se ha filtrado en las aguas subterráneas del matrimonio. Los Tom Sawyer están encantados de ceñirse a las bajas expectativas.

Sean cuales sean las razones, las mujeres bestia de carga valoran mucho los sueños de sus maridos, mientras desdeñan los suyos. Puede hacerse una redada de sospechosos habituales para que ofrezcan una explicación: las mujeres bestias de carga son masoquistas contraproducentes, que niegan sus sueños impulsadas por la culpa, perjudicadas por una deferencia arraigada o demasiado definidas por la abnegación y el sacrificio. Es habitual señalar la compleja vida interior de las mujeres de hoy y culpar al feminismo de sus ideales ingenuos y desorientados, como si el problema empezara al adoptar el sueño de igualdad o al creer que las mujeres de verdad quieren una carrera profesional. Como señaló el difunto Norman Mailer hace unos años al explicar su notoria hostilidad hacia el feminismo: «Las vidas de los hombres como sostén económico son muy monótonas. ¿Por qué iban a querer eso las mujeres?»[6]

Por supuesto, el feminismo nunca pretendió luchar por un derecho a la igualdad en la monotonía. Un aspecto que falta en la mujer bestia de carga y abunda en su marido Tom Sawyer es la sensación básica de tener derecho: a perseguir un sueño o a una musa o un sendero enrevesado determinado por el antojo y la preferencia, a perseguir un destino elegido por uno mismo, liberado de cargas realizadas al servicio del destino de otro. Sin duda, liberar a las mujeres del trabajo y las cargas asumidas siempre por el bien de otros —padres, maridos, madres, hijos— era la base del feminismo. ¿Acaso la misión más profunda del feminismo no era dotar a las mujeres de una sensación de plena humanidad y del derecho a esa humanidad?

Además, el derecho es un hueso duro de roer. Se ha demostrado que es más fácil hablar de elección o de lo que Linda Hirshman critica con agudeza como «feminismo de elección».[7] Las elecciones son cosas ordenadas detrás de un cristal, un potencial sin acción; arrogarse el derecho propone hacer añicos el cristal y apoderarse de ellas. Con demasiada frecuencia la «elección» se convierte en una excusa para no remediar las desigualdades sistémicas en el puesto de trabajo y achacarlas a decisiones personales aparentemente erradas de las mujeres. Por ejemplo, cuando las feministas expresan preocupación sobre madres que abandonan el puesto de trabajo por las opciones inadecuadas de guarderías y los horarios inflexibles, los críticos rebaten: «Bueno, al fin y al cabo, ¿no era el feminismo una cuestión de dar "elección" a las mujeres?» Pues no. Pensar eso es un costoso error. La «elección» zozobra sin derecho, y es ese sentido del derecho lo que a la mujer bestia de carga le cuesta reclamar en su propia vida pese a que lo otorga a su marido. ¡Es un regalo extravagante! Tom Sawyer hace lo que quiere, descargado de la monotonía cotidiana de las tareas o las concesiones a la realidad.

Curiosamente, esto sitúa a los maridos Tom Sawyer entre los mayores ganadores del premio gordo del feminismo. Han logrado su ideal de liberación de un modo más completo que sus esposas. Se han deshecho de las ataduras de la obligación de ganar el pan propias de la masculinidad y han aceptado la búsqueda de inspiración feminista de cumplir sus sueños sin los estorbos artificiales ni las expectativas de los roles de sexo. Las mujeres bestia de carga, entretanto, están haciendo con un portafolios lo que antes hacían con un recogedor: apoyar los sueños y ambiciones de sus maridos. Antes consistía en preparar *soufflés*, llevar vestidos de fiesta y pasar la aspiradora. Hoy podría significar ganar mucho dinero y llevar trajes de chaqueta —y también pasar la aspiradora—, pero viene a resumirse en el mismo estado de ánimo. «La vida —me cuenta mi cuñado— es noventa por ciento mantenimiento...», a menos que tengas derecho al descuento de Tom Sawyer.

5

La dicha de caer

Movilidad social descendente y liberación mutua

Nina y Josh no tienen la clase de matrimonio que pensaban tener. «Nuestro estilo de vida podría haberse decantado hacia cualquier lado», especula Nina. Ambos tienen cuarenta y pocos años y llevan más de once casados. En los primeros años siguieron el camino y la agenda del sueño americano. Nina tiene cuatro hermanas y es de origen mexicano. Trabajó para pagarse la facultad, pero todavía debía treinta mil dólares en créditos universitarios cuando se casó. Josh procede de una familia de clase media alta y «siempre pensó que se casaría con una rubia, que conduciría un BMW y viviría en una torre de apartamentos de Silicon Valley —dice Nina—. Entonces me conoció a mí, que era lo opuesto a su visión».

Al principio de su matrimonio, Nina y Josh se sumergieron en los desenfrenados años puntocom de Silicon Valley. A mediados de la década de 1990, ella todavía estaba «atrapada» por la tarjeta de crédito, y Josh sufría el yugo del «estilo de vida clásico de competitividad febril, con una hora de viaje de ida y otra de vuelta al trabajo, ganando mucho dinero y gastándolo más deprisa de lo que creía». Como todos aquellos que los rodeaban, seguían la estela del consumismo. Cuanto más éxito tenían, más melancolía les producía su estilo de vida conyugal. Intentaron comprar una casa en el inflado mercado inmobiliario de San Francisco y se dieron cuenta de que no podían costearse nada que no fuera un condominio en las afueras, bajo los pasillos aéreos. Así que tomaron la inusual decisión de hacer las maletas y trasladarse cinco horas más al norte, a la zona rural de Eureka, California. Empezó sobre todo como una búsqueda de más espacio, pero el matrimonio también había empezado un viaje hacia un «estilo de vida más simple y móvil».

Cuando se marcharon de Silicon Valley, la vida sencilla llegó de inmediato para Nina y Josh. Fuera del hábitat frenético de Silicon Valley, se dieron cuenta de que querían y necesitaban menos. Pero todavía estaban trabajando dieciocho horas al día para poner en marcha una empresa de diseño gráfico. «Nos imaginábamos con más propiedades inmobiliarias y algunos juguetes», recuerda Nina, pero otro impulso competía con ese y en última instancia prevaleció. Optaron por engordar el negocio para venderlo. Al mismo tiempo, muchos de sus amigos casados de la zona de la bahía de San Francisco estaban «ganando salarios fabulosos. Cuando visitábamos a nuestros amigos, nos enseñaban sus nuevos juguetes, sus nuevas casas, etcétera, y he de admitir que había veces en que sentía parte de esa presión».

En cambio, Nina y Josh respondieron bajando un escalón y simplificando más, un movimiento de contrapunto en la era de burbujas y lujo financiado. Dejaron su casa. Ahora viven y trabajan juntos en una autocaravana desde hace dos años. «Algunos piensan en las autocaravanas como un despilfarro, pero si la utilizas a tiempo completo como nosotros, y tu única huella ecológica es la caravana, es una huella bastante pequeña», asegura Nina, temiendo que pueda considerarla derrochadora desde el punto de vista medioambiental. Cuando se mudaron a la autocaravana también descartaron la televisión, así que no estaban «comparándose constantemente con las masas». La suya no es una caravana ordinaria. Tiene conexiones a internet y un sistema solar que les permite vivir desconectados de la red eléctrica cuando quieren, lo cual hacen la mitad del tiempo. Su hábito cotidiano es dar fiestas en la caravana en lugar de salir, y en el mundo de las caravanas han conocido una comunidad de matrimonios nómadas que piensan como ellos (no son todo ancianos y jubilados, explica Nina). Tienen amigos casados con los mismos puntos de vista sobre la movilidad descendente y la simplicidad. Las amigas de Nina «con trabajos comunes tienden a sentirse un poco más desconcertadas por nuestras elecciones, pero también algunas nos cuentan que les damos envidia».

Nina y Josh han dirigido con éxito sus negocios compartidos desde «los lugares más remotos de América del Norte». En una ocasión pasaron un año entero sin usar una hoja de papel. «Muchas veces hemos trabajado en los lugares más hermosos de las montañas —dice Nina—, pero seguimos en contacto con el mundo con nuestra conexión de internet. Me desconcierta pensar que vivíamos de otra manera. No discutimos sobre dinero, a diferencia de la mayoría de parejas. Los dos nos dimos cuenta de que las cosas materiales no nos harán felices. Por eso, ¿qué sentido tiene matarnos a trabajar horas y horas para obtener unos ingresos que solo harán que queramos gastar el dinero?» Nina y Josh viven el sueño americano al revés. Empezaron con mucho dinero y posesiones y en el curso del matrimonio se han desprendido de ellas de manera consciente e intencionada, pieza a pieza.

El enlace entre dinero y amor —riqueza material y un matrimonio feliz y excitante— es una de las suposiciones más básicas, profundamente interiorizadas y por lo general no cuestionadas del matrimonio de estilo romántico (y, aunque no tenía fuentes románticas, hace unos años un infame cartel publicitario de promoción del matrimonio en Washington prometía que «El matrimonio te hará más rico»). Aunque no nos concentremos en los bienes de consumo y las posesiones en el matrimonio, la mayoría de nosotros todavía asumimos que este apoya la movilidad social ascendente y que el propósito económico de casarse es construir prosperidad. Ahora bien, ¿y si un matrimonio representa el guión romántico en torno al dinero y el trabajo al revés, con la intención de redefinir su propósito material? Esta fue la decisión de Nina y Josh, y otros matrimonios están experimentando del mismo modo.

El primer matrimonio de movilidad descendente que conocí fue el de mi hermana. En ese momento pensé que esta clase de matrimonio excéntrico era particular de mi familia. Mi hermana se casó el día de su cuadragésimo cumpleaños, escapando por solo seis horas del destino estadísticamente apócrifo de que es más probable que a una mujer la alcance un rayo a que se case por primera vez después de los cuarenta. Ella y su marido, que parece un papá Pitufo de color carne (y él es el primero en estar de acuerdo), tienen una casa respetuosa con el medio ambiente que ellos mismos construyeron y diseñaron concienzudamente durante años. Él se había casado antes, en el otro extremo: un estilo de vida de club de campo con un trabajo de planificación urbana de alta presión que en última instancia lo dejaba desconsolado y lo obligaba a buscar refugio al final de la jornada laboral en las apacibles montañas que rodeaban su casa. Cuando ese matrimonio terminó, él se liberó de sus ataduras, la casa y la mayoría de las cosas, y dejó de beber.

La casa de mi hermana y mi cuñado es como un balneario, tranquilamente elegante y austero, construido con maderas espléndidas obtenidas de árboles de su propiedad. En lugar de hijos, juguetean alegremente sus dos gatos mimados: *Cosmo* y *Lois*. Hacen que me pregunte, y no por primera vez, si los gatos no han empezado a superar a los niños en la escala evolutiva como compañeros domésticos preferidos. La casa no está abarrotada de objetos. Una Navidad, mi hermana me dijo en broma que quería un cheque-regalo para una tienda del Ejército de Salvación, y su austeridad es tal que la creí.

La vanguardia de matrimonios de movilidad descendente brilla en varios estudios recientes que documentan una menguante ambición económica y profesional, sobre todo entre estadounidenses con formación universitaria de entre 20 y 40 años.[1] Esta tendencia de austeridad voluntaria precede a la recesión de 2008 y no es consecuencia de esta. Cada vez somos más los que preferimos tiempo libre, libertad y tiempo antes que dinero, casas grandes y objetos materiales. En 2008, una encuesta de Pew, entre muchas otras, descubrió que los estadounidenses adultos valoran tener «suficiente tiempo libre» en un 67 %, más que cualquier otro valor citado, y muy lejos del 13 % de «ser rico». Aunque no se van a vivir a una autocaravana, otros matrimonios han adquirido un gusto por casas más pequeñas, sencillas y compactas, como revelan las últimas tendencias arquitectónicas.

Los cónyuges de matrimonios con movilidad descendente intencionada con los que me he tropezado con mucha frecuencia tienen educación universitaria y son profesionales empleados. Muchos se educaron en barrios residenciales o, como Nina, son hijos de inmigrantes. Pueden ganar más, pero eligen no hacerlo; pueden costearse un matrimonio más opulento, pero no lo buscan. En algunos casos, deciden quedarse sin hijos; en muchos casos, están en sintonía con vivir de un modo medioambientalmente sensato; en todos los casos, abrazan de forma voluntaria el aburguesamiento de la austeridad. Rehabilitan lo que Barbara Ehrenreich describe como el «temor de caer»[2] —de perder el estatus de clase media— en el placer de caer. Sus matrimonios son una especie de contrapunto Huckleberry Finn de los de Tom Sawyer.

Para Ellen y su marido, la bancarrota fue un catalizador, del mismo modo que una aventura puede serlo en otros matrimonios. En ocasiones, el lenguaje que más distancia en un matrimonio es el dinero; en otras ocasiones es el sexo. En todo caso, por lo general es una cosa o la otra. «Todavía estamos casados, porque tuve un ataque cuando me di cuenta de que estábamos al borde de la bancarrota —recuerda Ellen—. Me planté y dije: "Basta. Si quieres irte vete, pero si vuelves saldremos juntos de esto."»

Tanto Ellen como Ron estaban ganando mucho dinero en un matrimonio de doble ingreso, pero terminaron en bancarrota. La catedrática en derecho de Harvard Elizabeth Warren escribe sobre este fenómeno inquietante: la trampa del «doble ingreso» de los matrimonios de clase media que llegaron a confiar en ambos salarios solo para sostener un estándar de vida básico.[3] La liberación potencial de tener dos salarios altos en un matrimonio se convierte en un pesado requisito del presupuesto conyugal. Si un cónyuge pierde el trabajo u ocurre algún desastre, el matrimonio no tiene respaldo ni una reserva de ingresos potencial que explotar.

No hubo «nada divertido en el viaje», reconoce Ellen, pero ahora, siete años después del susto de muerte de la bancarrota, están «más enamorados que nunca» y delgados fiscalmente. «Los tipos que nos rodean suponen que ganamos un montón de dinero», dice Ellen. No es así. Ella trabaja de enfermera, Ron en tecnología de la información, y viven del 48 % de sus salarios combinados. Podrían doblar sus salarios trabajando para otra clase de empresas, pero «ni necesitamos ni queremos el dinero, y los dos disfrutamos de nuestras profesiones y de nuestros jefes que nos tratan bien». Liberaron su matrimonio de la trampa del doble ingreso viviendo con menos de la mitad de sus ingresos. Ahora están usando el potencial de doble ingreso históricamente sin precedentes de maridos y mujeres para avanzar en su seguridad y libertades mutuas en el matrimonio.

Ellen dice que el «dinero no es un problema» para ellos. «Descubrimos que casi siempre tenemos algo de lo que hablar y antes eso era una cuestión que me preocupaba.» Hacen un ritual de la conversación en torno a la frugalidad, del mismo modo que quienes controlan el peso podrían trazar gráficos maniáticos de su ingestión calórica. Durante una década, Ellen y Ron se han sentado cada 1 de enero a diseñar sus objetivos del año. Se ocupan de lo básico y elaboran una «lista de deseos» que incluye elementos muy específicos para cada uno de ellos, su cabaña a reformar y su casa. Entre sus deseos podría haber un libro en particular, una herramienta de carpintería, unas agujas de tejer para Ellen, un viaje al monte McKinley de Alaska, neumáticos y rosales. Ellen y Ron viven según la regla de gastar en función de sus ingresos. Ahorran para las compras de «una vez en la vida» y eligen la calidad por encima del precio. Estuvieron diecisiete años casados antes de comprar muebles de dormitorio, pero cuando lo hicieron optaron por muebles de cerezo macizo que durarán para siempre. Marcan y fechan cada elemento cuando lo consiguen, y «disfrutan de los éxitos» al año siguiente. Da la impresión de que el dinero es realmente un factor importante en el matrimonio, pero de un modo positivo. Una crisis económica los puso al borde del divorcio, pero ahora la charla presupuestaria es un código conyugal íntimo, igual que para otra pareja podría serlo decir groserías en la cama.

América está repleta de oportunidades para que un matrimonio trate de superar cálculos tristes, ya sea comprando una sartén o una casa nueva. Me parece valiente eliminar esa capa de objetos materiales psicológicamente apagada para que el matrimonio se revele de manera inequívoca y descarnada, con claridad meridiana.

En cierto sentido, el sueño americano del siglo XX era una representación nacional del sueño de Cenicienta: encontramos el amor verdadero, nos casamos y vivimos felices en castillos bien equipados.[4] «Proveemos» al otro, e inevitablemente nuestro éxito al proveer se muestra en un nivel de vida y un estilo de vida confortables. En el guión romántico, el amor proporciona prosperidad, no porque lo queramos o lo planeemos así —la búsqueda de oro y el materialismo oportunista ofenden el espíritu romántico—, sino como el dividendo favorable e imprevisto de nuestro amor puro. El «nivel de vida», un concepto volátil y pionero, acuñado por vez primera en 1902, se entrelazó con el ideal romántico del matrimonio con el que creció.[5]

En las décadas posteriores a la Segunda Guerra Mundial, el matrimonio se convirtió en la unidad natural y en ocasión para comprar cosas. En su ensayo de 1957 sobre la «tristeza aburguesada», David Riesman escribió sobre el modo de vida americano en los años de posguerra que, «habiéndosenos otorgado el cuerno de la abundancia, sentimos sino el deber de consumir al menos una especie de libertad civil para hacerlo».[6] Quizá de manera ineludible, este modo de vida americano también era un modo de matrimonio americano. Los dos se reforzaron en connivencia en una urdimbre como los sueños del estilo de vida del «siglo americano». La historiadora Elaine Tyler May ha demostrado la fascinante interdependencia del matrimonio, el consumo doméstico y la política de la guerra fría.[7] Descubrió que, en la década de 1950, «en lugar de gastar de manera desenfrenada en elementos personales de lujo», los estadounidenses «vertieron sus ingresos en casas y compras familiares» para sostener lo que ella caracteriza como una «vida familiar orientada al consumo» asentada en los barrios residenciales. En los años de posguerra, los estadounidenses se atiborraron de lavadoras y electrodomésticos en una extraña catexis nacional de no ser menos que el vecino. El hogar matrimonial espoleaba el consumo y era su unidad celular. Tanto es así que Ehrenreich argumenta con brillantez en *The Hearts of Men* que el verdadero genio de Hugh Hefner con *Playboy* en 1953 fue el de liberar a los hombres como consumidores.[8] Invitó a los hombres solteros a gastar dinero generosamente fuera del matrimonio, en ellos mismos y en sus placeres individuales, mientras los pósteres centrales en color los absolvían del estigma de la homosexualidad que durante mucho tiempo se asoció con la atildada y pulcra soltería.

De una forma gradual, el mobiliario y la puesta en escena del matrimonio de clase media americana se convirtieron en su alma. El ama de casa se fue enorgulleciendo en lo que May llama «su definición de lista de la compra del éxito conyugal»;[9] empezó a pensar que la esencia del matrimonio era un ritual de adquisición y una travesía hacia la prosperidad económica y el ascenso social. El vasto estudio longitudinal de Kelly de la década de 1950 descubrió que «el consumismo y los hijos» eran la recompensa y la razón de ser del ama de casa, las cosas que hacían que «el matrimonio valiera la pena»[10] para ella. El marido se unió a la franquicia de la edad adulta como proveedor familiar. «Podía mostrar su éxito a través de la acumulación de bienes de consumo» en el hogar. La historia romántica del matrimonio era también la historia de la movilidad de clase.

Dave es un marido en un matrimonio de movilidad descendente intencionada, pero creció, como millones de estadounidenses de clase media, según el guión romántico del siglo XX. Nunca vio a su madre «sentada leyendo un libro o simplemente sentada tranquila, porque mi padre quería una casa perfecta, así que ella siempre estaba ocupada. No creo que fuera muy feliz en ocasiones. La vida giraba en torno al dinero y a cómo "mostrabas" lo mucho que tenías». No es una historia inusual.

Dave interpretó el matrimonio de sus padres como un cuento con moraleja. Aprendió a no vincular estatus o ansiedad con asuntos materiales. De mayor quería ser un chico de playa «con un trabajo para pagar lo que necesitara, ahorrar un poco para la jubilación y un montón de tiempo para divertirme. No quería bienes materiales». «Bienes materiales» es algo de lo que se habla totémicamente en la comunidad de vida simple, como si estuvieran diabólicamente animados. Cuando se trasladó por primera vez a vivir solo, de soltero, Dave alquiló un apartamento de una habitación cerca de la playa, adonde volvía todos los días caminando o en bici. Tenía un trabajo a tiempo completo, pero solo compraba lo que cabía en su coche o muebles que podía meter en un pequeño remolque. Dada su sobriedad —sus pertenencias podían transportarse sin esfuerzo, como una tortuga con su caparazón— ahorró mucho dinero. Podía «viajar y moverse con libertad» y se sumergía en contenedores o iba a economatos para llenar huecos.

Luego «llegó el matrimonio y se acumularon los objetos». Es el siguiente punto argumental en el guión romántico. Una mujer corteja a un hombre descarriado —un *playboy*, un soltero, un soñador de playa— y lo domestica hasta convertirlo en un marido que gana el pan de la familia, que se pone a trabajar en serio para hacerse adulto por amor y se despide de sus ansias de conocer mundo de Huckleberry Finn. El matrimonio se reducía a transformar al chico de playa en la persona que gana el pan de la familia. (Algunos defensores del matrimonio de hoy todavía consideran que una función social primordial del matrimonio es la domesticación económica y sexual de machos por lo demás haraganes y granujas.) O, en una segunda parte moderna, los maridos logran aferrarse a su vida irresponsable, pero solo viviendo a costa de una desconsolada mujer con exceso de éxito. La pareja no cede un ápice en su estándar de vida o en la limpieza del lavabo. Tratan de financiar un estilo de vida de clase media alta como si tuvieran dos ingresos robustos, con el (no) salario del marido engañándolos como un miembro fantasma.

Después vino el bebé. Para entonces, Dave estaba «francamente cansado, y cansado también de tropezar con las cosas del bebé y la casa tenía aspecto de naufragio». Él y su mujer habían alcanzado el siguiente punto de la trama: el matrimonio inspira el trabajo duro y provoca prosperidad, y la prosperidad engendra más bienes materiales. En cambio, dieron un giro posromántico. Empezaron con «una bolsa aquí, una caja allá». Se deshicieron de la mayoría de sus posesiones en dos ventas de garaje, y han saldado todo menos una pequeña deuda. «Sobreviven» económicamente y tienen tiempo para pasarlo juntos como una familia, para sentarse al sol y volver a la facultad. Dave se considera «un chulo de playa oficial con familia».

Es inusual, incluso desconcertante, ver «chulo de playa» junto con «familia» en la misma frase. La imaginación conyugal sostiene sin excesivo rigor que, en cuanto a finanzas y carrera, o bien vivimos solteros y libres o casados y cargados de responsabilidad. Las parejas que buscan vivir con menos ingresos imaginan el matrimonio de una manera distinta, como una colaboración para apoyar no la riqueza material, sino las pasiones creativas, la suficiencia económica, el tiempo libre y la felicidad mutua. Están desconstruyendo voluntariamente la narrativa romántica del siglo XX, igual que hace el matrimonio Tom Sawyer, pero de un modo diferente y más equitativo. En este sentido, este tipo de matrimonio se lee como un cuento de hadas feminista genuino, aunque no anticipado de la liberación conyugal. Tanto el marido como la mujer logran cultivar sus pasiones, aficiones y libertad en el matrimonio, gracias al matrimonio. Esta clase de liberación mutua suena de un modo muy parecido a la visión utópica de Friedan.

La liberación mutua siempre ha sido el mejor ángel de la naturaleza feminista. Solo en la caricatura de derechas, las feministas aspiran a liberar y dar poder a las mujeres subordinando a los hombres. Y no era el objetivo del feminismo representar una serenata donde la mujer intercambia su lugar con los monótonos maridos que ganan el pan, o da un rodeo a la liberación y termina ansiando en 2010 un revival retro de la mujer que se quedaba en casa de 1959, con todas las vulnerabilidades legales, sociales, sexuales y económicas que puede conllevar. Ni tampoco era un objetivo feminista enviar una pareja en la que ambos trabajan en un viaje agotador que culmina en una búsqueda modesta —aunque con frecuencia fútil— de la fantaseada paz del equilibrio. Estos matrimonios de movilidad descendente apuntan que el sueño de Friedan está muy a nuestro alcance. No necesariamente implica cambiar los roles de sexo, o profesión, sino cambiar los objetivos de estilo de vida conyugal, todos los... bienes materiales.

Estas parejas son pioneras conyugales en el sentido de que de un modo consciente están tratando de tomar una de las facetas fundamentales del matrimonio, tanto en el sentido tradicional como en el romántico —la suposición de que el matrimonio apoya la prosperidad y hasta cierto punto existe para ello—, y rescribirla con un sentido de aventura. Requiere actos sutiles de valentía... Han de resistir la pequeña presión cotidiana de sentirse juzgados o avergonzados porque sus hijos no tienen la mayoría de los juguetes o por conducir el coche más desvencijado del barrio. Pero la presión va también en sentido inverso. El nivel de vida del matrimonio es inherentemente viral. A medida que las parejas de clase media ven a sus pares optando por la movilidad inversa, la idea va filtrándose desde los afluentes a la corriente principal del matrimonio como un estándar legítimo, y quizás hasta moderno. En una discusión en internet, una mujer recuerda un fin de semana que pasó con una pareja profesional bien educada que «en teoría podría estar forrándose, y en cambio tenía medios muy modestos pero hacía lo que quería en la vida». Eso la inspiró a repensar la economía de su propio matrimonio.

Kiera y George llevan cinco años casados. De vez en cuando tienen que escuchar el comentario de menosprecio de la madre de Kiera en el sentido de que su casa es demasiado pequeña, y un agente inmobiliario de la familia no pudo entender por qué no quisieron pedir una hipoteca en 2004 para comprar una más grande. También perciben presión de pares en la otra dirección. Tienen muchos amigos con empleos profesionales que «quieren flexibilidad, tiempo y energía para dedicarlos a los intereses más diversos», explica Kiera, y que piensan mucho en su estilo de vida. Aunque estas parejas podrían no etiquetarlo como «vida simple» de manera explícita, como hacen Kiera y George, él ve en los matrimonios que los rodean «una tendencia hacia la vida más racionalizada».

Kiera y George bien podrían haber terminado enredados en la trampa del doble ingreso que describe Warren o en un matrimonio Tom Sawyer asimétrico. Kiera es profesora en una universidad del Medio Oeste y George es escritor *freelance*. «Con franqueza, nuestra relación empezó con mal pie desde el punto de vista económico —confiesa Kiera—. George siempre ha tenido empleos bajos o ha estado en paro», y en un momento dado tuvo que declararse en quiebra. Al acercarse al matrimonio, los persiguieron los cuatro jinetes del apocalipsis de la deuda: tarjetas de crédito, préstamos estudiantiles, hipoteca y deuda personal. Kiera empezó a acumular deuda de consumo en un momento en que estaba descontenta con su trabajo. Hija de inmigrantes indios cultos, creció en un barrio residencial, y su familia «oscilaba entre la tacañería y una extravagancia fuera de lugar». De niña se sintió «carenciada» y lo compensó comprándose todo lo que quería al ser adulta durante esta época de infelicidad.

La situación no parecía prometedora. Kiera se dio cuenta de que, si no resolvían los problemas económicos, su matrimonio no funcionaría. George quiso «salir del pozo» del gasto una vez que su «vida quedó ligada a la de otra persona» y se dio cuenta, admirablemente, de que «no podía ser egoísta». El matrimonio de movilidad descendente es una cuestión de decisiones éticas, como respetar los sueños y la felicidad del otro. Kiera y George hablaron largo y tendido de cambiar las reglas y expectativas de su matrimonio. Eligieron la austeridad no por necesidad (podrían haber seguido acumulando deudas como todos los demás), sino por preferencia. Decidieron que George podía tener una carrera de *freelance*. Como el trabajo de Kiera no iba a ser flexible, estaría bien que el de él lo fuera. Pero tomaron decisiones para recortar el nivel de vida del matrimonio, de manera que Kiera no estuviera desproporcionadamente cargada con el yugo de ganar dinero y tener hijos. Ya para empezar ninguno de los dos era especialmente entusiasta respecto a la idea de fundar una familia.

Kiera y George cambiaron la ambición material por lo que otra mujer de vida simple califica del «lujo del tiempo». Esa expresión me intriga. Es difícil escapar de la competición en torno al nivel de vida en un matrimonio estadounidense. Aun cuando se opta por movilidad descendente, la ambición del nivel de vida encuentra su forma de reagruparse y volver a aparecer. Queremos adquirir y exhibir nuestros «lujos».

Para estos matrimonios los preciados elementos de «lujo» no son los coches, sino el tiempo, la libertad personal y creativa y la flexibilidad profesional. No me cuesta imaginar un día en que los matrimonios de clase media compitan en posesiones de «estilo de vida», «libertad» y «tiempo libre» con el mismo entusiasmo con el que compitieron por casas más grandes y zapatos de diseño, pero por ahora los maridos y mujeres que viven con alegría esta movilidad descendente son pioneros conyugales. Su ideal improvisado, como explica una mujer comprometida, es que «ni mi prometido ni yo trabajemos como locos. Tenemos un trabajo suficientemente estimulante, tiempo suficiente para cultivar nuestros intereses, suficiente talento y suficientes agallas para convertir los recursos que nos rodean en algo que pueda mantenernos. Tenemos suficiente».

SEGUNDA PARTE

Matrimonios parentales

6

La paradoja de tener hijos y divorciarse

Cómo la paternidad inspira el matrimonio y acaba con él

El imperativo reproductivo del matrimonio se ha acabado. Podemos tomar la decisión de tener hijos fuera del matrimonio, y en muchas comunidades, aunque no en todas, es una decisión aceptada si se acomete con responsabilidad y dedicación. Y a la inversa, podemos casarnos sin tener hijos. De los casi 105 millones de hogares registrados en el censo de Estados Unidos del año 2000, solo 55 millones estaban compuestos por parejas casadas; solo 25 millones eran familias nucleares con hijos.[1] El ciclo de la vida romántico —enamorarse, casarse, tener relaciones sexuales y tener hijos— se ha interrumpido y fracturado en cada uno de sus puntos, que ya no siguen esa secuencia por mandato o convención. Una mujer soltera por decisión propia puede hacer casi todo el ciclo vital en sentido inverso. Puede tener un hijo con esperma donado y una pipeta, luego tener una relación sexual apasionada, después enamorarse y casarse mucho más tarde.

Nuestra libertad frente a lo que equivale a maternidad obligatoria —la idea de que todos los matrimonios deberían dar fruto, y que esa es la responsabilidad de la esposa— desde luego debe darnos más autonomía y satisfacción en el matrimonio. En líneas generales, esto se percibe como algo indiscutiblemente cierto. Gracias al movimiento feminista, los avances en control de natalidad y la evolución en la identidad de la mujer, no tener hijos —o reproducirse de manera insuficiente— no es una sentencia de muerte social, y lo que es más, tenemos cierto control sobre estas decisiones en la edad de la paternidad y maternidad opcionales.

Sin embargo, resulta extraño que mientras que el imperativo de tener descendencia ha disminuido, muchos de nosotros percibimos el hecho de tener hijos como el único imperativo que queda para casarnos (y para permanecer casados), porque esa paternidad o maternidad es la única cosa que no podemos imaginarnos haciendo con la misma facilidad por nuestra cuenta.

Chris, un conocido, sabe de mi interés por las opiniones sin expurgar del matrimonio desde el punto de vista del marido. En ese sentido, me cuenta que se fue en un viaje de esquí con un grupo de once maridos, «solo los hombres». Por la noche, de forma poco característica, terminaron con una conversación sincera sobre el matrimonio. Sus compañeros eran melancólicos, pero comprometidos. Uno de ellos preguntó cuántos en el grupo seguirían casados si no tuvieran hijos. Solo dos respondieron de manera afirmativa.

Como ha concluido una investigación reciente, mientras que los hijos nos dan a muchos de nosotros una razón para casarnos, también pueden hacernos infelices en el matrimonio e incluso empujarnos hacia el divorcio.[2] Esta es una de las paradojas del matrimonio centrado en la progenie, en el cual la paternidad o maternidad son al mismo tiempo la inspiración del matrimonio y su aparente perdición. Un aparte, no estoy segura de que la investigación sobre divorcio, felicidad y maternidad mida la emoción más pertinente. Creo que los niños aportan a nuestra vida y a nuestro matrimonio algo más profundamente consolador y agradablemente sólido que la felicidad, algo por lo que morir, un lugar en el mundo que está fijado y no cambiará, una religión privada, la capacidad de que te rompan y te recompongan el corazón. Puede que los hijos no nos hagan siempre más felices, pero según mi experiencia nos hacen más vivos, y en mi opinión sentirse más vivo es mejor que sentirse «más» feliz.

En cualquier caso, no obstante, se mantiene la paradoja de que la maternidad puede inspirar el matrimonio y luego acabar con él. Un estudio de maternidad[3] de Save the Children descubrió que en 2010 Estados Unidos se situaba en un deprimente 28.º lugar, detrás de la Grecia acuciada por las deudas, en una lista de los mejores lugares donde ser madre. Los capítulos de esta parte del libro diseccionarán esa paradoja y buscarán los orígenes modernos de nuestra melancolía en el matrimonio parental, en una época de maternidad opcional. También se fijará en algunos matrimonios pioneros que han encontrado alternativas.

Cuando mis conocidos describen la «transición a la paternidad o la maternidad»[4] en el matrimonio, gravitan hacia el lenguaje del trauma. (Huelga decir, espero, que todos aman a sus hijos. El amor y la devoción a los hijos es una constante, me parece a mí. Solo cambian las modas de la maternidad y la política.) Una amiga mía describe los primeros años de su hijo como «una emergencia»; otra amiga, que es una profesora que gana premios y sabe mucho de niños, habla de «crisis permanente». Paula, la optimista ingeniera química, dice que al principio es como «saltar al agua fría y profunda. ¿Cómo sales a la superficie y respiras y luego cómo os mantenéis los dos a flote? Se parece mucho a estar mucho tiempo pateando para permanecer en posición vertical en una piscina. Todos los que conozco con hijos pequeños se sienten así». Cuando nuestro hijo era pequeño, parafraseé un viejo anuncio contra las drogas para describir nuestros apuros: «Este es tu matrimonio. Este es tu matrimonio cuando tienes hijos.» En otra conversación con John comparé tener un hijo, desde el punto de vista psicológico, con un estado de alerta por terrorismo, porque nunca sabes qué va a ocurrir a continuación, ni cuándo, y no tienes ningún control sobre las cosas.

En ese sentido, ¿nos sentimos padres o más bien rehenes de nuestros bebés e hijos pequeños? ¿Y si somos rehenes, padecemos el síndrome de Estocolmo?

Está claro que hoy no soy una madre sobreprotectora. Atravieso de la manera más rápida y subrepticia posible el mundo embravecido de la escuela de mi hijo y dejo que los profesionales hagan su trabajo. La «transición a la maternidad» se ha suavizado con el tiempo, ha pasado de ser una tragedia a una farsa ligera y cómica. Tenemos un hijo imaginativo y fácil, que se protege bastante él solo, un niño exquisitamente adaptado y aplicado que se preocupa por el consumo de azúcar, las grasas trans, los relámpagos, McDonald's y las extrañas bacterias carnívoras de la bahía de Chesapeake.

Sin embargo, al principio mi mentalidad era muy diferente. No tuve un hijo «fácil». Además, ningún niño habría sido fácil para mí a menos que hubiera nacido leyendo a Balzac y se hubiera contentado con quedarse tranquilamente sentado en una esquina y meditando. El instinto maternal, a diferencia de lo que le ocurre a otras mujeres, no llegó sin esfuerzo para mí. En el caso de muchas mujeres que nos hicimos adultas en la década de 1980, no solía haber niños sueltos a nuestro alrededor antes de que tuviéramos los nuestros, así que para mí el bebé era el ser más central en la ecología conyugal, la musa de su existencia y el más extraño. Yo tal vez era excepcionalmente ajena, cierto. Lo más cerca que había estado de la maternidad a los treinta y cuatro años, como no tenía sobrinos ni sobrinas, era la ocasional crítica feminista-posmoderna de la madre-otra, o el bebé insoportable en un avión. No absorbí trucos de maternidad por ósmosis. En lugar de hacer de canguro, bruñí mi solicitud de acceso a la facultad trabajando de becaria en lugares en los que desempeñaba labores como localizar cuadros de grandes puentes y embalses históricos para una sociedad de preservación.

Lo que sí me llegó con facilidad, de manera casi natural, fueron mis aptitudes profesionales de estudiante de primera. Es probable que la metástasis del temperamento profesional que muchas aportamos exacerbe el declive de la felicidad conyugal relacionada con la nueva maternidad. Se trata de algo más que «aptitudes profesionales»: se trata de una predisposición completa. A principios de la década de 1970, la segunda ola de feministas defendió a las «amas de casa desplazadas», madres y amas de casa que se veían privadas de apoyo económico y social cuando enviudaban o se divorciaban. Yo era más bien una profesional desplazada, de repente privada de una oficina y buscando la competitividad. Es otro elemento siniestro de la confusión de intimidad entre el trabajo y el hogar, entre colega y marido, madre y profesional: la musa del cuarto de los niños está cambiando, de la Virgen a Donald Trump.

Siendo una profesional desplazada, echaba de menos mi viejo hábitat, donde podía navegar con competencia enérgica e intuitiva. El trabajo de John se reorientó en mi mente como una libertad o privilegio injusto; lo que me molestaba, porque era un mundo conocido para mí, en ocasiones frustrante pero al menos familiar en sus frustraciones y gobernado por gente teóricamente racional que sabía usar el retrete. Cada jornada laboral, vigilaba el reloj con suplicante paciencia en espera del momento de la transferencia de poderes oficial, el momento en el que podía endilgarle al chillón recién nacido a John cuando él volvía de lo que de pronto me parecían unas vacaciones de estar en la oficina, haciendo un trabajo paradisíaco de tratar de luchar cuerpo a cuerpo con mercados multimillonarios de materias primas y predecir sus embargos futuros y cambios de humor.

Este ritual de entrega que pensaba que era mi propio tic desesperado es una queja sorprendentemente idiomática de los maridos en el matrimonio parental, el matrimonio que se define en gran medida por el proyecto de tener hijos y es el foco de los capítulos siguientes. Cuando la mujer está de baja por maternidad, o es de manera permanente una madre que se queda en casa (y probablemente les ocurre lo mismo a los papás que se quedan en casa), el sostén económico de la familia vuelve del trabajo después de una complicada jornada laboral solo para que le encajen, antes incluso de que se cambie de ropa, uno, dos o quizá tres niños que están peleándose, sucios, hoscos o llorando. Hay algo no solo desesperado sino casi acusatorio en el gesto (y lo sé), porque el marido «se ha dado el lujo» de ir a trabajar todo el día y ahora tiene que pagar por ello.

En toda la carrera de Oprah Winfrey, hasta septiembre de 2002, el mayor número de respuestas que se recibió en un solo programa fue cuando la autora feminista Naomi Wolf vino a exponer la «conspiración del silencio»[5] en torno a la oscura resaca de la maternidad. Leo las transcripciones del programa y me fijo en que Wolf y sus aliadas en el público se referían constantemente a la maternidad como un «trabajo duro» o un «trabajo que absorbe el 80% de tu tiempo». Muchas otras madres se sintieron agraviadas y denunciaron el punto de vista y los sentimientos profanos de Wolf, por extraño que sea juzgar a alguien por sus sentimientos, como —sí, lo has adivinado— «egoísta» y «quejica». Yo no. La jerga profesional que ella usó sobre la maternidad me pareció intuitivamente correcta. En épocas anteriores, el trabajo de cuidar a los hijos se percibió de distintas maneras, desde un acto religioso de guía a un arte creativo o una experiencia mística o una aceptación de responsabilidad indiferente o una empresa arriesgada y aleatoria. En algún punto del camino, para algunas de nosotras, el hijo pasó de ser un miembro de la familia a convertirse en un proyecto a gestionar.

Por supuesto, si todas estuviéramos dispuestas a ser madres profesionales desplazadas «suficientemente buenas» que cumplieran «suficientemente bien» con la maternidad —el parámetro pasado de moda y de absolución maternal acuñado por el psicoanalista Donald W. Winnicott en la década de 1950— podríamos escaparnos de esta depresión. Nos contentaríamos con ser, al menos, profesionales de la estafa que saben cómo engañar al sistema para garantizarse la tranquilidad y felicidad. La autora Nora Ephron nos cuenta que recuerda una época anterior a que se hablara de *parenting*. En cambio, hoy nos imponemos objetivos de actuación más elevados y contraproducentes, como ha descrito de manera gráfica y precisa Judith Warner en *Una auténtica locura: la maternidad del siglo XXI*.[6]

La perfección es una moda del *parenting*; el «vínculo» es otra. Lo cierto es que, combinadas, las modas de perfección y vínculo no nos predisponen hacia un matrimonio despreocupado y fácil una vez que optamos por los hijos. La cuestión del vínculo de maternidad parece haberse exacerbado desde que yo tuve un hijo, al menos entre las clases progresistas y relativamente prósperas. Los principios de la vinculación —una madre no está estableciendo el mejor vínculo a menos que lleve a su bebé en brazos a todas horas, duerma con sus hijos, se dedique en exclusiva a dar el pecho, etcétera— mantienen a las mujeres efectivamente atadas a sus hijos y sus hogares si quieren seguir la prescripción de manera precisa. El efecto global es que la díada madre-hijo inunda otros roles adultos de la madre.

Es tentador ver el vínculo maternal y la maternidad natural como un retorno al confinamiento doméstico de la mujer de la década de 1950, pero la maternidad del tercer milenio es algo diferente. En el matrimonio de la época romántica de la década de 1950, la mujer de clase media, por limitada que fuera su esfera, tenía toda clase de roles y fuentes de aprobación social, además de sus hijos y la maternidad (insistiré sobre ello en el siguiente capítulo). Y estas amas de casa de después de la Segunda Guerra Mundial creían, para bien o para mal, en los grandes dioses americanos: electrodomésticos, tecnología, electricidad, biberones, artefactos inteligentes, el nuevo milagro de la televisión, el plástico, galletas y otros dulces con los cuales sobornar, la comida rápida, la hora del cóctel y otras nociones que facilitaban la vida doméstica.

El pariente más cercano a la vinculación o la moda de maternidad natural quizá sea una domesticidad del siglo XVIII, preindustrial, dado nuestro actual énfasis en la lactancia materna prolongada; la idealización del parto no medicalizado; el regreso de las ajustadas dependencias familiares de la época colonial, con la «cama familiar» en la que se produce el vínculo material; el uso de pañales de tela; la preparación en casa de la comida de los bebés; el constante llevar a los niños en portabebés; la cautela contra la vacunación y la medicina moderna; el renacimiento de los huertos caseros; el impulso de la educación en casa; el rechazo de canguros y guarderías; el entusiasmo por el bricolaje y los proyectos artesanos con niños, como pasar horas recortando corazones para hacer bolsas de regalo de San Valentín o cosiendo a mano un disfraz de Frankenstein para Halloween; y el repudio de la televisión, los medios de comunicación, los juegos de ordenador o cualquier cosa que pueda conectarse a un enchufe de la pared para proporcionar un aplazamiento de lo que aparte de eso es una interactividad sin remordimientos de la maternidad. Si añadiéramos demostraciones prácticas de fabricación casera de mantequilla, gorritos coloniales y zapatos de hebilla podríamos tener el «museo vivo» de una plantación histórica de Plymouth reconstruida con nuestras prescripciones parentales del siglo XXI.

Para ser precisos, todavía tengo que encontrar a una madre que intente con honrado masoquismo seguir todas y cada una de estas prescripciones de perfección o vinculación. Sin embargo, el grado con el que una mujer está deseando ser devorada por completo por la ballena de la maternidad se convierte en un parámetro informal en las conversaciones de recreo entre madres en una época de inseguridad, como la ha descrito Warner, en torno al matrimonio y la maternidad. Con frecuencia oigo inquietas confesiones de mujeres que no han hecho todas estas cosas como están especificadas (por ejemplo, unas cuantas conocidas me cuentan que se «sienten fracasadas» porque tuvieron partos por cesárea), como si su ejercicio razonable de sentido común constituyera una violación de la devoción maternal y el sacrificio.

Esto podría explicar algo que oigo de manera anecdótica de mujeres de mi propia edad, pero no tan anecdótica en las de la generación de mi madre. Mis coetáneas me han dicho que sus experiencias con su segundo hijo fueron cualitativamente mejores que con el primero, en parte porque se sentían más competentes la segunda vez, pero también porque las exigencias de tener más de un hijo impedían desde un punto de vista logístico la búsqueda de lo intachable.

En 2006 publiqué un ensayo en el cual afirmaba que era una madre mediocre y no me avergonzaba de ello. En ese momento sentí que era una osadía afirmar incluso una proposición tan intuitiva. Al fin y al cabo, solo por ley estadística, la mayoría de nosotras habitamos el vasto y mediocre centro de no ser ni formidables ni un desastre en cualquier tarea que llevemos a cabo.

Espero que no sean vanas ilusiones, pero percibo indicios de un cambio conyugal, o quizás una rebelión en toda regla, contra la filosofía que impregna la maternidad. La autora y columnista del *New York Sun* Lenore Skenazy aboga por la maternidad y la paternidad «de granja». Lo oigo también de boca de mujeres que salen del armario respecto a la inocencia de su propia imperfección maternal. Esta es la vanguardia de las madres feliz e incorregiblemente despreocupadas y normales, lo cual en realidad solo equivale a quitar un poco el polvo a la vieja tesis psicoanalítica de la «madre suficientemente buena».

No obstante, por ahora, el ideal de la imperfección sigue siendo un acorde prometedor pero menor en la maternidad. Los padres sobreprotectores pueden ser despiadados en su búsqueda de la perfección. No hay un «yo» ambicioso y competitivo en el trabajo en equipo, te lo dirá el gerente de oficina obsesionado por la colaboración de cultura romántica, pero definitivamente sí lo hay en una familia.

Los comerciantes de juguetes, por elegir un ejemplo entre muchos otros, tratan de satisfacer los criterios exactos de la madre profesional desplazada. Tener un bebé en el siglo XXI es ser empujado a un mundo donde la diversión no se atreve a aventurarse si no va acompañada del aprendizaje. «Ríete y aprende», proponía un juguete; «diviértete mientras aprendes», proponía otro. Lamaze produce juguetes apropiados para el desarrollo del bebé, concebidos por doctores que al parecer tienen importantes afinidades psicodélicas. Nuestro favorito era un mono que chillaba llamado Max, con un pecho a cuadros blancos y negros y un botón rojo en el ombligo, que sostenía un triángulo amarillo y una banana con los pies. Los colores de alto contraste, evidentemente, aumentan la potencia cerebral y la producción intelectual.

Ahora me río de mi devoción sincera por todos los manuales de consejos y la neurociencia popular —la clase de neurociencia cuyas conclusiones encajan en la etiqueta lateral de una caja de cereales o un juguete—, pero he oído decir que el sentido del humor es lo primero que nos falla, y me tomé estas recomendaciones muy en serio en su momento, como si mi bebé fuera a terminar ciego y atrofiado sin la estimulación de objetos negros y rojos y una prodigiosa abundancia de leche materna.

Cada momento contaba para el enriquecimiento del bebé. Casi podía imaginar las neuronas de mi hijo marchitándose porque no hablaba lo suficiente o no señalaba cosas interesantes, edificantes y forjadoras de neuronas a las que mirar (uno de los elementos más indelebles, aunque al parecer profundamente simplificado o incluso apócrifo de la neurociencia popular, es que los «primeros tres años»[7] son un todo o nada para un cerebro, así que necesitas ser innovador para abrir el máximo número de conexiones neuronales para tu hijo con Mozart y aparatos de estimulación fetal).

Como la mayoría de los bebés de hoy, el mío quedó entronizado en la litera real de su asiento del coche. Muchos días hacíamos un peregrinaje al supermercado ecológico, que en ocasiones imaginaba como una *performance* en 3-D de las modas parentales y la hipocresía de las clases media y adinerada. Al ir y venir por los pasillos, las madres iban narrando a sus hijos, sentados en carros de la compra especialmente acolchados para mantener cómoda la retaguardia. Como los comentaristas charlatanes que se encargan de llenar los espacios en un partido de béisbol, las madres exclamaban: «Eso es una naranja», y sus palabras de «ríe y aprende» hacían eco en la enorme tienda ingeniosamente decorada. «Esto es un kiwi, ¡ves lo verde que es!» Cualquier cosa era una oportunidad para educar. Esta forma de ser padres, empalagosa e implacable, se caracterizaba por ser extrañamente ostentosa. Un día oí que una madre joven le preguntaba a un cajero si tenía leche de biberón ecológica y luego se disculpó, porque «no debe de ser popular aquí». Estaba sinceramente preocupada por el hecho de que un cajero de veintitantos, o clientes que pudieran oírla como yo, la juzgaran por sus decisiones sobre la forma de alimentar a su bebé. Por extraño que parezca, mi abrumadora sensación en esos días era la de una intensa conciencia de mí misma, y esta característica parece la más diferente de la época de mis padres: ¿ha habido alguna otra generación de padres tan claramente consciente de sí mismos como padres? Casi como si fuéramos actores en el escenario, susceptibles de malas críticas, y siempre deseando ser apreciados.

El matrimonio parental está exquisita e incluso mórbidamente sintonizado con su propia actuación y criterios parentales. Esto tiende a debilitar cualquier feliz despreocupación o visión displicente que pudiéramos habernos procurado en una época pasada, cuando los hijos eran casi obligatorios y por lo tanto formaban parte del paisaje matrimonial. Curiosamente, podría haber existido una especie de libertad colateral en la idea de que los niños simplemente estaban allí, y nada de todo ello era especial o incluso elegido en el matrimonio. Cuando pienso en el matrimonio parental melancólico de hoy, me acuerdo del salmón de Alaska que muere en el mismo acto de tener éxito en su propósito más profundo y sagrado: desovar.

La de Alice es una historia entre millones en la estadística de tener hijos y divorciarse. Era una mujer en un matrimonio melancólico de bajo conflicto que se divorció de un «gran tipo», y su ex marido Peter es, a juzgar por todos los indicios, una persona encantadora. El matrimonio de Alice encaja en la paradoja. El deseo de tener hijos inspiró su matrimonio con Peter y, cuando tuvo un niño, eso la inspiró al divorcio. Al tiempo que sus vínculos de padres se reforzaban, el vínculo conyugal se diluyó en tres años hasta alcanzar una tenue e inofensiva irrelevancia. Pienso en el matrimonio de Alice como el caso de la «Barbie Eunuco», una frase que ella misma utiliza para describir su identidad posparto como esposa.

Me cuenta que para entender su matrimonio parental he de saber unas cuantas cosas sobre lo que ocurrió antes. Alice estaba haciendo una agotadora residencia quirúrgica en una ciudad meridional cuando se encontró con la gran pasión de su vida. «Era un chico malo, yo tuve el mejor sexo de mi vida y todo fue muy irresponsable.» Él nunca se interesó en el matrimonio. «Recuerdo que estaba con él y pensaba que arrancaría con la sillita del bebé en el techo del coche. Así que parte de mí dijo: "No hagas de esto una cuestión permanente", pero estaba en un estado de adicción absoluta.» El amante demoníaco también era imposible, explica Alice, porque era tosco y latino y «yo no podía llevarlo a casa de mi madre. Tengo un padre conservador de derechas que básicamente no le dejaría entrar en casa».

El segundo antecedente importante es que Alice fue a la facultad de medicina tarde, cuando estaba a punto de cumplir treinta. Antes era entrenadora personal. Esta mujer hermosa y ágil, de ojos iridiscentes, emana una energía cargada de vida y entusiasmo, pero también tiene la mentalidad metódica y centrada de un médico. Es difícil imaginarla abatida por las circunstancias.

Alice tendría algo más de cuarenta años cuando terminara su residencia quirúrgica. Eso hizo que se preguntara cómo encontraría un marido. Siempre asumió que se casaría. «Para mí era más una cuestión de tener hijos —dice— y no podría hacer una cosa sin la otra. Nunca jamás se me ocurrió ser madre soltera. Era inaceptable. Habría sido como anunciar a mis padres que era artista o que era lesbiana. Simplemente imposible.» Para ella, cuidar de los hijos con la bendición de los padres era el máximo imperativo del matrimonio.

Trató de encontrar modelos de rol. Conocía a una cirujana de traumatología que tenía manos hermosas y precisas, y un marido que tenía una aventura con su secretaria. Otra cirujana, de cuarenta y pocos, había perdido a su marido por un cáncer y se había metido en la escena de las citas. «¿Siendo cirujana y a su edad? Era un cero en términos de mercado.» Alice estaba en el aciago segundo año de residencia cuando decidió dejar la especialidad quirúrgica, que era extremadamente dura pero que le encantaba. «Fue por la cuestión de los hijos, porque tenía treinta y tantos y vivía en una ciudad» donde no creía que pudiera encontrar buenos candidatos para el matrimonio. Se trasladó otra vez a su Cleveland natal, donde todavía vive, para estudiar una nueva especialidad médica. «¡Y ahí está el señor Peter! —Ríe—. Guapo y de ascendencia europea y médico, y vino a mi casa y mis padres le sirvieron una copa de vino.» El espectáculo la llenó de placer «orgásmico». «Guau, es posible tener una relación que implique a mis padres. Era todo demasiado aceptable. Estaba todo impecable para mí.»

Sobre el papel Peter tenía todo el sentido. Era amable, divertido y buena persona, y estaba terminando una beca en endocrinología, la nueva especialidad de Alice. Se convirtió en un mentor profesional de valor incalculable y generoso para ella, y cuando se fueron a vivir juntos crearon una elegante *mise-en-scène*, sobre todo por la sofisticación estética de Peter. Hoy encajaría en el perfil de metrosexual, un soltero decididamente heterosexual pero con conciencia del estilo. «Nuestro apartamento —recuerda Alice— era una cuestión de cocinar, beber vino, escuchar música, ver películas extranjeras y recibir gente.» Durante la residencia quirúrgica ella había estado «luchando y luchando y luchando, y sentía que ya no estaba luchando más». Y en comparación con el amante demonio, «el nivel de amenaza o la estabilidad era mejor. Quieres tener un espacio de amplitud» con el hombre al que amas, «no lo quieres en todas partes». Es la quintaesencia de lo posromántico, casarse con un sueño de estabilidad en nuestras cabezas.

Aunque la integración de Peter en su familia llenó a Alice de excitación orgásmica, su vida sexual no lo hizo. Después tuvo una revelación de que se había casado con el pulcro pero asexuado señor Cacahuete de la publicidad de Planters al que Peter se parecía vagamente con sus piernas largas, sus pantalones a rayas y ligera barriga. «Diría que el sexo quedó relegado a una parte muy pequeña y baja de la relación», pero «a él no le importaba y a mí tampoco, porque mira lo que estaba consiguiendo»: un mentor profesional, un compañero aprobado por la familia y un hábitat encantador.

Se comprometieron y en retrospectiva estaba claro lo que Alice quería: un hijo. «Ese es el ardid que no reconocí en su momento, pero ahora sí, oh Dios mío, es tan obvio..., porque por supuesto teníamos un microscopio en nuestro apartamento para trabajar...» Así que una noche, después de pasarlo bien, Alice consiguió una muestra de semen de Peter y corrió a confirmar la cuenta y movilidad espermática. Se quedó tranquila de que concebiría sin problemas en el futuro.

—A lo mejor él tenía el mismo programa —propongo—, casarse para tener un hijo.

—Ojalá fuera cierto —responde—, me sentiría menos culpable.

El deseo de la pareja de una boda discreta cedió ante la presión de los padres. Al final celebraron un banquete para más de doscientas personas en la casa de los padres de Alice, con los amigos de sus padres, la noche después de la boda. Ella recuerda que la boda fue preciosa pero poco satisfactoria. Como principio general parece que la boda predice el matrimonio, y esta se desdibujó perezosamente en la vida cotidiana. Después de la ceremonia, Alice y Peter se pusieron su ropa habitual y se marcharon, a petición de Peter, a hacer una travesía por bares monótonos en una ciudad dominada por centros comerciales y edificios de oficinas. «Tenía ganas de decirle al camarero: "Acabamos de casarnos esta noche. ¿No es raro?"» Peter se emborrachó y se quedó dormido en el suelo del hotel. Al día siguiente se fueron a casa a hacer la colada.

Justo después de la boda, no tuvieron mucho sexo, pero en una ocasión Alice se apoyó sobre la cabeza para facilitar la concepción. Durante el embarazo no hubo nada de sexo, «ni siquiera en el segundo semestre cuando vas caliente —recuerda Alice—, pero estaba bien porque estás pasando toda la excitación y sientes el bebé y lo ves en la ecografía. El sexo quedó relegado. Creo que las mujeres pueden apagar el grifo así, sin más ni más». El bebé ya estaba suplantando cualquier espacio emocional que Peter pudiera haber ocupado como marido.

El parto fue una saga épica, con mucho dolor porque la cabeza del bebé era enorme. Pero cuando nació Perry, «de repente tienes ese objeto que va más allá que cualquier amor que hayas conocido».

Alice quedó envuelta por el amor por su hijo, pero la transición a la maternidad fue solitaria y traicionera. «Lo más destacado de mi día era cerrar la puerta del cuarto de baño y llorar y darme un baño para aliviar mi perineo dolorido. Recuerdo haber soñado que tenía una vieja muñeca Barbie que era como cualquier otra, salvo que entre las piernas tenía ese tajo enorme. Como si me hubieran arrancado todos mis órganos sexuales... Era la Barbie Eunuco.»

En el caso de Alice, la Barbie Eunuco rajada tiene antecedentes literales en su experiencia de parto en el campo de batalla, pero es una metáfora reveladora del matrimonio moderno con hijos: los órganos sexuales y la vida erótica de la pareja extirpados por el bebé. «Él era el único centro», dice Alice, y como yo, achaca parte de la «infernal» transición a la coacción competitiva de dar el pecho y juzgar a una mujer por la cantidad de leche que almacena en el congelador. «Al final del día —reflexiona Alice—, eso asegura que no te queda nada más.» Es el bebé y tú.

El matrimonio, dice Alice de manera conmovedora, fue «algo diáfano. No estaba allí». Eso parece haber sido cierto incluso antes de Perry, pero se fue diluyendo de manera constante después del nacimiento, cuando toda la energía y el foco se traspasó del matrimonio a la maternidad; que para Alice desde el primer momento había sido la musa matrimonial. Alice no cree que rechazara a Peter y dice que probablemente él tampoco siente que la rechazara a ella. Se llevaban bien, dormían en la misma cama (dormían, nada más). Pero ella tenía un elevado concepto de sí misma como madre y «el bebé lo era todo, todo giraba en torno a él, todo lo que hablábamos y hacíamos».

No tuvieron relaciones sexuales en tres años, desde el embarazo hasta que Perry ya caminaba. Alice no era «dueña de sus actos», como dijo a modo de ruego un hombre en libertad condicional ante un juez conocido mío. Alice imagina que Peter podría recordar «los primeros dos años» completos «como un accidente pasajero, salvo que tenía una mujer extrañamente ansiosa». No había mucha comunicación ni disputa en el matrimonio. Era de bajo conflicto y de baja tensión al extremo.

Cuando Perry tenía un año y medio, la pareja fue a un centro turístico de Tejas a pasar unas vacaciones con la familia de Peter. Todo era más fácil allí: tenían un entorno que los acogía y ayuda con el bebé. Un día en la playa, Alice le dijo: «Esto no funciona. Hace años que no tenemos sexo.» Peter respondió «algo genérico y sin compromiso, y finalmente puse las cosas en orden, organicé mis ideas y dije: "No hay forma de que esto funcione, no tengo conexión contigo de ninguna manera." Y quizás en ese punto me dije a mí misma: este hombre es mi pareja. Es la persona que está implicada en el crimen de haber tenido un hijo conmigo».

Pasó otro año. «Nada. Cero.»

—¿Alguna vez lo engañaste o le diste el salto?

—Nunca tuve ese impulso de hacerle daño, no.

Y un año después de su primera conversación en la playa, tuvieron la misma conversación, en el mismo sitio. El tiempo conspira contra el matrimonio centrado en el hijo, sin sexo, de Barbie Eunuco. Antes de que te des cuenta, has pasado años sin ningún sexo o sin sexo significativo, has pasado un año sin siquiera mencionar el problema. Entonces llegas al mismo hito, unas vacaciones anuales o un fin de semana, y el ciclo se repite.

Pero ese año, Alice se topó con el amante demonio, que se había mudado a la zona donde ella y Peter pasaban las vacaciones. Concertó una cita para encontrarse una noche. En persona y por teléfono, Alice tuvo la sensación «no de querer estar con él, sino de volver a tener esa conexión con mi parte salvaje, con todo eso que había dejado atrás».

El amante demonio le recordó su viejo yo. Pero también le

aclaró de manera indirecta qué era el matrimonio. Alice tenía al pequeño Perry de dos años en brazos, y «era lo más bonito que podía imaginar». Y el amante demonio llegó tarde, como siempre, y dejó el coche en marcha mientras hablaban. «Pensé, por eso lo hice, por Perry. Esto nunca habría funcionado con él.» En una reavivada conexión con el amante demonio, Alice alcanzó la claridad sobre por qué se había casado y por qué no podía continuar casada.

Otros en matrimonios parentales melancólicos podrían aguantar mecha, o podrían llevar a cabo adaptaciones para superar su descontento. Pero en un buen número de casos, una revelación en ocasiones imprevista o en ocasiones premeditada de todo lo que se ha perdido hace imposible permanecer casados. Peter no era un mal tipo, en absoluto. Simplemente no era, para Alice, una presencia en el matrimonio que la hiciera ser la persona que ella quería ser. Todo esto ocurrió antes de las redes sociales, pero con la llegada de Facebook, que te envuelve para regalo tu pasado romántico y te lo entrega en la puerta de casa —no necesitas encontrar problemas porque vienen solos y te solicitan amistad—, podemos esperar muchas de estas historias en las que los fantasmas de las relaciones pasadas vuelven como el padre de Hamlet para ser un elemento catalizador del cambio en un matrimonio, para provocar el divorcio, asustar al matrimonio con una revelación, incitar a una aventura, o solo para recordarnos, con un efecto trivial o con consecuencias, las partes de nosotros mismos que podríamos haber perdido cuando nos casamos.

Alice y Peter se deslizaron hacia el divorcio con la misma calma con la que lo hicieron hacia la boda. Ella no «rompió» el matrimonio, sino que más bien dejó que se descompusiera. Cuando Perry tenía dos años, compraron una casa. Peter puso el nombre de Alice con el suyo, pero generosamente dijo que pagaría la hipoteca solo. Considéralo un regalo de Navidad, le dijo: «Fue su forma de aceptar el divorcio», piensa Alice, la manera de lanzar la zapatilla por la ventana. Da la impresión de que una gran parte del matrimonio pasa hoy a través de las propiedades inmobiliarias: los vínculos que forja, la forma en que solidifica o disuelve el compromiso. Alice se fue del hogar común y se mudó a una casita pequeña pero encantadora. La primera noche abrió las ventanas y se deleitó en «volver a ser yo».

No se arrepiente del divorcio, porque ella y Peter se llevan muy bien ahora. Alice tiene un agudo sentido del humor sobre las debilidades de su vida matrimonial, pero está claro que los dos se aprecian y se respetan. Ella tiene un novio en otra ciudad y ningunas ganas de volver a casarse, aunque le gustaría tener una larga relación monógama. En el caso de Kristin, descrito en el capítulo 2, una maravillosa amistad se metamorfoseó en un mal matrimonio, pero en el caso de Alice un mal matrimonio se convirtió en una rica amistad y una buena relación entre padre y madre. «Estamos tan centrados en el niño como puedes estarlo tú», dice. Perry siempre fue el fulcro del matrimonio, su marido una figura más tenue, y ahora no hay presión social interiorizada en ellos para ser otra cosa que lo que sobre todo eran: coprogenitores.

Durante mis primeros años de maternidad, mi matrimonio también empezó a flaquear, y en cierto sentido de la misma forma que el de Alice. Justo cuando el matrimonio había cumplido su mayor imperativo, y tuvimos un hijo encantador, empezó a zozobrar. Mirando atrás, fue entonces cuando empecé a pensar en mí misma como una persona conyugalmente melancólica, el momento en que me uní de manera decidida a la fraternidad del matrimonio semifeliz, de bajo conflicto y baja tensión.

No paso mucho tiempo en balnearios. Esa clase de relajación me crispa los nervios, y encima es muy cara. Por eso no deja de ser curioso que tanto la propuesta de matrimonio como el primer indicio de divorcio se produjeran en balnearios, la primera en 1997 y el segundo a principios del siglo XXI. Con un niño de dos años en casa, no era un momento conveniente para sentirme descontenta con el matrimonio.

Igual que la primera manifestación de la palabra «matrimonio» reorienta una relación de forma ineludible, pronunciar la palabra «divorcio» es una especie de ensalmo, un hechizo que impulsa a que se materialice, lo digo con seriedad. Hace que ocurran cosas, hace que parezcan posibles. Un temor salvaje se domestica en el acto de verbalizarlo.

Fui con mi vieja amiga Eva a pasar el día en un balneario de California a principios de la década de 2000. Estábamos holgazaneando en las tumbonas de la terraza de una piscina termal, envueltas en toallas blancas y con rodajas de pepino sobre los ojos. Eva me preguntó por John. Le tiene mucho cariño. Una vez comentó, y yo estoy de acuerdo, que «si todos los hombres fueran como John, tendríamos este problema de masculinidad solucionado en una generación».

En lugar de las respuestas de repertorio a su pregunta, dije algo real.

—Ya no conectamos intelectualmente —murmuré, solo en el lado educado de la queja—. No somos amigos íntimos. ¿Las partes de mí que él comprende y las cosas que me gustaron de él al principio? ¿Las cosas que eran positivas? Esas cosas ya no me importan tanto.

—Pero... no estarás pensando en divorcio, ¿verdad?

La palabra resonó en la sala hueca de la piscina. Las rodajas de pepino todavía me tapaban los ojos. Giré el cuello hacia la voz de Eva antes de que recordara quitármelas. Eva parecía alarmada o quizá desconcertada. Me miró con sagacidad.

—No —dije con desesperación—. En realidad no... ¿Divorcio?

Eva escribió una ingeniosa parodia de un poema de Edgar Allan Poe como un brindis a nuestro matrimonio; la conozco desde que teníamos doce años, antes del sexo, antes del deseo, mucho antes del compromiso. Recordar todo ese mundo inmaculado de «antes» me hizo sentir nostálgicamente avergonzada por la falta de felicidad absoluta en mi matrimonio, ¡y con ese gran hombre!

—¡Está bien! Es solo complicado. O... no complicado, apagado.

—Ten cuidado —dijo Eva, envolviéndose con fuerza con la toalla— o vosotros dos podéis terminar odiándoos de verdad el uno al otro.

Una vez que se pronuncia la palabra, el divorcio pende como

una espada de Damocles sobre el matrimonio. Incluso se vincula a la idea un antirromanticismo imprudentemente destructivo: podéis haceros eso el uno al otro. Podéis aniquilaros uno al otro y destruir vuestro mundo igual que antes lo construisteis.

Nada específicamente terrible ocurrió en nuestro matrimonio para provocar ese momento con Eva. En ocasiones tengo la tentación de retratar a John como una caricatura del marido perfecto, y de verdad tiene cualidades maravillosas. Pero de manera ineludible conspiramos en nuestra deriva hacia un extrañamiento cordial, y nuestro matrimonio, como todos los demás que he conocido, es harto más complicado que la suma de las partes de una «mujer maravillosa» y un «gran hombre». La estrecha banda emocional de John era tranquilizadora y reconfortante al principio, pero luego se volvió frustrante. Con frecuencia no escuchaba ni observaba con atención, prefería la contemporización a la sinceridad; prefería una apariencia de satisfacción y acomodo que subir un camino empinado y retorcido; prefería contarme lo que me gustaría oír en lugar de lo que de verdad pensaba. Estaba escribiendo en mi diario un día, y pensaba que quizá debería guardarlo en un rincón privado cuando terminara, pero luego tuve la revelación de que podía dejarlo en cualquier sitio de la casa con la confianza de que John no lo miraría. No porque respetara mi intimidad per se, sino porque ya no tenía curiosidad, si es que alguna vez la había tenido. La competencia enérgica que valoraba en él al principio llegué a verla fundada en una insulsa falta de curiosidad, negación ingrata, quizá pereza o incluso una retirada antisocial de los riesgos del sentimiento y la intimidad. Nuestras virtudes pueden volverse contra nosotros en el matrimonio, porque las virtudes y los defectos con frecuencia son hipócritas. La hipotermia de los primeros momentos de la paternidad, cuando nos retraemos profundamente en nosotros mismos para «sobrevivir un día más», en frase de Josie, redujo aún más la tendencia a una insurrección fructífera contra los roles familiares. Teníamos problemas para ver la humanidad plena del otro a través de las caricaturas eficaces en las que nos convertimos durante la «crisis permanente» de la paternidad y maternidad.

No volvimos atrás ni siquiera cuando pasó la crisis. Después del tumulto de los primeros años de ser padres, sentíamos que el simple solaz del orden y una rutina sagrada cuando nuestro hijo tenía dos o tres años, y después cuando fue a la escuela, era como una taza de líquido caliente que había que equilibrar cuidadosamente, no fuera cosa que se derramara sobre nosotros. Así que en estos años nos volvimos mucho más profundamente dependientes —más enredados el uno con el otro— al tiempo que perdimos intimidad. Antes de casarme no había pensado que la dependencia sin intimidad fuera posible. Tengo la impresión de que el matrimonio puede presentar compromisos y variaciones previamente inimaginadas de la intimidad.

En el caso de un buen porcentaje de parejas insatisfechas pero que funcionan bien, el giro hacia una falta de pasión melancólica y unidimensional ocurre en primer lugar y más literalmente en torno al sexo y la pérdida de deseo. En *The Sex-Starved Marriage*, Michele Weiner-Davis calcula que casi uno de cada cuatro matrimonios es esencialmente sin sexo.[8] El antiguo secretario de Trabajo Robert Reich incluso tenía unas siglas para eso: DINS («*dual-income no sex*»,[9] doble ingreso sin sexo). Dagmar Herzog, historiador de la sexualidad, escribe que la «crisis» sexual del siglo XXI que él diagnostica se ha extendido más allá del sexo prematrimonial al sexo posmatrimonial, «su calidad, su cantidad [...] de hecho su propia existencia. [...] Nunca antes tantos estadounidenses se preocuparon tanto respecto a sí de verdad querían sexo en absoluto».[10] Un amigo soltero me dijo en cierta ocasión que no podía imaginar la posibilidad de estar en la misma cama con una mujer que le gustara y no querer nada de sexo. Ahora, casado, lo comprende. Es como si la pasión del matrimonio se evaporara. En cuanto a la carga erótica, un día estás durmiendo con un marido-amante y al siguiente es como si estuvieras en la cama con una tostadora.

Alguna investigación sugiere que en la primera etapa de la maternidad el atrofiamiento del deseo podría estar predeterminado evolutivamente y ser biológicamente normativo. La oxitocina que se dirigía al vínculo con el compañero sexual se transfiere al bebé. Creo que es natural que el deseo mengüe de todos modos, y requiere un noble esfuerzo que eso no ocurra. Aparentemente, rara vez es una cuestión de atractivo. Según un estudio de 2008, solo el 12% de los cónyuges infieles sentía que sus amantes eran más atractivos o que estaban «en mejor forma»[11] que sus maridos o mujeres. Sé que la muerte del lecho conyugal puede corregirse si se ataja a tiempo, y que muchos libros de consejos pueden ayudar, pero los matrimonios con frecuencia dejan que la situación se prolongue y, además, este no es un libro de consejos.

Josie y yo hablamos del tema general del sexo conyugal, cuando nos desplomamos en su sofá en una noche de verano. Ella tiene un punto de vista práctico, de soldado de infantería que he oído que comparten otras mujeres. Los matrimonios simplemente necesitan hacerlo. «Simplemente hay que tener sexo de misericordia —comenta Josie—. Solo míralo como en los años de Eisenhower. Es el papel de la esposa.» Josie en ese momento estaba en la agonía de no tener sexo de misericordia con una excitante pero atormentante nueva novia, Donna, que era exasperantemente evasiva y voluble, y no quería comprometerse con la relación mediante el vínculo que habría representado la compra conjunta de una casa colonial en un barrio elegante.

En este punto he llegado a desconfiar de cualquier frase bien intencionada sobre un matrimonio que empieza con el imperativo «simplemente». No es tan fácil y el sacrificio o compromiso que anuncia la palabra «simplemente» con frecuencia se percibe como algo imposible de realizar, por la razón que sea. Simplemente déjalo si no hay pasión. Simplemente ten más sexo. Simplemente aguántalo todo con felicidad y no seas «egoísta y quejica». No hay nada simple en un matrimonio semifeliz de bajo conflicto. No disfrutas de la rígida astronavegación del «simplemente».

En mi caso particular, la contemplación más inquietante, aunque quizá la más cierta, es que la pasión, profundidad, sorpresa y diversidad murió porque de alguna forma tristemente maliciosa queríamos que muriera. Si la sociabilidad desencantada no era lo que «queríamos», quizás era en un sentido más profundo lo que nos hacía sentir cómodos y a salvo. El deseo de Alice de un «espacio de amplitud» estable es revelador. No deja de ser una profunda ironía —aunque en retrospectiva predeterminada y no limitada a nuestro matrimonio, como indica la investigación sobre hijos, divorcio e infelicidad— que nuestra casa centrada en la maternidad y la paternidad floreciera mientras el matrimonio se marchitaba.

Este modelo inverso no puede haber sido un accidente. La reducción de otros imperativos y razones de ser no parentales del matrimonio dejan a la paternidad sola en el centro de todo. Lo que un hogar centrado en el niño ama, el matrimonio lo odia: la banalidad de la ausencia de movimientos repentinos, la estabilidad, la predictibilidad sin sorpresa ni digresiones. En una palabra, la falta de magia. La magia significa muchas cosas, pero sobre todo la capacidad de ser sorprendido, enriquecido, transformado, deleitado y nutrido de formas que te importan. Quizás el matrimonio feliz no es tanto una cuestión de realismo, responsabilidad o pragmatismo, de lo cual John y yo tenemos más que suficiente para llenar de alegría al movimiento matrimonial, sino de lo contrario. Estar felizmente casados a largo plazo podría requerir vivir bajo un hechizo mágico privado o incluso ser víctimas perpetuas de un trampantojo. Mediante un trampantojo, lo trillado puede convertirse en nuevo, asombroso e incluso emocionante; un misterio resuelto hace tiempo vuelve a cobrar vida, y sientes que después de todo no sabes nada de tu cónyuge, que tu sentido de habituación era una grave presunción. Un matrimonio bajo el hechizo seductor y rejuvenecedor de la magia escapa del orgullo desmedido de la familiaridad o la habituación como si se tratara de un caleidoscopio compuesto de elementos simples y obvios que aparecen en patrones y variaciones sin fin. La magia debe ser el manantial más profundo del deseo, la presteza, la intimidad sexual y otros elementos perecederos de un matrimonio prolongado. En algún punto de estos años, sospecho que John y yo lo perdimos.

Fue en torno al momento en que sacamos a relucir por primera vez y en serio los términos «divorcio» y «separación de prueba», aunque solo rara vez hablamos de ello en voz alta y no recuerdo la primera conversación. La idea se asentó de manera sutil y gradual, como una nueva estación. Aun así, cuanto más dices y piensas la palabra, más fuerza pierde y más inocua resulta. Deberíamos haber insistido en estos años en que vivimos sinceramente, no de un modo conveniente, en el matrimonio, pero elegimos una adaptación aceptable. Habíamos empezado nuestra espiral de bajo conflicto hacia una desconexión amigable.

Dan es un terapeuta matrimonial con el que hablo de manera informal con vistas a la investigación (y no *on the record* como experto). Dan se dedica a la terapia matrimonial en Baltimore desde hace más de tres décadas. Cuando me reúno con él a tomar café, luce una barba enredada y gorra de pescador, y tiene un aire dulce y optimista. Es mi embajador de los poderes regenerativos y de autocuración de un matrimonio herido.

«No hay divorcio después de un hijo», me dice Dan con énfasis. También podría haber añadido que no hay matrimonio después de un hijo. Dan quiere decir que, salvo en las circunstancias más sesgadas y peligrosas, terminas teniendo que tratar con tu cónyuge de todos modos, aunque sea a través de sentencias de custodia compartida. Como parte de su proceso de toma de notas con clientes nuevos, Dan crea gráficos para recordar la estructura familiar. Estos describen generaciones de gente casada para toda la vida que producen la siguiente generación de gente casada para toda la vida. «Ahora, pongo la hoja de papel en horizontal», dice. Es más fácil diagramar familias complejas y mezcladas y familias de padrastros de esa manera.

Si Dan tuviera que diagramarnos a John y a mí, podría hacerlo en un círculo, como una galaxia de dos planetas, cada uno en su propia órbita pero con nuestro amado hijo solo en el centro de atracción gravitacional. Es una paradoja rica: estamos menos agobiados que cualquier generación anterior por la idea de que el matrimonio significa tener hijos. Pero podríamos terminar siendo la más definida por la paternidad y la maternidad, una vez que tomamos esa decisión.

7

Hijos: los nuevos cónyuges

Cómo la fortaleza de los valores familiares se convirtió en la debilidad de la familia

Nuestros matrimonios no se sentirían necesariamente definidos por la maternidad si otros imperativos matrimoniales compitieran con esta, e incluso ocasionalmente se impusieran. De niña me sentaba en una silla plegable desvencijada en las cenas de vacaciones. Era novata poniendo la oreja para cotillear en las oscuras maquinaciones del mundo de los adultos desde mi posición privilegiada en la mesa de los niños, un humilde artefacto de una civilización conyugal desaparecida. La mayoría de mis amigas recuerdan haberse sentado en la mesa maltrecha y modestamente adornada de los niños, exiliada en una provincia del comedor. Allí comías con otros niños supuestamente civilizados mientras los adultos disfrutaban de la diversión y la conversación de los adultos. La mesa de los niños transmitía una sensación de proporción y orden. Éramos parte integrante de la familia, pero éramos tuercas de la maquinaria, no su núcleo. El matrimonio era una institución gruesa. Había numerosas obligaciones y proyectos que se solapaban. Por fuerza —y sostengo que de manera fructífera—, a veces había conflictos. Ser la esposa podía significar poner a los invitados de la cena por delante de los hijos, que se veían obligados a salir para divertirse. Una esposa como esposa tenía su propio valor e identidad; un marido como marido tenía el suyo. Una conocida mía expresa una nostalgia poco entusiasta e irónica por el ama de casa pre-Friedan, cuando una esposa podía obtener reconocimiento social por, digamos, ser una gran decoradora, arreglar bien las flores, hacer un pastel, dar fiestas formidables, vestirse con estilo, organizar actos benéficos o saber cómo poner una mesa formal o jugar una partida de *bridge*. Es decir, una mujer podía lograr reconocimiento social o estatus por algo distinto que sus hijos o por ser mamá. El enlace doble más fuerte, como podrían decir los químicos, era el que unía a los cónyuges. Los niños ocupan hoy el centro de un matrimonio con menos rivales —o sin ellos—, porque los otros imperativos del matrimonio se han expurgado. Los hijos no son solo «un» imperativo, sino «el» imperativo. Los agobios del guión romántico de los roles de marido y esposa son bien conocidos y no es preciso compendiarlos aquí. Lo que me interesa es el mundo posromántico y patas arriba que ha ocupado su lugar: la migración del niño de la silla plegable al trono.

Algunas investigaciones concluyen lo contrario, que en el siglo XXI los niños son menos importantes para el matrimonio que en ningún otro momento. Mientras que la mayoría de los italianos[1] ven a los hijos como el propósito principal del matrimonio, el 70 % de los estadounidenses,[2] según una encuesta de 2007 del Pew Research Center, cree que el propósito principal es alcanzar alguna versión de felicidad mutua o la satisfacción personal. Y, a juzgar por el número de parejas que optan por mantener un matrimonio «libre de hijos» —no «sin hijos», dicen, porque eso implica una carencia—, el matrimonio está verdaderamente más centrado en los adultos. Poco a poco, los matrimonios «libres de hijos» se van convirtiendo en una tendencia conyugal modesta pero que crece de manera constante y robusta. En Estados Unidos, un 18 % de las mujeres casadas no tenía hijos al final del siglo;[3] más de cuatro millones indicaron en una encuesta del National Center for Health Statistics que no tenían hijos por decisión propia.[4] Un informe del censo de 2009 revela que solo el 46 % de los hogares tiene hijos,[5] un descenso desde el 52 % de la década de 1950. El sitio web de No Kidding!, una red social internacional de parejas «libres de hijos», tienta con imágenes de una utopía adultocéntrica: parejas que descansan junto a la piscina, que disfrutan de bajadas en *rafting* por ríos de aguas blancas y que flirtean en traje de fiesta.

Quienes forman parte de matrimonios «libres de hijos» dicen que de vez en cuando son juzgados por ser egoístas e inmaduros al elegir hacer cosas no parentales como comprar coches caros o ir de safari. Sin embargo, cuando miramos las razones que hay detrás de muchos de estos matrimonios,[6] parece que la prolongada campaña de valores familiares que empezó en la década de 1980 se ha interiorizado de manera brillante y con un efecto suntuosamente irónico. Mi generación creció en el apogeo del divorcio de la década de 1970 y se hizo adulta en el espíritu de reacción al divorcio y de valores profamiliares de la década de 1980. Ese legado ha dejado su huella en nosotros. El movimiento de los valores familiares podría haber matado la gallina de los huevos de oro. Establece unos criterios tan estrictos de poner al hijo en primer término que los padres ambiciosos, preocupados por el éxito y con hacer lo correcto, podrían decidir de manera comprensible no tener hijos. Cuando los investigadores preguntan por qué la gente no tiene hijos, con frecuencia la respuesta es que estos suponen demasiada responsabilidad, que es demasiado difícil hacer un buen trabajo con ellos, que se trata de una «inversión» demasiado grande y una «carga económica», como si solo los ricos y acomodados pudieran tener suerte con eso. Quizá siguiendo la misma lógica, los matrimonios de un único hijo[7] se han doblado con creces desde los años sesenta, y son uno de los tipos de familia que más deprisa crecen en Estados Unidos.

Las parejas «libres de hijos» están imaginando a los hijos de una forma diferente, de una manera más precisa y desalentadora que en los días en que se daba por sentado que eran una consecuencia natural y casi obligatoria del matrimonio. La propaganda de que los hijos constituyen una responsabilidad enorme, implican mucho trabajo y requieren un compromiso profundo, se ha interiorizado de tal manera que puede perdonarse a las parejas «libres de hijos» que piensen que es mejor no arriesgarse a fracasar. Su lógica suena como un caso exacerbado de valores familiares que asustan el imaginario conyugal. Algunos matrimonios libres de hijos vierten sus impulsos de crianza en los amigos, cuyo cuidado es mucho menos caro —normalmente solo cuestan unas pocas copas de vino o alguna que otra comida de *sushi*— y que no requieren enseñar control de esfínteres.

De manera similar, décadas de advertencias sobre los efectos nocivos del divorcio en los hijos podrían tener el resultado no deseado de persuadir a una mujer económicamente autosuficiente de que esquive por completo el arriesgado negocio del matrimonio y decida ser madre soltera, otra vanguardia que crece de manera poderosa. Hoy, uno de cada tres bebés es hijo de madre soltera. Al tiempo que la cifra de nacimientos fuera del matrimonio entre las adolescentes ha disminuido de forma constante, esta se ha elevado con igual constancia entre las mujeres con formación universitaria de entre 35 y 45 años.[8]

Los defensores del matrimonio tradicional no aprueban estas familias sin padres en la casa. No obstante, en cierto modo, la forma de pensar de madre soltera por decisión simplemente lleva la lógica de los valores familiares a una conclusión distante que los defensores de los valores familiares despreciarían: si solo importan los hijos, ¿por qué no tener solo los hijos? El marido como marido y el matrimonio como matrimonio son relegados mediante una elipsis entre madre e hijo. Es otro ejemplo de las improvisaciones extrañas y los giros que los ideales del «matrimonio tradicional» pueden despertar de manera accidental en mentes no tradicionales.

Un estudio de 2006 dirigido por Barbara Dafoe Whitehead descubrió que los cónyuges, lejos de centrarse indebidamente en los hijos y la paternidad o maternidad, son más «adultocéntricos»,[9] y el mundo está más orientado a los adultos cuanto más vivimos y menos hijos tenemos. «Es casi como si educar a los hijos, que era el elemento común de la mayoría de los adultos, ahora se hubiera convertido en un nicho en tu vida más que en una de las características principales de la vida adulta», dice Whitehead.

Quizá por esta misma razón, que la maternidad es un nicho único en la vida, el matrimonio se vuelve más infantocéntrico, casi de un modo copernicano, una vez que opta por tener hijos. Así que el matrimonio en general podría ser al mismo tiempo menos infantocéntrico que nunca y fanáticamente más infantocéntrico que nunca. Cuando los matrimonios empiezan como matrimonios parentales o se convierten en ello, la pareja lo vierte todo en hacerlo bien en función de la decisión de tener hijos. Lo vemos en la infancia sumergida en el privilegio que describe Madeline Levine en *The Price of Privilege*;[10] en el niño «superprogramado» que preocupa a Robert Coles; y en los padres sobreprotectores y omnipresentes que la mayoría de nosotros conocemos de primera mano en nuestras aventuras parentales. Sospecho que muchos en la «posición conyugal» liberal del Estados Unidos de hoy se casan más como los italianos del siglo XXI: una vez que elegimos tener hijos, la mayoría de nosotros creemos que la única tarea del matrimonio consiste en educarlos.

La maternidad y paternidad opcionales tienen este efecto irónicamente subordinante y coercitivo en los modos en que presionan al matrimonio. Todo niño de diez años ha planteado la pregunta *quod erat demonstrandum* «Yo no pedí nacer».[11] Nuestra elección en ese asunto —el marchitamiento del imperativo de que el matrimonio debe dar fruto— nos ha amarrado con fuerza a esa elección. Nosotras sí pedimos a los hijos que nazcan; elegimos la maternidad.

En este sentido, la fuerza de los valores familiares es la debilidad del matrimonio, una vez que este opta por tener hijos. Con esto quiero decir que el matrimonio como tal, más que como sinónimo de «ser padres» o de «responsabilidad parental», se ha marchitado en un vínculo olvidado o al menos secundario. Los matrimonios pueden ser adultocéntricos o infantocéntricos, pero pocos son verdaderamente familiocéntricos en el sentido en que armonizan matrimonio, paternidad y vida adulta.

A modo de contraste, una de las cosas que admiro de los matrimonios cristianos con los que me encuentro, a falta de un resumen más finamente calibrado, es que dan la impresión de mantener una ecuanimidad despreocupada y auténticamente no competitiva en relación con los hijos. No muestran el nivel de ansiedad que veo en matrimonios laicos ricos, así que su ejercicio de «valores familiares» tiene un efecto diferente. Los hijos están ahí, con imperfecciones o no, y se despliegan según una voluntad divina, supongo, y en mis vagabundeos todavía no he escuchado a una familia devota desvivirse por si uno de sus hijos tiene que acceder a una de las profesiones o facultades cumbre (bueno, quizás eso se debe a su temor a la teoría de la evolución) o preocuparse por la inteligencia o sentido común de sus hijos. Esta clase de matrimonio es un enclave refrescante de fatalismo parental, a su manera. Es también un ejemplo de relaciones parentales que no inundan el matrimonio ni otros roles adultos. Quizás hay un sutil orgullo narcisista al imaginar que tenemos una influencia tan grande en nuestros hijos y que por eso sentimos tanto la carga de sus destinos.[12] Quizá los hijos serán felices o infelices, triunfadores o no, por sí solos. Pero estos son matrimonios circunscritos y definidos por la fe evangélica, cuyo consuelo es inaccesible para mí.

Para dejarlo completamente claro, no discuto la directriz principal de la paternidad y el cuidado de los hijos. No estoy argumentando que los hijos no deberían ser la prioridad. Ni me estoy imaginando un cálculo de suma cero en donde los matrimonios solo ganan si los niños pierden y en el que hay que escoger un rol —esposa o madre, marido o padre— por encima de otro. Lo que propongo es que una compatibilidad armoniosa de prioridades adultas y bienestar de los hijos debería ser posible, como lo fue en otras épocas, y que esta debería ser la verdadera connotación del concepto «valores familiares». Lo ideal sería que la «familia» fuera un lugar donde cada miembro aprende a conocer las herramientas de espacio, deferencia y compromiso, donde se potencia la resolución armónica de prioridades, necesidades, prerrogativas y demandas en conflicto.

Sin embargo, bajo regímenes ideológicamente distintos pero profundamente reforzados tanto de los valores familiares como del hecho de ser padres, se nos inculca de un modo interminable y sin remordimientos que, una vez que optas por tener hijos, estos son la directriz principal, la única cosa que de verdad importa. En cambio, el más rico y más auténtico concepto de «familia» como unidad compleja, donde todos los miembros negocian y tienen prioridades, se ha debilitado de manera sustancial. Sentimos esto en la melancolía de nuestros matrimonios. Después de convertirnos en padres es difícil ser otra cosa que padres.

En el programa *Supernanny*, una niñera británica vestida para parecer Mary Poppins —el icono visual de la buena educación— pone en escena una intervención en una familia desordenada. Los detalles varían, pero en la mayoría de los casos la familia sufre porque los niños mandan en la casa con demencial despotismo. En un episodio memorable, pero no inusual, la pareja tiene como mascota un cerdo consentido que vive en la casa, el pequeño manda en la casa y los niños duermen en la cama de los padres por rutina. La madre comenta de manera punzante al inicio del programa. «Ya no somos marido y mujer. Solo somos padres.»[13]

Algunas parejas de Europa occidental afirman con felicidad lo que esta ama de casa dice con desesperación. Están orgullos de ya no ser más marido y mujer, solo padres. Es como si hubieran eliminado al intermediario del matrimonio y hubieran ido directamente a la paternidad como el vínculo real. «Tenemos escaso compromiso con la institución del matrimonio, es cierto, pero tenemos un compromiso con la paternidad»,[14] explica un profesor de sociología de la Universidad de Trondheim (Noruega) que fue entrevistado por un periodista del *New York Times*. Eric Larrayadieu, fotógrafo escandinavo, explica que los hijos en ocasiones ocupan la posición central en fotos de boda. No está casado, aunque vive con su novia desde hace años y tienen un hijo pequeño, un patrón mucho más extendido y socialmente aceptado en Europa occidental que en Estados Unidos (además, los niños de Europa occidental van por delante de los niños estadounidenses en varios estudios internacionales sobre el bienestar).[15] «Los dos estamos juntos y hacemos un vino muy bueno que se llamaba Marius. Probablemente el niño es la mejor boda que podíamos haber tenido.»[16]

Me resulta inquietante y hasta aterrador imaginar un hijo como metonimia de un matrimonio, o posicionar al niño como centro de una ceremonia de boda. Pero es una metáfora apta, incluso para matrimonios de Estados Unidos. Nuestro desequilibrio conyugal va más allá del consejo despreocupado y en ocasiones desoído de que los padres «han de buscar tiempo para estar juntos». Hoy los niños ocupan un lugar diferente en la vida interior de un matrimonio. Al convertirnos en «solo padres», los hijos en cierto modo se transforman en los nuevos cónyuges. Ocupan el espacio psicológico y en ocasiones literal que previamente ocupaba el cónyuge o el matrimonio en sí. Es con ellos con quienes forjamos el compromiso, con ellos se define la intimidad, el vínculo inviolable, el foco afectivo e incluso romántico de la familia. Paula, presentada en el capítulo 3, resume la vida interior de un matrimonio parental de manera sucinta y característica: el hijo «es el conductor del matrimonio. Veo claramente el matrimonio como una forma de crear un entorno estable para los niños».

A propósito, las opiniones legales que se oponen al matrimonio del mismo sexo refuerzan la idea de que el matrimonio es fundamentalmente un estado para la procreación y la creación de un «entorno estable» para los hijos: ese es el interés del estado en el matrimonio. Una sentencia del Tribunal de Apelación de Maryland de 2007, en el proceso Conaway vs Deane,[17] confirmó la constitucionalidad de un estatuto que limitaba el matrimonio a un hombre y una mujer. En la sentencia, el tribunal afirmaba, como han hecho otros, que el matrimonio disfruta su «estatus fundamental» en gran parte por su «vínculo para la procreación». Aclaran que el derecho fundamental no se confiere al matrimonio porque las parejas «realmente procreen», sino «por la posibilidad» de que la procreación ocurriera de manera biológicamente accidental y no asistida. En este ejemplo, la crítica del matrimonio homosexual arrincona al «matrimonio tradicional» a los confines más reaccionarios y obsoletos de la definición, como una institución definida por la posibilidad teórica de que la concepción biológica ocurriera de manera accidental por un acto de relación vagina-pene.

En un sentido más amplio, como señala el experto en derecho Ian Smith, los tribunales han llegado a interpretar el matrimonio y la familia con el significado casi exclusivo de «ley para los hijos» y parental.[18] Una «familia» significa hijos. Candace, una mujer sin hijos, se fija en esto de manera anecdótica en el discurso cotidiano. «Cuando me refiero a mi familia, la gente parece desconcertada —comenta—. Dicen: "Pensaba que no tenías hijos." Considero sin ninguna duda que mi marido y yo somos una familia, pero otra gente no lo comparte.»[19]

Una vez que se toma la decisión, los hijos se convierten, en jerga legal, en el último superviviente de la intimidad de «estatus», en oposición a la intimidad de «contrato». Es algo que experimento de un modo visceral y psicológico. Los hijos siempre han creado un vínculo permanente y rígido, pero ahora proporcionan ese solaz interior de manera casi exclusiva, porque los roles frágiles y atenuados de marido y mujer ciertamente no lo hacen. Mi boda me dio la impresión de una fiesta de «No puedo creer que esto sea una boda» con algunos votos. Sin embargo, en dos ocasiones en los últimos once años, he tenido momentos cuasi nupciales que siento como un vínculo inviolable forjado de un modo verdadero e instantáneo entre John y yo. El primero fue tres meses antes de nuestra boda, cuando nos compramos la casa. Requirió mucha más cuantificación y certificación que el matrimonio, pruebas de nuestra fidelidad financiera, historia personal y de carácter y páginas y páginas de documentación. Estados Unidos se toma muy en serio la cuestión inmobiliaria. No puedes huir a Las Vegas y comprarle una casa en diez minutos a un banquero vestido de Elvis. La segunda vez fue cuando estuve en el minúsculo cuarto de baño de esa casa, en una gélida mañana de principios de febrero de 2001, y observé con alegría que la línea de un test de embarazo se ponía de color azul. En ese momento estuvimos verdadera y auténticamente vinculados de por vida.

Ahora que los roles conyugales han disminuido como relaciones de estatus, la paternidad y la maternidad proporcionan ese único punto de orientación de un vínculo inviolable en la vida, nuestro auténtico norte personal. Ofrecen refugio del vertiginoso desasosiego de la elección ilimitada que describe el profesor de psicología Barry Schwartz.[20]

Trabajadores sociales y eruditos han reparado en esto en comunidades de bajos ingresos, donde los hijos son codiciados por el socorro psicológico que prometen como anclas imaginadas en una vida incierta. Nisa Islam Muhammad, fundadora de Wedded Bliss y defensora del matrimonio, explica que una vez preguntó en un aula de chicas de una ciudad del interior cuántas querían ser madres. Casi todas levantaron la mano. Cuando preguntó cuántas querían ser esposas ninguna lo hizo.[21] Al fin y al cabo, ¿qué valor añadido, identidad o consuelo proporciona por sí mismo el hecho de ser una esposa?

Quizá los niños son usados de manera inconsciente como anclas en nuestras vidas, tanto en el sentido positivo como en el negativo del término ancla. Podemos escondernos de otras aspiraciones, sueños y ambiciones adultas al convertirnos en madres. Mi amiga Lucy debatió consigo misma durante años si quería tener un hijo y por fin decidió no tenerlo. Cuando discutimos los pros y los contras, ella gravitó hacia la idea de que, una vez que tienes un hijo, no has de preocuparte tanto por la ambición profesional o la identidad; puedes relajarte, por usar su palabra. La idea al principio me desconcertó. ¿Qué puede ser menos relajante que un niño de dos años? Ahora lo comprendo. Los hijos pueden funcionar como una tarjeta de «Quedas libre de la cárcel» del Monopoly socialmente aprobada, como una excusa para las otras partes de tu vida. Puedes dejarte caer o aletargarte profesionalmente, o renunciar a tus viejas ambiciones, o aligerar los objetivos de hacer ejercicio o vida social. Puedes escudarte en el hecho de ser una madre profesional desplazada que vierte toda su energía en la investigación del mejor enfoque de la enseñanza de un idioma extranjero, y ganarás aprobación social.

También podemos usar a los hijos, y sobre todo los criterios de perfección y vinculación de moda para escondernos de nuestros matrimonios. Una mujer con un matrimonio endeble, pero con una lucidez implacablemente valiente sobre su propia psique, reconoce que desplegó a su bebé y su hijo pequeño casi como «un escudo» para no tener que enfrentarse a la intimidad con su marido. Su cuerpo y su cama pertenecían casi por completo a los niños, una barrera viva en torno a los vínculos quebradizos del matrimonio. Una vez más, la fuerza de los valores familiares puede convertirse en la debilidad del matrimonio.

«Si tienes un hijo —observó en cierta ocasión una amiga mía

casada y sin hijos, casi en el mismo sentido— es todo lo que necesitas.» Como Lucy, mi amiga imaginaba cierta descarga de las cuestiones y expectativas mundanas al refugiarse en la maternidad. Si este es un pequeño secreto de las maneras modernas de la maternidad, que convertirse en una hipermadre ansiosa tal vez proporciona un alivio psicológico o una vía de escape de otras angustias, desde luego es comprensible para mí. No es fácil manejar las condiciones de libertad posliberación, la oportunidad y un exceso de elecciones de estilo de vida, por más deseables que sean, que obviamente lo son. Esta clase de libertad puede ser desalentadora y exigente. La maternidad contemporánea, entendida de cierta manera y con cierta intensidad, puede de hecho protegernos de tener que acometer reivindicaciones difíciles y arriesgadas en nuestros matrimonios, o de tener que insistir en otros sueños, talentos, ambiciones, profesiones, musas creativas o actividades no familiares para las que estamos preparadas por educación y formación. Podemos «relajarnos» de la tensión y angustia de tener otras ambiciones.

En estos sentidos y, en algunos más, los hijos ocupan un lugar complejo y denso en la conciencia del matrimonio. Son «lo único que importa» bajo los regímenes de valores paternales y familiares perfectos, y por esa misma razón tienen un enorme poder incontestado en la familia, lo cual naturalmente puede producir ambivalencia respecto a ellos. Al fin y al cabo, ¿debemos a nuestros hijos nuestra vida entera? Pero ¿cómo podemos expresar esa ambivalencia abiertamente? Articular los matices y la tediosa resaca de la maternidad en ámbitos distintos de la comedia y el ocasional recuerdo lúgubre se vería como una traición a nuestros hijos y a nuestra decisión de tenerlos. En la primera reunión de No Kidding!, en 1984, un marido contó un tonificantemente sincero relato de cómo la decisión de tener un hijo había convertido su matrimonio en un «infierno diario». A fin de complacer (y conservar) a su mujer, aceptó tener un hijo, y «lo hemos lamentado desde el día en que nació».

No se oye hablar así a los padres de hoy. Lo que este marido confesaba con tanta sinceridad, otros padres podrían experimentarlo de una manera mucho más suave o más ambigua o en un mudo secreto. Tememos la vulnerabilidad de nuestros hijos, queremos protegerlos y desplegar toda nuestra competencia profesional e instintos competitivos desplazados para mejorar su bienestar. Al fin y al cabo, nosotros les pedimos que nacieran. Así que no deberíamos poder perdonarnos por sentirnos en ocasiones dominados o acosados por nuestros propios hijos o perpetuamente «debajo del agua» en nuestra paternidad.

La cultura popular, aprovechando esta ambivalencia privada de amor, temor y resentimiento, tiende a representar a los hijos de formas antitéticas. Por un lado, las fiestas de princesas de color de rosa prosperan (un día haciendo encargos vi un adhesivo de parachoques con forma de lazo rosa que decía «Su alteza mimada a bordo») y el material dedicado al mercado infantil muestra una imperiosidad beligerante («¡Los niños mandan!»; «Poder de niñas»). Peggy Orenstein y otras feministas han criticado con esmero el fenómeno de princesa por sus roles sexuales regresivos, pero es también un refuerzo de las prerrogativas reales unisex de los niños y niñas en general.[22]

Por otro lado, las películas populares representan a los niños como monstruos omnipotentes, Chucky, el muñeco diabólico, por ejemplo, o el niño diabólico de la popular película de terror de 2002 *La señal*. («¡Eras mi único deseo!», reprende la madre a su hija diabólica al tirarla en un pozo oscuro en un intento vano de matarla.) Más recientemente tuvimos a la niña demoníaca de la película *Esther*. Nos gusta ver en el cine que los hijos se vuelven de manera diabólica y enloquecida contra nosotros casi tanto como nos gusta ver las principales ciudades destruidas por maremotos o hechas añicos por alienígenas. En 2007, la CBS emitió un *reality show* llamado *Kid Nation*, una versión actualizada de *El señor de las moscas* en la cual niños de edades entre la escuela primaria y el instituto creaban y presidían su propia sociedad de casi adultos. Me pregunto si el programa tuvo éxito porque era tan raro en su premisa o por ser tan familiar, una divertida extrapolación de un estado de ánimo que es demasiado común en el matrimonio parental. ¡El niño es el amo!

Los hijos también pueden colonizar el espacio literal del cónyuge, o al menos el centro de la casa. Las interpretaciones más extremas de vinculación parental invaden el sagrado lecho conyugal, que se convierte en el lecho familiar. El niño, por costumbre más que por una excepción ocasionada por una pesadilla, ocupa literalmente la posición del cónyuge y con verosimilitud edípica. Si quieres sexo, vete al cuarto de la lavadora, los padres están avisados. Durante décadas has vivido, has recibido una educación y has conseguido mucho, pero conoce tu lugar: el cuarto de la lavadora con la caja del gato y las bolas de pelusa. Esa es la indignidad del adulto.

La mesa de los niños la han puesto en un guardamuebles. Hay probabilidades de que si comes con padres, el niño esté sentado a la mesa contigo. El niño podría monopolizar la conversación, o las chanzas entre adultos podrían detenerse en el momento en que se aproxima un momento de aprendizaje y todos los ojos se vuelven con expectación hacia el niño. Me gustaría tener camisetas estampadas que dijeran: «No soy un momento de aprendizaje.» Los modales en la mesa siempre han sido un ritual y un paradigma de la sociedad civil y la familia, tanto una muestra como una herramienta del acuerdo y el compromiso requerido entre todos los miembros de una familia o sociedad. Su desaparición marca el ritmo del mayor desequilibrio del matrimonio parental.

P. M. Forni, profesor en la Johns Hopkins, escribe de manera extensa sobre los modales y la urbanidad. Se maravilló cuando tuvo invitados italianos cuyos hijos no tenían problemas en sentarse tranquilamente a la mesa, por deferencia al escenario. En cuanto a los niños estadounidenses, su conducta negativa no es sorprendente, dice, porque están «atrapados en una jaula de narcisismo que hemos construido para ellos».[23]

En ocasiones puedes mirar a través de las ventanas a lo que por lo demás es un matrimonio opaco y captar sus verdades ocultas de un modo periférico. Que yo sepa, es la mejor forma de conseguir una visión sin expurgar del matrimonio (otra forma es captar de manera accidental escenas del matrimonio de tus vecinos a través de un solapamiento del canal de un monitor de bebé, como la radio de un coche en función de escaneo). La compañera de juegos favorita de mi hijo es una larguirucha preciosa de ocho años. A Emily le encanta jugar «a la familia» y en ese juego hace representaciones ventrílocuas del matrimonio de sus padres que suenan con escalofriante concisión. Mi hijo, siendo un niño alegre y ajeno a lo doméstico, juega de buena gana mientras yo escucho embelesada, con la oreja glotonamente pegada contra la puerta cerrada de mi dormitorio.

—Cielo, ¿vas a conducir? —dice Emily con voz nasal.

—Claro —dice mi hijo para aplacarla casi desesperadamente. (Aprende pronto su papel.)

—Cielo, te he dicho que pongas las bolsas en el coche. ¿Dónde están mis llaves?

Cuando Emily se cansa ella misma de su imaginado enfado, se calma y se disculpa al imaginado calzonazos de marido en su estilo de ama de casa.

—Oh, no me hagas caso, estoy con la regla.

Me he fijado en que cuando los chicos de la manzana juegan a ser adultos juegan casi exclusivamente «a la familia». Cuando John y yo éramos niños, jugábamos a las profesiones. John, su hermana y un amigo del barrio jugaban a ser gente de ciudad y veterinarios, obreros de la construcción y médicos. Yo jugaba a ser maestra (el oficio de mi madre) o agente inmobiliario (el oficio de mi padre después de su período de pastor). Los papeles que significan ser adultos para nuestros hijos son, de un modo casi exclusivo, los papeles de padre y madre. En general, lo que han visto hacer a sus padres sin avergonzarse como adultos. Incluso el acto adulto por antonomasia de ganarse el pan es discutido en ocasiones como una mera necesidad que los distrae de «pasar tiempo con los niños».[24]

Sin embargo, algunos de nosotros tenemos el instinto recesivo de reclamar espacios y prerrogativas de adultos del secuestrador de la paternidad. Tratamos de conciliar ser padres y ser adultos.

Tim es un hombre simpático y listo que vive en mi barrio. Él y su mujer gozan de éxito profesional y tienen dos chicos sanos. Aunque no lo conozco bien, me parece que constituye un caso paradigmático de «responsabilidad familiar». En cuanto a diversión social, cuando sus hijos tenían entre tres y cinco años, lo único que quería Tim era jugar al baloncesto en la calle durante dos horas las noches de los jueves con unos viejos amigos, pero no quería ofender a los niños saliendo de casa y afirmando esta prioridad. Sería robarles tiempo a ellos y no quería reconocerlo, así que fingía que iba a hacer las compras de la semana —una ausencia excusable, supongo— y se escapaba para jugar al baloncesto. Volvía a casa con unas falsas bolsas de la compra que se había llevado antes de su propia cocina como señuelo.

Tim aplicó tanto ingenio a camuflar su juego de baloncesto como el que usa un marido infiel para ocultar una aventura amorosa. Me pregunté si no estaría teniendo una aventura, porque la coartada se me antojaba retorcida en grado sumo, pero John jugó con él una vez y responde por él. Tim me dijo hace unos años que él y su mujer solo habían salido a cenar solos una vez en los cinco o más años transcurridos desde que estrenaron paternidad, lo cual me dio ganas de llorar de desesperación empática.

En japonés se refieren al infierno con una palabra que literalmente significa, más o menos, «sin espacio». Maridos y mujeres sacian su hambre de soledad, dignidad, aficiones y tranquilidad lo mejor que pueden. Su búsqueda encubierta de la edad adulta puede ocultarse bajo tres tendencias discretas en la próspera clase media. Primero, consideremos el drástico crecimiento en popularidad de la carrera de fondo y la maratón en la última década. El informe del estado del deporte de 2008 de Running USA alardea de que correr, y en particular la media maratón, ha «alcanzado nuevas cotas». Lo que la organización festeja como el «segundo boom del *running*»[25] continúa con fuerza. La maratón de Boston[26] reunió 25.000 participantes en 2008 —frente a los 17.000 de 2002— después de rebajar los requisitos para corredores de cuarenta y cinco y más años. Los devotos de las carreras de larga distancia se levantan a las cuatro de la mañana para ir sudando bajo las farolas a la luz azul de sus iPod como en una fuga frustrada.

Uno de esos convertidos a la maratón de mediana edad vive a mi lado. Tiene un trabajo exigente a tiempo completo y tres hijos ambiciosos y de talento (un Halloween, su hijo mayor grabó las iniciales de la universidad de elite que había elegido en una calabaza y su hija hizo gráficos de los caramelos por tipo). «Siento que me estoy perdiendo», me dijo. Un año después empezó las carreras de maratón y, a través de esa afición, se «reencontró».

Luego está el cuarto de baño monstruoso. Los cuartos de baño son cada vez más grandes en los diseños y remodelaciones de casas. Son casi sepulcros enormes. Según las publicaciones especializadas, el tamaño del cuarto de baño ha crecido de manera continuada en las últimas tres décadas, así que el promedio actual del cuarto de baño es el doble que el de mediados de los años setenta.[27]

Tercer elemento: el extraño gusto incluso por ir y venir del trabajo.[28] Un grupo de empresas sin ánimo de lucro descubrió en 2002 que el 59 % de los estadounidenses considera que el viaje al trabajo, aunque sea largo, es la mejor parte de la jornada laboral.

La popularidad de correr, el aumento de tamaño de los cuartos de baño y el solaz en los viajes al trabajo generan espacios improvisados de prerrogativa adulta en el territorio menguante de los adultos, espacios en los que simplemente los niños no pueden infiltrarse. Al fin y al cabo, ¿qué ogro haría correr cuarenta kilómetros a su hijo de cinco años al romper el alba en una mañana de enero? El sitio web Nouveau Bathrooms explica que «los cuartos de baño grandes están de moda», porque «no son solamente un espacio para asearse» sino «un lugar para descansar y relajarse».[29] Los clientes dejan espacio para «*chaise longues* y muebles especiales para el baño» e instalan «televisiones, sistemas de sonido y zonas de lectura especiales». En cuanto al viaje al trabajo, una mujer entrevistada por el *New York Times* respecto al viaje en tren lo veía como un campamento adulto inexpugnable: «Es la mejor parte del día. Los niños no me molestan y el teléfono no suena.»[30] Otro pasajero de tren dice con cariño: «Es la única vida social que tengo durante la semana.»

Cuando el matrimonio es empujado a los márgenes como una especie cuyo hábitat está en peligro y los espacios adultos disminuyen, buscamos un santuario donde encontrarlos.

8

Cueva masculina en la tierra prometida

Cómo los cónyuges reclaman ser adultos actuando como niños

Mi marido bien podría ser uno de esos santuarios improvisados de vida adulta y no parental que buscamos con sensación de culpa. A los hombres casados les cae bien John. Al principio, pensaba que se trataba de una búsqueda de masculinidad por delegación, sin el engorro de tener que pasar dos horas al día haciendo deporte o manteniendo un «informe de ejercicios» como hace John. Pero se trata de algo más místico que eso. Se imaginan ruidosamente en bares para fumadores de puros o haciendo con él cosas masculinas como excursiones en bicicleta.

La mayoría de estos maridos son de mediana edad y de clase media. En un caso, conocíamos al marido y a la mujer, porque nuestro hijo era amigo de su hija, una niña de cinco años sofisticada de un modo sobrenatural y bravucón que veía *Sexo en Nueva York* con su madre antes de acostarse. En cierta ocasión, la niña anunció con alegría que «cuando sales con un chico esperan que pases la noche con él». Su padre era campechano y de sonrisa franca e infantil. Una vez que le tocaba cuidar de su hija la llevó a Hooters por la tarde, donde las camareras más sexis se enamoraron de la niña y se hicieron una foto de grupo con ella. Él siempre tuvo una reverencia conmovedora por la proeza masculina de John.

John es objeto frecuente de lo que ESPN Radio calificó hace unos pocos años de «idilio masculino» o *bromance*. (En 2010 el *Oxford English Dictionary* incluyó el término *bromance* [de *brother*, «hermano» y *romance*, «idilio»] en sus páginas canónicas, así que supongo que el concepto permanecerá.) Son enamoramientos entre hombres reconocidamente heterosexuales. La energía no es homosexual sino homosocial y fraternal. Al final, me di cuenta de que John está en el lugar adonde van a escapar los maridos de sus matrimonios con hijos. Sueñan con expediciones exclusivamente masculinas con él y lo llaman para hacer planes. Con frecuencia estos no se materializan, pero disfrutan del ejercicio mental de planearlos.

Ray es la envidia declarada entre muchos maridos de su oficina. Es casi una parodia de la vida de soltero. En cierta ocasión estuvo comprometido con una mujer que «solo quería sentar la cabeza», pero todo el tiempo vivía como un ciclón, mientras que por contraste Ray es la persona con la cabeza más asentada que pueda imaginarse. Repite la misma cena de espaguetis y guisantes cada jueves por la noche desde hace unos quince años. El compromiso se rompió. Ray es un jugador de billar que gana torneos, ávido ciclista y jugador de golf, y entusiasta rabioso del fútbol americano con un abono de temporada en la línea de cincuenta yardas. Tiene una casa en la playa para alguna escapada ocasional y hace viajes de fin de semana a las montañas «solo con los chicos» de vez en cuando. Sus compañeros habituales son maridos de permiso momentáneo de sus matrimonios. Con mucha frecuencia, se quejan a Ray de la falta de afecto y aprecio en sus matrimonios, y, aunque la falacia de que la gallina de la vecina pone más huevos que la mía se aplica aquí como en cualquier otro sitio, envidian la perspectiva de una noche de sábado solo para hombres, jugando al billar y bebiendo whisky con un viejo amigo.

Ray es una buena persona a la que preguntarle sobre la vida social secreta de maridos y sus retiros de rebeldía a sus propios mundos. «Veo una especie de equidad perversa en muchos matrimonios —me dice—. No solo debemos compartir todas las tareas por igual, sino que cualquier momento pasado en una actividad individual debe tener su contrapartida por parte del cónyuge. Es como si esta calculadora mental hiciera sonar una advertencia cuando la pareja está disfrutando demasiado.» Diversión y matrimonio son conceptos en tensión en estos tiempos.

Como parábola del matrimonio en el que no se permite la diversión, Ray explica una visita a un buen amigo que está casado al estilo de los «compañeros de vida» sin sexo. El niño es el indiscutible punto de apoyo del matrimonio de su amigo, su única actividad devocional compartida. Ray me brinda una descripción casi antropológica de las maquinaciones precisas en la vida social del matrimonio. «En la primera tarde de la visita planeamos ver una película —recuerda—. Esto es, él y yo planeamos ver una película y eso planteó un pequeño problema. Nos sentamos en el salón a discutir la idea con su mujer durante media hora larga.» Ray estaba incómodo sentado ahí, «viendo las maquinaciones que elaboraban aquellos dos tratando de ejercer control», pero de un modo pasivo-agresivo, para evitar el conflicto abierto.

«Primero mi amigo ofreció la invitación obligatoria a su mujer con la esperanza de que la rechazara. Eso cumplió su principal responsabilidad: nunca olvidar a la mujer. La esposa, dándose cuenta de que la oferta no era sincera, dijo que estaba interesada en ir. Ahora, con la pelota en el tejado de mi amigo, su siguiente maniobra consistió en decir que le interesaba ver *Mars Attacks* (sabiendo que a su mujer no le gustaría nada esa elección), pero que podíamos discutir otras posibilidades si esa no le parecía atractiva. Procedieron a examinar todas las películas posibles en un simulacro de ejercicio de acomodación. Se trataba más de control en la relación que de ninguna otra cosa, porque mi amigo ya sabía qué película íbamos a ver y su mujer ya sabía que no iba a venir. Siguieron con el toma y daca. Cada uno trataba de culpar al otro con el fin de asegurarse de que ninguno quedaría satisfecho fuera cual fuese la decisión que se tomara en última instancia. Por fin, ella cedió y le dijo que se quedaría en casa. Cuando mi amigo y yo salimos a buscar el coche, él, momentáneamente liberado, dijo: "De verdad que le debo una."»

Y claro está, «la primera parada que hicimos de camino al cine fue en una tienda donde le compró un regalo. ¿A alguien le extraña que la perspectiva de ver una película absurda con un viejo amigo ofrezca una escapatoria momentánea, y que maridos y mujeres busquen a los de su mismo sexo?».

Las prerrogativas y placeres adultos como la vida social divertida y agradable no son fáciles de arrancar en un matrimonio con hijos. Yo pregunto a mi grupo de internet si están de acuerdo en que «las parejas casadas que trabajan no tienen demasiado tiempo para la vida social». Esta afirmación provoca un elevado nivel de acuerdo, entre las tres más altas, el 54%, con encuestados que están en parte de acuerdo (42%) y «completamente» de acuerdo (12%). No es de extrañar que muchas damas de honor terminen llorando enfurruñadas.

Liam es un miembro reticente de esta tribu secreta de maridos. Vive con su mujer Rachel y sus cuatro hijos en un enclave frondoso llamado Heathercroft, a solo unos minutos de la ciudad, en un majestuoso barrio de la primera corona metropolitana con hermosas casas de piedra construidas a finales del siglo XIX. Hay barrios residenciales como este en la mayoría de las viejas ciudades de Estados Unidos. Muchos de los maridos de Heathercroft trabajan en la banca, en negocios y finanzas, algunos en medicina. Es un barrio conservador en temperamento y en sus tendencias políticas republicanas moderadas. Los hombres prefieren llevar camisas y tirantes; en las casas se exhiben vasos pesados de cristal y decantadores, y cocinan carne cara en caras barbacoas de gas. Muchas de las mujeres —Rachel calcula que entre el 80 y el 90%— son de la variedad del matrimonio retro, nuevas madres que se quedan en casa con un montón de tiempo, talento y educación en sus manos, junto con dos, tres o más hijos para mantener el reto. Un número desproporcionado de las mujeres, o eso me pareció cuando fui de visita, eran rubias y vestían de Lilly Pulitzer.

Liam y Rachel no encajan por completo en ese molde. Rachel es maestra y le encanta su trabajo. Los dos tienen tendencia a decir la verdad y autocuestionarse y, para colmo, son liberales en un entorno conservador. Liam es un inglés pícaro y ocurrente de cabello entrecano. Trabaja de relaciones públicas y parece un tipo brusco al que podría haberle gustado el rugby. Una tarde, tomando cervezas, le hablo de la vida social de padres casados y me cuenta de un vecino suyo que se convirtió en el accidental flautista de Hamelín de la fraternidad errante de los maridos de Heathercroft a la fuga.

Este vecino, con una vena artística sensible, quería un lugar donde hacer música en casa —«es una música extraña», señala Liam—, así que pidió a un decorador que retroadaptara su garaje como una especie de reserva de adultos. Lo diseñó con antorchas *tiki* y con carteles de estrellas del rock y jugadores de fútbol americano en las paredes. Invitó a una docena de maridos del barrio para que adoraran su cueva masculina reformada en la tierra prometida, y estos se convirtieron en invitados de los que no se van. Ante la oferta de una improvisada casa de fraternidad, con sala propia donde beber cerveza de barril y compadecerse entre ellos, se quedaban hasta muy tarde todas las noches. Dos de los maridos tuvieron en cierta ocasión una pelea tan vehemente por las estadísticas de los *quarterbacks* de la NFL que uno vetó al otro del club *tiki* hasta que este se disculpó por su ignorancia. Finalmente, las mujeres de Heathercroft echaron el cierre a las veladas *tiki*. Sus maridos llegaban a casa demasiado tarde, demasiado borrachos y demasiado retrotraídos.

En ocasiones, el grupo de maridos se reúne en un pub seudoétnico de un centro comercial cercano. «Lo vinculan a un acontecimiento deportivo», explica Liam, lo cual «rompe el hielo con la conversación» y resulta útil para impedir la irrupción de una discusión sincera. Reúnen suficientes hombres —«dos es íntimo, tres es voyeurístico, cuatro es más seguro»— para eliminar cualquier potencial estigma de homosexualidad. Subsisten con la comida básica de cerveza a presión, nachos, alitas de pollo y barritas de mozzarella fritas. Su vestimenta evoca la imagen anacrónica de una masculinidad en busca de hazañas. «Se ponen chaquetas North Face, chalecos dignos de escalar el Everest y botas de exploración ártica y conducen vehículos todoterreno para ir... al centro comercial.»

—¿Las mujeres van alguna vez?

Unas cuantas, dice Liam, pero no se quedan. De vez en cuando alguna mujer deja a su marido en el pub seudoétnico, pero sostienen las llaves de manera bien visible para que todos se tranquilicen: «"No os preocupéis, ya me voy." Es como dejar al niño en la piscina de pelotas de Ikea.» Liam se ríe y a las mujeres chófer les gusta «la seguridad de que sus maridos están en un mismo sitio durante un rato», sin un coche a su disposición.

Las mujeres solo están presentes a través de los iPhone y los móviles reunidos como un centro de mesa tecnológico, como si los maridos fueran «prisioneros bajo arresto domiciliario obligados a llevar brazaletes en el tobillo a todas horas». Periódicamente, una mujer llama y un artilugio se ilumina, o vibra, o cobra vida, y el marido podría señalarlo con una expresión de irritada complicidad o pasividad estoica. La conversación sincera sobre esposas o matrimonio está «estrictamente vedada». Liam hace hincapié porque el elemento básico es «mantener la ilusión del no matrimonio». Más que nada, los maridos están «obsesionados con revivir sus días en la universidad».

—¿Qué significa para ellos en realidad?

—Cero obligaciones. Diversión. Y conversación sin obligación ni ningún sentido.

En 1956, el escandaloso libro de Grace Metalious *Peyton Place* expuso la vida secreta y tensa de aventuras sexuales, incesto y pasión ilícita que funcionaba por debajo de la rectitud superficial del matrimonio aburguesado. Pero los maridos de la tribu de Heathercroft y otros lugares neo-Peyton son más aptos para buscar vías de escape y rebelión en el matrimonio con otros hombres, mediante retrofraternidades. Aunque de forma ocasional otros maridos suplican a Liam en el pub seudoétnico que atraiga a mujeres jóvenes para un flirteo ligero y para ser testigos de la arrogancia masculina (los hombres imaginan que su acento británico lo convierte en un imán para las chicas), él está convencido de que los maridos no tienen aventuras serias, ni siquiera ocasionales.

Es probable que estas subversiones de maridos se canalicen en encaprichamientos con otros hombres. Quizás el metrosexual ha sustituido a James Bond como el álter ego icónico del marido y el padre.

No estoy proponiendo que de alguna manera sería preferible que los maridos tuvieran aventuras sexuales secretas como sus antecesores de la década de 1950 —conocidas hoy sobre todo por la serie de éxito en televisión *Mad Men*—, en lugar de echarse unas risas con un puñado de maridos exiliados como ellos en un garaje remodelado y comiendo un cubo de alitas de pollo. Y por supuesto, hay un montón de infieles entre nosotros, como siempre, pero no oímos hablar mucho del marido que va con varias mujeres como un personaje conyugal culposamente celebrado. En cambio, oímos hablar más de estas vidas sociales no familiares que son castamente homosociales, abstinentes, virtuosas, que vuelven la mirada a los días de las fraternidades y las gamberradas universitarias y son decididamente posrománticas. El marido de una amiga me habló en cierta ocasión con seriedad sobre el equipo azul y el equipo rosa en el matrimonio.

Heathercroft no es un barrio residencial atomizado. Es más bien como una colmena social en la cual mujeres y maridos se mueven en sincronía con los de su propio sexo. Las mujeres tienen su sororidad equivalente, puntuada por reuniones mensuales de clubes de lectura lubricadas con copiosa bebida de vino de brik.

—¿Qué libros leéis? —le pregunto a Rachel.

—No me acuerdo de muchos. Más que nada son cotilleos de mujeres sobre maestros y sus matrimonios basura o charla sobre sus maridos. El libro no tiene mucho papel.

También hay «salidas nocturnas de chicas», así como un calendario apretado de eventos sociales declarados solo para chicas que han emergido en la última década. Estos también son asuntos homosociales, pero no reuniones lésbicas, que es lo que recuerdo que implicaba el eufemismo «solo para mujeres» cuando estaba en la facultad. Está la noche de cata de vinos para mujeres en una tienda de vinos local; el almacén de Stitch and Bitch, que vende hilos y celebra reuniones nocturnas de costura; los eventos solo para mujeres de beber vino y cocer vasijas en otro establecimiento y —aunque por supuesto no es formalmente solo para mujeres— la piscina del barrio en días de verano. Cuando Rachel fue a la piscina durante la campaña electoral de 2008, nunca oyó «a las mujeres hablando de política. Hablaban del mercado inmobiliario, de las reformas en sus casas y de sus hijos». Y de los éxitos de estos. «Al cabo de un tiempo —dice Rachel con un suspiro—, dejó de ser divertido. Simplemente dejé de ir.»

El mundo sororal de esposas puede adquirir un tono erótico, igual que ocurrió en la era prerromántica del siglo XIX. En marzo de 2009[1] leí acerca de lo que podría ser una microtendencia emergente de mujeres que dejan a sus maridos por otras mujeres, en la mediana edad, y que expresan abiertamente sus enamoramientos con mujeres como Jackie Warner, la escultural experta en *fitness* de Bravo TV, que recibe montones de mensajes de «amas de casa hetero de la América media» enamoradas de ella.

En este sentido, maridos y mujeres se vuelven con nostalgia hacia la soreridad y la fraternidad de su juventud, a sus relaciones de diversión, teñidas en ocasiones de la intimidad segura y homosocial del *bromance* (fratridilio) o del escalofrío desenfadado del encaprichamiento entre chicas.

Para Kay Hymowitz, experta del Instituto Manhattan, así como para autores tales como Michael Kimmel en *Guyland*, la fijación con la adolescencia de otras poblaciones —sobre todo solteros de veintitantos— es una fuente de preocupación social. Hymowitz se preocupa por el «hombre-niño»,[2] al que caracteriza de manera acertada como «desapasionado». El hombre-niño solo sale con chicos, juega a los videojuegos, sigue haciendo chistes verdes estúpidos y tiene escasa ambición profesional o romántica, y mucho menos interés por el compromiso conyugal o las relaciones serias. Hymowitz ve el matrimonio como un paliativo, una estación de la cruz en el viaje a la edad adulta, e imagina que podría empujar a esos hombres con aversión al compromiso a evolucionar y salir de su adolescencia prolongada. El matrimonio es un elixir mágico: ¡puede sumarte diez o quince años como si tal cosa!

Entiendo el malestar de Hymowitz, pero casarse y tener hijos podría no dar los resultados aleccionadores deseados. Chicoslandia y Chicaslandia también son los mundos sociales preferidos en muchos matrimonios. Los maridos y padres que recrean fraternidades en sus garajes *tiki* acaban de encontrar formas de regresar a las comodidades homosociales y universitarias que supuestamente el matrimonio tenía que curar. Y no es que se hayan negado a crecer, en absoluto. Es más bien que ya han crecido demasiado y que ese crecimiento es la causa de sus subversiones «fratridilícas».

—Son hombres que se ajustan a las reglas —me recuerda Liam—. Cuando les pido que corran más deprisa, corren más deprisa, saltan más alto, patean más lejos, blocan con más fuerza.

—¿Son felices en sus matrimonios?

—No. Creo que si se lo preguntas y responden con sinceridad, te dirán que se sienten atrapados en ellos.

En resumen, Liam los generaliza como un clásico matrimonio semifeliz de bajo conflicto y baja tensión.

—¿Por qué seguir casados entonces? —pregunto—. ¿Por qué no cambiar el matrimonio?

«Nunca improvisan» divorciándose o cambiando las reglas, explica Liam.

Ellos y sus mujeres siguen lo que la crítica Hymowitz señala en otro artículo como el objetivo completo del matrimonio: educar a la siguiente generación. Esa adherencia a valores familiares —no infidelidad y no irresponsabilidad— asfixia casi por completo el resto de su vida adulta. La diversión, las prerrogativas y los privilegios de los adultos han sido marginados, cuando no desacreditados, en la familia parentocéntrica, y por eso actuamos de manera clandestina con nuestros deseos egoístas. Por supuesto, en la medida en que «egoísta» significa una conciencia de tener un yo, y como ese yo tiene necesidades y deseos, aunque resulte que ese yo sea un padre o una madre, un poco de egoísmo bien situado no sería nada malo en los matrimonios melancólicos de hoy, empantanados como están en la responsabilidad.

El garaje *tiki* de Liam me hace pensar en *American Beauty*, una brillante meditación cinematográfica sobre un matrimonio desecado. Ofrece al marido, representado por Kevin Spacey, dos papeles: vivir como un marido sin sexo, enternecedoramente consciente de sus deberes y calzonazos, o como un adolescente porrero y ensimismado que ambiciona a la *cheerleader* del instituto. No existe un auténtico rol no parental intermedio ni ninguna opción de ser un adulto multifacético.

Los vecinos de Liam y Rachel cargan con responsabilidades de adulto, pero no disfrutan de los viejos privilegios de la edad adulta. No disfrutan de las prerrogativas sociales y las licencias que tradicionalmente endulzaban el trabajo de ser adultos y padres responsables. El marido al que le gusta la diversión o la mujer alocada no es una posición muy sostenible hoy. Describir a alguien de esa manera suena casi como una difamación: una acusación velada de egoísmo, alcoholismo o promiscuidad sexual. No tenemos buenos modelos de rol para un adulto casado responsable que tenga amistades significativas y complejas, pasiones por causas cívicas u otros compromisos no conyugales ni parentales, y que se sienta con derecho a reivindicar esas prerrogativas. En cierto sentido, los maridos del garaje *tiki* y sus mujeres reivindican una prerrogativa social adulta a través de la artimaña nostálgica de «ser infantiles».

Los padres de una amiga mía semifelizmente casada tienen un matrimonio envidiable. En la actualidad, los matrimonios envidiables se limitan a las parejas geriátricas, cuyos matrimonios ancianos se manejan con cautela, como reliquias, en las secciones sociales de periódicos locales. Y hay pocas cosas más desalentadoras que darse cuenta, como le ocurrió a otra amiga mía, de que sus padres podrían estar viviendo una vida sexual matrimonial mejor que la suya. Rara vez encuentro mujeres y hombres de mi edad que envidien el matrimonio de amigos de su edad. Un día, la madre de mi amiga, la de este envidiable, vigoroso y duradero matrimonio, preguntó por el matrimonio más intranquilo de su hija: «¿Cómo os va cuando estáis de vacaciones?» Se refería a cuando de verdad decides divertirte, disfrutar de una vida conyugal social juntos y atender a tus placeres y prioridades, ¿puedes sentirte contenta entonces? Y lo comprendí: el matrimonio envidiable de sus padres era como el matrimonio de mi amiga solo que permanentemente de vacaciones.

Esta retirada a «lo infantil» es un remedio a una particular tensión de melancolía que me intriga. Liam lo describe como un descontento «acorralado» entre los maridos de su edad, una sensación de no tener espacio para la maniobra o la prerrogativa. Parte de ello podría proceder del intento de vivir el anacronismo preferido en los Heathercroft de América. Se trata de un grupo que se casó en la primera década del siglo XXI, se hizo adulto en la década de 1970 y opta por la organización familiar de la década de 1950. Intentan de manera sincera vivir según reglas de otra época injertadas en esta, con todas sus diferentes opciones y circunstancias. Puede resultar en una transposición extraña y en ocasiones infeliz.

Pienso en su melancolía conyugal como un caso colectivo de «No puedes volver atrás». Estoy hablando con Lily, una vigorosa mujer de cuarenta y cuatro años con gafas de moda y pelo largo y oscuro con mechas doradas. Cuando me reúno con ella por la tarde para tomar unas copas, ella lleva pantalones militares y una camiseta azul de Bebe con un cuerno de hipopótamo. Lily es abogada de profesión y ahora trabaja en el mercado inmobiliario, pero parece una artista o una roquera. Durante más de una década, Lily tuvo la clásica «tapadera» de un gran matrimonio de bajo conflicto, como ella lo llama. «Nos llevamos bien hasta el final», dice con un suspiro.

Ella y su marido Mark vivían en un barrio con moradas similares a las de Heathercroft. Como la mayoría de los vecinos de Liam, Lily y Mark aspiraban a un matrimonio tradicional (y romántico) en términos de quién se ocupaba de ganar el pan y quién de educar a los hijos. Lily dejó de lado alegremente su carrera para educar a sus dos hijos. «Estaba encantada —dice—. Creo realmente que el mundo actual es duro. Si puedes permitirte quedarte en casa, es más fácil. Es mejor para los hijos.» Mark también deseaba tímidamente una «vuelta atrás», como dice Lily, y «regresar a la década de 1950. Él era el que ganaba el pan. Decía: "Los tipos de la generación de mi padre [a finales de los sesenta y los setenta] solo consiguieron estropearlo todo"». Vale la pena señalar la nostalgia tímida y preceptiva de Lily y Mark en sus propios términos. Aunque podría equivocarme, dudo de que los matrimonios estadounidenses de la década de 1960 suspiraran tímidamente por un regreso a los matrimonios ejemplares de la década de 1820. En un país que valora el impulso del progreso, es extraño mirar atrás en busca de inspiración matrimonial.

A pesar de este afecto sincero por la división del trabajo de 1950 en su matrimonio, Lily también —de manera simultánea y probablemente ineludible— se imaginaba a ella y a su marido como coprogenitores al estilo del siglo XXI. Después de dar a luz a su primer hijo, Lily se sumergió en lo que llama «campamento de bebés», inquebrantable en la misión de «cumplir con todos los deberes de mamá y nada más». Esto también suena a matrimonio parental típico de nuestro tiempo —el imperativo de criar a los hijos sin el aliciente de otros roles o prioridades conyugales—, y Lily me dice que ella, como muchos de nosotros, se casó pensando en tener hijos. Entretanto, Mark era el único que ganaba el pan, cierto, y era responsable en ello, pero después de que naciera el primer hijo empezó una metamorfosis en el «marido, nuevo hijo». Cuando estaban contemplando la posibilidad de un segundo hijo le dijo directamente a su mujer: «No queremos tener al segundo, porque entonces yo seré el tercero.»

—¿No veía ninguna vergüenza en el hecho de posicionarse como un niño? —me maravillo en voz alta.

—Estaba buscando mayor atención. Y yo dije: «Espera un momento, somos padres juntos, tú no eres un niño.»

A lo largo de la siguiente década, el matrimonio de Lily y Mark se aposentó en el conocido «surco gastado» del disco de la melancolía de bajo conflicto. Con cada año que pasaba, el matrimonio se volvía «más real», dice Lily, y sin embargo su «sensación de vacío y aturdimiento» sonaba como el disco heredero del ama de casa de Friedan, seducida y abandonada en el descontento por la mística femenina o, como llama con brillantez la autora Leslie Bennetts a la secuela de la mujer que se queda en casa del siglo XXI, el «error femenino».

La melancolía de Lily y Mark también tenía nuevos giros y fuentes. El matrimonio era igual de híbrido que el que se evidenciaba en la cueva masculina: el marido «retro» responsable y sostén económico de la década de los cincuenta que solo quiere ser el niño número 3. Sea cual sea la afirmación masculina que Mark pudiera haber imaginado recibir por traer el dinero a casa, habría preferido cambiarla por el privilegio de ser un hijo. Es una noción interesante, porque históricamente los niños han sido los miembros menos poderosos, menos privilegiados y más fastidiados de una familia, un rol que uno espera dejar atrás al crecer y no un rol al que se desea volver.

Lily retorna a este tema unas cuantas veces en nuestra conversación, la confusión del rol de marido de Mark frente a sus hijos. Entra en detalles: «Los hombres de la generación del padre de su padre eran hombres de verdad. Ellos infantilizaban a sus esposas, convirtiéndolas en niñas, pero ahora las mujeres son las mamás y son sensatas y los hombres se están convirtiendo en niños.» Cuando Lily propuso por fin la separación, Mark declaró que «no creía en la separación» y quiso ir directamente al divorcio mientras eran todavía jóvenes. «Tampoco quería dividirlo todo a partes iguales», continúa Lily, y al final fue ella la que se marchó del hogar que había creado y cuidado para la familia. «Él habría estado feliz si me hubiera llevado solo la ropa. Su punto de vista era: "Esto es lo que te ofrecí." A su juicio, él me dio todo lo que quería: la casa, la atención, los niños y la estabilidad. Si ahora no lo quieres, te vas.»

Me doy cuenta de que he oído esto antes en matrimonios melancólicos retro, la idea de ser el sostén económico como un «regalo». No sé si un marido *vintage* de la década de 1950 lo habría pensado de esa manera o habría descrito su rol como un regalo. Quizá pensara que no tenía otra elección que mantener a su (infantilizada) mujer y a sus hijos. O tal vez pensara, como reveló el estudio longitudinal de Kelly de la década de 1950, que el matrimonio y los hijos eran como la liebre del canódromo, lo que le daba una sensación de «determinación y responsabilidad»,[3] y que su cuidado definía su masculinidad. Quizá veía ese rol masculino como algo más agradable y privilegiado que el rol adolescente. Quizá pensaba que los regalos eran recíprocos y que por lo tanto no eran regalos, sino simplemente matrimonio.

Sin embargo, Mark sabía que no «tenía» que hacer estas cosas. Los dos podían haber trabajado; él podía haber sido un papá trabajador que se quedaba en casa; incluso podría haber concebido perversamente un matrimonio Tom Sawyer. Al fin y al cabo, todo es posible. El compromiso retro de Mark, que ya no está dictado ni prescrito, era como un regalo según el punto de vista de Mark, no una división del trabajo ni una obligación social ineludible —que aunque tediosa era al menos un consuelo en su ubicuidad y sus afirmaciones masculinas—, ni siquiera un rol propio de su sexo.

Y, por ese regalo ¿qué obtenía a cambio? Su familia, claro está, y sus hijos, pero mucha menos atención, porque los hijos, en el manierismo posromántico del matrimonio parental, lo habían relegado a niño número tres. A diferencia de los colegas de Liam, que superaban la nostalgia con el consuelo fraternal del garaje *tiki*, Mark seguía ansiando la compañía social de su mujer en la fiesta y en la escena del club. Sin embargo, de manera muy similar a los vecinos de Liam, Mark intuía que esa clase de placer y privilegio de captar la atención solo parecía persistir con integridad en el rol del niño.

Y ¿qué estaba obteniendo Lily a cambio de sus sacrificios, de la renuncia a su vida profesional y no parental? El placer de sus hijos, por supuesto, pero no un compañero en la educación de estos, sino más bien una especie de tercer hijo que reclamaba atención y estaba celoso de sus hijos y de su muy unida familia política al mismo tiempo. Ser la mamá que se queda en casa era casi el único papel de Lily en el matrimonio, y en eso se concentraba por completo, a diferencia de los roles más multifacéticos aunque opresivos de las mujeres de los tiempos de Friedan, cuando podías ser reconocida por organizar una fiesta asombrosa o por tu manera de vestirte o de decorar, o por los roles más embriagadores y liberados aceptados por «la mujer que quería tenerlo todo» de la década de 1970 que disfrutaron algunas de nuestras madres.

Parece que el «regalo» costó demasiado a Mark y ofreció demasiado poco a Lily.

La salida no consiste en reimponer el consenso del apogeo romántico, cuando las madres y los padres estaban encorsetados en sus roles tanto si les gustaba como si no. Pero al menos en este caso, el anacronismo de un matrimonio que optó sinceramente por adoptar una organización de crianza de los hijos propia de la década de 1950 en un medio de opciones, sensibilidades y actitudes del siglo XXI, tampoco funcionó demasiado bien. Le pregunto a Lily si se le ocurren soluciones que podrían haberle resuelto los problemas. No está segura. Quizá si hubieran buscado algo poco convencional, como un período sabático, un poco de «tiempo de crecimiento» separados, podrían haber permanecido casados. Aunque tal vez nada los habría salvado. En un punto de nuestra conversación, dice, con resignación realista, y sin particular rabia: «Los hombres son como niños.»

9

Hábitats conyugales

Estar casados con hijos otra vez en público

Una escasa mayoría de las parejas casadas de Estados Unidos todavía vive en barrios residenciales.[1] Algunas de las nuevas parcelaciones y urbanizaciones llevan, de manera infame, el nombre del idilio bucólico que arrasaron las excavadoras: Fox Crossing, Verdant Meadow Way. Sus características diferenciales —un patio, un garaje, quizás incluso una cerca gazmoña— evocan una imagen de matrimonio en el inconsciente colectivo estadounidense. Aquí las casas tienden a estar aisladas. El verde exuberante de los parterres que las rodean parece casi sensible, pulsante. La vida no tiene un carácter tan de colmena como, por ejemplo, en Heathercroft.

A través del remolino social de la educación preescolar conocimos a una pareja casada cuyos rostros juveniles y frescos dan la impresión de que estén eternamente en el último año de instituto. Pensaba que encajarían mejor buscando una fiesta cervecera un sábado por la noche. Sally literalmente vende mierda. Es una vendedora de excrementos y fertilizante. Cuando los conocí vivían en una coqueta casa de un barrio de Baltimore, diseñado por el arquitecto paisajista Frederick Law Olmsted. Luego se trasladaron a una casa más grande, rodeada de un gran jardín, en una parcela de un barrio residencial alejado. Yo lo llamaba los Campos

Elíseos. El traslado me sorprendió porque parecía discordante con su naturaleza social.

Un día, llevamos a nuestro hijo para que jugara en la casa nueva. Cuando Sally salió a abrir, se disculpó casi ruborizándose por estar todavía en pijama a media tarde. No había tenido la ocasión ni la necesidad de romper las murallas domésticas ese día. Presumiblemente había hecho un adecuado acopio de provisiones antes del fin de semana. Sally nos enseñó la casa. La última parada fue en la zona principal del sótano: una réplica todavía por inaugurar, a escala real y en funcionamiento, de un pub inglés, incluida la barra de madera, un barril de cerveza, taburetes, diana y mesas de pub, todo puesto allí según el diseño del promotor inmobiliario y no por petición expresa de Sally. La razón de ser de un pub, por supuesto, es reunir socialmente a gente fuera de la casa, gente que no viva bajo el mismo techo. De un modo discordante, el espacio doméstico había canibalizado el espacio social que el pub connota icónicamente.

El matrimonio parental, por lo general, se desarrolla en aislamiento. La otra cara de la moneda de desconfiar de las actividades «hijos no incluidos» por considerarlas egoístas es una introspección en la familia como unidad social contenida. Esta introspección caracteriza la vida familiar en diversas comunidades, tanto urbanas como de barrios residenciales, aunque podría ser al contrario. En su sueño germinal de sí mismo, el barrio residencial estadounidense de posguerra aspiraba tiernamente a la clase de vida cívica de cuya eliminación ahora se le acusa con frecuencia. Ese mundo donde maridos y mujeres tenían sus objetivos, placeres y deberes cívicos adultos, y donde los niños tenían sus propios mundos, fue criticado en la década de 1950 por su carencia de intimidad familiar, y su vida social densa y homogénea (construida, debe señalarse, sobre la base de diversas formas de segregación). El crítico David Riesman lo llamó «afinidad».[2] Sin embargo, esta intensidad y conformidad amable pagaba sus dividendos en la intimidad provincial de la pertenencia. William Whyte, en su libro de 1956 *The Organization Man*, escribió una crítica ambivalente de las parejas casadas en las filas de la empresa que se trasladaban a los barrios de la periferia y quedaban hábilmente «integradas» y «zambullidas en un semillero de participación». Otras parejas «los ayudarán a bajar las cajas de la mudanza y hacia la hora de la cena alguna de las mujeres se acercará con una cazuela caliente y otra con una cafetera eléctrica llena de café caliente». Las mujeres comparten canguros y pequeños electrodomésticos. En pocos días, los niños tienen compañeros de juegos, la mujer toma el sol con otras mujeres «como si se conocieran de toda la vida» y el marido se une al club de póquer. «Sus relaciones con los demás trascienden la mera vecindad», escribe Whyte. El grupo era un tirano, pero también un amigo, una fuente de «cariño». La buena vecindad, no obstante, combatía contra otro sueño que al final se impuso: un sueño de aislamiento (de «espaciosidad»,[3] como lo caracteriza Riesman) y la seducción de ingravidez histórica. Loren Baritz describe el mundo «enclaustrado»[4] de los barrios residenciales en los años de posguerra, donde «el alejamiento de las costumbres y las vistas y sonidos familiares de la ciudad producía una emocionante sensación de liberación, de flotar».

La destacada obra de Robert Putnam *Solo en la bolera* sostiene sobre la base de un exhaustivo metaanálisis de investigación que la deriva de principios del siglo XX hacia el hipercompromiso cívico se había invertido en la década de 1980, cuando empezamos a retraernos de la vida social. Un etnógrafo que vivía en una comunidad de la periferia de Nueva Jersey en la década de 1980 observó una cultura de aislamiento atomizado, autocontrol y «minimalismo moral». Los matrimonios de los barrios residenciales «son muy reservados, piden poco a los vecinos y esperan poco a cambio». El urbanista Lewis Mumford argumentó con mordacidad que el «barrio residencial romántico era un intento colectivo de vivir una vida privada».[5]

Los culpables que hay detrás de la desconexión cívica, concluye Putnam, van desde los traslados de ida y vuelta al trabajo cada vez más largos, al matrimonio con dos trabajos y la derrota de la familia extendida. No obstante, la desconexión social es también una historia de matrimonio de estilo romántico (y de su daño colateral). En el ideal romántico, el matrimonio se aleja de la sociedad y se reserva la opinión. Se trata de una de las facetas más poderosas pero en gran medida no expresadas ni puestas en tela de juicio de la moda conyugal romántica. La idea de «unión»[6] en el seno de la familia, memorablemente acuñada por *McCall's* en 1954, se reforzó cuando la vitalidad social se desvaneció en la última mitad del siglo XX.

El ideal romántico de autosuficiencia familiar y unión planteó al matrimonio demandas emocionales sin precedentes. Baritz, entre otros autores, señala la ansiosa e insaciable «dependencia psicológica» en el matrimonio y la familia de barrio residencial de posguerra. Arquitectónicamente, la metáfora del castillo en el aire, una ciudadela apartada, expresa un axioma clave del guión conyugal romántico: cuanto más cerca estás de tu cónyuge, menos social «necesitas» ser, como si el sentido de volverse hacia la sociedad fuera el de compensar deficiencias familiares y conyugales. Al contrario, cuanto más antisocial y emocionalmente recluida es la familia, más fuerte es el amor: el aislamiento deja de ser una prueba de penuria social para convertirse en ideal romántico. Este ideal del matrimonio autosuficiente quedó reforzado por los valores de prudencia familiar de la década de 1980, que deberíamos mirar hacia el interior, cuidar de nosotros mismos y pensar más en la responsabilidad personal que en la social.

Los anunciantes hasta hoy ensalzan la idea carcelaria del matrimonio todo incluido capaz de convertirse en el mundo del cónyuge: «¿Qué diamante es lo bastante bueno para tu mejor amigo, abogado, confidente, amante, novia, compañero de tenis, todo en uno? [...] ¿Qué le compras a la mujer que lo es todo para ti?» Como en una película con escasez de extras, la esposa corre de un lado a otro, cumpliendo con muchos papeles para crear la apariencia de una multitud.

El estilo de vida del «matrimonio como refugio antiaéreo» podría ser más común en mi generación, aquellos que se casaron después de la migración a los barrios residenciales y antes de la revolución de internet. John Cacioppo informa en su trabajo sobre la soledad de 2009 de que 60 millones de estadounidenses se perciben como solitarios, un 30 % de incremento en dos décadas.[7] Las encuestas de ciencias sociales descubrieron en 1984 que los estadounidenses tenían una media de tres «confidentes»; en 2004, la respuesta más común era «ninguno». Putnam encontró «pruebas asombrosas»[8] de un declive en sociabilidad, así como un «extraordinario» declive en buena vecindad desde la década de 1970 hasta finales de la de 1990.

Ese repliegue de la sociedad en la vida familiar o, para expresarlo como ideal romántico, el sueño conyugal de autosuficiencia y dependencia, parece incorporado a nuestros hábitats conyugales. Los arquitectos suelen criticar parcelaciones como los Campos Elíseos por su desconsideración estética, pero su diseño en realidad revela premeditación y resuena con un sueño de vida familiar. Urbanistas y muchos intelectuales tienden a caricaturizar las comunidades de barrios residenciales —un objetivo fácil de la crítica cultural— como insípidos puestos de avanzada para los ignorantes, pero los barrios residenciales mantienen una atracción obvia y perdurable para los matrimonios con hijos que no puede explicarse del todo por la seguridad o los sistemas escolares. Estas urbanizaciones son la arquitectura misma del ideal romántico del matrimonio enrocado en su soledad. Las nuevas urbanizaciones de la periferia tienden a seguir dos tendencias de diseño antitéticas pero de espíritu similar. En la primera, las casas son exactamente iguales, alineadas en filas como si fueran casas del Monopoly. La monotonía visual alienta la falta de curiosidad social, igual que la falta de variación nos empuja a cotillear en el interior, a buscar la atracción de algo diferente que nos anime a establecer una conexión social. James Howard Kunstler, contrario a las urbanizaciones, deplora el carácter de «barricadas siniestras»[9] de estos lugares que nos dejan en un «fango neurobiológico», porque violan las necesidades humanas innatas y los patrones de «vitalidad», proporción y escala. Los «modelos muertos en estos enclaves —advierte— infectan los modelos que los rodean de un letargo contagioso y nos adormecen hasta que el aislamiento y la soledad aniden en esta tierra». Por supuesto, los promotores lo describen de un modo distinto en sus folletos de ventas.

En la segunda tendencia urbanística, las casas están adornadas y personalizadas, y son mucho más grandes. Estas McMansiones son completamente singulares en su diseño, ajenas al estilo o escala de las casas que las rodean. Mientras que los barrios residenciales de Monopoly muestran una indiferencia por la variación socialmente disuasoria, las McMansiones no son otra cosa que variación. Desafían la afinidad: la ausencia de un campo de visión coherente sugiere una comunidad coherente. Tanto el barrio exageradamente homogéneo como el extravagantemente idiosincrático inhiben la conexión social. Sus diseños, con su falta de proporción, refuerzan una falta de proporción en nuestras vidas. Se trata de algo más que un problema estético. Es un problema de estilo de vida del matrimonio con hijos.

Si las comunidades reflejan nuestro ideal del matrimonio, los matrimonios y las familias también se ciñen sutilmente a sus hábitats, o eso me parece a mí. En ese espíritu, algunos pioneros del matrimonio están buscando formas de introducir de nuevo el matrimonio con hijos en las comunidades y están rechazando el impulso romántico hacia la independencia y la intimidad del «tú eres el mundo para mí». Lauren y su marido, Oliver, por ejemplo, tomaron la decisión de intentar el matrimonio en la ciudad. Forman parte de una modesta tendencia de familias que optan por vivir en la ciudad incluso después de tener hijos.[10] Eligen vivir en apartamentos o en los barrios de edificios, más densamente poblados. Estas parejas urbanas son interesantes por su entusiasmo enfático respecto a ser una familia en la ciudad. No es una posición predeterminada, sino una decisión meditada de estado de vida. Visito a un grupo de madres modernas una mañana y dos cosas aparecen de manera repetida. En primer lugar, los matrimonios que se alimentan del «ajetreo y el bullicio», como me contó una madre. A estas parejas les sienta bien tener siempre algo nuevo que contemplar o mirar; les insufla energía el retablo cinético aleatorio de «gente, cláxones, sirenas y perros», dice otra. En segundo lugar, me sorprende el número de madres que crecieron en barrios residenciales y están haciendo de manera deliberada una migración inversa en busca de algo más que lo que dos mujeres describen en términos casi idénticos como «una típica infancia aburguesada». Es como si percibieran que sus propias educaciones y vidas se han ceñido a un guión fácil de condensar del apogeo romántico. Estas familias urbanas de clase media han estado disminuyendo durante décadas, pero podrían estar regresando a la ciudad hoy, atraídas a barrios que ofrecen cierto «sentido de comunidad», como lo describe otra urbanita.

El experimento posromántico en estos casos consiste en tener un matrimonio que reconoce abiertamente, sin ponerse a la defensiva ni sentirse agraviado, que la esposa y los hijos no son «suficiente», que, como escribió Kurt Vonnegut en cierta ocasión, ninguno de nosotros puede ser un centenar de personas para el otro en el matrimonio; y quizás eso no es un fracaso, sino una realidad a la que amoldarse, mediante cambios en el guión y en la puesta en escena del matrimonio. Obviamente, hay matrimonios infelices tanto en los barrios residenciales como en las ciudades. El matrimonio urbano, tal y como yo lo pienso, es tanto un estado de ánimo como una localización de la vivienda. Puedes tener un matrimonio enclaustrado en la ciudad y uno socialmente comprometido en una zona residencial. Se trata de un temperamento conyugal que valora la proximidad y la vida social, y es un temperamento que las ciudades atraen de manera excepcional. Si no te gustan los encuentros fortuitos, el contacto a través de las diferencias, la gente, la actividad aleatoria o la posibilidad de misterio y coincidencia, te trasladas. Lo que me interesa en estos ejemplos urbanos es el espíritu de volver a incorporar el matrimonio y la familia a la vida social para redistribuir parte de las cargas emocionales puestas en el matrimonio en el idilio romántico de la cerca entre vecinos.

Lauren y Oliver viven en una casa unifamiliar renovada de principios del siglo XIX, en un barrio bullicioso situado cerca del puerto de Baltimore. Cada uno es dueño de su propio negocio y Lauren se labró una clientela para el servicio de retratos de familia en las inmediaciones de su casa. Tienen cuatro hijos, todos de menos de cinco años, pero no se sienten agobiados en su casa porque tienen cuatro plantas.

«No estoy completamente segura de que hubiera tenido tantos hijos —dice Lauren sobre la hipótesis de que ella y Oliver no vivieran y trabajaran en la ciudad—. Si he pasado una mala noche, es fácil llamar y decir que me gustaría que Oliver venga a casa para ayudar, y no es una cuestión de meterse en el coche y conducir treinta minutos. Ayuda a impedir que el resentimiento crezca y creo que eso es la clave.» También ayuda a tener acceso al cónyuge, las tiendas y el trabajo, todo a unas pocas manzanas de distancia. «A las ocho en punto, si no tenemos leche (y eso es un drama para nosotros), puedo mandar a mi marido a buscarla dando un paseo de cinco minutos.»

Sin embargo, si trazamos el ciclo vital de esa misma botella de leche en un barrio residencial, veremos las perturbaciones que causa en un matrimonio. Una botella de leche solo es una botella de leche, hasta que el acto de ir a buscarla después de que marido y mujer hayan trabajado durante largas jornadas y conducido hasta casa implica una tarea de media hora y volver a meterse en el coche. La botella de leche se convierte en una obligación onerosa, a solo un paso del resentimiento, y a partir de ahí en una destilación metafórica de las desigualdades reales y percibidas en el cociente de monotonía del matrimonio. La siguiente vez —y con niños siempre se presenta otra ocasión— estalla una lucha sobre quién ha de ir a buscar la maldita botella de leche y quién lo hizo la última vez. O quizá no se trate de una pelea, sino de una leve onda, aguantada filosóficamente, con calma pero bullendo de estoicismo. Mucho después de haberse consumido, la leche sobrevive como arma conyugal, se convierte en un relato simbólicamente condensado del egoísmo, el desprecio o el autoritarismo, un buen material para una sesión de terapia matrimonial. («Y aquella vez que no fuiste a buscar la leche...» Aparentemente estas quejas no prescriben.) Los resentimientos se recrudecen y se convierten en algo obstinado e intrínsecamente frágil. No se trata de la leche, claro está, es «cuestión de principios», la cuestión es la «actitud» que connota.

Aunque a lo mejor sí se trata de la leche en realidad. Es la tasa oculta que se impone a la vida organizada de manera inconveniente, donde la casa es una ciudadela distante de otras actividades: el matrimonio ocurre aquí y todo lo demás ocurre allí.

Entiendo el punto de vista de Kunstler. Las urbanizaciones matan. En el camino de regreso desde la casa de los Campos Elíseos de Sally con su pub incorporado, descubrí que, por una sincronía mórbida, mi afable y eternamente tolerante marido y yo habíamos estado meditando sobre violencia doméstica durante nuestro viaje («Si yo necesitara ayuda, ¿quién iba a oírme?») y sobre el asesinato de JonBenet Ramsey («Su cadáver se encontró en una falsa bodega no utilizada igual que esta.»). Especulamos que no ha sido el habitual buen talante y humor de nuestra anfitriona lo que ha evocado estos fantasmas horripilantes, sino simplemente la experiencia de estar en un espacio doméstico amplio, aislado y socialmente disuasorio que parecía, en algún aspecto elemental de su diseño, una locura.

En la metamorfosis en curso que va de la mentalidad socialmente enredada a la románticamente antisocial, la siguiente fase de esta enfermedad imaginaria casi genera una patología de las relaciones sociales entre vecinos. Un estudio de la Oficina del Censo de Estados Unidos descubrió que muchos de nosotros tememos a nuestras comunidades. A casi la mitad de los padres les preocupa que sus vecinos puedan ser una mala influencia para sus hijos.[11] Es precisamente este ambiente de terror de los vecinos y la sociedad lo que inquieta a Lenore Skenazy.[12] Esta autora sospecha que la paranoia estadísticamente irracional del asesino del hacha acechando detrás del árbol forma parte de lo que provoca que los padres confinen a sus hijos en la casa o estén omnipresentes para protegerlos del coco. Skenazy suscitó una tormenta en los medios en abril de 2008, después de que escribiera una columna en la que explicaba que había permitido que su hijo de nueve años, a petición de este, volviera a casa solo desde Macy's sin más armas que un plano del metro de Nueva York, una tarjeta de transporte, veinte dólares, unas monedas de veinticinco centavos y su sentido común. La columna de Skenazy y su decisión fueron en cierto modo valientes —«Niño de nueve años solo en el metro», podrían haber rezado los titulares—, pero ella se pregunta cómo es que dejar que los niños jueguen fuera hasta que se encienden las farolas de la calle se ha convertido en «algo tan valiente como salir a cazar tiburones con una hamburguesa por traje de baño».

Skenazy me cuenta que fue al mismo tiempo valorada y vilipendiada por su acto aparentemente subversivo. Recibió varios miles de mensajes de correo electrónico. Algunos la acusaban de dejar que su hijo fuera en metro como ardid publicitario. Un crítico la tildó de «la peor madre del país». Los lectores del extranjero escribieron sorprendidos. «No podían creerlo. Decían: "Pensábamos que los americanos eran valientes y fuertes y resulta que sois unos debiluchos y tenéis miedo de vuestra propia sombra."»

Skenazy cree que «hay mucha gente esperando que alguien les diga que no son padres irresponsables o locos por pensar» que los hijos no necesitan vivir siempre dentro de casa, aislados por una cuestión de protección. «Señoras, están aburridas y asustadas, y enclaustradas en casa y no hay ninguna razón, así que salgan.»

Las investigadoras Naomi Gerstel y Natalia Sarkisian nos informan de que los matrimonios de hoy son egocéntricos y ensimismados, además de «ansiosos». En 2007, Gerstel y Sarkisian publicaron un estudio académico que analizaba dos encuestas de escala nacional y concluía que los casados tienen menos tendencia que los solteros a llamar, escribir o visitar a amigos y vecinos o a la familia extendida. Se sienten menos inclinados a ofrecer apoyo emocional y ayuda práctica a vecinos o amigos y están menos relacionados con ellos. «El matrimonio y la comunidad son con frecuencia antagónicos»,[13] concluyen Gerstel y Sarkisian. Críticos como Kay Hymowitz cuestionan sus conclusiones, citando otros estudios que han mostrado elevadas tasas de voluntariado entre personas casadas.[14] Hymowitz también disputa su lógica. «El propósito del matrimonio es educar a la siguiente generación. Y llamar egoísta a eso es simplemente un uso asombroso del término», opinó.

La paternidad y la maternidad atenazan de tal forma nuestra condición de adultos que otras obligaciones y placeres sociales solo se logran mediante una buena dosis de regresión a los estilos de vida del adolescente febril. Intentamos concebir una simbiosis, un orden y un sentido de proporción adecuados entre familia y obligaciones sociales, una condición adulta genuina e incorregiblemente multifacética. El matrimonio se promociona como el «ladrillo» de la civilización. Pero ¿de qué civilización estamos hablando si lo único que hacemos es cuidar de los nuestros, por importante que eso sea? Terminaremos con un millón de ladrillos y sin cimientos.

Una intrigante alternativa al matrimonio aislado e independiente, además de la vida familiar urbana, es la microtendencia de la covivienda, un estilo de vida introducido en 1988. Actualmente hay noventa comunidades de covivienda en Estados Unidos,[15] además de treinta en construcción y decenas más en estado de exploración. Se trata de comunidades deliberadamente intergeneracionales y por lo general no sectarias, y la mayoría no son urbanas. Los miembros participan en algún tipo de toma de decisión colectiva y lo típico es que compartan algunas comidas, pero poseen sus propias casas. La covivienda es lo que imaginaron y quisieron ser en primera instancia los barrios residenciales, y hasta cierto punto lo fueron. Es aún más popular en Europa occidental, donde se relaciona con «caminar ligero en la tierra» y con nociones más libres y menos circunscritas de intimidad, familia y matrimonio.

Al revisar el hábitat conyugal y la comunidad, la covivienda de manera inevitable revisa las hipótesis románticas del matrimonio. «Mi marido y yo somos *geeks*», me cuenta Jen de buenas a primeras. Se conocieron en el Massachusetts Institute of Technology y asistieron a un posgrado en Chicago. Allí empezaron a discutir la terrorífica cuestión del equilibrio profesión-vida. Jen recuerda que su marido «tuvo una visión». Esta consistía en «juntarse con otras tres parejas, comprar tierra, construir casas en ella con un patio y una zona de juegos compartida y turnarnos todos vigilando a nuestros hijos. Si cada uno de nosotros se tomaba un día libre, tendríamos a los niños cubiertos». Imaginó, en esencia, una forma de covivienda. Asistieron a todas las reuniones de grupos aspirantes a crear coviviendas que nunca despegaron, hasta que en 1999 pudieron comprar una casa en una comunidad de covivienda de Massachusetts.

Jen y su marido anidaron su matrimonio en esa comunidad. Tenían problemas de fertilidad notorios. La comunidad los vio pasar por dos abortos devastadores y les prepararon una fiesta fenomenal cuando concibieron con éxito. Después de que sus hijas nacieron, nunca tuvieron que cocinar. La comunidad organizó una rotación de comidas durante el primer mes de vida de cada una de las hijas de Jen. La ropa entregada en herencia seguía apareciendo de manera espontánea en su umbral. Ahora que su hija mayor tiene cinco años, forma parte de la pandilla infantil. Puede ir caminando sola a casa de una amiga de la covivienda y los padres tienen un plan para llamar cuando el niño llega y se va. «Nuestros hijos se mueven con libertad y seguridad», dice Jen. Imagino un matrimonio cuyo peso se dispersa a través de una pared de carga social.

La covivienda no es una utopía, se apresura a añadir Jen, y huelga decir que abundan los matrimonios semifelices tanto en las ciudades como en los barrios residenciales. La ventaja para Jen no es que todo el mundo de allí le caiga bien, sino simplemente que su vida matrimonial es satisfactoriamente «complicada» y «fértil». Puede que el matrimonio necesite este hábitat más denso de gente, escenarios y actividades para reducir las cargas sobre los cónyuges, para seguir siendo capaces de un embeleso perpetuo.

Sarah valora esta misma complejidad por razones similares. Ella y su segundo marido han vivido todo su matrimonio en covivienda. Se recuerdan como adultos variopintos en su matrimonio a través de las «complejas y siempre cambiantes combinaciones sociales de gente» que les ayudan a aprender de sí mismos de nuevas maneras. Sarah y su marido vivieron «infancias típicas de barrios residenciales». Tímidamente se dieron cuenta de que querían reemplazar la cápsula romántica predeterminada por una vida social predeterminada. «Estamos muy enamorados —dice Sarah— y los dos amamos también nuestra soledad. Reconocimos que esta era una combinación que podría beneficiarse de un poco de "elasticidad"», así que eligieron la covivienda.

Elaine y su marido se topan con su vida social nada más salir de casa. Igual que Sarah y su marido, deseaban conscientemente combatir el hastío que podría haberse aposentado sin un acceso inmediato a otras personas. La posición social habitual de la covivienda «nos hace más fuertes como familia, porque no siempre nos limitamos a centrarnos en el otro. Tenemos relaciones humanas fuera de nuestro matrimonio, así que no hemos de confiar en el otro para satisfacer todas las necesidades sociales que tenemos. Es muy liberador». El reconocimiento de que el matrimonio con hijos no puede ser «el mundo entero» para nosotros es, de un modo sutil, un atrevido experimento posromántico.

Sarah siente que vivir en una comunidad densa y vital ha refinado sus maneras en el matrimonio. «Me ha mantenido consciente de cómo hablo a mi familia —especula—, porque tenemos vecinos que se fijan y que están interesados en cómo nos va.» La hija de Sarah de su primer matrimonio considera que la covivienda es algo demasiado público para ella, que estaba acostumbrada a más «aislamiento» entre las facetas privada y pública del matrimonio, pero a Sarah y su marido les gusta «la intimidad social» de la relación vecinal casual pero sincera, y en ocasiones profunda; un beneficio que también se obtiene en la vida familiar de un apartamento urbano.

La historia de Jen de la pandilla infantil me recuerda nuestra manzana, que funciona casi como una comuna de padres ad hoc, organizada a través de una red de relaciones sociales en nuestra calle urbana de casas de la década de 1920. La nuestra se ha convertido en una «casa guay» para los niños del barrio. Hacemos fiestas de pizza y cine los viernes por la noche para ellos. Duele demasiado imaginar siquiera la deliberada destrucción de este tejido social por causa de un divorcio, y mucho menos verlo como algo bueno y preferible, o imaginar la amputación que necesariamente comporta la custodia compartida.

Al explorar los matrimonios de covivienda, me encuentro con lo que me parece uno de los mejores hábitats para un divorcio, y quizás incluso para un matrimonio. Beth vive casi puerta con puerta con su ex marido en un entorno de covivienda. La persistente red social de la covivienda hizo que los niños, que entonces tenían ocho y once años, no notaran tanto el divorcio cuando su ex se compró una casa unas puertas más abajo. La razón de que este compromiso funcione no es que Beth y su ex marido se lleven excepcionalmente bien. «Somos civilizados y cordiales —dice ella— y cooperamos en la educación de los hijos, pero desde luego no diría que somos "amigos".» La razón de que el compromiso funcione es que la red social que había sostenido el matrimonio no se rompió con el divorcio. Los niños cenan y duermen en la casa de Beth las noches del domingo, martes, miércoles y viernes y con su padre las demás noches. Beth trabaja en casa, así que los cuida después de la escuela. «Es imposible que pudiéramos haber concebido unos horarios como estos en cualquier otro entorno —dice—. Las niñas suelen ir y venir entre nuestras casas varias veces al día.» Tanto Beth como su ex marido tienen relaciones duraderas y no se interponen «en el camino del otro».

Beth ha visto otros divorcios en covivienda. «No hay un traslado de niños entre vidas, siguen teniendo una vida intacta con un padre y una madre, con dos casas en un mismo barrio. Como en la covivienda los niños se perciben con frecuencia como en una familia extendida, tener padres con dos casas diferentes no parece tan extraño. Es solo un sitio más por el que podrían pasarse en cualquier momento.» En el caso de Beth, cuesta determinar dónde termina un mal matrimonio y empieza un buen divorcio. Su hábitat sostuvo un terreno intermedio entre el estar juntos y el estar separados.

La historia de Beth me hace pensar en un tentador concepto de reingeniería de lo que llamaré la «pareja divorciada que cohabita». Estas parejas son similares a la de Beth en cuanto mantienen la proximidad entre ellas, pero llevado al extremo, porque todavía viven bajo el mismo techo y mantienen un hogar. Los divorciados que cohabitan improvisan un limbo entre el «divorcio real» y el «matrimonio real». Están divorciados, pero siguen manteniendo una casa —aunque con algunos espacios privados— por el bien de sus hijos y familia. Es imposible cuantificar cuántas de estas parejas existen, o el grado de satisfacción de sus compromisos a largo plazo. Podría ser que la cohabitación tras el divorcio funcione durante un tiempo y luego se derrumbe igual que los matrimonios, pero no hay ningún estudio que permita saberlo a ciencia cierta. Por otro lado, si la cohabitación proporciona algo de tiempo para que la familia esté unida un poco más, pero de un modo más feliz, para educar a los niños, quizá sería un buen resultado. En todo caso, los cónyuges que lo intentan por lo general se llevan bien, y están más aburridos que amargados con el otro: el clásico matrimonio semifeliz de bajo conflicto y baja tensión. La idea me fascina, como una frontera conyugal que desdibuja la línea entre cónyuges y ex. En cierto modo, la pareja divorciada que cohabita ha ideado su propio híbrido divorcio-matrimonio, o un semimatrimonio que merece su propio lugar, igual que ese extraño nuevo fenómeno de personas de distinto sexo que «viven juntas».

Cate Cochran, autora canadiense, ha escrito sobre una veintena de parejas divorciadas que cohabitan en su país.[16] Todos manifestaron que la mejor parte de su nuevo compromiso fue el retorno a las citas y otras libertades de la vida divorciada, mientras que al mismo tiempo podían mantener la casa base. Obtienen las ventajas tanto de la casa estable para los hijos como las libertades aprobadas de la pareja divorciada. Un marido emigró al sótano, donde podía entrar y salir como le placiera. A los vecinos el acuerdo les parecía tan peculiar que al final la pareja puso un cartel en el césped que afirmaba que el marido estaba bien y que no lo habían encarcelado en el sótano.

Estoy firmemente convencida de que a medida que las familias mixtas se hagan más comunes y aumenten los costes de mantener dos casas, veremos más viviendas diseñadas para la cohabitación separada, con espacios privados y compartidos. Esto ya está ocurriendo, de una manera sutil, al tiempo que las tendencias arquitectónicas incorporan nociones del matrimonio de vanguardia posromántica. Por ejemplo, la Asociación Nacional de Constructores de Casas predice que en 2015 una mayoría —el 60%— de las casas personalizadas tendrán «dos dormitorios de matrimonio»[17] para cónyuges que quieren dormir separados y disponer de espacios privados separados.

Ya me imagino el avance de las tendencias de diseño y el vocabulario en esa dirección. ¿Y las casas nuevas o remodeladas que funcionan más como campamentos o complejos donde cada ex cónyuge o cónyuge recibe un apartamento o espacio separado más pequeño, pero con un área compartida? Quizá las casas se diseñarán con alas o módulos distintos. Los espacios que ya están diseñados para vivir solos pero juntos, como edificios de apartamentos y condominios, podrían lucrarse ofreciendo sus servicios a un mercado de parejas a medio camino entre el matrimonio y el divorcio, que quieren vivir cerca por sus hijos, pero no tienen por qué residir en la quintaesencia del hábitat de la era romántica, la casa de familia separada de las demás.

Cuando describo mi interés en este diseño híbrido medio casado medio divorciado a una arquitecta, ella dice: «Estás pensando en la casa de Schindler. Él vivió así con su mujer en la década de 1920.» Lo busco.

Rudolf Schindler fue uno de los arquitectos modernistas más influyentes del siglo XX. Tenía una casa innovadora y un matrimonio que se adaptaba a ella. Nacido en Viena, llegó a Estados Unidos para trabajar con Frank Lloyd Wright en Chicago. En 1922, Schindler se trasladó a Los Ángeles. Como a otros europeos, California le pareció el «edén del progreso». Estableció su negocio con el ingenioso diseño de su propia casa, que podría considerarse la primera casa del Movimiento Moderno. Tal y como la describe el crítico Paul Goldberger, la casa «es una mezcla de habitaciones y patios en forma de molinete con una cocina compartida y espacios para la vida privada y el trabajo».[18] Schindler vivió allí con su mujer, Pauline, y otra pareja, los Chace. Poco después, la casa se completó cuando Pauline dio a luz al único hijo de la pareja.

Los Chace se trasladaron a Florida en 1924 y otra pareja se unió a los Schindler. En 1927, Pauline y su hijo se trasladaron a una comunidad utópica fundada por los teosofistas en San Luis Obispo, California. Después, ella se trasladó más al norte, a Carmel, donde editó un semanario de izquierdas, y regresó a la casa Schindler a mediados de los años treinta para vivir donde lo habían hecho los Chace. Desde entonces hasta su muerte en 1977, la pareja vivió separada pero bajo el mismo techo, en espacios domésticos diferenciados pero solapados. Las terrazas de su casa albergaron actuaciones de algunos de los más destacados artistas y bailarines californianos, y escritores como Max Eastman y Theodore Dreiser asistieron a sus veladas.

«El sentido para la percepción de la arquitectura no es la vista sino la vida —aseguró Schindler—. Nuestra vida es su imagen.» Los hábitats están diseñados según la imagen de las vidas que contienen y de los ideales de esa vida. En su propio diseño, Schindler propuso una vida doméstica membranosa, sin límites claros entre el espacio interior y exterior, o entre el espacio privado de familia y el espacio social público o, para el caso, entre matrimonio y divorcio. Me seduce la idea de casas separadas pero juntas, e imagino que atraería a otras parejas semifelices de bajo conflicto con grandes hogares y matrimonios regulares. Un buen número de cónyuges podría anhelar en secreto casas adyacentes pero separadas. Estoy segura de que algún día la arquitectura doméstica se pondrá a la altura del ambiguo híbrido matrimonio-divorcio en el cual algunos de los cónyuges ya están viviendo, aunque sin ningún término, etiqueta o hábitat ideal que se equipare con esa sensibilidad. Pero, el coro griego nos diría que una forma de vida indeterminada, un semimatrimonio, una casa con espacios aparte o distancia y vidas privadas no contaría. Al fin y al cabo, no sería un «matrimonio real».

Cuando contemplo el brete de tener un gran hogar y un mal matrimonio es cuando me siento más desquiciadamente confundida por la intransigencia de las normas matrimoniales. Los defensores del matrimonio nos dicen que no esperemos demasiado, que no tengamos delirios románticos y mantengamos un matrimonio «suficientemente bueno» por el bien de los hijos. Me quedo pensando que si realmente la primera directriz es «educar a la siguiente generación», como dice Hymowitz, y «proporcionar un entorno estable para los hijos», como dice Paula, entonces, ¿por qué conlleva todavía tantas otras cosas? No puedo menos que estar de acuerdo con el profesor de ciencias sociales William Doherty cuando reacciona a la investigación de los matrimonios de bajo conflicto: «No soy nadie para decir que la gente permanezca casada si es infeliz»,[19] dice, pero advierte a los padres que no usen la idea de que sus hijos serán más felices si se separan como un argumento para el divorcio. Por ejemplo, dice Doherty, «a los niños no les importa si tenéis buenas relaciones sexuales. Ni siquiera quieren pensar en eso. Solo quieren que su familia esté unida». Lo entiendo. Ahora bien, ¿no hay una tercera vía entre mantener un matrimonio semifeliz en sus propios términos malhumorados o simplemente descartarlo mediante el divorcio aunque sea un gran hogar?

La hipótesis de Doherty del matrimonio no malo pero sexualmente frustrado es apta. Al fin y al cabo, las parejas divorciadas que cohabitan se llevan bien como «compañeros de vida» y padres y amigos, pero querían recuperar las libertades sexuales y de intimidad de la gente soltera, y por eso improvisaron un nuevo modelo. En el escenario más común, no obstante, la atrofia de la pasión, la atracción, la energía y la conexión erótica en un matrimonio por lo demás no malo dirige al cónyuge descontento en busca de un nuevo objetivo romántico y con frecuencia desde allí a vidas separadas, atraídos (por deseo quizás) a ya no sentirse «enamorados» de su cónyuge. En casos más leves, los cónyuges se quedan juntos, pero el malestar erótico hacer que el matrimonio se precipite por la espiral letal de la melancolía. El profesor de economía ultraliberal Tyler Cowen[20] plantea que muchos de nosotros somos infelices porque, por decirlo de manera un poco brusca, nos falta sexo. Ahora me fijaré en los pioneros del matrimonio en la frontera sexual, posromántica. Ellos no desatan el nudo del matrimonio, pero lo aflojan desafiando las que son quizá las hipótesis más profundamente asumidas del matrimonio romántico.

TERCERA PARTE

Nuevos giros en viejas infidelidades
o la forma en que nos apartamos
del buen camino hoy

10

Historias de la carpeta «Aventuras»

La decepcionante crisis de la infidelidad

Una de mis más queridas amigas se mete en el correo electrónico de su marido. Descubre que este ha estado teniendo una aventura de años con una mujer casada. Me reenvía una cadena de sus misivas grandilocuentes a la amante, para que las analice, me dice, y «para que las guarde en caso de que las necesite en un proceso de divorcio». Siento una tímida extrañeza y una inquietud ética al estar en posesión de estas cartas de amor sustraídas, pero solo durante un minuto o dos. Luego consumo todas y cada una de ellas con celo voyeurista.

El marido de mi amiga le habla a su amante de cómo hizo que sus hijos copiaran los Diez Mandamientos en la escuela dominical para que pensaran en qué reglas y qué valores eran más importantes y más sagrados para ellos. Me río a carcajadas en mi escritorio. Si se hubiera ceñido a los mandamientos no estaría metido en este lío adúltero. Pero en otro mensaje —uno en el que el hombre se queja largo y tendido de su mujer— me quedo parada en seco cuando él pregunta: «¿Por qué el matrimonio parece otra vez una buena idea?»

Eso ¿por qué? Al pasar los días, su pregunta, y algunas de las escenas de sus mensajes de correo, no dejan de irrumpir en mi mente. Me descubro recordando sus realistas relatos de conflictos y desprecios mutuos en su matrimonio, que entonces era una complicada y enredada relación semifeliz que habían tejido juntos. Ambos buscaron vías de escape, él a través de una aventura, ella por medio de sus propios hábitos y rituales. Por más que mantenía una lealtad pura y de corazón por mi amiga, mis empatías, afinidades e identificaciones empezaron a flaquear.

Entretanto, mientras mi amiga y yo discutíamos la situación, me fijé en el poco característico recurso al clisé de una mujer cuyo lenguaje y hábitos de pensar eran frescos y originales. Mi intención no es sentar cátedra, obviamente, sino hacer una meditación social. Mi amiga daba la impresión de estar leyendo un guión, amenazando con el divorcio pero al mismo tiempo sabiendo que no iba a dar ese paso. Era casi una paradoja de la trivialidad escandalosa. No quiero decir que la infidelidad no doliera, pero en cierta extraña manera la rabia también parecía formal. Recuerdo que pensé que, a pesar de nuestro oprobio abstracto, no hay muchos puristas de la monogamia en las trincheras del matrimonio.

Y claro, tengo problemas para seguir los guiones de las esposas. He pensado con frecuencia que sería mucho mejor amante que esposa. Se lo dije a John una vez y discrepó con dulzura. Pero sospecho que solo lo hizo porque teme que tampoco sería demasiado buena en el papel alternativo.

En una faceta el imperativo sexual del matrimonio ha concluido de manera drástica. Podemos tener una vida sexual legítima sin matrimonio. El sexo prematrimonial ha pasado de ser un pecadillo a convertirse en norma social. Si acaso, lo que hace el matrimonio es amenazar una buena vida sexual (como dice el chiste, si estás en contra del sexo gay, deberías estar a favor del matrimonio gay). Pero lo inverso no es cierto. La monogamia sigue siendo la norma —o delirio— profundamente alojada del matrimonio al estilo romántico. El relato imperante sobre infidelidad, monogamia conyugal y adulterio en Estados Unidos es profundamente normativo. Parte de un ideal religioso, ético y legal de que la monogamia sexual es norma ampliamente seguida y que une a un matrimonio, y desde allí retrocede hasta la realidad.[1] Siguiendo este camino, se lamenta de que el ideal de fidelidad titubee en el mundo profano. En cambio, si empezáramos de un modo empírico —si fuéramos alienígenas que solo contáramos con nuestras observaciones para guiar nuestra comprensión del sexo conyugal—, primero nos fijaríamos en el escaso fundamento de la monogamia y luego nos abriríamos camino hacia su ideal normativo. Ese ideal parecería más un arte, un agradable embellecimiento del mundo real, pero no el mundo real en sí.

Engañamos. No todas las parejas casadas, por supuesto, pero sí un porcentaje tercamente significativo de ellas (las cifras precisas son difíciles de conocer, por razones metodológicas y por la resistencia política a financiar investigaciones sobre sexualidad).[2] La infidelidad no es normativa, pero es normal. El informe de 1987 de Shere Hite, *Mujeres y amor*, descubrió que no menos del 70 % de las mujeres y el 75 % de los hombres «que llevaban casados más de cinco años» habían tenido sexo extramatrimonial. Y la condición es importante y está ausente en otros estudios, que mezclan recién casados perdidamente enamorados con entrecanos que llevan toda una vida casados. Según los cálculos más conservadores, la infidelidad se produce en una «minoría significativa» o una «minoría fiable» de matrimonios. Varios estudios de mediados de la década de 1990 situaron la cifra en un bajo 25 % de los maridos y 15 % de las mujeres.[3] El grueso de estudios y encuestas situaba la cifra en torno al 50 % de hombres casados y entre el 40 y el 45 % de mujeres casadas, aunque la brecha entre sexos en el adulterio casi se ha cerrado (redundaré en el tema). Si incluimos a los monógamos en serie que se divorcian y se vuelven a casar, sobre todo porque quieren un nuevo objeto erótico, somos una población mayoritariamente no monógama. Lo normal es que no nos emparejemos para toda la vida con nuestro primer matrimonio. Y por poco fiables que sean las cifras sobre la infidelidad, también se están tornando obsoletas (retomaré esta cuestión), porque cuentan solo aventuras extraconyugales físicas mientras que el resto del país se dedica a aventuras en línea, al juego de Second Life y a otras formas de infidelidad incorpórea que eluden nuestras definiciones de engaño. Y es difícil hacer un censo de cosas que no podemos definir.

Engañamos, y al mismo tiempo desaprobamos rotundamente el engaño. Diversas encuestas sitúan la desaprobación en niveles muy altos. Una encuesta concluyó que los estadounidenses consideran que el adulterio es más censurable que la clonación humana.[4] Otras encuestas[5] indican que entre el 70 y el 85 % de la población adulta desaprueba el sexo extraconyugal, probablemente asumiendo una situación en la que los cónyuges mienten y ocultan aventuras. Según un fascinante estudio de 1994,[6] los estadounidenses están entre la gente más intolerante a la infidelidad del mundo, con un casi unánime 94 % que juzga que el sexo fuera del matrimonio siempre o casi siempre está mal. Por contraste, un 20 % de los italianos y un 36 % de los rusos, por ejemplo, consideran que el sexo extramatrimonial solo es malo en ocasiones o nunca.

En 2001, en un discurso en la Cumbre Nacional sobre la Paternidad, el presidente George W. Bush usó una cita de *Adam Bede* de George Eliot para alabar el «matrimonio tradicional». El guionista del discurso, Bush no importa, no debía de saber que Eliot vivió fuera del matrimonio con un hombre casado durante veinticuatro años, tiempo durante el cual hizo la ocasional crítica ácida de la subordinación de la mujer, y que su novela cuenta la historia de un personaje cuyo único amor verdadero es una mujer deportada a Australia después de que mate a su hijo bastardo. La elección de la cita es deliciosa aunque accidentalmente apropiada. El matrimonio tradicional, tal y como Bush y sus aliados sociales lo entienden (mal), es un ornitorrinco, un ideal de monogamia unido a una práctica no monógama muy común.

La historia oficial de la ética del sexo conyugal suena como un caso simple de hipocresía y con frecuencia es condenado como tal, pero quizá se trata de algo más sutil que eso.[7] El delirio colectivamente mantenido del matrimonio monógamo sin duda ensombrece las muchas pequeñas hipocresías pixeladas de cada infidelidad. Y, claro, es tan fácil pillar a alguien en la hipocresía como pescar en un pequeño estanque previamente llenado de peces. Interpreto la historia de la infidelidad no tanto como un caso de hipocresía —un conflicto entre conducta y fe— cuanto como una variación en lo que la teórica literaria Eve Kosofsky Sedgwick (en la época de mis estudios de posgrado, alguien que se dedicaba a la teoría literaria era lo más cercano a una estrella de rock) y el crítico D. A. Miller antes que ella podrían haber llamado «secreto abierto».[8] Miller estaba intrigado por los secretos ineptamente guardados en *David Copperfield*, donde «el secreto siempre se sabe, y en cierto oscuro sentido, se sabe que se sabe», de manera que «la función social del secreto no es ocultar el conocimiento» o la conducta, sino «ocultar el conocimiento del conocimiento». El secreto abierto, como lo define Miller, se parece a la noción de *Verleugnung* de Freud. El paciente no está tratando de ocultar una conducta per se. En cambio, registra y rechaza el conocimiento que es traumático, que conoce pero que no quiere conocer, en un único gesto psíquico.

El secreto abierto posee una dinámica más intrincada que la hipocresía. Deseamos todo el día: la banalidad del deseo, ilícito o santificado, anima el mundo. Si el deseo extramatrimonial es una monstruosidad, seguramente se trata de la monstruosidad más domesticada que acecha entre nosotros, tanto en la frecuencia de la transgresión como en la insulsa ubicuidad del impulso que conduce hasta ahí. Un estudio de 2008,[9] citado después de las confesiones de la prodigiosa infidelidad de Tiger Woods, descubrió que una inmensa mayoría de los maridos (más del 85 %) y una gran mayoría de las mujeres (65 %) tendrían aventuras si tuvieran la certeza de que no iban a pillarlos. El secreto abierto desconcierta el deseo que hay detrás del engaño y lo transforma en algo más asombroso, que sabemos de manera intuitiva.

Después de la desgracia de Eliot Spitzer vi un titular de revista que decía en parte: «¿En qué estaba pensando?» La cubierta de una revista femenina de agosto de 2008 prometía de manera similar llevarme en un viaje «Al interior de la mente del infiel», y explicaba su extraña conducta. Así funcionan las infidelidades: ocurren todo el tiempo, y no dejan de asombrarnos.

«¿No es ridículo? ¿De verdad nos creemos esto?» Me reí con John en la tienda cuando vi esa cubierta, pero él pensó que estaba hablando de la variación mensual de rigor de «Trucos sexuales secretos para hacerle gritar y pedir más». Me atrevería a decir que pocas cosas están menos necesitadas de una comprensión telepática que la mente de un infiel.

El titular lo plantea al revés. Lo que es un misterio para mí, y una cuestión de seductora belleza, es el matrimonio de larga duración que de verdad está satisfecho sexualmente: un dique monógamo construido con amor para controlar los caprichosos deseos de la naturaleza. En estos casos, desde luego, «el enano controla al titán a su antojo». No conozco muchas esposas que sobrevivan a lo que Helen Fischer resume como «la crisis del cuarto año»[10] con el deseo físico por la pareja intacto —y eso no es lo mismo que soportar una vida sexual monógama apagada como pago por un bien mayor—, y no sé cómo esas pocas lo consiguen. Quizá, como recomienda la terapeuta Esther Perel, mantienen la chispa con juegos de dominación y sumisión o juegos de rol;[11] quizá tienen metabolismos sexuales benditamente lentos. Sea como sea que logran esa hazaña, yo la aplaudo con sinceridad. Este matrimonio merece ser presentado en la cubierta de una revista femenina bajo el titular: «¿En qué están pensando?»

La peor historia de aventura que he oído personalmente este año es la de Nicole. Esta atractiva profesora sueca de casi cuarenta años, con hijos en edad escolar, tiene un aire de implacable serenidad. Parece una versión erudita e inteligente del bomboncito del esquí Suzi Chapstick en aquellos viejos anuncios de finales de los setenta. A causa del terco reflejo de ver mujeres hermosas y bien vestidas y pensar que habitan matrimonios hermosos y bien vestidos, estoy segura de que Nicole está felizmente casada. Tengo envidia matrimonial, pasión por su matrimonio, por ella. Pero debería haber comprendido que me equivocaba.

Estoy en una fiesta de cumpleaños en la casa de una amiga. Los padres miramos con ojos vidriosos mientras nuestros hijos juegan a lo que parece una recreación de los juicios de las brujas de Salem. Niños de siete años están golpeando con ramitas a la canguro mientras la atan a un columpio, pero hemos decidido en silencio pasarlo por alto y continuar con nuestras conversaciones. De refilón oigo que a solo unos metros Nicole habla con una amiga común... de su divorcio.

Sam, el ex marido de Nicole, es una ambiciosa estrella emergente en la cirugía cardíaca. Nicole me cuenta que hace unos años su marido empezó a trabajar hasta muy tarde en el hospital y a tener emergencias con pacientes con una frecuencia impropia de su competencia. Imagino que el perpetuo cónyuge que trabaja hasta tarde es una cuestión familiar: ¿es muy inepto en su trabajo o está engañando en su matrimonio? Hubo otras señales. «Nunca establecía contacto visual conmigo —recuerda Nicole— y siempre me evitaba. No soy tonta. Sospechaba algo y pregunté.» Y cada vez que ella preguntaba, él negaba tener una aventura.

Una noche, Sam recibió otra «llamada de emergencia» del hospital. Le dijo a Nicole que había un problema con un paciente que acababa de operar. «Eso ocurre», dice Nicole, pero no regresó hasta casi la madrugada. Ella le preguntó otra vez, quizá con más insistencia.

Esta vez, por la razón que fuera, Sam confesó. Dijo que había sido «un poco estúpido». Tenía una aventura de años con una compañera cirujana que se había trasladado a su ciudad para estar más cerca de él. Ella también estaba casada y tenía hijos, y había dejado a su marido. La cirujana y Sam en ocasiones habían operado juntos en el quirófano.

«En ese momento —dice Nicole—, comprendí la idea de la rabia homicida.» Con siniestra despreocupación, Sam enseguida se mudó con su amante. Nicole no permaneció pasiva. Llamó a la amante. «Le pregunté si quería ser una destrozadora de hogares. Tengo hijos. Estaba rogando por una conexión entre mujeres», que nunca se estableció. Le dijo a Sam: «Eres una mala persona. Has hecho algo muy malo y lo vas a pagar. Tenemos una familia, hemos tenido hijos juntos y haces esto.» Él no podía creer que Nicole actuara de manera tan franca y enfadada.

«Bueno, ¿cómo pensaba que iba a reaccionar? Vamos que "un poco estúpido" no basta», explica Nicole.

«Durante años lo había seguido de trabajo en trabajo. Yo era la esposa estela. Probablemente pensaba que sería sumisa con esto de la misma manera.» Se me ocurre otra vez que los patrones del sexo suelen entrelazarse con patrones en torno a quién gana el pan en la casa. Sexo y dinero en el matrimonio funcionan como un tango, en una exquisita coreografía y receptivos el uno con el otro.

Después de que Sam se mudara y Nicole empezara su vida posmatrimonial, él dio un giro hosco. Acusó a Nicole de no haber sido una esposa lo bastante buena. No «apreciaba» todo lo que él le había dado. Le había fallado (es una expresión tan trillada que casi no vale la pena mencionar las formas en que la gente casada casi por costumbre o diseño se fallan unos a otros). Todo era culpa de ella.

«Estaba tratando de demonizarte, de exorcizar su culpa cargándotela a ti», le sugiero.

La cosa empeoró. Después de que Nicole llamara a la amante, esta y Sam pensaron que Nicole los estaba acosando. La amante incluso amenazó con pedir una orden de alejamiento contra ella. Entretanto, Sam estaba tramando argumentos más elaborados y patéticos para vilipendiar a Nicole, diciendo que sus amigos y familia le habían hecho daño a él al instarla a presentar una demanda de divorcio; pese a que él estaba planeando mudarse a otro estado con su amante, a cientos de kilómetros de sus hijos y su ex mujer.

—Es el corazón delator.

—¿Qué? —pregunta Nicole.

—Edgar Allan Poe. El asesino imagina el corazón de su víctima latiendo bajo las tablas del suelo. Su conciencia desplazada lo vuelve loco.

Esa misma noche, me pregunto si el concepto destructor del matrimonio del marido —que él está verdadera y realmente enamorado esta vez de la mujer correcta— no estaba casi predestinado en el guión romántico con el que crecimos. La de Sam es la devastadora pero familiar historia del monógamo en serie, que se casa y se vuelve a casar: siempre está convencido de que está enamorado de la siguiente novia, porque al fin y al cabo siente una gran pasión por ella y cree que será diferente para ellos esta vez y en este nuevo matrimonio. Rara vez ocurre así, porque, por supuesto, él sigue siendo el mismo en el primero, el segundo o el tercer matrimonio, pero instintivamente trata de equilibrar la balanza del placer y la traición de esa forma: una gran mentira en el lecho conyugal compensada por un gran idilio en la cama del hotel. De lo contrario, solo sería un villano que destruye a su familia y abandona a sus hijos por pura lujuria estúpida.

En ocasiones, la función de destrucción del matrimonio que tiene la aventura es más premeditada que predeterminada. Para Olivia, en un matrimonio homosexual, fue el conducto explícito para su ruptura, el suyo fue un caso de divorcio por medio de la aventura. Olivia habló en una ocasión de «equipaje» psicológico en lugar de «bagaje» psicológico, una revisión aburguesada que me parece extrañamente encantadora. Parte de su equipaje es que tiende a dejar relaciones empezando otras nuevas y más intensas. Olivia conoció a Diana, su nueva novia, cuando ella era asesora en su oficina.

Shelby llevaba muchos años distante, según la opinión de Olivia, sobre todo después de que tuvieron hijos. En cenas con gente, si Shelby estaba cansada o se sentía incómoda, no tenía reparos en acurrucarse en un sofá y quedarse dormida; en algunas ocasiones incluso se quedó dormida durante los juegos preliminares con Olivia. Aunque quien perpetra la aventura suele cargar con toda la culpa por «renunciar» al matrimonio, en ocasiones la aventura es solo la última entrada, el catalizador en un registro permanente de conducta conyugal mutuamente mala e indolente.

Shelby tuvo una conversión después de que Olivia le hablara de su nuevo amor y su deseo de divorciarse. Se le rompió el corazón y trató con todo el fervor de comprometerse otra vez con el matrimonio. Lloró; tomó antidepresivos; invitó a Olivia a un generoso viaje a un balneario de Arizona y pasó su tarjeta de crédito para comprarle minifaldas y botellas de vino. Incluso trató de mantener relaciones sexuales no sonámbulas con ella. En vano. Olivia por fin le habló de la melancolía que había sentido, de los años de quejas que iban desde las de poca monta («Nunca sacas la basura») a las profundas («Nunca prestas atención»), que salieron a borbotones y sin ningún orden en particular.

Todo por la aventura. Aunque en realidad no. «Si no hubiera tenido nada en marcha con Diana, podría haber trabajado en el matrimonio. Afortunadamente, tenía a Diana», dice Olivia, pero suena más como un plan que como efecto de la suerte. En un matrimonio de bajo conflicto y baja tensión, la aventura puede ser una táctica tristemente útil como objeto transicional, como puente entre el matrimonio y el divorcio. De lo contrario, el tren llega a la hora, la cena está servida y la ropa lavada ¿para qué cambiar? El catalizador debe ser más poderoso y extremo para agitar el matrimonio y sacarlo de su equilibrio acogedor pero melancólico.

Las aventuras pueden destruir matrimonios y lo hacen, como sugieren los de Nicole y Olivia y unos pocos estudios.[12] En un sitio web de Baltimore que anuncia objetos de intercambio, me fijo en una «cabeza congelada de alce» para intercambiar. Esta despierta el interés de una mujer agraviada que quiere usarla para llevar a cabo una venganza inspirada en *El padrino* contra su marido infiel.

Le pregunto a Dan, el terapeuta matrimonial, cómo reaccionan sus pacientes a la infidelidad. Me cuenta que ve la violencia doméstica y la aventura como elementos relacionados, en ambos casos son «conductas heridas» y que pretenden herir. Eso será cierto en algunos casos, pero discuto con él suavemente al respecto. Desde luego, cualquier cosa en la vida matrimonial, desde una aventura a no saber quitar el polvo o regar, puede convertirse en un arma, igual que un estudiante enfadado acuchilla con un lápiz o un prisionero fabrica un arma con un objeto cotidiano. Cualquier cosa puede cargarse con un significado más profundo y mortificante —basta con preguntar a cualquier pareja que discute de manera crónica—, pero quizá la infidelidad es lo que es en apariencia: hastío sexual, incluso desesperación, en un matrimonio que por lo demás no es malo, y/o deseo.

O, si no es cuestión de deseo (por exiliado y despreciado que esté hoy en día), al menos se trata de algo distinto a un instrumento hiriente del matrimonio. Quizá se trata de intentar recuperar la complejidad, profundidad y riqueza de tu carácter, pero dentro de los límites de un matrimonio que por lo demás «funciona». No me parece descabellado.

En su vida anterior, en un matrimonio anterior, y en un día despreocupado anterior en nuestra historia, mi amigo Allen tuvo sus encuentros con la infidelidad e intentos de tener un matrimonio abierto. «Lo único que ocurrió fue que terminamos haciéndonos desdichados el uno al otro y divorciándonos», me contó hace muchos años y nunca lo he olvidado.

Allen probablemente estaría de acuerdo con Dan. Una aventura, me cuenta una noche en la cena, «siempre está encadenada al matrimonio».

—Si has vivido en una relación estable del tipo que sea, es casi imposible que no haya una fantasía de escape. Crees que estás escapando de tu aprieto, pero es el aprieto lo que alimenta toda la aventura.

—Como una batería.

—Sí, como una batería.

—¿Y si se trata simplemente de obedecer a tu deseo?

—Es una conversación unilateral con tu matrimonio —reitera Allen con paciencia—. Es entre tú y tú.

He observado de manera indirecta, en conversaciones con amigas que han tenido aventuras, un impulso similar: ver al amante en términos instrumentales. En el recuento conjunto de la aventura entre cónyuges, el amante se convierte en un dispositivo de trama en la historia del matrimonio. La humanidad del amante se reduce al papel de ser el no marido o la no esposa. Comprendo el consuelo que proporciona. Devuelve la aventura al relato de control del cónyuge traicionado y trivializa al amante, lo cual es un impulso humano natural. Es más difícil enfrentarse con la idea de la humanidad del amante, y las facetas de la humanidad del cónyuge que el amante podría haber suscitado, o con la posibilidad de intimidades múltiples.

En esta sección cuento una historia de transformación que, por su relevancia, continuaré en tres partes a lo largo de los capítulos siguientes. Aunque es una historia verdadera y sobre un matrimonio que he tenido la oportunidad de conocer bien y examinar con generosa y excepcionalmente detallada longitud, puede explicarse al estilo de un cuento de hadas posromántico.

Érase una vez Jack y Jill que tenían un bonito y feliz matrimonio. Eran una pareja simpática y atractiva. Fundaron una familia y empezaron a distanciarse sin ninguna razón obvia o mayúscula. El distanciamiento es poco significativo para la historia, salvo decir que ocurrió. Cuando tienes impulso en un matrimonio, todo

—toda conversación difícil, toda improvisación, toda fantasía— parece posible; cuando pierdes impulso, cada gesto simple, la conversación más sencilla, el movimiento más fácil y más pequeño, se antoja imposible. Y en cierto punto ya es demasiado tarde para reanimar el espíritu y la carne.

Entonces Jack y Jill se alejaron a mundos separados en sus imaginaciones, y la pasión —aunque no la simpatía, la camaradería o el amor— había muerto entre ellos. Un día Jill tenía la gripe. Jack se trasladó a otra habitación y se dieron cuenta de que lo preferían así y dormían mucho mejor. Esta es una pequeña tendencia del matrimonio posromántico.[13] Una de cada cuatro parejas duerme separada, y la cifra se ha doblado en décadas recientes. Pareció algo benignamente pragmático en el momento, pero nunca volvieron atrás. Quizás esto debería haber sido la señal de que, a su propia manera de bajo conflicto, estaban tomando la decisión de separarse, y de hecho empezando a separarse, como el tendón del hueso. Quizá deberían haber actuado, pero no lo hicieron.

Fue una balsámica mañana de verano. Jill estaba preparando al niño para llevarlo al campamento. Jack ya estaba trabajando. Estaban a punto de salir cuando sonó el teléfono. Normalmente ella no le habría hecho caso, y estuvo a punto de no cogerlo. Es interesante que la vida gire en torno a decisiones tan minúsculas. Jill no reconoció el número en el identificador de llamada, pero tenía un vago recuerdo de haberlo visto antes. Mejor responder.

Fue una conversación lacónica, muy corta, con un hombre enfadado que sonaba extraño y que solo quería que Jill supiera, por cierto, que Jack había estado «viendo» a su mujer, que todo había empezado al menos un año antes y que podría haber terminado o no.

Esta crisis no se construyó poco a poco. Fue como un globo que le estalló en la cara, de manera violenta y aterradoramente inesperada. Jill se mareó, casi sintió vértigo, como si se hubiera desorientado por completo en su matrimonio. Se sintió destruida. No es algo inusual en esposas en su situación.

Jill y el hombre que llamaba no establecieron ningún vínculo por los cuernos compartidos. No intercambiaron palabras de compasión. Lo único que ella recuerda haber dicho fue: «Está de broma. Eso no es cierto.» Cuando él dio la impresión de que iba a contarle los detalles, Jill dijo que no quería saberlos. Entonces le pidió con voz muy calmada que no volviera a llamar y colgó el teléfono.

No iba a asustarse ni a ponerse histérica delante de sus hijos pequeños. Jill los llevó, un viaje de cinco minutos en coche, y logró despedirse de manera alegre, pero debía de tener un aspecto tan reventado que ninguno de los padres intentó hablar con ella. En cuanto estuvo sola en el coche, llamó a Jack, aunque le costó calmar el temblor de los dedos el tiempo suficiente para pulsar las pequeñas teclas. Probablemente no estaba en condiciones de conducir.

—¡Qué llamada interesante he recibido!

Jack no lo negó, no negó nada. Se apresuró inmediatamente a asegurar que no era nada importante y que todo había ocurrido «hace tiempo».

Ella pensó que era una defensa extraña. Oh, el holocausto, los jemeres rojos... Todo eso ocurrió hace tiempo, ¿por qué preocuparse?

—Cállate. —Jill colgó el teléfono.

Nunca había dicho eso en su vida. Nunca le había dicho a su marido que se callara. Le sentó bien. Jill continuó con lo suyo. Siguió adelante con su jornada como si estuviera en un aeropuerto. Llegó al final sin tener ni idea de cómo había llegado hasta allí ni de qué poderes había ejercido. Extrañamente, Jill se ciñó a su rutina. Fue a seminarios de un programa en el que estaba participando; comió pero de hecho estaba demasiado enferma para comer y se dedicó a reorganizar la comida en el plato: la dieta «Mi marido tiene una aventura: pierde cinco kilos en una semana deprimente». Durante la comida, Jill incluso se rio una vez o dos.

Sin embargo, Jill hizo más que avanzar por la rutina de ese día. En cierto nivel, la revelación la hizo sentirse viva, aliviada de su matrimonio adormidera. Como dijo Samuel Johnson de una mujer cuya ejecución era inminente, eso concentró su mente de un modo formidable. Supongo que puede aplicarse a los momentos en que el mundo se hace añicos en general: cuando te despiden o cuando recibes un diagnóstico médico preocupante. Jill estaba en perfecta sintonía con cualquier detalle extraño de su mundo de normalidad que acababa de hacerse añicos. Con algo rayano a un respeto reverencial, se deleitó en la deliciosa normalidad, en la emocionante humanidad de otros que en circunstancias distintas podrían haberle molestado; en la humanidad de otros inocentes, es decir, otros santificados en virtud del simple hecho de que no eran su condenado marido mentiroso.

Cuando la noticia caló, Jill se dio cuenta de que también estaba avergonzada, aunque no tanto como Jack. Sintió esa especie característica de humillación que procede de sentirse totalmente engañada, de no conocer ni siquiera los contornos de tu propio matrimonio, en el que deberías poder moverte a tientas, por instinto y de memoria, como en una habitación familiar, incluso en la oscuridad de la noche. Todavía siente esa vergüenza, incluso al volver a contarlo años después de que ocurriera.

Al principio, Jack y Jill buscaron el reconocidamente peculiar consuelo de la culpa: quizá podrían echarse en cara sus problemas conyugales de manera ordenada.

—Nada de esto habría ocurrido si no hubieras renunciado a tu vida sexual —soltó Jack.

—Nada de esto habría ocurrido si no lo hubieras hecho —le recriminó Jill—. Eres increíble. En serio estás aquí echándome la culpa de tu aventura. ¿Qué hiciste tú con nuestra vida sexual? ¿Tienes idea de lo enferma que me pone la forma en que acabas de reaccionar?

En ese momento puede que se lanzaran objetos o se patearan paredes o muebles. Jill no se acuerda y solo recuerda fragmentos de la conversación.

Pero Jack tenía razón. En muchos sentidos, Jill fue partícipe en su propia traición tanto como víctima. Había renunciado a la parte sexual. A su manera, también lo había hecho él. Jill culpó a Jack por ocultarle su verdadero yo y retirarse bajo su fría competencia y su rechazo a tener sentimientos. Y ella también tenía razón, y por supuesto los dos estaban equivocados, porque los matrimonios vagan a la deriva lejos del familiar perímetro costero de la culpa. De todas las cosas que Jack dijo de la aventura, dos se quedaron grabadas en la mente de Jill. La primera fue: «Al menos yo me lo pasaba bien en algún sitio» —la expresión «pasarlo bien» rebotó en la cabeza de Jill como una bala—, y la segunda fue: «Antes estaba enfadado contigo. Después de que ocurriera ya no estuve más enfadado.»

Sí, Jill estaba avergonzada. Y se sentía estúpida. Había quedado atrapada en su propia trampa: su pereza emocional e incluso su vanidad intelectual. Jack y Jill continuaron «debatiendo» durante horas respecto a si él la había engañado porque ella había estado pontificando durante cierto tiempo, al menos durante unos años (básicamente desde que iniciaron una familia), sobre la obsolescencia de la monogamia. Era una convicción genuina, pero Jill también se sentía tan desgarradoramente culpable respecto a la zozobra de su vida sexual conyugal —ella no era una «buena esposa», y no podía serlo así como así— que había concedido una especie de permiso, aunque de un modo cerebral y abstracto, para atenuar su culpa.

Jill recuerda que se había hecho la estúpida, casi acosando a Jack con hipótesis: «Si estuviera en coma, explicarías eso a una potencial amante y ella lo entendería y tú no te sentirías culpable, ¿verdad?» Como un artista, uno dice toda clase de atrocidades sobre costumbres como la monogamia, que deberían ser desacatadas y desolladas. Y, como un artista, uno nunca espera que se tomen en serio, por el amor de Dios. Aun así, si repites algo con suficiente frecuencia, existe el peligro de que alguien que te importa se lo tome en serio en el mundo real en el que, realmente, vive.

Con el tiempo, la «sinceridad» en el matrimonio se empieza a sentir más como un continuo que como un absoluto: Jill había arrojado hipótesis; Jack las había tomado como directrices.

Jack insistió en que la aventura fue algo superficial, y que no tenía intención de hacerle daño. Ella lo creyó. Aun así, Jill dijo cosas como «Te odio», cosas que creía que era incapaz de decir, mientras Jack rogaba perdón, desolado. Jack está desmesuradamente guiado por el superyó. Jill explicó una vez que si dibujas un mapa de su personalidad, el superyó ocuparía todo el territorio al oeste del Misisipí, y el inconsciente salvaje ocuparía un punto del tamaño de Delaware. Jack no es taimado ni desenfadado respecto a la infidelidad. En absoluto. No se regocija en el hecho de infringir las reglas. El petulante y extravagante bohemio al que no le importan las convenciones burguesas siempre fue más una fantasía de Jill que suya. A Jill le gusta ese sentido del honor en él. Con frecuencia requiere mucho más coraje que subversión.

Pasaron semanas. No podían discutir sus problemas delante de la familia, lo cual obligaba a altos el fuego marcados por la buena educación, los modales tolerables y la normalidad entre ellos antes de que se quedaran otra vez solos y continuaran catalogando los múltiples fallos del otro: qué mujer fría y castrada era ella; qué distante y emocionalmente tullido y frustrado era él. Cosas razonables de ese estilo.

Pero Jill también pasó algún tiempo haciendo una autopsia para determinar lo que le dolía concretamente. En una frase trillada de los anales de la terapia matrimonial de la década de 1970, ¿era «el sexo o la mentira» lo que le dolía? En general, los dos se funden en un episodio de traición conyugal: mentimos siendo infieles; cuando somos infieles, mentimos. El ejercicio mental de tratar de separarlos y decantar la esencia del agravio tiene un toque de sofistería.

El sexo no preocupaba a Jill. Ella no tenía un gran sentimiento de propiedad de los cuerpos ni sentía la picadura de la envidia competitiva, sobre todo porque ya no lo estaba intentando con Jack. Y él tampoco. Los dos habían renunciado a poseer la imaginación erótica del otro. Jill podría haber simulado comprender su traición menos de lo que la comprendía y utilizar de manera más agresiva el extraño poder que otorga la posición de desconcierto herido que anima la «era de la víctima». En cambio, ella comprendía la traición más de lo que habría querido. Ni siquiera desde las profundidades de la rabia, podía conseguir que lo que había ocurrido no tuviera sentido para ella.

También tenía que preguntarse por qué ser engañada ya no le dolía. Un segundo clisé sostiene terapéuticamente que la infidelidad «no es una cuestión de sexo». Se trata de una patología más profunda y sintomática, de un problema más intrincado en el matrimonio, pero que al menos ha de ser más soluble que el deseo.

Este juego de manos distrae nuestra atención de la banalidad del deseo.

La vida básicamente continuó, con la crisis compartimentada in situ. Una tarde, con una buena amiga, Jill se vino abajo en el rincón oscuro de un bar y su sangre fría quedó afectada por unos pocos cócteles de colores exuberantes.

«Pero ¿no lo ves? —le dijo su amiga con su habitual tono exasperante—. Es obvio que eligió a alguien que no le importaba demasiado. Así que no es una amenaza para ti.» Entonces recomendó que Jack y Jill fueran a ver a un terapeuta sexual (no es un mal consejo) y esperó lo que debió de considerar que era un intervalo respetable antes de pasar a otras historias. Aunque con dulzura, le dio a entender: «Ten la bondad de resolver tu crisis conyugal para que podamos reanudar nuestro cotilleo sobre conocidos comunes.»

Esta amiga era soltera y casi siete años más joven que Jill, y Jill se preguntó, incluso desde el abismo de su llanto, si la actitud más displicente de su amiga respondía a una diferencia generacional entre ellas. Las amigas de la generación de su matrimonio, en el ocaso de la era romántica, todavía se sienten ligadas al guión para expresar rabia no modificada contra el que engaña, a pesar de sus intuiciones ante realidades con más matices y más complejas. Quizá mujeres más jóvenes que se educaron en un ambiente decididamente posromántico han olvidado el guión.

En la medida en que Jill pueda separar las heridas, dirá que la que más dolió fue absoluta e inequívocamente la mentira, no el sexo. Había compartido una vida con alguien que tenía otra vida (divertida) de la que ella no sabía nada. Si de verdad eran «almas gemelas» —bueno, los mejores amigos—, ¿por qué no compartieron los detalles de sus vidas entre ellos? Lo que más dolió, no obstante, fue la sensación sorprendente de envidia. ¿Por qué Jill no había estado divirtiéndose como Jack, en lugar de subsistir en el tenue placer ético de no ser una embustera? Al final, ella se dio cuenta de que se sentía más engañada que traicionada.

Jill descubrió la triste lógica interna por la cual esta aventura se había producido en su matrimonio melancólico de baja tensión y comprendió que, al fin y al cabo, no le importaba demasiado.

Aceptó esa indiferencia como algo distinto a una capitulación o una debilidad por su parte, algo que, secretamente, le pareció un espacio más razonable en el matrimonio. Jill espera que Jack le extienda también ese espacio, y está convencida de que lo hará.

La crisis fue menguando en la historia conyugal de Jack y Jill. La atravesaron sin dejar que los cambiara de un modo radical. Eso tal vez fue un error, o simplemente una de las seducciones insidiosas del matrimonio de bajo conflicto y baja tensión, desaprovechar de esa manera una crisis. Jill tenía que resistirse cada día más para contener los sentimientos positivos de reconciliación, o negarse a reír con Jack de un chiste que habían oído en las noticias o abstenerse de compartir anécdotas sobre su familia o plantearle a Jack una pregunta sobre su trabajo cuando sentía curiosidad genuina, solo porque preguntarlo le habría hecho pensar a él que ella no lo despreciaba por haberle mentido. Poco a poco simplemente empezaron a actuar con más cordialidad y camaradería, que es el entorno por defecto de la mayoría de los matrimonios estables, de bajo conflicto pero sin pasión.

Menos de un año después de la llamada telefónica, Jack y Jill hicieron algo que habían estado pensando desde hacía tiempo. Compraron una casita de vacaciones. Sintieron que iban a permanecer casados, porque se enredaron más profundamente en vínculos de tierra y escrituras. La compra demostró su compromiso perdurable, aunque desfigurado, del uno con el otro, y Jill está convencida de que en cierto nivel casi inasible fue una ofrenda al altar del matrimonio. De todas las monedas de intimidad, la propiedad inmobiliaria y el dinero son las dos con las que mejor se manejan. Al fin y al cabo, son «compañeros de vida».

A principios de la década de 1970, la innovadora investigadora del matrimonio Jessie Bernard predijo una creciente «tolerancia a la infidelidad»[14] y se preguntó: «¿Significará que las relaciones conyugales son tan sólidas, tan impregnables, tan seguras que ninguna parte se siente amenazada por la infidelidad? ¿O tan superficiales, tan triviales, tan de usar y tirar y con tan poco en juego que la infidelidad en realidad no importa?» Es una buena pregunta. ¿No preocuparse demasiado por la infidelidad es función de una ética cambiante o simplemente una indiferencia necrótica del matrimonio consigo mismo?

Creo que se trata de lo primero, un cambio hacia un mayor agnosticismo monógamo o una política de generosa amnesia frente el cónyuge errante. Una encuesta británica de 2008,[15] por ejemplo, descubrió que un tercio de las mujeres encuestadas o bien habían tenido una aventura o estaban considerando tenerla, pero casi la mitad de estas mujeres creían que sus maridos las perdonarían por ellas, y más de la mitad perdonarían a sus maridos si estos tenían una aventura sin su conocimiento previo. El agnosticismo monógamo es un mundo conyugal oculto, y solo ligeramente subversivo.

Dan, el terapeuta matrimonial, explica que ve a mujeres que confiesan cierta «vergüenza» cuando le reconocen furtivamente que quieren arreglar las cosas con sus maridos infieles. De manera especulativa atribuye esto a la influencia del feminismo. Como temen que otras las consideren débiles o crédulas, están «avergonzadas de tener vínculos positivos» con el marido descarriado, dice Dan, y piensan que deberían poner fin al matrimonio. Le cuentan a Dan, con vergüenza o excusándose, que en realidad no quieren terminar la relación.

Dan tiene razón en que el agnosticismo monógamo no es una posición consentida hacia la infidelidad en el discurso popular. Recuerdo lo atraída que me sentía por la imagen de la mujer de Eliot Spitzer, Silda, cuando él presentó su dimisión como gobernador de Nueva York a raíz de una sórdida traición sexual en su matrimonio. Silda parecía consternada, pero estaba claro que sus lealtades permanecían. En cuanto terminó la breve declaración de dimisión, los expertos de las tertulias tomaron el relevo en una emisora pública. ¿Por qué ella no le tiró la ropa al jardín, preguntó uno, como habría hecho «el ochenta por ciento de otras mujeres»? Una mujer que llamó quiso saber cuándo alguna esposa iba a abandonar el «guión de Hillary Clinton» y negarse a situarse detrás de su marido embustero, apoyándolo. La reacción me inquietó y rebotó en mi mente un tiempo, pero no sabía por qué.

Un año después, cuando John Edwards fue el embustero del

día y Elizabeth Edwards fue acusada de «cómplice» en la infidelidad de su marido, comprendí lo que me había estado inquietando antes, con Hillary Clinton, Silda Spitzer y todas las demás: ni siquiera estábamos permitiendo que a esas mujeres no les importara demasiado. Insistimos en que se sintieran ultrajadas y vilipendiadas, y si no lo hacían, nos burlábamos de su paciencia considerándola debilidad y no indiferencia. Pero quizá la mujer que perdona no es ni estoicamente fuerte ni patéticamente débil como alegan sus críticos. Quizá no es un chivo expiatorio ni una imbécil ni una cómplice ni una ambiciosa calculadora. Aunque sigue un guión de condena y asombro, quizás en otro nivel no está tan preocupada o, de manera más precisa, le importan más otras facetas del matrimonio.

En el caso de Hillary Clinton,[16] sobre todo, siempre tuve la sensación de que ella iba torpemente a tientas para encontrar el esperado guión «prosocial» sobre la infidelidad y servírnoslo, un guión que no sentía tan profundamente en su corazón. Sigo pensando, y quizá fantaseando, con que ella podría decir una verdad o lo que yo imaginaba que era una verdad. Ella diría algo del estilo de «mi marido es un macho, pero es brillante y fascinante, y yo también, y estoy enamorada de él. Tenemos una misión juntos, y una hija, y una vida asombrosamente emocionante y la fidelidad sexual no es lo más importante». Pero no puedes decir algo así, claro. Aun así, creo que todos intuimos con suficiente facilidad que los Clinton tenían algo un poco transgresor —y posromántico— en las reglas sexuales de su matrimonio. Y como sospechábamos eso, Hillary Clinton fue acusada una y otra vez de tener un matrimonio «falso», un «matrimonio retorcido» y de no tener un «matrimonio real», e incluso tuvo que asegurar a los votantes de manera explícita que sí lo tenía. En cuanto a Elizabeth Edwards, ¿era cómplice o solo se trataba de una colaboración de «compañeros de vida», que terminó en divorcio únicamente después de que John reconociera la menos perdonable traición de haber sido padre con su amante?

El agnosticismo monógamo es quizá la reflexión más desconcertante en todo esto. Quizás a algunos de nosotros no nos importa tanto. Esta no es la verdad del sexo extraconyugal, obviamente

—a muchos matrimonios les importa mucho la monogamia—, solo es una verdad.

Lo que ocurre en matrimonios de celebridades, ocurre en matrimonios más parecidos al nuestro. Oigo hablar de una mujer que opina que «todo el mundo tiene al menos un pase gratis» en un matrimonio, en el sentido de la aventura. Otra ha tenido una aventura episódica en internet durante dos años con un hombre al que nunca conoció en persona. Ella se considera «infiel», alguien que ha traicionado a su marido con el corazón y con la mente, aunque su cuerpo no lo haya hecho, porque el hombre vive demasiado lejos. Su marido está siendo tolerante porque «se da cuenta de que quizás esto es algo que necesito experimentar». Empezó como un secreto y se ha convertido en objeto de prudente tolerancia entre ellos, un alivio privado de la carga de la monogamia conyugal.

Una noche, sentada en el porche delantero, charlo con una vecina cuyo marido ha estado trabajando hasta tarde. «Me pregunto si está teniendo una aventura —murmura, y luego añade, como si tal cosa—. Oh, bueno. Si es así, será más feliz.»

La infidelidad de un marido con una mujer casada quedó expuesta porque él no pudo evitar llevarse los bolígrafos promocionales del hotel de sus encuentros y los fue dejando sin el menor cuidado por la casa. En lugar de divorciarse del adúltero que robaba bolis, la mujer lo condenó temporalmente a un apartamento cercano, pero lo hacía venir cada mañana para llevar a los niños al colegio y preparar los almuerzos, y luego lo hacía volver por la tarde para que cocinara la cena. Esta reasignación de las tareas y la servidumbre fue una forma improvisada de condena doméstica antes de que él pudiera ser aceptado otra vez, como finalmente lo fue, en el redil conyugal.

En casos como este son los hijos y nuestra profunda dedicación a ellos lo que impulsa el agnosticismo monógamo. Paula, del matrimonio de doble profesión descrito antes, cuenta que ella siempre pensaba que la infidelidad sería un elemento que «rompería el compromiso», hasta que dos buenas amigas empezaron a confesarse con ella sobre sus maridos infieles. «Lo pasé mal pensando en cómo podías quedarte con alguien que no era fiel, alguien que podía llevar esa traición a tu vida. Pero una vez que tienes hijos, la custodia con frecuencia es compartida, así que la realidad de que nunca te librarás por completo de esa persona tiende a ser un factor crucial para alentar o presionar a la gente a permanecer unida tras la infidelidad. Yo estaba asombrada. Nunca pensé que podría verlo de otra manera, pero el matrimonio con hijos es algo realmente distinto al matrimonio sin hijos.»

John y yo conocíamos a nuestros amigos Lucy y Phil desde hacía casi quince años cuando descubrimos que estaban enfrentándose con la infidelidad. Por confusión, reaccioné a su historia de un modo que me avergüenza. No fui una buena amiga.

Ese mismo día, antes de unirse a nosotros para ir a pasar una noche fuera, Phil le había hablado a Lucy de su «amistad especial» con una mujer más joven, que implicaba ciertas intimidades sexuales. Se sintió obligado, porque su amiga especial había amenazado con llamar ella misma a Lucy (había encontrado su número de móvil). Lucy sacó a relucir todo esto como una crisis, pero habló de ello como si se tratara de la lista de la compra. Pensé que era admirable que no quisiera esconderse avergonzada por la aventura de Phil, pero me sentí incómoda de que lo presentara ante nosotros dos, y Phil, después de cenar, en torno a una hoguera de campamento.

¿Era algo que le importaba o no? Yo estaba auténticamente confundida al respecto. Cuando traté de expresar compasión o indignación, esta fue recibida con desapego clínico, lo cual me hizo sentir estúpida, como si yo histéricamente estuviera creando un problema de la nada o poniendo en entredicho el carácter de su marido. Bueno, de acuerdo, quizás era una carca que se tomaba la fidelidad demasiado en serio. Así que me amoldé. Traté de adoptar un enfoque desenfadado, tolerante, y entonces ella empezó con una andanada punitiva contra Phil, que estaba allí sentado, desolado, al parecer, por la pura vergüenza de oír su transgresión sexual diseccionada delante de sus amigos.

Fue una conversación afásica. No podía imaginar el significado de las palabras ni encontrar el tono o el guión adecuados. Estaba tan desmesuradamente frustrada por la falta de coordenadas aceptadas en el mundo de la ética conyugal que renuncié a ofrecer consuelo o consejo, y simplemente me fui a la cama, casi dejando la conversación a media frase. Estoy avergonzada por mi exasperación, y aunque esta tenía unas cuantas fuentes, algunas irrelevantes aquí, una de ellas era desde luego mi confusión sobre qué sentiría yo respecto a la infidelidad.

Meses después, Lucy pensó que la aventura podría ser más valiosa como forraje terapéutico de lo injuriosa que era como traición conyugal. «No estoy feliz con lo que ocurrió —reflexionó en la mesa—. Pero ayudó a centrar nuestra terapia y pasar a un nuevo nivel.»

La reacción sorda e incluso displicente con la aventura extramatrimonial después de que esta se produzca es el primero y más sutil desgarro del nido de la monogamia matrimonial tan central para el matrimonio romántico. Nos acercamos a la infidelidad con disonancia cognitiva: es una crisis decepcionante. Nunca toleraré el engaño, pensamos en abstracto, y luego firmamos una paz por separado con el hecho inconveniente. Este podría ser un caso donde somos más imaginativos en la vida real de lo que lo somos en nuestra imaginación.

Así que me encontré en la incómoda contemplación de la querida, el libertino, el canalla, el merodeador, el mujeriego, la zorra, la fresca, la otra mujer, el otro hombre, toda la galería de villanos que abarca el vergonzante adjetivo de infiel. Es una afinidad inquietante. No puedo aprobar a infieles nihilistas como el marido de Nicole, que ha dejado a sus hijos, pero otros presentan una tesis plausible por sí mismos y me convierto en su apologista privada. Siempre he tenido una tozudez sexual, una insistencia en ver un insulto social como «fácil» o «fulana» como algo más emancipador que degradante. (Mi nueva camiseta favorita, vista en un café de Baltimore e inspirada en antiguas culturas paganas dice: «Nunca sacrifican a las fulanas.») Una parte de mí desprecia el daño y la traición, y, habiendo sido la víctima de infidelidad en una relación, lo que me parece perdurable y sobre todo intrínsecamente doloroso es la mentira. Una parte de mí se pregunta si los infieles son simplemente egoístas o tienen un mal carácter prosaico. Aún otra parte de mí los absuelve, porque bajo el engaño hay un impulso que reivindica la vida en algunas aventuras, un esfuerzo ansioso de enhebrar la aguja de las antinomias sobre el sexo de un matrimonio. No podemos decir eso en voz alta, pero no puedo simular no entender la cuestión por más que lo intente.

11

«Lo llamo citas para casados»

El infiel accidental en la era de Facebook y Google

Todos los matrimonios descritos en el capítulo anterior experimentaron infidelidad «tradicional». La aventura fue en secreto e implicó contacto físico real. Pero el sexo extramatrimonial tiene una cara diferente hoy. En ocasiones, los cambios en las reglas matrimoniales son algo que forzamos y, en ocasiones, nos las imponen las circunstancias. Hay una nueva metafísica de la infidelidad, y aunque podamos creer en la monogamia, no parece que esta crea en nosotros. Las fuerzas de la tecnología y la economía están minando la cultura de la monogamia en el matrimonio y, en cierta manera, feminizando la infidelidad.

Una noche salgo a charlar con una mujer recientemente divorciada a la que apenas conozco. Es amiga de Josie y estamos en un bar oscuro en una *happy hour* festiva que invita a la franqueza torpe sobre el matrimonio.

—¿Cómo supiste cuándo era el momento oportuno para divorciarte? —le pregunto a Tracy.

—Oh, lo sabrás en el momento en que te pase. Es innegable. A lo mejor solo has de echar un polvo —especula, alegremente.

—No es tan fácil. —Río, suponiendo que está de broma.

—Claro que sí —dice Tracy con sinceridad—. Solo entra en Craigslist.

Maridos y mujeres que quieren tener aventuras abiertamente o a escondidas cuentan con grandes facilidades hoy. En 2001, cuando las citas en internet solo estaban empezando y perdiendo su estigma de notorio «mercado de cardos», Noel Biderman, «empresario en serie» canadiense, se encontró con un artículo que afirmaba que el 30 % de los usuarios de citas en línea para solteros estaba casado o en relaciones cuasimatrimoniales. Esta estadística lo intrigó a él y a su socio. «¿Y si creáramos una empresa en la que no tengan que mentir [sobre su estatus]?»,[1] un sitio dedicado en exclusiva a «citas para casados. Apostamos a que esa gente gastaría más —explica Biderman—. Pensamos que había un gran negocio ahí».

Biderman, que es licenciado en derecho, está casado y tiene dos hijos, defiende una especie de determinismo erótico en lo que respecta al sexo conyugal. «No voy a convencer a nadie de que tenga una aventura. Lo que estoy tratando de decir es que, si no obtienes lo que físicamente quieres de tu matrimonio, ya puedes ser el presidente o el príncipe de Gales, y aunque haya toneladas de riesgo y mucho que perder si te pillan, vas a hacerlo de todos modos. Yo digo, no vayas a un servicio para solteros, no mientas y no lo hagas con una compañera de trabajo. Y para mucha gente visitar a una prostituta tampoco es la solución.» Así que Biderman fundó un servicio en línea para citas entre casados. Está destinado exclusivamente a gente casada que busca tener aventuras con otra gente casada. Hoy su servicio Ashley Madison tiene 2,25 millones de miembros, más del 70 % de los cuales son maridos («quizá las mujeres no necesitan anunciarse», especula una amiga mía). De manera impresionante para una *start-up*, el servicio empezó a dar beneficios en los primeros tres meses de su lanzamiento. Pero entre 2007 y 2008 experimentó un «aumento meteórico», según Biderman, y casi dobló el número de miembros. Biderman atribuye parte del éxito a su publicidad más agresiva, aunque señala una lúgubre consonancia entre las tribulaciones económicas y la fortuna de Ashley Madison. «La economía es la base de muchos desacuerdos conyugales —dice—, así que nuestro servicio se adopta en tiempos difíciles.» No solo es «a prueba de recesión», sino que «quizás es un negocio que crece con la recesión». También podría darse el caso de que, al empeorar la economía, más cónyuges opten por tener una aventura en lugar de un costoso divorcio.

Cabría pensar que algo como la fidelidad conyugal, cuyo carácter sagrado se mantiene desde tiempo inmemorial, no sería tan voluble y tan sensible a la abundancia de oportunidad y las fuerzas de la eficiencia del mercado como aparentemente es.

El relato más familiar de «perro muerde a persona» de los medios sociales y la tecnología de hoy es que esta destruye la intimidad y la vuelve obsoleta. Cada gesto, y en ocasiones cada comentario luego profundamente lamentado, en el entorno de internet queda grabado para la eternidad en una versión improvisada de un registro permanente de nuestras vidas. Entretanto, los entornos sociales en línea como Facebook presentan centenares o incluso miles de testigos virtuales de nuestras vidas. En este medio tecnosocial del siglo XXI, ¿dónde podemos escondernos? ¿Cómo podemos en este mundo «salir» secretamente de un matrimonio, al menos sin ser observados y pillados? Sin embargo, la noticia menos conocida de «persona muerde a perro» es sobre la creación de mucha más intimidad, de alguna clase. En el siglo XX, un marido o una mujer podía tener una vida «privada» y una vida «pública», y las dos eran fácilmente patrulladas y diferenciadas. Es cierto que hoy no tenemos una vida «privada» discreta como la de nuestros padres, pero podemos tener múltiples vidas y personajes públicos a través de la tecnología, y esto a su vez crea una nueva clase de intimidad. Es la intimidad, para aquellos que la quieren o la buscan, de tener una vida por capas, múltiples avatares, personajes, cuentas de correo electrónico y espacios en internet, así como vastas nuevas fronteras a través de las cuales explorar y descarriarse bajo la protección de un álter ego.

Es este potencial de internet para la proliferación de la intimidad lo que Biderman intuyó con gran provecho. Ashley Madison y otros espacios de internet cambian la arquitectura del adulterio, sus mecanismos básicos. La red mina el anillo (de boda) cerrado como metáfora de la intimidad en el matrimonio. Esto ocurre de diversas maneras. Las redes sociales, pese a que crean nuevos instrumentos para que al final te pillen, también reducen el estigma de infidelidad y riesgo social (en línea, puedes conversar en privado sin el riesgo de tener que encontrarte cara a cara con un amante en público). Las redes sociales también incrementan la oportunidad. Y la «falta de oportunidad»,[2] según una investigación, probablemente contribuye más a mantener baja la tasa de infidelidad que el impulso de fidelidad. En uno de los pocos estudios recientes sobre infidelidad conyugal, David Atkins usó los ingresos y el empleo como indicadores de oportunidad para el sexo extramatrimonial. Su objetivo era poner a prueba la hipótesis de que, cuantas más oportunidades se presentan, más gente casada las aprovecha. Descubrió que, efectivamente, «los medios económicos están relacionados con la probabilidad de infidelidad», pero no para cónyuges que ganen menos de 30.000 dólares al año. La gente casada que ganaba más de 75.000 dólares al año tenía una probabilidad 1,5 veces mayor de tener sexo extramatrimonial que aquellos con ingresos inferiores a los 30.000 dólares, cifra que los investigadores pensaban que podría «representar un efecto suelo»: si ganas por debajo de cierta cantidad, la infidelidad es frustrantemente difícil; por encima de cierta cantidad es peligrosamente fácil.[3]

Si la exigencia tanto como la conciencia nos mantiene fieles, las nuevas tecnologías pueden corroer el imperativo de monogamia sexual del matrimonio incluso cuando los cónyuges tienen un deseo sincero de sostenerla. Esto no sorprendería a Biderman. Cuando le pregunté por qué la gente engañaba, dijo simplemente: «Porque puede.» Los famosos y ricos «tienen la oportunidad y el estatus que les permite hacerlo. Si hiciéramos un estudio y dijéramos "tendrás una aventura con el objeto de tu fantasía y no te ocurrirá nada malo (garantizado)", casi el cien por cien diría que sí».

Es cierto que con la oportunidad —libertad de movimiento, altos ingresos e intimidad— la infidelidad aumenta. Numerosos estudios, desde Kinsey en adelante, han mostrado que la incidencia del sexo extramatrimonial —desde el intercambio de parejas y el matrimonio abierto a la infidelidad encubierta— se eleva junto con los ingresos y la escala educacional. Maridos y mujeres con licenciaturas[4] en estos estudios de la era anterior a internet tenían casi el doble de probabilidades de tener sexo extramatrimonial de alguna clase que aquellos que no habían pasado del instituto. Sin embargo, hoy internet democratiza la oportunidad al extender parte de la libertad adúltera de las clases pudientes a las clases con menos ingresos.

Una vez más, Biderman y su socio parecen haber tenido un instinto de márketing sobre su «producto», como él lo llama. Me río en silencio al pensar en la aventura como producto, pero supongo que lo es. Biderman me cuenta que podrían haber crecido aún más deprisa el primer año, pero «fuimos cautos en la estrategia de mercado. Decidimos salir en televisión para atraer a la gente adecuada», en otras palabras, un mercado amplio de clase media. El márketing fue complejo, dice. «De verdad, quería evitar poner anuncios [en sitios] que estaban por debajo de la dignidad del servicio. Creamos una comunidad de personas que comprenden de dónde vienes, que buscan revalidar lo que una vez tuvieron: deseabilidad. No teníamos una marca de "infidelidad" y no busqué los anuncios en revistas porno.» Últimamente, como los socioconservadores de Marriage Works en el movimiento matrimonial, Biderman ha recurrido a las vallas publicitarias para promover su posición. «La vida es corta: "Ten una aventura"», ese es el gancho que una de ellas ofrece a los terriblemente frustrados viajeros de la zona metropolitana de Los Ángeles.

Le pregunto a Biderman si tiene reparos sobre su servicio, si recibe mensajes de correo ofensivos, y me dice que recibe algunos pero no muchos, y que trata de responderlos personalmente. «Yo también estaría desolado si me engañaran, pero han de mirar en el espejo [...]. Si me engañaran, yo no culparía al sitio web, a la habitación de hotel, al lugar de trabajo o a la oficina. Yo no hundo matrimonios —asegura enfáticamente—. No creo en esa acusación, o no mantendría el servicio en funcionamiento.» Biderman se caracteriza a sí mismo como un «defensor de la libertad» y señala que las alternativas a Ashley Madison son peores, al menos para los maridos. Sin su servicio «iban a hacerlo en algún sitio más arriesgado, en el centro de trabajo, con prostitutas o en Craigslist». Por ahora, Biderman se centra en «difundir el evangelio». Le pregunto cuál es el evangelio y me dice: «¿Cómo nación queremos tener una conversación abierta y sincera sobre el matrimonio o no? Algunas de las bases del matrimonio no son tan imperecederas como la gente cree. Hay otras formas de hacer las cosas.»

Antes practicábamos una fidelidad por norma en el matrimonio simplemente por el gasto y la inconveniencia de tener una aventura (aunque incluso con estos obstáculos había muchos que engañaban). Ahora la alineación del acceso y la oportunidad en la web invitan casi a una infidelidad por norma, una vez que te permites esa primera exploración. La mensajería instantánea, por ejemplo, está diseñada a medida para bribones sexuales: adolescentes y personas casadas inquietas en matrimonios semifelices.

La aventura tradicional avanza como un tumor contra la vida real de un matrimonio. Invade el terreno finito y discreto del matrimonio. La metafísica de la nueva infidelidad no tiene fronteras en el espacio ni en el tiempo. Afloja el nudo de la monogamia con tanta facilidad que se convierte en la opción más conveniente desde el punto de vista logístico y en la más barata para los matrimonios semifelices.

Más consecuencias en cambiar la geografía del matrimonio que la clase de servicio que ofrece Biderman tiene la nueva geografía laboral creada por los *smartphones*, el trabajo a distancia, el correo electrónico, los portátiles y las oficinas remotas. Por un lado, la mujer o el marido infieles siempre pueden ser llamados, localizados a través de sus dispositivos electrónicos. Puedes comprarte una aplicación Spouse Tracker de iPhone por 4,99 dólares. El icono muestra dos alianzas de matrimonio entrelazadas y pregunta: «¿De verdad está en el trabajo? ¿En la fiesta de la oficina? ¿Donde dice que está? Asegúrate al 100% de su localización.» La aplicación utiliza tecnología GPS para «localizar la ubicación exacta de tu cónyuge y te envía un mapa por correo electrónico». Por otro lado, la tecnología crea intimidad y posibilidad a través del espacio en múltiples frentes al mismo tiempo; muchos de nosotros ya no estamos encadenados a la oficina durante el día y a la casa durante la noche y tenemos más tiempo potencialmente libre sin necesidad de dar explicaciones.

El juego de simulación Second Life, aunque en absoluto es dominio exclusivo de gente casada inquieta, permite a los jugadores simular identidades completas y relacionarse por medio de avatares en línea. Second Life es un término adecuado. No es «otra» vida en un matrimonio, sino una añadida y sin obstrucciones, una capa más que un secreto. Y si se añade una vida sin alterar la superficie del matrimonio, entonces ¿por qué no añadir tres, cuatro o cinco vidas coexistentes? Solo requiere los conocimientos de un neófito en prevaricación, multitarea y compartimentalización, así como unas pocas cuentas de correo gratuitas.

Facebook lo facilita todavía más. Una de las principales funciones sociales de Facebook parece ser el —en ocasiones sensiblero, en ocasiones inquieto— viaje por la senda de la memoria para gente casada vagamente descontenta. Su musa original era una búsqueda de citas y novias, y ha evolucionado para apoyar más o menos los mismos propósitos para gente soltera y casada. Facebook parece legitimar una audacia que de otro modo los cónyuges no lograrían. Es como si el foro nos permitiera ir marcha atrás en nuestras propias vidas, reciclando lo *kitsch* y extraño de nuestros pasados amorosos para darles un nuevo uso. Igual que nuestros maridos de las cavernas recrean la fraternidad social en sus garajes, mujeres y maridos regresan en internet a sus antiguos compañeros de facultad y aventuras amorosas de juventud. Al principio, algunos podrían reconectar de manera harto inofensiva a través de la amistad en Facebook, y luego trasladar la correspondencia al espacio privado virtual de otra cuenta de correo. Facebook es un territorio mágico donde las vidas pasada y presente existen de manera simultánea e interactúan entre sí, como si el tiempo se hubiera suspendido o eliminado. En cierto sentido, con Facebook y similares, vivimos bajo el perpetuo hechizo de lo extraño: esa sensación inquietante y desapacible que nos abruma cuando algo que pertenece a otro tiempo y mundo aparece en el aquí y ahora.

Facebook desdibuja la línea brillante entre lo ilícito y lo meramente nostálgico y lleva la tentación a tu puerta. Desliza la aventura conyugal a la cibersocialización normal de cada día. En la infidelidad siempre hubo algo de metafísica kierkegaardiana de «o lo uno o lo otro» que las nuevas tecnologías y los espacios de internet superan. La elección de «o lo uno o lo otro» sostiene que momentos de potencial iniquidad en un matrimonio nos obligan a actuar o no actuar, a tocar o no tocar, a tener sexo o no tenerlo. En el mundo del correo electrónico, las reconexiones de Facebook y las comunidades en línea, no hay ninguna frontera de contacto que separe la fidelidad matrimonial de la traición. El mundo no está cataclísmicamente partido en antes y después por un malhadado beso ilícito. En el mundo maravilloso del ciberespacio, la infidelidad tiene el filo finísimo de una navaja. Es la diferencia entre una palabra o dos en un mensaje de correo o una conversación insinuante que ni siquiera implica un contacto.

El cambio representa una ruptura radical con el pasado, cuando una aventura no era algo que pudieras terminar haciendo por accidente.

Una amiga mía me cuenta la historia de un marido que publicó íntegramente fotos alegres de toda su familia —mujer y varios hijos— en su perfil de Facebook, y recibió una imagen de una ex novia casada en una pose inequívocamente sugerente y con un escueto biquini.

«Los ex me han encontrado en Facebook —dice Shirin, mi informante soltera de Los Ángeles—, algunos con la única razón de comunicarme lo bien que les ha ido después del fracaso de nuestra relación, otros para reavivar una vieja historia.» Así que ha estado en el lado receptor de la búsqueda de gloria pasada por parte de un cónyuge melancólico.

«Facebook va a ser la perdición de muchos matrimonios»,[5] opina mi amiga Samila. Estoy de acuerdo. Cuando ella dice esto imagino la monogamia conyugal como una idea frágil, insignificante, que empuña un cuchillo de mantequilla contra el monstruo de Facebook y el ciberdeseo. Datos británicos de 2009 revelaron que al menos una de cada cinco peticiones de divorcio de ese año mencionaban Facebook.

«Quizá parece menos engaño si resucitas a un antiguo novio a través de Facebook», especulo un día con Josie.

Ella piensa, con cordura, que «solo se trata de nostalgia por la persona que éramos, por el atractivo sexy de las mujeres antes de casarse».

Biderman está de acuerdo. «¿Por qué las mujeres de cuarenta y tantos son la parte de Facebook que más crece? —me pregunta—. Porque están buscando antiguos amores», se responde con énfasis. Biderman sabe que están allí, pero actualmente en Ashley Madison hay siete maridos desafectos por cada tres amas de casa desesperadas, y esta escasez de futuras amantes es su obsesión actual. Biderman se ve obligado a plantearse la famosa pregunta de Freud: ¿Qué quieren las mujeres? «Yo paso mucho tiempo viendo películas como *Titanic* —me dice— y leyendo novelas como *Los puentes de Madison*», solo para concebir nuevas técnicas de márketing personalizado para mujeres. «La infidelidad aparece en muchas de estas historias», observa, quizá porque el romance ilícito promete «una extirpación de lo mundano» para su público femenino objetivo. El nombre Ashley Madison es un compuesto de los nombres de mujer más populares en Estados Unidos en 2001. «Queríamos que las mujeres se sintieran cómodas aquí —explica Biderman—, que creyeran que hay una mujer detrás del servicio.» El sitio web muestra los clisés visuales convencionales de la sexualidad femenina, tonos malva y rosa, un borde de encaje. El ardid de Biderman me engañó. Después de una primera mirada somera a la página web, supuse que su servicio había sido fundado por mujeres y me sorprendió descubrir lo contrario.

El instinto de márketing de Biderman una vez más cuadra con tendencias más amplias. Cuando Kinsley y otros llevaron a cabo algunos de los primeros estudios sobre las vidas de personas casadas en las décadas de 1940 y 1950, el adulterio parecía un dominio del hombre, un mundo de diversiones masculinas entretejido gracias al acceso, la oportunidad, la libertad de movimientos y la autonomía en el uso de dinero y tiempo. Esta brecha en la infidelidad se está cerrando de forma drástica entre las generaciones más jóvenes.[6] La infidelidad parece arraigada en el suelo más fértil de la oportunidad y la facilidad logística. En la década de 1990, se publicaron al menos cinco investigaciones sobre el matrimonio que, usando fuentes diferentes, descubrieron que los hombres y las mujeres de menos de cuarenta (o, en un estudio, de cuarenta y cinco) no mostraban ninguna diferencia en las tasas declaradas de infidelidad. Entre las cohortes mayores, sobre todo hombres y mujeres de más de sesenta, todavía existe una brecha en la infidelidad. Lo más probable, concluye David Atkins, es que la presencia de mujeres en la población activa haya igualado el acceso y la oportunidad y haya nivelado las tasas de adulterio. Lo que la ideología feminista logró a finales de la década de 1960 —liberación sexual y conyugal— es impulsado en silencio por las realidades económicas del siglo XXI, incluso en un medio con una ideología de valores familiares.

A medida que desaparece el imperativo económico del matrimonio, también lo hace el imperativo sexual. Los dos se han reforzado históricamente. Ahora están cayendo juntos. Las mujeres y los hombres de menos de cuarenta se están casando en un momento en que las mujeres ya no dependen de los maridos como sostén —la moneda del reino del imperativo sexual y el viejo incentivo del sexo apático por compasión— y de hecho ellas son con frecuencia las superprofesionales, las de educación superior, las que ganan más y trabajan más en el matrimonio. Las ganancias superiores de las mujeres brillan de refilón en el emparejamiento drástico de las tasas de infidelidad masculinas y femeninas. Biderman señala que las mujeres que se inscriben en Ashley Madison incluso hacen gala de cierta fanfarronería respecto a sus propensiones de engaño. Hablan sin ambages de sus aventuras con sus amigas, mientras que los maridos de la vieja escuela lo mantienen en secreto. El sitio de Biderman lleva a cabo esfuerzos explícitos para feminizar la aventura, pero además la tecnología y la economía están feminizando la infidelidad con su propio impulso.

Lo mismo ocurre con el medio en sí. Tiendo a asociar la vida sexual en internet de manera abrumadora con la pornografía destinada a hombres —«la superautopista de la masturbación»— y con incidentes horrorosos de explotación, abuso y tráfico sexual, y una sensacionalista galería de peligros para adolescentes y niñas.

Sin embargo, la superautopista del porno también tiene su lado femenino y puede feminizar la infidelidad. (Vale la pena señalar que las mujeres también son una audiencia robusta, aunque en gran medida invisible, del porno de internet. Estudios recientes señalan que uno de cada tres usuarios de porno en internet es una mujer.)[7] El diseño de internet permite a las mujeres cubrir la inhibición y el recato para liberar a la «zorra interior», para permitir la convención del relato femenino y la seducción epistolar, y para hacerlo fuera del escenario del doble rasero sexual.

Simone* no diría que ha usado el «cibersexo»; lo suyo fue solo seducción y escritura de cartas, pero más subido de tono. El suyo fue un cortejo como el del siglo XVIII de Jane Austen revivido de manera improbable en el siglo XXI. Nunca había engañado en su matrimonio antes. No estaba pasándose por salas de chat de aventuras o servicios de citas para casados cuando lo conoció a él. Conectaron en línea en una sala de chat política.

Él era, según su propio reconocimiento atávico, un hombre de dudoso carácter conyugal. Tenía poco más de cuarenta años y tres hijos y estaba irresponsablemente interesado en ser infiel. No quiso racionalizarlo con Simone, ni culpar a su mujer por ello, y no era la primera vez que lo intentaba, aunque dijo que lo había hecho con escasa frecuencia. Era el único sostén económico de la familia y quería mantener a esta intacta, y no desvelaba ninguna inclinación por enamorarse y revolcarse en los delirios románticos y matrimonicidas del monógamo en serie. Solo estaba aburrido, buscando otra salida erótica mientras mantenía su matrimonio intacto. Aunque la elección de la palabra parece extraña, Simone sentía que había cierta inocencia en el deseo o cierta elegancia en su simplicidad.

Intercambiaron fotos finalmente a través de Flickr, que era bastante inofensivo. A Simone le encantó el hecho de que aunque ella y Cody se describían en sus mensajes de correo, no intercambiaron fotos hasta después de escribirse varias veces. Puedo ima-

---

* Simone es un personaje formado por dos mujeres con experiencias muy similares con las aventuras en internet, y es el único personaje compuesto de este libro.

ginar muy bien que a otra mujer le gustaría esto, que el aprecio de la apariencia física no sea necesariamente el primer paso, ni siquiera un paso intermedio, en una ciberaventura. La primera «criba» podría ser el estilo de prosa, incluso la ortografía y la gramática, si esas cosas te importan. Podríamos juzgar y ser juzgados por el contenido de nuestros personajes incorpóreos, transmitidos de manera etérea. La mujer preocupada por el cuerpo y la belleza podría seducir por otros medios.

La traición se produjo a cuentagotas, de manera acumulativa. Simone racionalizó que nunca vería realmente a esa persona, o que no la tocaría realmente o no tendría realmente una aventura, así que no era diferente, realmente, de cualquier otro amigo casado. Solo se trataba de una correspondencia diaria (de hecho muchas veces al día) con otro esposo agitadamente aburrido, pero consciente de sus deberes. Simone se aferró a la palabra «realmente» como si fuera un madero que flota tras un naufragio.

Lo que siguió no fue premeditado ni tuvo nada que ver con quien Simone pensaba que era como mujer. Empezaron a hilar escenarios eróticos. Esta clase de estilo narrativo erótico no visual no es en modo alguno inherentemente femenino, pero ha sido una vía de escape socialmente aceptada para la sexualidad de la mujer durante cierto tiempo, y muchas mujeres la han interiorizando.

La vida sexual matrimonial de Simone era rancia, y no había sido especialmente vibrante, ni siquiera al principio. Tenía una vida de fantasía privada mucho más rica que la que compartía con su marido y la sexualidad siempre había sido una gran parte de su identidad antes de casarse. Es como escalar la cara plana de un precipicio para empezar una conversación sobre fantasías con tu marido una vez que has abierto un surco sexual en tu matrimonio. Para Simone lo más asombroso de la experiencia completa fue lo desinhibida que se sentía de repente. No sentía ninguna timidez para decir lo que quería hacer.

Las palabras brotaron a borbotones en un torrente de insinuaciones reprimidas y erotismo. Él escribía de manera vívida y con imaginación galopante, y también ella. Ambos tenían formación literaria, y Simone reveló incluso cosas banales pero vergonzosas que nunca se habría atrevido a revelar en persona, como que era una adicta al trabajo. La timidez se convierte en audacia en internet. Simone no tenía que ver al hombre cara a cara ni enfrentarse a la vergüenza. Era más fácil escribir. Él era real, pero no estaba allí, así que Simone se sentía liberada para soltar la zorra interior. Oscar Wilde escribió: «Dale a un hombre una máscara y te contará la verdad.»

La capacidad de tener más de una vida y una personalidad en el mundo maravilloso del ciberespacio derrumba todas las dicotomías clásicas que han definido y limitado la sexualidad de la mujer: chica buena/chica mala, virgen/puta, esposa/amante. He sostenido desde hace mucho que los estadounidenses sobreestiman el número de maridos (y hombres) que quieren sexo y subestiman en igual medida el número de esposas (y mujeres) que lo desean. En el pasado, para cometer una transgresión sexual, una mujer tenía que estar preparada para arriesgarse a franquear una barrera social tangible y echarse al hombro una carga desigual de vergüenza y desprecio si la descubrían, pero internet, en su dimensión feminista, iguala el doble rasero, porque hace las transgresiones socialmente invisibles. Una mujer puede jugar a ambos lados de la barra inclinada, al mismo tiempo, y en privado.

No hubo ninguna poda de palabras por timidez ni ninguna compulsión recatada de andarse con evasivas. Solo dilo y dilo otra vez. Y coge todo lo que quieras. La «aventura» es una torta invisible de fantasía que se repone infinitamente.

La ciberaventura, como dijo en cierta ocasión Orson Welles de Los Ángeles, «es un lugar brillante y culpable».

La realidad de Simone simplemente tiene capas y la vida continúa felizmente y sin tropiezos. El conjunto es muy discreto. Ella se sentaba tan contenta en la cocina, para preparar la cena y a la vez escribir cartas en el portátil. La aventura abstinente no robaba ningún tiempo y espacio tangibles a la vida real; ocurría de manera concomitante con ella. Lo mismo era cierto en el caso de él. Tenía libertad de movimiento por los traslados y la tecnología. Lanzaba telegráficos mensajes seductores a Simone desde su iPhone mientras conducía, cuando estaba en medio de largas reuniones de trabajo en ciudades distantes, mientras acostaba a sus hijos, sentado en un avión, desde un quiosco público, en un fin de semana fuera con la familia en la casa de unos amigos o durante conferencias en su oficina. A Simone le asombraba que a él no se le notara en la cara. Quizá continuaba con conversaciones desganadas mientras escribía. Puede que a los clientes no les saliera a cuenta, pero a Simone sí.

Simone tenía problemas para decidir si sus actividades eran una política conyugal arriesgada o solo una incursión inocua. La relación poseía la fascinante disonancia de percibirse como algo completamente de rutina y al mismo tiempo como algo tremendo. Una noche se despertaba con el horror repentino de que con sus cartas podía estar eliminándose de su matrimonio. En otras ocasiones la ciberaventura parecía ligera y asombrosamente fácil, un estrato epicúreo invisible y bien merecido bajo una vida familiar tranquila y plácida.

Durante semanas, Simone y Cody intercambiaron cartas con una fuerte carga erótica varias veces al día. La enloquecía y la emborrachaba. Si salía a recoger la ropa seca, se lo comunicaba para que él no se preocupara si ella no respondía de inmediato.

Por supuesto, estaban desesperados por encontrarse, y después de alrededor de un mes así lo arreglaron. Simone preparó un guiso para la familia, urdió un pretexto y se fue de noche al elegante bar de un hotel. El hombre no era un asesino del hacha ni un capullo. Se había representado de manera muy precisa y se encontraron mutuamente atractivos. Hasta cierto punto tenían la misma comunicación en persona que en línea. Pero la energía se apagó. Como en otros casos de escarceos y conexión en línea, la chispa erótica no logró establecer la sinapsis entre la cibervida y la carne. Después siguieron escribiéndose para ser educados, pero sin entusiasmo. Simone cree que es la única ruptura genuinamente mutua que ha vivido nunca. Simplemente se fueron disolviendo otra vez en el éter, hacia las vidas todavía sin perturbar que ya tenían, sin amargura, sin consecuencias que destruyeran el matrimonio, sin malos sentimientos. Y sin disculparse por una incursión inofensiva que llenó un vacío en su matrimonio sin destruirlo. Aunque no hubo sexo, estuvo entre las relaciones sexuales más audaces que Simone haya tenido nunca.

Un impreciso «número creciente» de estadounidenses han

tenido o tienen un avatar para aventuras amorosas, igual que Simone. Jennifer Schneider, experta en adicciones que ha escrito sobre este tema, duda de que exista una buena estimación de cuántos estadounidenses casados participan en ciberaventuras virtuales, distinguiéndolos de las salas de chat eróticas anónimas y la pornografía.[8] Es difícil inventariar algo que no puedes definir.

Schneider escribió un artículo académico que narra casos de aventuras similares en internet y lo que yo considero encuentros cercanos de la tercera fase: una vaga intimidad sexual incorpórea en el limbo entre la pornografía y un encuentro físico. Con la ciberaventura, a diferencia de lo que ocurre con la pornografía, hay realmente alguien ahí, como dice uno de los pacientes de Schneider, pero no participan los cuerpos ni hay sexo físico.[9] Implica escribir, hablar y a veces conexiones por webcam de ordenador a ordenador, pero no contacto. En ocasiones los «amantes» nunca se encuentran y ni siquiera conocen el nombre verdadero del otro. Esta turbia nueva frontera de aventuras de avatar cofunde los significados de lealtad sexual en el matrimonio romántico, incluso para aquellos que creen sinceramente en la monogamia.

Es un mundo en el que los cónyuges, como en el caso de Simone, no se sienten especialmente avergonzados o frágiles respecto a sus devaneos virtuales. En su libro sobre la infidelidad en la red, los investigadores Marlene Maheu y Alvin Cooper aseguran que del 20 % de los usuarios de internet que participan en alguna clase de actividad sexual en la red, unos dos tercios según sus cálculos están casados o viven en pareja; otros tienen relaciones. Para mí, la conclusión más asombrosa es que aunque el 75 % de los encuestados dicen que «mantienen secretos»[10] a sus parejas sobre su actividad en la red, un pasmoso 87 % asegura que «nunca se siente culpable» por ello. ¡Nunca! Maher y Cooper creen que los peligros del cibersexo son actualmente exagerados en los medios y que se trata «de un problema mucho menor a lo comúnmente descrito cuando se maneja de manera apropiada». El internet que ellos describen es un reino de los secretos y la culpa de casados. Por otro lado, los pacientes de Schneider están convencidos de que las aventuras de avatar de sus cónyuges cuentan como infidelidad. «Mi marido me engañó realmente y una aventura virtual no es nada diferente», dice con énfasis una mujer. «Nunca ha sido infiel —dice una mujer de treinta y cuatro años de su marido, pastor—, pero ha tenido experiencias en la red. Nunca sé en qué está pensando en los momentos íntimos. ¿Cómo puedo competir con centenares de otras anónimas que están ahora en nuestra cama, en su cabeza? Cuando me dice algo de contenido sexual... me pregunto si se lo ha dicho a otras, ni siquiera sé si es una idea original.»

A una mujer de treinta y nueve años, casada desde hace catorce, no le cabe duda de que su marido tiene aventuras, «aunque no físicamente. Ha tenido aventuras mentales, y eso para mí es una infracción como si hubiera tenido una relación física con alguien. Además, en cierto sentido me da la impresión de que tener una aventura en la mente es peor que tener una pareja real: mi marido puede, en cualquier momento, tener una "aventura" sin salir de la casa ni ver a otro ser humano». La evolución conyugal interesante aquí es que el contacto físico había sido condición sine qua non de la infidelidad —casi su misma definición— y ahora, curiosamente, es una característica opcional. Pero las aventuras de avatar produjeron los síntomas secundarios de una «aventura real», los mismos sentimientos de traición, devaluación y abandono, la misma sutil transferencia de atención. Para ellos, infiel es el que piensa de manera infiel. La aventura mental pone en cuestión definiciones elementales de la fidelidad conyugal. Sorprendentemente, en esta nueva frontera, la aventura conyugal puede ser todo humo sin fuego.

Gracias al ingenio de Biderman puedo hacer una búsqueda y encontrar a centenares de posibles amantes casados en las cercanías de Baltimore en menos de diez segundos. Por razones puramente antropológicas quiero explorar la web. Primero necesitaré un álter ego adúltero. Mentir sobre tu nombre y oscurecer tu biografía es aquí un requisito de etiqueta (aunque al menos no has de cometer la gran mentira y negar que estés casada), y a diferencia de los sitios de citas para solteros, eres valorada por tu capacidad de engañar.

Propongo «Miranda» como alias a John.

—¿Es un derivado del verbo mirar en español? Me gusta —dice.

—En realidad estaba pensando en la Miranda de Shakespeare, pero tienes razón. Es una elección más inteligente de lo que pensaba.

Se me ocurre entonces que no hay categoría real en los anales de la orientación matrimonial que defina la desgracia de hablar con tu marido sobre un anuncio personal para buscar una aventura extramatrimonial.

La vida de Miranda tiene que quedar cuidadosamente protegida de la mía, así que envío un mensaje de correo de prueba a la oficina de John para asegurarme de que no hay información que pueda identificarme en la cuenta que acabo de crear para ella.

—Tu nombre está ahí, mostrado prominentemente —me dice.

—¿Qué quiere decir mostrado?

—Quiero decir que pone: «De: Pamela Haag.» Lo único que faltan son las coordenadas GPS de tu oficina.

—Debo de haber usado accidentalmente mi verdadero nombre en la configuración de cuenta.

—Como dicen los detectives, hay centenares de formas en que un crimen puede ir mal, y si se te ocurren diez de ellas eres un genio.

A continuación he de crear un breve perfil antes de que Miranda pueda empezar a buscar. Puedo hacer búsquedas preliminares sin crear un perfil, pero si quieres cazar en este sitio, has de convertirte también en presa. Has de proporcionar la edad, peso, altura, medidas y estatus. Miranda está reducida desapasionadamente a «Mujer comprometida que busca hombres». En la frase de saludo escribo: «Intrigada.»

En mi primera búsqueda, casi 250 maridos que buscaban una aventura se materializaron al instante, en Baltimore, y eso antes de que expandiera mi radio de acción para incluir los entornos ricos en infidelidad de Washington D. C. Puedo añadir algunos de estos maridos a mi lista privada de «favoritos» en mi cuenta, y puedo enviarles mensajes si me inscribo. Como invitada, puedo recibir mensajes de ellos. Encontrar a estos 250 maridos me ha costado medio segundo, y no ha requerido abandonar la zona de confort de mi oficina ni incurrir en riesgo social. ¿A cuántas fiestas y reuniones de asociaciones de padres habría tenido que asistir para conocer a 250 pretendientes? ¿Cuánto tiempo me habría ocupado el trabajo de campo de la aventura?

Ashley Madison desalienta (con éxito desigual, lamento informarlo) que los miembros describan partes corporales y expliquen de manera demasiado vulgar lo que les gustaría hacer contigo, y por el contrario pide que se piense en el sitio como una fiesta virtual. Trata de crear un ambiente social de aventura, de velada de clase alta más que la última oportunidad en un bar malo un sábado por la noche.

Tras un primer vistazo en Ashley Madison estoy desilusionada. Supongo que esperaba algo más francés, pero no es un sitio tímido. En servicios para encontrar pareja en línea como eHarmony, los clientes describen sus personalidades y sus almas. Aquí se va directo al grano. Una lista de «Guía de fantasías» te reduce a tu tuétano sexual, deseo infiel y burocracia. Es clínicamente no erótico ver fantasías ardientes enumeradas por orden alfabético, con casillas para marcar como si estuvieras cumplimentando un historial médico: «¿Usted o alguien de su familia ha tenido alguna vez una de estas enfermedades o trastornos?» Entre la lista están dominación, sumisión, juegos de rol, juguetes sexuales, *spanking* (azotes), decir groserías en la cama, cosquillas eróticas, películas eróticas y un muy largo etcétera. Incluso el sexo convencional es una opción, lo cual hace que parezca pervertido, aunque ¿qué diablos significa eso? ¿Lo que hacían nuestros padres?

Miro mi correo real. Mi amiga Samila me ha escrito: «Me he quedado boquiabierta. Guau. No puedo imaginar lo raro y loco que tiene que ser estar en ese sitio web con todo ese potencial de INFIELES.» Sonrío al ver que ha escrito en mayúsculas la palabra «infieles», como si fuera algo que escuchas en un recreo, o quizás un talismán o un ensalmo: si lo entonamos con la fuerza y frecuencia suficientes no nos ocurrirá a nosotros.

A pesar de los esfuerzos de Biderman para sacar a las mujeres de sus enclaves domésticos y los flirteos de Facebook, la ratio de sexo adúltero en este sitio se mantiene. El sitio, aunque el ingenio de Biderman me parece muy impresionante, me da un poco la impresión de que al personaje sexual masculino simplemente le han aplicado una capa de pintura rosa para atraer a las mujeres. Parece que mientras sea una «mujer comprometida» sin rostro de Baltimore nunca estaré sola. Esto impone una estricta disciplina de mercado, como diría John, una supervivencia adaptativa de los más preparados. Imagino un emporio en ebullición, donde los maridos en cada parada te atrajeran con artículos cada vez más asombrosamente exóticos. «Británico con acento», advierte uno. Mi favorito es un liberal que se dirige a las «conservadoras calientes». Un marido, inexplicablemente, ha subido una foto del difunto director Leonard Bernstein a su perfil. Otro, quizás esperando ser infiel para demostrar algo a favor de los derechos civiles, me atrae con la frase «Mis asuntos no son asunto de mis vecinos». Aun hay otro que se lamenta de manera encantadora: «En un mundo perfecto nada de esto sería necesario.» Algunos dicen que tienen «puntos de encuentro» que están «en el agua», lo cual supongo que significa barcos de aventura en el ahora repleto puerto interior de Baltimore. Algunos de ellos no saben escribir correctamente los pecados que esperan cometer.

Pero ya basta de visitar los escaparates del adulterio. Es hora de recoger a mi hijo de seis años del campamento de verano.

Me fijo por el camino en que el sitio ha dado a mi mundo cotidiano una desconcertante cuarta dimensión y lo ha desdibujado en los bordes. A mi alrededor la gente vive en matrimonios con capas, arteros. Solo mi breve visita inicial me da a entender una ilusión de ubicuidad, de que todo el mundo lo está haciendo, y resucita el pavor intranquilo de mis años virginales en el instituto: será mejor que dejes de ser tan decente y saltes al otro lado.

«La aventura no te va —me contó una vez Josie—. Aunque no le mintieras a John al respecto, las mujeres con amantes viven fuera de la ley y ¿cuándo has estado tú fuera de la ley?» Cierto, nunca he engañado a nadie. No sé si eso es un triunfo de conciencia o una prueba de que me falta valor. Parece que ocupo el demasiado común estado conyugal semifeliz de encantamientos hipotéticos, un mundo eternamente al borde de la transgresión, un mundo de seductores «y si» y «si al menos». Quizás algún día seré una persona más audaz, dejaré que un brazo descanse sobre el mío, enviaré un mensaje de correo, no seré tan tímida; no seré tan remilgada...

Mi hijo sale con sus amigos cuando llegamos a casa y miro la cuenta de Miranda en Ashley Madison. Sin foto y con escasa información más allá del «mujer comprometida», ya tengo el buzón de correo lleno de maridos que están haciendo un gesto preliminar llamado «guiño». La mayoría de ellos solo han enviado un mensaje estandarizado con la frase «Mensaje de guiño». ¡Tu siguiente amante es el *spam* en tu bandeja de entrada! En varias semanas desde que dejé el anuncio en el sitio solo diecinueve pretendientes honestos han escrito un «mensaje personalizado». Ashley Madison ha tenido la amabilidad de permitirme configurar la cuenta para que muestre solo esos mensajes.

Cuando John llega a casa, yo sigo detrás del ordenador.

—Cielo, ¿vas a preparar esa pasta con queso feta esta noche? —me grita desde el piso de abajo.

—Sí, pero primero he de ocuparme de mis amantes de internet —le grito por respuesta.

Él gruñe sin comprometerse. Tener a tu mujer a buen recaudo en su oficina buscando un amante en la red está muy bien... hasta que la cena se retrasa.

Uno de mis «guiños» se llama a sí mismo «avurrido» en Baltimore. Pongo los ojos en blanco. Debería haber puesto ortografía correcta en la sección de gustos eróticos. Puedo consolarme con la idea de que sé cómo se escribe la palabra y que si algún día llego a tener una aventura, esta se desplegará de manera natural, igual que mi matrimonio. En ese término comodín de la absolución moral, sería más complicado que esto. Pero a quién estoy engañando. Esta también es mi gente. Todos nosotros estamos aburridos en Baltimore.

Después de dos semanas estoy cansada de *spam* adúltero. Decido añadir elementos disuasorios a mi «perfil». Nunca he tenido el estómago para rellenar la lista de orientación erótica, pero en la sección abierta escribo: «¡Perdón! ¡No relleno cuestionarios de casillas y menos sobre mi vida sexual!» Y «No tengo ninguna intención de dejar a mi marido». Y «No sé por qué estoy aquí». Debería haber supuesto que la beligerancia solo aumentaría mi atractivo. Mi descaro se ve recompensado. En mis años de casada había olvidado esa propensión en los hombres.

Cuando establecí mi cuenta de Miranda, también creé una cuenta de un hipotético marido, «Sam», e incluso lo doté generosamente con las medidas atléticas de mi atractivo esposo. Cuando desconecto unas semanas más tarde, Miranda ha recibido 182 respuestas de correo. Ella desaparece tan deprisa como se había materializado. El pobre Sam todavía no tiene ninguna.

Supongo que Josie tiene razón. No soy capaz.

12

En busca de una burbuja

La defensa de un mujeriego

Después de visitar la web de búsqueda de aventuras de Biderman, decido probar otro camino, al estilo de Margaret Mead, para ampliar mi muestra. «Deberías buscar un sitio de más nivel —propone John un día—, a ver qué encuentras allí.»

¿Lo decía en serio? Y en ese caso, ¿por qué? No lo recordamos. No repite la sugerencia, pero la idea permanece y empieza a fermentar.

Siempre he disfrutado leyendo los anuncios personales en el *New York Review of Books*, autoelogios de una paradoja desbordante (brillante pero humilde; rústico y glamuroso). El mundo realmente funciona para esta gente, salvo que están «en busca de» amor. Están igual de cómodos en una noche de estreno de la temporada de los Mets que vestidos con ropa hecha jirones siguiendo una senda de gorilas a través de la selva ugandesa. Prosperan y habitan bonitas moradas urbanas, bucólicas o costeras. En ocasiones sus anuncios promocionan propiedades inmobiliarias mejor que los anuncios inmobiliarios y de vacaciones que los preceden. Estoy esperando al anuncio personal que deje de describir el apartamento y te atraiga con aparcamiento gratis.

En una confabulación desenfadada, aunque evidentemente demente, una broma entre John y yo, los anuncios personales del

NYRB se convierten en la siguiente parada de mi expedición secreta «Qué están pensando» a la mente del marido infiel. Escribiré un anuncio personal que me describa con un entusiasmo —de manera más o menos sincera, más bien menos que más— como una mujer que busca citas con hombres en situación similar.

—Di que tienes piernas largas —propone John. Ríe—. Eso hará que todos los zanquilargos te persigan.

—No puedo. —Río—. Eso es no tener vergüenza.

—Es un anuncio. Y hasta ocurre en la realidad.

—Eres un dulce.

—No te olvides de mencionar la licenciatura en una universidad de la Ivy League; les encanta eso en el *NYRB*.

—Diré que soy abierta de miras en un matrimonio abierto de miras... Somos más o menos abiertos de miras, ¿no?

—Mucho —dice John con un atisbo de sarcasmo.

—Vale, en el sentido más amplio del término somos abiertos de miras.

—Soy tan abierto de miras que no te lo creerías —responde, con tanto entusiasmo como el del menú automático de un teléfono.

He oído este tono monótono antes. Por lo general significa que sabe que está a punto de ser arrastrado a otro «rollo de pamelas» falsamente bohemio que no le encaja. La verdad es que ingenieros y escritores no tendrían que intentar formar parejas.

Establezco mis propias reglas, las mismas reglas que para Ashley Madison: no voy a mantener correspondencia, solo voy a reunir y coleccionar, planteando la más sutil de las preguntas de seguimiento únicamente para obtener más información, cuando esté justificado. Estoy usando mi avatar para atraer más puntos de vista sinceros de maridos que no obtendría de otro modo. Es un contrapeso a los relatos de mujeres traicionadas que son más accesibles y familiares para mí. No ayudaré indirectamente a un buen marido a ir por mal camino. Solo le pediré que comparta una historia, le digo a John.

Preparo una nueva cuenta de correo electrónico para recopilar respuestas y decido seguir usando el avatar Miranda, porque le he cogido cierto cariño a la chica lozana. En las seis semanas en que se publica el anuncio, recojo casi doscientos bribones, casi todo maridos, una pequeña muestra de hombres solteros y solo unos pocos maridos que dicen que están de manera inequívoca en matrimonios abiertos sinceros. Mis amigas casadas creen que es una pesca de infieles desalentadoramente grande; habrían calculado veinte o treinta, me cuentan. Un empleado de la sección de clasificados del *NYRB* cree también que es demasiado grande, pero no hacen un seguimiento de las respuestas y no pueden estar seguros.

Cuando por fin me acuerdo de comprobar la cuenta de correo de *NYRB*, sintiéndome conspiradora e ilícita, ya tengo decenas de respuestas y *spam* para revisar. La oferta crea demanda, teorizó el economista Jean-Baptiste Say. Pero el deseo es una economía de la escasez. Por tradición, el deseo adúltero ilícito es especialmente así, un mundo de momentos robados a los que aferrarse con ferocidad. En internet, en cambio, se trata de una economía de la abundancia, que alienta el desperdicio, la gula y el despilfarro.

Señalo que algunos maridos, quizá tiernamente cándidos, usan sus nombres reales a pesar de sus confesiones de que están mintiendo a sus mujeres. Me invitan a buscarlos en Google, lo cual normalmente me resisto a hacer por principio.

—Estos maridos son tontos —entona John lacónicamente, desde detrás de las páginas de su especial del Tour de Francia de *Velo News*.

Estoy de acuerdo. Sospecho que mi anuncio enfrenta un instinto profundamente asentado de autopreservación conyugal contra otro igualmente asentado, y que en última instancia se impone, de alardear de sus éxitos profesionales. La vanidad requiere revelaciones indiscretas y arriesgadas.

Ya es bastante malo que sea una autora con curiosidad, pero ¿y si fuera una esposa ofendida y vengativa? O mejor aún, ¿y si se tratara de un intento misionero del movimiento matrimonial para establecer un sitio web de adúlteros registrados? Infieles, tened cuidado: la esposa detective acecha en el éter como en una película de cine negro. Jennifer Schneider, experta en adicciones al sexo y los opiáceos, ha recopilado historias de elaboradas tramas de ciberdetección. «Me encontré a mí misma preparando nombres falsos para conseguir que charlara conmigo y ver hasta dónde iba a llegar con su cibersexo»,[1] informa una esposa de treinta y cinco años. «También he respondido a sus anuncios personales con información inventada, solo para descubrir que me pedía el número de teléfono.» Otra esposa, de cuarenta y siete años, ha asumido el rol de padre de su marido crónicamente descarriado: un matrimonio niñera. Para impedir sus devaneos anónimos, usó controles parentales para sacarlo de las salas de chat y restringir su acceso a la mensajería instantánea, y luego eliminó los avatares de su marido cuando no pudo soportar lo que él llama el «festín de las mujeres en la red».

De hecho, es un festín. Cuando miro por primera vez el abultado buzón de correo de mi avatar secreto en línea de Miranda, no puedo creer lo fácil que es —sería— tener una aventura. Con los riesgos sociales, el contacto, la identidad real y el contexto de censura eliminados de la red, la oportunidad crea el incentivo; el acceso estimula el deseo. La aventura se convierte en una pequeña compra impulsiva en la cola de la caja del supermercado, como el paquete de chicles que ni siquiera sabías que te apetecía hasta que lo ves allí a un dólar. La tecnología transforma la aventura. Lo que era un lujo que implicaba hercúleas manipulaciones de circunstancias, tiempo y conciencia ahora es una ganga. No sé si esta facilidad banal y despreocupada tiene precedentes en los anales del matrimonio americano, pero desde luego ahora es notablemente más común.

Entonces, ¿qué piensan estos maridos infieles? Naturalmente, mis amigas casadas me plantean esta pregunta cuando se enteran de mi travesura. Si pudiéramos escucharlos a hurtadillas, ¿cómo defenderían su caso de traición?

Una de las primeras cartas que leo es de un hombre —y no será el único— que sospecha un «preludio a una estafa». Está casado, pero solo porque «divorciarse sale demasiado caro». Me deleita su respuesta. Me divierte pensar en mí misma como la artista nigeriana de la estafa en el mundo de la aventura: «Ten una aventura conmigo. Oh, y mi dinero está congelado en una cuenta bancaria por un régimen dictatorial y corrupto...» Y no es que el orgullosamente declarado escepticismo del hombre le impida escribir con la esperanza de ligar conmigo de todos modos.

Hago el seguimiento, solo para preguntarle por qué mi anuncio le parecía tan implausible. «Porque las mujeres no exponen lo que no consiguen en el matrimonio», escribe. Me sorprende escuchar que las mujeres todavía no expresan directamente el deseo, pero supongo que no debería sorprenderme. Como cultura todavía no sabemos qué hacer con los apetitos de las mujeres. «Tu respuesta solo te hace sonar más sexy», continúa él. ¡Aquí no puedo perder!

De mi muestra aleatoria, la mayoría de estos buscadores de aventuras no viven en matrimonios infelices, al menos según ellos lo cuentan. «Yo estoy casado como tú», escribe un marido. Es uno de los pocos que confiesa que en realidad está saltando al divorcio a través de una aventura. «Es una relación desalentadora y profundamente infeliz, pero no se me ha ocurrido una forma de escapar.» Imagina que soy una «mujer dulce», aunque ¿cómo podría hacer algo menos dulce que esto? Su carta está cargada de aflicción y bien escrita. Siento pena por él y por su esposa, y hago una pausa antes de meterlo en mi carpeta de investigación.

Una palabra inesperada que surge con sorprendente frecuencia en mis cotilleos es «burbuja». Quieren una burbuja en sus por lo demás enmarañadas vidas, una vía de escape «de la hipoteca, los hijos, la mujer y el trabajo», como un aspirante a estúpido los cataloga con eficiencia. Tengo la sensación de que esta lista de agravios le sale con facilidad. No sé cómo se originó el concepto ni por qué medios se hizo viral entre maridos inquietos, pero la burbuja recupera cierto encanto cuando se rescata del mundo de catástrofes económicas en cascada y se aplica al sexo.

Lo siento de una manera cada vez más clara. Estos maridos buscan un mundo impermeable y autocontenido, no una nueva familia; en general, no buscan un catalizador del divorcio; ni una mujer rival o más niños. En un cambio respecto a muchos de los maridos de Ashley Madison, ni siquiera buscan la afirmación masculina de la vida del jugador, si es que hay que creer sus palabras

(¿y por qué iban a mentir redundantemente en el contexto de una mentira más audaz?). Lo que buscan es un mundo suspendido en la atmósfera mayor y más estable del matrimonio, como una burbuja que flota en ese pegote gelatinoso rojo dentro de las lámparas de lava. Quizás unas vacaciones o un balneario servirían tanto como una aventura. Apostaría a que muchos matrimonios y empleos fracasan por la ausencia de un período sabático.

Mis pretendientes que buscan la burbuja me parecen más aburridos que infelices, más inquietos que agraviados, más desesperados que arteramente pícaros, en matrimonios perdidos en el amplio Gobi semifeliz que va desde «desgraciados» a «felices». Según mis pretendientes, no solo es el matrimonio miserable o infeliz el que se tambalea al borde de la trasgresión sexual: es también el «no inspirado», el «aburrido», el que «es cariñoso en cierto modo pero carece de intimidad» o el «matrimonio sin intereses, pasión ni amistades comunes». Al margen de eso, es un buen matrimonio. Como he dicho, hoy en día nuestros criterios son diferentes.

Unos pocos de los que me escriben hablan mucho de la «amplitud de miras». Cuentan que sus mujeres son «cualquier cosa menos abiertas de miras», que «la última expresión que diría mi mujer es "amplitud de miras"» o «tienes más fortuna que yo en el departamento de cónyuges abiertos de miras». Esto alienta mi simpatía por sus esposas «rígidas» y lamento haber usado la expresión «abierta de miras» a modo de saludo. Otros maridos me felicitan por mi «actitud» y mi «audacia» y por el «inconformismo y el valor de mi anuncio, particularmente a este lado del Atlántico».

Aunque debo estar cegada por el brillo de lo obvio por no haberlo previsto, por fin se me ocurre que los maridos están alabando mi anuncio y mi amplitud de miras implícita como algo seductor y sexy por el simple hecho de que ya estoy casada. No estoy buscando un matrimonio; y por lo tanto no puedo usar el sexo como moneda de cambio, sino que tengo que tener un deseo real de él. Y es revelador que algunos imaginan correctamente que me habrán inundado con respuestas, porque ¿qué marido u hombre no iba a querer eso? Me siento culpable de interferir en el rendimiento de mujeres solteras sinceras que se anuncian en *NYRB*.

Sigo leyendo, avanzando metódicamente en la lista de correo entrante.

Abro un mensaje cuyo campo asunto está en latín. ¡Qué extraordinario! El mensaje en sí está compuesto con una sintaxis y vocabulario intrincados y casi anticuados. Este hombre, que no está casado y es más joven que yo, me cuenta que es un bracero, y luego amablemente explica que eso significa un obrero. Tiene escarceos con una lista de temas sumamente ecléctica y me parece simplemente brillante de un modo ameno, frívolo y estrafalario. Su mensaje es encantador y me hace reír. «¡Me has hecho reír!», le escribo al instante, solo porque es cierto. Escribo unas pocas líneas más, invitándole a reflexionar sobre por qué piensa que yo podría ser una científica que juega al *lacrosse*. En un acto reflejo, sin premeditación ni reparos, pulso el botón enviar.

Bueno, supongo que ahora he roto mis reglas. He tardado cuarenta minutos. Los experimentos personales con la autorregulación de placeres combustibles como la bebida, la gula o el deseo suelen terminar así de mal. Continúo con la siguiente respuesta, prometiéndome hacerlo mejor y recordándome mi propósito de estudio, que tan pronto ha descarrilado. Vuelvo al manual.

Algunos maridos eligen seudónimos de infieles famosos o figuras de vanguardia con deseos inconvenientemente caprichosos. Un proustiano Swann me cuenta: «Me imagino que has puesto el dedo en la llaga. ¿Sorprendida? ¿Material para tu próximo libro?» Sí. Este es demasiado listo. Swann sigue explicando filosóficamente que está «casado satisfactoriamente a la manera europea, consagrado a mi papel de ganar el pan, pero he de buscar la conexión erótica en otra parte. Y uno tiene que... Eso no está en las familias, y aun así uno sigue necesitándolo». De acuerdo, en gran medida. Con «europeo», ¿se refiere a que en Europa tienen matrimonios abiertos o simplemente a que son infieles? Es tentador pedir una aclaración, pero en lugar de eso, con dolor de conciencia, sigo adelante.

«He de advertirte —escribe otro hombre— que mi tierno tacto hace llorar a las mujeres.» Cielo santo ¡es Pepe Le Pew! Seguro que conoce algunos engaños y fingimientos sexuales.

Varios maridos dispuestos a traicionar parecen inesperadamente domesticados en su búsqueda de dar el salto. Se promocionan no tanto como amantes ideales sino como esposos ideales para mí. Me tientan con recetas de paella y margaritas de creación propia, alardean de su sofisticación culinaria y me invitan a aventuras gustativas. Me sorprende descubrir que el marido infiel percibe un vínculo entre la proeza culinaria y una aventura, pero supongo que esto es alguna clase de progreso: el libertino domesticado y feminizado. Todo este tiempo había estado imaginando un escenario en el que me tiraban en alguna cama de hotel anónima, no en el que me prepararan una paella en el patio, un patio indudablemente habitado por la mujer y los hijos de mi amante infiel. Quizás estos maridos llevan tanto tiempo casados que arrastran diligentemente sus accesorios y armazón conyugales, incluso en sus afanes de transgredirlos.

También me interesa ver que unos pocos son la «única fuente de ingresos» y lo dejan claro, curiosamente, de una manera que me suena a autoexculpación. Un declarado único sostén de la familia dice que su mujer es «una madre maravillosa para nuestros tres hijos», pero que echa mucho de menos otras cosas. Casi puedo sentir el pesado paño mortuorio de las costumbres y deberes conyugales de marido y mujer que emanan de este corto mensaje de correo. El único que gana el pan con el sudor de su frente, mientras su mujer se queda en casa, quizá se siente con más derecho a su burbuja. Está cansado y quizá no esperaba que este rol recayera en él y, bueno, se lo merece. E imagino a su mujer fuera de juego en casa, igual de aburrida que él, sintiendo que ya ha hecho suficientes sacrificios y que ya tiene suficientes frustraciones propias. Es el caso del retrosexual. El hábito sexual sigue al económico.

En este foro secreto, los maridos revelan las reglas secretas de sus matrimonios. «Mi mujer es más de las de "ojos que no ven, corazón que no siente"», me asegura. He oído eso antes. Otro vive en un matrimonio «civilizado pero sin intimidad, sin idilio» —un perfecto equilibrio posromántico— y dice que tiene licencia para corretear y a continuación me ofrece el obligatorio bona fide culinario: «Me gusta salir a cenar a sitios bonitos.»

—Hay un montón de formas de organizarse por ahí, cielo —le informo a John.

Me doy cuenta de que lo digo con el entusiasmo exagerado de un mercachifles. Considerando la fragilidad de mi matrimonio, este experimento está empezando a parecerme el equivalente a enviar a un niño enfermo a la calle en pleno frío del invierno y sin abrigo.

—Pregunta a las mujeres si conocen esos compromisos —replica John—. ¿Por qué crees eso? Dirían cualquier cosa.

Supongo que tiene razón.

Este anuncio fue un pequeño experimento taimado y perverso por mi parte, por lo cual me disculpo con mucho retraso a mis pretendientes con esperanzas y engañados. Pero la ridícula soy yo. Me recuerda a una vieja amiga a la que pidieron que interviniera para ayudar a una amiga suya heroinómana a afrontar un problema con las drogas, pero mi amiga terminó dejándose convencer por la adicta e inyectándose en el plan de intervención. Y, así, en un experimento destinado a exponer y diseccionar al sinvergüenza, me encuentro pensando que los sinvergüenzas que buscan una burbuja tienen razón, y preparando su defensa.

Fue dos años después de la revelación de Jack. Desde entonces nada había cambiado u ocurrido, salvo que Jack y Jill disfrutaban de su rutina, la casa, su amistad, la camaradería. La familia también prosperó con la rutina. Una de las características peculiares del matrimonio melancólico de baja tensión y bajo conflicto es que devora el reloj. Sabes que deberías estar haciendo algo para solucionar tus problemas, pero la vida cotidiana del matrimonio funciona con tanta suavidad y la aprecias tanto que no quieres erosionarla con honestidad. De este modo, los problemas persisten y se acumulan en una esquina y, antes de que te des cuenta, han pasado los años y tú has estado en el mismo statu quo agradable pero desapasionado durante todo ese tiempo. Jill no estaba satisfecha, ni tampoco abatida; Jack podría haber estado un poco más satisfecho —o quizá solo era más estoico—, pero también echaba de menos la intimidad. Aun así, ninguno reunió fuerza alguna contra la inercia y ninguno trató realmente de cambiar. Si acaso se hicieron más amables y la casa funcionaba con más eficiencia, lo cual contribuía a confundirlo todo.

Jill piensa que el problema no es Jack, y este no cree que el problema sea Jill per se. No son ellos. En realidad, es el matrimonio. Se han librado del disparatado optimismo del monógamo en serie, la creencia de que todo es culpa del cónyuge y de que todo sería mejor con otro. Las cosas probablemente serían peores con un nuevo marido. Jack y Jill creen que son personas decentes y bien intencionadas y sinceras, que están satisfechas en parte con el otro, pero no en todos los sentidos que sugiere el concepto de matrimonio tradicional, y están intentando vivir de manera honorable en circunstancias que no son las ideales, sintiéndose los dos acechados por una tercera entidad diabólicamente antropomórfica, el matrimonio, que ahora ha unido sus fracasos individuales.

Fue en este humor de tierna exculpación mutua que un día (o les pareció que ocurrió de repente), Jill se negó a actuar como si estuviera casada. En un matrimonio de baja tensión pero ambivalente siempre estás en la cornisa, pero nunca te das cuenta a no ser que caigas.

Y en cierto modo nada de lo que hizo estuvo tan mal. Jill solo empezó a mantener correspondencia, intensa y con palpables intimaciones de deseo, con alguien al que nunca había conocido físicamente y con el que ni siquiera había hablado. Como les sucede a millones de otros cónyuges, lo conoció en la red. Jill tiene tantas racionalizaciones sobre esto como otros tienen pecas. Se lo había ganado, después de vivir diligentemente durante años de privación y desencanto eróticos, después de haber aguantado tras la aventura de Jack, por más arraigada que estuviera esta en la desesperación.

Pero más que nada no se preocupó por eso. Sin pensarlo, Jill se dio cuenta de que hacía sus tareas diarias silbando la canción *Roam* de los B-52. «Deambula si te apetece, deambula por el mundo...» El deseo estaba exuberantemente desatado: de la realidad, del contexto, del matrimonio, de la vida, de la identidad, incluso de los cuerpos, el contacto o el jadeo, salvo en la medida en que se escribía e imaginaba. Su aventura abstinente era simple diversión. Era diversión en un sentido completamente egoísta y hedonista que ella no se permitió experimentar durante años.

Su pulso se aceleraba y sentía un cosquilleo de anticipación al ver que tenía un mensaje en la bandeja de entrada.

Fue realmente una aventura mental. La correspondencia encontró tiempo entre sus otras divagaciones sobre razas de ratas o Walt Whitman o la diferencia entre los modales y la etiqueta para entretenerse con los detalles imaginados de un futuro encuentro.

Jill se preguntó si estaba teniendo una aventura. Hay secretos en el matrimonio —cosas comprendidas, sabidas y escondidas— y luego hay misterios, desconocidos y no comprendidos. Ella se imaginaba que era como Ío en una pintura renacentista de Correggio, acariciada y gratificada apasionadamente por el amor celestial de Júpiter, que no tiene representación física. Ni siquiera participaba con su nombre real. Accedieron a usar para ella una inicial mutuamente placentera, y no era la suya. Ni había nada más a lo que quizás ella pudiera clasificar de manera arbitraria como parte de su vida real, al margen de su foto. Él no podría haber encontrado a Jill en el mundo. Ella podría haber desaparecido y flotado para siempre en el éter: una potencial amante descansando como una fortuna en una cuenta bancaria suiza a la espera de que un zombi la reclame. La traición matrimonial no produciría la «prueba ocular». Otelo imploraba: ¡ningún indicio físico que pruebe el acto! Tanto la gratificación como la traición estaban en la cabeza de Jill. Aun así, cuando un día ella metió las cartas en archivos de Word, se asombró al descubrir que en un mes habían ascendido al equivalente a 265 páginas. Los pesos y medidas la paralizaron. ¿Sesenta mil palabras equivalían a un beso ilícito? ¿Acaso 265 páginas castas a doble espacio equivalen a un encuentro físico sin palabras? ¿Son mejor o peor?

Jill pensó que debería hablarle de esto a Jack. Recordaba el poder corrosivo de la mentira de su marido sobre la infidelidad y sentía portentosa pero vagamente que estaban condenados al divorcio si no se lo contaba. Una noche, en la cena, lo intentó.

—¿Qué es una aventura? —preguntó ella—. ¿Qué ocurre si

solo envías un montón de cartas a alguien y nunca lo conoces ni lo tocas ni hablas con él? No me refiero a cibersexo en esas salas de chat, sino solo a una correspondencia intensa, una aventura mental... Quizá con algo de material sexual en las cartas.

Jack sopesó la pregunta en silencio durante un momento, mientras continuaba comiendo.

—Me sentiría más dolido por una aventura mental, con alguien más en tu cabeza.

Al cabo de un rato, él preguntó más directamente, pero todavía no de manera explícita y sin dejar de cortar su filete de manera metódica.

—¿Estás pensando en algo?

Era su oportunidad de poner las cartas sobre la mesa, pero Jill no pudo hacerlo. En cambio, solo miró pesadamente al suelo. Siempre se había considerado capaz de ser una temeraria contadora de la verdad en el matrimonio. Esta vez se refugió en el débil concepto de clarividencia de un matrimonio duradero de bajo conflicto: seguramente no podemos evitar comunicar las verdades al otro de un modo telepático, sin pasar por el trago desagradable de una confesión sin rodeos ni adornos. La elipsis debe ser la puntuación más útil en un discurso matrimonial establecido, su mascota gramatical.

Entre los futuros amantes que acechan en internet hay una búsqueda del Santo Grial de la pasión libre de gravámenes: libre de gravámenes no solo por el matrimonio, sino también por convenciones, obligaciones, reglas y celos sociales. Sin ataduras. Por supuesto, hay ataduras. En la tenue luz de un rincón de su mente, donde merodean las verdades impopulares, Jill lo sabía. Lo desconcertante es que incluso las aventuras incorpóreas, sin ninguna de las marcas indelebles que crea la intimidad física, se echan al hombro de maneras que desafían el garbo sofisticado de la fantasía del «sin ataduras». Jill llegó a esperar cierto nivel de devoción epistolar. Se enfurruñaba cuando había un latido arrítmico en la correspondencia. No había tardado mucho en alcanzar ese punto, un mes, quizás. En estos momentos de decepción, con inquietantes ataduras, Jill experimentaba lo que sería una familiar aventura (no) infernal de Dante. Igual que has pecado, te arrepentirás: sola en tu propia familia, en secreto, con un sordo dolor de corazón. Da asco tener problemas con el novio en tu matrimonio.

Jill sí discutió su extraña y perturbadora relación con dos buenas amigas. Todavía recuerda que una de ellas —llamémosla Carly— temió que se hubiera vuelto loca, al ver que ella ni siquiera sabía quién era en realidad ese hombre. Carly preguntó si Jill no se encontraba siempre comparando a su corresponsal con su marido, y Jill dijo que sentía que por el momento su corresponsal era más interesante y animado. Nada de eso sonó demasiado bien para Carly. Especuló que quizás el corresponsal tenía un trastorno del estado de ánimo, y que esto podría ser la razón de tantos intercambios prolíficos y maníacos e incluso de su brillantez. Jill respondió que habían bromeado respecto a que quizás ambos eran asesinos en serie en busca de su siguiente víctima. Eso es ridículo, respondió Carly con cautela, «tronchante».

Después, Carly discutió con Jill la situación con su propio marido. Cuando este le preguntó qué pensaba Carly que ocurriría, ella supuso que Jack y Jill probablemente no seguirían casados mucho tiempo.

Jill podría haber estado de acuerdo con ella. No quería renunciar a su matrimonio, pero parecía que lo estaba saboteando. Empezó a comunicarse con Jack con lacónica compresión, como si el esfuerzo de responder una pregunta sencilla fuera demasiado arduo, fuera dar demasiado. Hay una mezquindad ingeniosa en un matrimonio melancólico fracasado: por poco que compartas, siempre puedes encontrar algo a lo que aferrarte. Los científicos hablan de un momento en la evolución de la raza humana en la que nos encontramos al borde de la extinción, con solo unos centenares de nosotros, en la curva estrecha y frágil de un reloj de arena, haciendo de puente entre el pasado y el futuro. Estas semanas en la historia matrimonial de Jill, le contó esta a Carly, las percibió secretamente como lo más parecido que había llegado a estar de aceptar la extinción.

Jill decidió que quería o debía conocer a su corresponsal. La éticamente intachable y prudente idea de no conocerlo y simplemente dejarlo estar nunca se le ocurrió. Su único dilema era ocultar la verdad a Jack o confesarla.

Podía encontrarse con su corresponsal durante un viaje de negocios que había querido planear desde hacía tiempo. El fin de semana anterior a ese viaje tenían que ir a su casita. Aunque la perspectiva la enfermaba, decidió que iba a decirle a Jack la verdad pura y sin barnizar, porque se estaba quedando sin tiempo, oportunidades y racionalizaciones. Sentía que era un acto de terrorismo contra su propio marido, pensó Jill. Está plácidamente sentado en un café, y una lunática con una bomba —su propia esposa— la hace explotar por azar, ¿y para demostrar qué? El impulso más profundo de Jill era el de quedarse en la melancolía normal. No mentir parecía cruel. ¿Y cuáles eran las posibilidades de que la pillaran? O a Jill la podía atropellar un autobús la semana siguiente, y la confesión sería para nada, un acto discutible de estupidez o valor, no sabía bien. ¿Por qué confesar antes de mantener contacto sexual? Jill suponía que los infieles en ciernes siempre imaginan que un autobús va a atropellarlos.

Esa noche, están sentados en sus mecedoras en el porche. Está muy oscuro y están mirando hacia delante, con polillas volando en círculos y sus miradas perdidas.

—Supongo que te debo esto después de lo que ocurrió. Es frustrante. Estamos frustrados.

Ella no recuerda mucho de lo que se dijo, porque fue un momento aterrador, un desafío a la muerte. Jill tranquilizó a Jack asegurándole que no se trataba de una revancha, que solo necesitaban darse permiso el uno al otro, porque lo único que ella no podía tolerar era la mentira, y la sensación de una emboscada en su propio matrimonio, en su propia vida. Ella sollozó y lloró por lo mucho que lamentaba que su matrimonio no hubiera funcionado como debería: era algo más complicado y difícil.

—Si tenemos permiso —dijo Jill— y si tenemos cuidado con esto, puedo manejarlo.

Ella no quería divorciarse; tampoco quería seguir casada igual que hasta ese momento.

Jack no creía que fuera tan mala idea en resumen. Sí, si podían formalizarlo en un nuevo tratado de beneficioso olvido, las cosas podían funcionar.

—Es el antiguo lujo de tener amantes y queridas. Es algo que podemos hacer el uno por el otro. Lo hacen en Francia —continuó Jill con urgencia; aunque tenía la sensación de que invocar a Francia en una discusión sobre convenciones sexuales era parecido a invocar a Hitler en una discusión sobre política, el último paso de la desesperación intelectual acorralada.

Jack lo sopesó con calma.

¡Deberían haberlo hecho hace años!, pensó Jill. Se maravilló de su sofisticación continental. No podía ser tan fácil.

No lo era. Después, en la cama, en la oscuridad más profunda de la noche, Jack recordó el sentido común, y las sensaciones y la avergonzada incredulidad se reafirmaron. En ese momento las cosas fueron como es fácil de imaginar.

—Hemos de separarnos o divorciarnos. No puedo aguantar esto —dijo Jack.

—Yo no quiero divorciarme —dijo Jill. Le gustaba el matrimonio, solo que no en su totalidad.

—Tienes un juicio terrible.

—No puedes pensar que es peor ser sincera que engañar. ¿O crees que eres el único que necesita cosas, que es infeliz? Es mucho preguntar —dijo—. Lo estoy preguntando de todos modos.

—Pregunta todo lo que quieras.

—Bueno, quizá debería haber ido directamente al tribunal de divorcio la primera vez que ocurrió esto, pero no lo hice, ¿verdad?, y me debes una.

—Yo no te debo nada.

De repente se odiaban el uno al otro. Lo que horas antes había parecido plausible, de pronto parecía una afrenta vergonzosa contra su matrimonio y su dignidad, otro episodio así en un matrimonio que, de repente, se sentía como una crónica amarga de simple privación, atrocidades e insultos. Cómo iba a pensar Jill que podría seguir casada después de eso. Jack siente lo mismo. Todos sus motivos de queja acumulados se desatan: con cuánto desdén se han tratado el uno al otro, se han privado del otro, se han robado mutuamente en la flor de la juventud. Era un momento caliente de alta tensión para ellos, pero quizá no más real o cierto, en ese sentido, que los años de estoicismo, de equilibrio de bajo conflicto y abnegación que lo habían precedido. Solo más ruidoso.

Jack y Jill pisaron terreno más sólido en los días siguientes; formalizaron las cosas entre ellos. Por malo que esto fuera, no era tan malo como la culpa de mentir que Jack había sentido y el desarraigo que había sentido Jill. Al menos en su matrimonio, que tiene su propio timbre, la herida de una verdad furiosa y lacerante sanó mucho más deprisa que una mentira callada soltada con la sincera pero confundida intención de prolongar una tenue paz conyugal.

Ese momento y esa conversación habían ido germinando durante mucho tiempo. Si no hubiera sido esa noche, habría sido otra; si no hubiera sido ese el catalizador, habría sido otro. En el ejemplo que nos ocupa, Jill no necesitaba preocuparse con nada de eso. Piensa que ojalá pudiera decir que su viaje al incumplimiento de las reglas conyugales hubiera tenido un final feliz, aunque no está segura de qué aspecto habría tenido ese «final feliz». En su mayor parte, la desventura suponía manchar su ética, encontrar nuevas formas de ponerse en ridículo y terminar en un estado de desconcertado autodesprecio, mucho más allá de la edad y época de la vida en la que debería haber sabido que se equivocaba. Los detalles son superfluos y trillados. Basta decir que no ocurrió nada en absoluto, según las definiciones familiares y conocidas de «sexo» y «nada» de antes de internet, y que en el desenlace de la no aventura intervinieron muchos martinis en una tarde exuberantemente imprudente que terminó con Jill sola con un elegante pero arrugado vestido de cóctel mirando con apesadumbrada incredulidad al techo de una deprimente y moderna habitación de hotel mientras el día se desdibujaba. Cualquier matrimonio debilitado probablemente tiene oportunidades a mansalva para redescubrir la sabiduría de James Joyce de que todos estamos impulsados y ridiculizados por la vanidad.

Le envió a Jack un mensaje de correo electrónico a primera hora del día siguiente para comunicarle que había vuelto. Estaba avergonzada de lo que había hecho y de lo que había puesto en riesgo, y no tenía el ánimo ni la entereza para hablar con él.

—No voy a volver a hacerlo, nunca —escribió con sinceridad—. No volverá a ocurrir.

—Me alegro de que estés en casa —le contestó Jack—. Te quiero mucho.

Había esta calmada e inusual santidad ganada a pulso en el matrimonio de Jack y Jill, por secular que fuera, por extraño que fuera, por imperfectamente frágil y melancólico que fuera.

Durante un día o dos, mientras volvía a deslizarse en la indeterminación de su matrimonio, Jill habría preferido quedarse alicaída en la cama, pero había que hacer el desayuno y preparar la comida. Se concentró en los rituales duraderos de la vida doméstica. Por la tarde, cuando Jack volvía del trabajo, había cosas de las que tenían que hablar, relacionadas con el trabajo, relacionadas con los hijos, relacionadas con los «compañeros de vida». La desgarradora paradoja era que la persona a la que Jill más quería hablarle del final de la no aventura con cierto detalle —lo cual habían acordado enfáticamente antes del hecho que no iba a ocurrir—, y la que de una manera extraña habría sentido más pena y compasión por ella, era su marido.

El deseo es una fiebre que sigue su curso y pasa, de una manera o de otra. Jill todavía tiene toda la cadena de cartas, descargadas en un fichero (se hinchó como la levadura hasta unas 360 páginas) y escondido en algún rincón oscuro de su portátil. Nunca las ha releído, pero ahí están, en ocasiones acusatorias, en ocasiones tímidas. Fue una relación perfectamente transcrita.

El matrimonio probablemente se fractura de manera previsible, como el carácter, siguiendo una pasión incipiente interior, a lo largo de las líneas de falta del dinero o a lo largo de las de los hijos, de la casa, la profesión, el sexo o el deseo. No hace falta nada muy serio para desencadenar la fuerza tectónica que bulle bajo la superficie del matrimonio. En ocasiones, puede ocurrir de repente, por una pequeña fisura como esta.

Pero Jill en realidad no siente que su corresponsal fue meramente el no marido, una cifra fungible inscrita en el cuento elegíaco de su matrimonio o un catalizador del divorcio por medio de la aventura. Fuera cual fuese el lugar que esta expedición mal concebida tuvo en su matrimonio, también fue interesante conocerlo a él, piensa.

Aun así, parte de la experiencia solo tuvo que ver con su matrimonio, y en esa parte el corresponsal de Jill fue realmente una cifra. Podría haber sido el conejo de Pascua. Por lo poco que ella sabe, es el conejo de Pascua. Fue un conducto a través del cual a Jill se le recordó fugazmente aquello a lo que había renunciado adrede en el matrimonio. Y un conducto a través del cual ella perdió su capacidad de que no le importara la pérdida. Jill quiere una casa base, para su familia y para ella, y quiere recuperar su espíritu, todas las facetas de ella misma que dejó que se congelaran en el matrimonio. Quiere un lugar de intensidad encantadora, con una oportunidad de complejidad o sorpresa. En el yugo de un matrimonio con hijos podría ser lo mejor —o al menos lo más seguro y más conveniente— no recordarte la parte de ti mismo que estabas dispuesto a matar para permanecer casado, porque no querer algo es tan bueno como poseerlo. Si te permites recordar lo que perdiste o aquello a lo que renunciaste, y podría ser cualquiera de un centenar de cosas, llegas a sentir con más urgencia e irrevocabilidad, como le pasó a Jill, que algo tiene que cambiar.

CUARTA PARTE

La nueva monogamia

13

La regla de las cincuenta millas

Quienes toleran aventuras, entonces y ahora, o el matrimonio «ojos que no ven...»

Para los matrimonios de los bajos fondos, la aventura no es en modo alguno imposible o prohibida; pero es un acuerdo al que se llega mediante una connivencia privada. El matrimonio «ojos que no ven...» va más allá del agnosticismo monógamo de cónyuges que perdonan a posteriori. La no monogamia al menos mella la conciencia de estos matrimonios, pese a que no se discuta de manera explícita.

Scott es un hombre casado de poco más de cincuenta años que es detective y ha tenido una amante durante casi dos años. Se ven como amante y querida y usan esos términos a conciencia. En los mensajes de correo electrónico elaboran en broma los modales de la querida y el amante como si estuvieran escribiendo un libro de etiqueta, y aunque se trata de un coqueteo desenfadado, ayuda a delimitar la relación, para que no adquiera las características conocidas de la monogamia en serie. Scott dice que su mujer tiene una sensibilidad «europea»: sabe que las aventuras están dentro de los límites de su matrimonio, pero no quiere oír hablar de ello. Lo decidieron todo de manera teórica en un momento anterior de su matrimonio. Una ficción imperante en un matrimonio puede demostrarse igual de convincente, y útil, que una verdad que no impera.

Así, Scott construye historias de tapadera y practica el ojos que no ven, corazón que no siente. Otro marido de casi cuarenta describe la política de manera sucinta en una discusión en la red. «Tenemos una comprensión implícita. Podemos ver a otras personas, pero no compartimos los detalles. No hay preguntas indiscretas. Cuando estamos juntos, estamos juntos y nos centramos el uno en el otro. Cuando no lo estamos, somos libres de hacer otras cosas. No importa.»

Le pregunto a Scott, ¿por qué no ser completamente franco y sincero, habiendo llegado tan lejos? Él razona que no es solo una cuestión de verdad frente a mentira. No solo es una cuestión de lo que cada uno tolerará, sino también de cómo cada cónyuge quiere imaginarse en el matrimonio. «Si soy franco con mi mujer, en el sentido de contarle dónde estoy, entonces ella necesitará integrarlo en su identidad y en el concepto que tiene de sí misma», y no le falta razón, es un proyecto mucho más audaz para un matrimonio de «ojos que no ven...», lo cual deja la presunción de la monogamia intacta, al tiempo que permite aventuras encubiertas. Exponer la verdad significaría confrontar el hecho de que eres la «clase de esposa» o la «clase de marido» que puede vivir conociendo de manera incontrovertible la aventura de tu cónyuge.

Las parejas casadas en esta zona gris entre la infidelidad pura y la monogamia pura «saben» de las conductas de sus cónyuges en un nivel real pero indirecto. La mayoría de los matrimonios de larga duración tienen anillos de descodificación secretos como este en torno a un tema u otro, normalmente el dinero o el sexo. Me pregunto cuántos matrimonios de bajo conflicto se mantienen juntos por actos cotidianos de indiferencia intencionada.

El tolerante de aventuras inspecciona su matrimonio y establece límites sobre qué clases de encuentros o experiencias son aceptables. Dentro de ese perímetro tienen libertad de movimientos, como en una reserva de vida animal, y no han de dar explicaciones.

En ocasiones, los límites son literales. Una académica en humanidades y su marido tienen una regla de las «cincuenta millas».

Según la borrosa contabilidad de su matrimonio, pueden comportarse como «personas solteras honorarias» si están en conferencias o en viajes de negocios fuera del radio de monogamia del hogar, siempre y cuando se trate de algo ocasional. Versiones de la regla de las cincuenta millas han aparecido de manera infrecuente, pero más de una vez en varias de mis conversaciones.

Otros matrimonios tolerantes con las aventuras establecen límites basados en tiempo, tipo de actividad o tipo de pareja. A través de una amiga conozco a Melissa y su marido, que se tomaron unos meses sabáticos en el matrimonio. Durante ese tiempo, ella y su marido suspendieron ciertas reglas conyugales. Ella vivía en otra ciudad y tenía un vínculo especial con otro hombre. Pero el acuerdo no incluía el coito, solo actos paralelos de autogratificación y similares. Un amigo de John tiene un matrimonio bastante retro, con varios hijos y una mujer que se queda en casa. Paul cuenta a John que él y su mujer tienen «un pacto». Él puede flirtear todo lo que quiera por correo electrónico con una atractiva mujer soltera del trabajo, siempre y cuando no la toque ni vaya más allá del coqueteo. Es la pequeña extravagancia de un matrimonio por lo demás tradicional. Oigo una historia igual de original sobre una mujer que quería una aventura de un día como «revancha» por la infidelidad de su marido. Se lo contó de antemano, preparó a su familia un plato de pasta antes de salir a pasar la noche fuera, y después el matrimonio continuó como si nada hubiera ocurrido.

Pensé que conocía muy bien a mi amiga Madeline, casada desde hace mucho. Cuando una tarde le describí algunos de los matrimonios tolerantes de aventuras, quedó claro que no se veía en uno de ellos ni pensaba mucho en la idea. Después, mucho más avanzada la noche, reveló como si tal cosa, y sin atisbo de incongruencia o referencia a la conversación anterior, que ella de vez en cuando tiene aventuras con mujeres y que a su marido no le importa. Como amantes, las mujeres evidentemente son vistas como una menor amenaza al matrimonio (una tolerancia que también podría tener algo que ver con el hecho de que la idea de mujeres juntas excita la imaginación heterosexual de muchos maridos).

Josie también puso a prueba los límites de tolerancia a la aventura y la no monogamia. «Cuando Rory y yo estábamos en la fase de luna de miel del matrimonio —me cuenta—, creía fervientemente en la no monogamia.» Parecía «extrañamente romántico y brillantemente radical» para ella en ese momento. «Discutimos un acuerdo por el cual si una de nosotras quería tener un lío, accederíamos a mandar a la otra a una salida divertida», pero cuando Rory llevó el acuerdo a la práctica, no fue exactamente el fin de semana en un balneario que Josie había imaginado. Ella terminó en la casa de los padres de Rory con sus dos niños pequeños, incluido su exigente y demandante recién nacido, que todavía no dormía toda la noche. «No es tan encantador para la persona que cambia pañales, cuida del bebé y ve la televisión», dice, añadiendo que no funciona cuando la relación es «desigual», como ocurre en muchos matrimonios que se encuentran en un punto crítico. «Yo estaba muy mal cuando Rory me llamó por primera vez para pedir permiso para estar con una persona de la que se había encaprichado —continúa Josie—. Básicamente dije: "Como quieras, bien".» Aunque el rollo fue solo un rollo, Josie lo recuerda hoy «como uno de los momentos que pusieron un clavo en el ataúd de nuestra relación. Lo sé porque me pone triste pensar en ello. Para mí siempre fue una libertad teórica. Para Rory era muy real, y ejerció sus privilegios».

Coleccionando todas estas historias, me doy cuenta de que soy una mojigata. Mis rebeliones de esposa nunca se extendieron más allá de mi sublime radicalismo hipotético. Durante años he estado haciendo caso del comunicado de prensa oficial sobre el imperativo de la monogamia mientras mis pares buscaban alegremente aventuras lésbicas extramatrimoniales y hablaban de su radio de cincuenta millas de soltería sexual honoraria. Toda esta despreocupación me sorprende, por mucho que me interese en teoría, y eso me hace sentir anticuada y vagamente carca. Entiendo lo que F. Scott Fitzgerald quería decir cuando manifestó que hay personas cuyas vidas hacen que otras vidas «se sientan como la muerte».

En paralelo a la historia de la infidelidad conyugal hay una historia subterránea de tolerancia a la infidelidad, un artefacto que está siendo constantemente excavado, reenterrado y luego redescubierto como el hueso favorito de un perro. La gente cree que ha desenterrado algo nuevo y se toma la libertad de ponerle nombre.

En la década de 1920, el juez Ben Lindsey acuñó la frase «acuerdos de adulterio».[1] Lindsey, pionero del matrimonio ideal romántico y armonioso (e incluso oblicuamente del matrimonio abierto, junto con Bertrand Russell), estaba hablando de «parejas que mutuamente decidían que el adulterio está bien». No le cabía duda, añadió, de que en la mayoría de los casos «no hay un acuerdo franco, sino que simplemente los hechos se pasan por alto de manera tácita».

Cuatro décadas después, en su influyente obra de 1965 sobre vidas de casados *The Significant Americans* —en la que «significativos» quería decir en buena situación profesional y económica—, John Cuber y Peggy Harroff rebautizaron estos pactos tácitos como «tolerancia del adulterio». «De un modo en parte consciente y en parte inconsciente»,[2] escriben, algunas parejas «han desarrollado una mitología bastante elaborada que permite que la mayoría de ellos convivan sin problemas con las discrepancias entre acción y fe». Una esposa que entrevistaron, editora con un hijo crecido, relegó el imperativo de la monogamia a «un mero conjunto de reglas de las que uno habla en ocasiones formales y con gente que en realidad no te importa realmente. Tú más o menos te regodeas en esa maraña sentimental, como con las alocuciones del Cuatro de Julio, algunos sermones o los discursos de inicio del curso universitario. Nadie se lo toma en serio de todos modos».[3]

Matrimonios como el de ella, aunque forjados en el apogeo de los valores familiares de la década de 1950, no esperaban que el imperativo de la monogamia regulara la conducta real de manera inviolable. «Una supera la adolescencia —le dijo a Cuber una esposa en la zona gris—, y la única rutina permanente es más o menos en relación con los niños, ¿no te parece?»[4] Como convención social secular, la monogamia creó el orden público y los espacios privados de libertad sexual en un único gesto pragmático: simula que eres monógamo, y simularemos no saber que no lo eres. Como lo expresó otra esposa, había cierta clase de «trueque en la inocencia artificiosa [...]. Dejo que los vecinos piensen lo que quieren. Eso les da a ellos y a mí la misma protección».[5]

La visión anecdótica de Cuber y Harroff queda corroborada por algunos datos sorprendentes procedentes del trabajo pionero de Alfred Kinsey de principios de la década de 1950. Kinsey descubrió que el 26 % de las mujeres casadas[6] de su muestra había tenido una aventura a los cuarenta, y un 20 % adicional había participado en «caricias sin penetración», es decir, un total del 46 % de las mujeres habían tenido encuentros extramatrimoniales. De este grupo «experimentado», el 71 % señaló no tener dificultades en sus matrimonios a causa de ello, aunque la mitad dijo que sus maridos o bien conocían o sospechaban del sexo extramatrimonial.

Poco después de que Cuber y Harroff publicaran su trabajo, en la avanzadilla de la llamada revolución sexual, Jessie Bernard también describió una «nueva clase de mujer»[7] (claramente no tan nueva) que no se inmutaba por el sexo extramatrimonial. «La norma es no ser flagrante al respecto —escribió Bernard—. Ser flagrante al respecto es lo que viola la norma.» Típico de esta nueva raza es el comentario de una mujer: «Mi marido y la esposa del vecino iban a jugar a los bolos juntos dos noches por semana y normalmente llegaban alrededor de las dos. No hablábamos mucho de ello, aunque todo estaba perfectamente claro para los cuatro directamente implicados [...]. ¿Los vecinos? Bueno, por ahora en gran medida lo pasan por alto, al menos no nos aíslan en absoluto en los asuntos sociales del barrio [...]. Diría que estoy enamorada de mi marido y la mujer de la casa de al lado está enamorada del suyo. Además, por supuesto, ella y mi marido están enamorados uno del otro [...]. Yo no he tenido ninguna aventura, por la simple razón de que no se ha presentado ninguna buena oportunidad [...]. Hay muchas formas de vivir [...] y, además, ¿a quién le importa?»[8]

A principios de la década de 1970, el investigador Gordon Clanton descubrió el mismo modelo y lo rebautizó como «adulterio ambiguo».[9] En este tipo de matrimonios, «una persona podría saber de la implicación extramatrimonial del cónyuge, pero no ser capaz de aprobarla (activamente)», así que lo tolera en silencio. Al avanzar la década de 1970, la discusión de la tolerancia de las aventuras dio un nuevo giro. Para algunos de sus defensores en las clases medias bien educadas, la no monogamia conyugal llevaba a cuestas un programa de liberación política y social más vertiginoso. Tenían un impulso mucho más mordazmente utópico y antiinstitucional que los tolerantes de aventuras de la década de 1950, que querían preservar el statu quo del matrimonio tradicional pese a que subvertían su imperativo sexual clave. Los defensores de la no monogamia en la década de 1970 pretendían usar el ariete de la libertad sexual y la «liberación» para transformar o demoler los principios del matrimonio tradicional. Dudo que las parejas casadas silenciosamente tolerantes que Cuber y Harroff entrevistaron hubieran aplaudido el *cri de coeur* de 1966 de Mervyn Cadwallader de que «el matrimonio contemporáneo es una institución espantosa» y que «la gente casada se siente desilusionada y tan enjaulada como animales en el zoo».

Algunos teólogos cristianos, las ovejas negras de los antepasados a juicio de los evangelistas conservadores de hoy, se unieron en la crítica, abogando por una escuela de «ética situacional» en la década de 1960 y principios de la de 1970. El episcopaliano Joseph Fletcher escribió en *Commonweal* en 1966 que «no hay nada contra el sexo extramatrimonial como tal, en esta ética, y en algunos casos es bueno [...]. Si la gente no abraza [...] la fe (y la mayoría no lo hace), no hay razón por la cual tenga que vivir según sus dictados».[10]

En las décadas de 1980 y 1990, los defensores de los valores familiares lanzaron una cruzada para un revival conyugal de 1950 para combatir a izquierdistas, feministas, *hippies*, multiculturalistas y activistas gays de los sesenta, a los que juntaban en un todo y culpaban por la bajeza moral de América. Pero en términos de ética sexual, los valores familiares de la década de 1980 y los valores familiares de la década de 1950 eran muy diferentes. La ética de tolerancia del adulterio de los años cincuenta impuso un objetivo modesto: crear una ficción imperante. Los conservadores sociales de hoy buscan algo más que un consenso sobre un facsímil de la monogamia por el bien del equilibrio social: aspiran a salvar almas. Quieren dictar conductas. No solo deberías actuar como si no fueras adúltero, sino que no deberías ser adúltero.

En cambio, Cuber y Harroff concluyeron que «probablemente una mayoría»[11] de sus sujetos habitaban la zona gris tolerante de aventuras, con alegría y con la conciencia limpia. Habían «engendrado hijos y los habían educado» y habían «pasado por alto las prescripciones monógamas sobre el sexo». Esta mayoría «evita cualquier intento de cambiar de cónyuge, y al mismo tiempo suele aprobar las relaciones sexuales extramatrimoniales [...]. La mayoría practica una ocultación más o menos eficaz y observa simulaciones convencionales». En un elaborado *pas de deux*, las parejas tolerantes de aventuras de la década de 1950 accedieron a vivir con una presunción de monogamia. Comprendieron la duplicidad sexual como un criterio ético «en y de sí mismo», una postura que dista mucho del proselitismo contra el adulterio y a favor del matrimonio tradicional que emergió en los años ochenta y noventa. Hoy, en el siglo XXI, los matrimonios tolerantes de aventuras están añadiendo su propio estrato posromántico a esta historia en la sombra.

El matrimonio de Karen no se ajusta con precisión al modelo tolerante de aventuras, pero yo lo presento aquí porque parece sacado de las páginas de *The Significant Americans* y es un homenaje casi tímido a la prosperidad de los años cincuenta. Ella y su marido viven en una casa de Nueva Inglaterra cerca de la costa. Asistieron a la misma facultad de elite del noreste y tienen cuatro hijos y una *au pair*. Karen se queda en casa. Su marido, Charles, es ejecutivo. Compra ropa *vintage* de la década de 1950 en eBay y colecciona delantales de la era de Eisenhower. Cuando conozco a Karen en la casa de una amiga común una tarde de verano, ella tiene un aspecto adorable con un vestido de fiesta espléndido, el cabello rubio echado hacia atrás y tocada con un pañuelo amplio.

En su adolescencia, la actitud de Karen hacia el matrimonio era tan propia de la década de 1950 como parece serlo hoy su matrimonio retro. A diferencia de muchas de las mujeres inteligentes y bien educadas con las que hablo, Karen pensaba realmente en el matrimonio. «Siempre quise casarme —recuerda—. Cuando estaba en la facultad [a mediados de la década de 1980] y le decía a la gente que quería casarme y tener familia, algunos me acusaron de quitarle el sitio» a una mujer que quisiera obtener una educación y hacer algo con su vida. El matrimonio y la familia no eran un punto de vista de moda en nuestra cohorte.

Poco después de la facultad, Karen se convirtió en implacable chica de carrera. Tenía una glamurosa carrera en el mundo de la moda y vivía en Nueva York con un novio, Charles, pero todavía tenía el matrimonio en mente. Un día de San Valentín, mientras su novio estaba en la ducha, se vistió y le preguntó. «¿Te imaginas casándote conmigo algún día?» Después de pensárselo un momento, él asomó la cabeza por la cortina de la ducha y dijo, de manera amable pero firme: «No.» Eso fue el final de la relación. Pero por los líos inmobiliarios de Nueva York y dado el precio de alquiler de apartamentos —y como las decisiones sobre lo inmobiliario tienden a dominar a las románticas, o al menos a impregnarlas— tuvieron que seguir viviendo juntos un poco más.

Karen conoció a alguien durante esos meses. Nunca soy ambivalente con una relación, dice. Aunque era joven según los criterios de matrimonio de sus pares, estaba sintiendo cierta presión. Una de sus hermanas acababa de casarse y, dos semanas después de la boda, Karen aceptó la petición de mano del hombre, a pesar de sus dudas. Su prometido procedía de una familia acuciada por los conocidos demonios de la bebida, el divorcio y la inestabilidad mental, mientras que Karen procede de una familia muy unida. El día de su boda, mientras esperaba fuera de la iglesia antes de recorrer el pasillo hasta el altar, con las puertas del templo a punto de abrirse para que entraran los numerosos invitados, su padre, que no era dado a expresar sus emociones, propuso que no era demasiado tarde para subirse a la limusina y largarse.

Al cabo de unos meses de matrimonio, ella lamentó no haberle hecho caso. Recuerda a su primer marido como peleón y agresivo «por nada. Tomaba afirmaciones y preguntas normales e inocentes y las transformaba en discusiones». Estaba pensando en dejarlo cuando se quedó embarazada y decidió darle una oportunidad al matrimonio, porque siempre había querido tener hijos. Después de que naciera su hijo, Karen achacó parte de su descontento a estar fuera de lugar, porque todas sus amigas eran solteras. Su madre cuidaba del bebé mientras Karen trabajaba. Cuando su matrimonio se tornó insoportable, ella tuvo una aventura con un compañero de trabajo. Cuando finalmente solicitó el divorcio, su marido se puso furioso, pero ella no se amilanó. Quizá fue otro caso de divorcio por medio de la aventura.

Karen se encontró a Charles otra vez en una reunión de facultad y reconectaron al instante y de forma poderosa. Ya llevan más de una década casados. Cuando ella reflexiona sobre su primer matrimonio, piensa que «quizá podríamos haberlo hecho funcionar», pero ahora que tiene un matrimonio asombroso con Charles, ve lo contraproducente y absurdo que habría sido intentarlo. Dice que ella y Charles tienen «el matrimonio más feliz» que ha visto.

Puedo entender la razón. Resulta que Karen y Charles son las almas de la bohemia sexual en la cáscara de *Ozzie y Harriet*. Para empezar, van a clubes de estriptis juntos en busca de provocación sexual y por interés mutuo. «¿No lo hace todo el mundo?», pregunta ella. Por otro lado, ella quiere ver mujeres y lo ha hecho desde el instituto. «No me habría casado con Charles si él no hubiera podido aceptar eso», dice. A Charles también se le permiten ciertos devaneos, y tolera e incluso alienta una vena exhibicionista de su mujer, que ocasionalmente lleva su delantal *vintage* sin ropa interior. Un amigo la llama con cariño una Donna Reed subida de tono.

La franqueza de Karen y Charles es más coherente con la realidad que no con la ilusión del matrimonio próspero de la década de 1950 que describió Cuber, aunque se distancia de relaciones tolerantes de aventuras predecesoras en otros sentidos. El suyo da la impresión de ser un matrimonio encantadoramente paradójico. Al salir de la facultad, Karen tenía el anhelo tradicional de simplemente casarse —estaba desesperada por ser una ama de casa—, pero al mismo tiempo también la sedujo la carrera competitiva; ahora llevan un estilo de vida extravagante dentro de los confines de un matrimonio tradicional e incluso romántico, y son aliados en esa búsqueda. La hostilidad de la puesta en acto de la aventura sexual que pretende ser una venganza contra un cónyuge, la maniática mentalidad de la batalla de los sexos o el doble rasero del sexo extramatrimonial son elementos ausentes de su matrimonio.

Esta clase de revisión del imperativo sexual suele ocurrir en secreto y en privado. Así que has de ir a lugares secretos para descubrirlo. Para aprender más de los bajos fondos de la tolerancia de la aventura hoy, voy al mismo sitio que todos los demás. Me uno a una red social de internet con temática y discusión matrimonial, esa cautivadora quimera de intimidad anónima. Es muy probable que estas redes y cibercomunidades cambien costumbres de forma interna, dentro de sus límites. Aquí, mujeres y maridos mantienen conversaciones anónimas sobre ética sexual en el matrimonio, y en la conversación anónima tendemos a perdonar con más facilidad, a tener una imaginación más viva y a expresar opiniones de manera más comunicativa. Y la conversación en línea sobre la ética sexual y la monogamia va por sexos. Es típico que maridos y mujeres solo discutan estas éticas, si lo hacen, con los de su propio sexo, lo cual refuerza los dobles criterios y estereotipos que aportamos a la conversación y alienta la solidaridad de un sexo contra el otro. Me pregunto si maridos y mujeres, como grupos, han tenido alguna vez un potencial tan grande de colaboración y se juegan tanto juntos.

Una mujer que tiene una aventura con un hombre casado se pregunta ante el grupo: «¿Cuánta gente está engañando de verdad ahora? Estoy empezando a creer que esto es más común de lo que pensaba. Confía en mí, nadie creería que yo era "la otra mujer". Y si yo lo estoy haciendo, solo me pregunto cuántos más hay que mantienen "el secreto".»

En respuesta, una mujer que ha tenido sus propias aventuras dice: «Somos muchas [...] más de lo que habría imaginado. La culpa está sobrevalorada. No me siento culpable, y ninguna lo hace. Por fin me siento en paz.»

Una mujer escribe que su marido está «teniendo una aventura, y aunque lo sé, él no sabe que lo sé. La parte triste, la parte que asusta, es que no estoy segura de que me importe. En casa todo está bien, somos felices y de hecho tenemos una buena relación. Nuestros hijos son felices y sanos. Creo que en algún momento nos hicimos muy buenos amigos, pero el deseo por el otro ha desaparecido. ¿Me equivoco? Debería decirle que lo sé o dejarlo estar. Sus "aventuras" son más bien encuentros pasajeros con otras mujeres. Solo duran unas pocas semanas. [...]. Pero si los dos somos felices tal y como va, ¿importa? ¿O debería decirle que lo sé y que no me importa?».

La respuesta minoritaria sostiene que este matrimonio fracasa en la prueba del algodón del matrimonio. «No le importas demasiado», dice una persona. «Ya no es un matrimonio de verdad, ¿no?», pregunta otra. «¿Por qué no te importa? Estás viviendo una mentira.» La abrumadora opinión, no obstante, no es solo la de una monogamia agnóstica, sino tolerante con las aventuras. «Deberías dejarlo así. Si te parece bien, déjalo estar», escribe una mujer. «No parece que tenga mucho sentido decírselo si estás feliz con las cosas tal y como están», aconseja un hombre. Otra mujer está de acuerdo: «Si estás sacando lo que necesitas de la relación y él está sacando lo que necesita, déjalo estar [...]. Puedes complicar tu statu quo, que no parece tan horrible.»

La mujer de otro participante tuvo una aventura que quedó delatada por la factura de su teléfono móvil. Él se está enfrentando al mismo dilema. No le importa tanto, y quiere saber lo que piensan otros de su indiferencia. ¿Por qué tiene que «ser egoísta» y decirle a su mujer: «Vete, no te quiero aquí (pedir el divorcio), lo cual no es cierto, o vengarme (tener una aventura yo), lo cual no es mi forma de ser?» Limitarse a pasar por alto la situación parece una mejor opción para él.

En lugar de escandalizarse, la perspectiva general sobre la aventura es la del pragmatismo simple. Estos maridos y mujeres de internet hablan en el lenguaje desapasionado del «cálculo-riesgo-recompensa» de tener una aventura cuando «una casa y los hijos están implicados». Usan el término de economía global *outsourcing* para describir sus vidas sexuales extramatrimoniales. Comparan sus matrimonios y a sus cónyuges con sus oficinas y sus colegas: «Dependo de mis compañeros de trabajo —dice un marido de su tolerancia a la aventura—, pero no necesito estar con ellos todo el tiempo, y hay partes de mí que nunca les enseñaría.»

Estos cónyuges consideran que sus matrimonios son un éxito, pero según un ideal posromántico. Un marido se describe plenamente comprometido con su matrimonio, pero «somos como los mejores amigos y compañeros de piso. Creo que el matrimonio es "solo un trabajo" para mi mujer». Añade que no dejaría el matrimonio por eso, «porque lo pasamos bien y nos necesitamos el uno al otro en términos prácticos». Según estos criterios de «compañeros de vida», el matrimonio funciona. «Están los que se sitúan en un punto medio, para los cuales una relación satisface la mayoría de las necesidades, pero aun así hay algo que falta», explica otro hombre. «Con frecuencia no es culpa de uno u otro miembro de la pareja. Es solo que dos personas no necesitan estar en la misma onda todo el tiempo.» Recuerdo mi conversación con Dan, y me doy cuenta de que las posturas en esta comunidad en línea distan mucho del intento de «herir» o de las ganas de ser un «campeón» o una *femme fatale* sexual. Por extraño que suene, estos cónyuges se dedican a preservar y por lo tanto a honrar el matrimonio, a través del sexo extramatrimonial tolerado.

Según el punto de vista del cónyuge tolerante de aventuras, ¿por qué desmantelar un matrimonio «simplemente» por una falta de encaje sexual o una aventura? Mis compatriotas en línea utilizan mucho esta palabra trivializadora «simplemente». En algún lugar del tránsito desde el romántico siglo XX al siglo XXI, la pasión fue relegada del sine qua non del matrimonio —su corroboración más deslumbrante— a algo «simplemente» secundario, algo incidental al alma de camaradería del matrimonio.

Si el ideal romántico del matrimonio nos imagina siempre de veinticinco años, el ideal posromántico nos imagina siempre de sesenta y cinco y calibra el éxito conyugal y sexual por lo que nos satisfará en la madurez. «La verdad es que no veo el daño en una aventura solo por sexo —dice una mujer—, siempre y cuando tú y tu cónyuge todavía os llevéis bien y seáis amigos. A largo plazo cuando los dos tengáis cincuenta, lo que importará no es el sexo, sino la amistad.» ¿Es profundamente sabio o una estupidez? No estoy segura. Mis amigas tampoco. Cuando se estaba divorciando, Josie me comentó con añoranza. «Esto sería un matrimonio ideal, si tuviéramos setenta años.» Laura observa que «el matrimonio es maravilloso al principio», cuando todavía estás fascinado con su novedad, y «precioso al final de la vida», cuando necesitas una persona que se ocupe de ti y te haga compañía. «El único problema son las décadas intermedias.»

La socióloga Jessie Bernard propuso hace décadas que podría producirse un choque inmanente entre los imperativos de exclusividad y permanencia en el matrimonio. «Si continuamos insistiendo en la exclusividad sexual cuando nuestros matrimonios se prolongan, puede que tengamos que sacrificar la permanencia —escribe—. Si queremos permanencia en el matrimonio, quizá tengamos que sacrificar la exclusividad.»[12] Un hombre de cuarenta y un años, padre de cuatro hijos, casado desde hace veinte años, se pone del lado de la permanencia en mi discusión en internet. Espera conciliar una mayor esperanza de vida con una atención sexual más breve, considerando la monogamia como una fase ética en un matrimonio prolongado. Fue una «buena elección» para ellos al principio, cuando estaban educando niños pequeños y agobiados por el tiempo, pero ahora él siente que tiene «tiempo y energía para dedicar a mi esposa y a otra». Una mujer apoya su punto de vista: «No creo que la mayoría de personas estén hechas para permanecer fieles a una pareja durante toda la vida. Algunos pueden hacerlo. Creo que para la mayoría simplemente es antinatural.»

Jason es un académico que lleva doce años casado. Tiene dos hijos y quiere seguir casado. «Intento asegurar que mis hijos nunca experimenten el dolor de un divorcio hostil, como me ocurrió a mí cuando era niño. En la mayoría de los sentidos, mi vida es ideal», dice, y sé exactamente a qué se refiere, pero su mujer tuvo una aventura y él también quiere tener una. Conoció a una mujer felizmente casada en una conferencia y se enamoró de ella. Se enviaron centenares de mensajes de correo electrónico y planearon consumar la relación, pero ella no se atrevió. Ahora está «buscando conocer a mujeres con una inquietud similar por experimentar más allá de los límites del matrimonio mientras mantienen los pies bien plantados dentro de esos límites». Da la impresión de que, para cónyuges como Jason, la tolerancia a la aventura no es el producto de un pensamiento radical. Surge de un deseo tradicional de permanecer casado, y en su caso, de evitar al coco del divorcio. Estos cónyuges no son ni tan románticos para pensar que la atrofia de la pasión significa que deberían divorciarse, ni tan tradicionales para pensar que deberían adecuarse al imperativo de la monogamia a cualquier precio. Maniobran de un modo sinuoso entre dos aguas. Persisten en el acervo génico del matrimonio tradicional pese a que sienten ganas de saltar y, de esta manera, contribuyen a que la institución evolucione en direcciones que en absoluto pretenden los defensores del matrimonio tradicional.

A los estadounidenses ocasionalmente les preocupa que los hombres solteros (y siempre se supone que son solo los hombres los que quieren el sexo por el sexo), ahora que la revolución sexual les ha dado acceso al «sexo gratis»,[13] sin el estorbo del matrimonio, pierdan interés por casarse. Llamémoslo el síndrome «dinero a cambio de nada y las chicas gratis», como la canción de los Dire Straits. Pero siguiendo la misma lógica, si la gente casada puede conseguir gratis el sexo extramatrimonial (esto es, dentro de parámetros no engañosos como la «ignorancia tácita de los hechos» del juez Lindsey o su «ojos que no ven, corazón que no siente»), ¿por qué preocuparse por divorciarse? ¿Por qué terminar un matrimonio de compañeros de vida «simplemente» por el marchitamiento de la pasión sexual? Lo mismo podrías «simplemente» quedarte casado.

14

Lo vamos resolviendo sobre la marcha

Liberación sexual y el proceso contra la monogamia conyugal

Otros matrimonios deshacen el nudo matrimonio-monogamia todavía más, con elaboración explícita. La monogamia conyugal está luchando en una guerra con múltiples frentes contra enemigos que van desde la infidelidad pasada de moda al divorcio inspirado en el deseo y el rematrimonio, el matrimonio insatisfecho sin sexo o el agnosticismo de la monogamia y las zonas grises de la infidelidad. El matrimonio «asexual» y el matrimonio de *swingers* probablemente custodian los extremos de este espectro de libertarismo sexual, la idea de que cada matrimonio puede escribir sus propias reglas más allá de la ortodoxia romántica.

Los matrimonios asexuales son un género distinto al de los matrimonios sin sexo. Mi procesador de texto resalta asexuales como un error gramatical. Piensa que «asexual» es un adjetivo, no un sujeto. Se equivoca. Los asexuales son personas a las que «directamente y sin bromas el sexo les importa un pimiento»,[1] escribe el fundador de Asexual Visibility and Education Network (AVEN, Red por la Visibilidad y la Educación Asexual) en su sitio web. Reivindican esta falta de pasión como una «cuarta categorización»[2] de preferencia sexual y como un estilo matrimonial, no como un déficit matrimonial. Rechazan la priorización de un amor sexual monógamo por encima de la amistad. El matrimonio asexual no significa no tener intimidad, o ni siquiera no tener sexo; significa no querer tener sexo y codiciar un ideal de intimidad platónica. Los asexuales tienen su propio servicio de parejas en línea, y AVEN cuenta con quince mil miembros.

Samantha es una mujer asexual y madre de dos hijos. Siempre ha sido indiferente al sexo. «Me preguntaba, con todos los novios, que a lo mejor no eran el adecuado, porque nunca quise realmente sexo y nunca lo inicié. Cuando mi marido y yo empezamos a salir, teníamos sexo a todas horas, como la mayoría de las parejas. Pero en realidad yo estaba contenta con que eso no ocurriera. Podía tener orgasmos y con la frecuencia que quería, pero en realidad, prefería leer alguna cosa.» Buscó consejo médico, pero tuvo «una gran sensación de alivio y pertenencia» cuando encontró una comunidad web para asexuales y se tranquilizó respecto a que «no era rara o loca, sino que hay otros como yo». El instrumento democrático del buscador de Google ha convertido una aflicción conyugal en un estilo de vida conyugal. «Miles de personas pasan por más o menos lo mismo —dicen en AVEN—, inventando la misma palabra de la nada para describirse y buscándola en Google.» Samantha distingue su estilo de vida del celibato, que implica «privarte de algo. Eso sería como decir de un heterosexual que se priva de algo porque no tiene relaciones homosexuales, o viceversa. A mí no me interesa, así que no hay ninguna privación».

Con su nueva orientación en el mundo como asexual, Samantha y su marido empezaron un compromiso de sexo una vez por semana siempre que ella pudiera elegir cuándo y dónde y él no la presionara ni mencionara la cuestión. Eso funcionó durante un tiempo, hasta que él empezó a «quejarse de las circunstancias». Cuando se cansó de sus quejas, Samantha propuso un matrimonio abierto. «Él casi pensó que era un truco. No podía creer que le estuviera diciendo que tuviera sexo con otra», recuerda. «Pongamos que te gusta el ping pong —le explicó a él—. Yo odio el ping pong, a ti te encanta el ping pong, así que ve a buscar a alguien que quiera jugar y pásatelo bien.» Una vez que él se dio cuenta de su auténtica «indiferencia» al hecho de que él tuviera aventuras extramatrimoniales, empezaron a buscar una novia. «Me frustré de verdad, porque no pensaba que sería tan difícil encontrar a alguien para él. Pero lo amo porque le gusta elegir y no quedarse con lo primero que se le presenta. Terminamos encontrando a un montón de parejas que estaban interesados en los dos. A mí no me entusiasmó porque la idea es que yo no necesito tener sexo. Pero los *swingers* son muy seguros de su matrimonio y no hay ningún drama», algo que definitivamente querían evitar, así que lo intentaron y «estuvo bien para mí pero fue formidable para él». Se alejaron de eso y finalmente encontraron «una novia o dos» para su marido.

Le pregunto cómo definen su matrimonio. «Tenemos dos hijos y estamos locos por ellos, y verdaderamente nos amamos el uno al otro hasta la muerte. Mi marido no quiere presionarme para que haga algo que yo no quiero. Y yo tampoco quiero que él pase sin algo que para él es tan importante. Hay que tener compasión y comprensión por la persona que amas —filosofa Samantha—, algo que deberías tener de todos modos, pero hay mucha gente que no lo tiene.» En ocasiones, la preservación del matrimonio tradicional (por no mencionar la humanidad del cónyuge) requiere la demolición del matrimonio tradicional, o al menos de sus grandes reglas.

«El divorcio no era la opción que queríamos. Nos amamos y no dejaremos que algo tan trivial como el sexo se interponga en la forma en que compartimos la vida», dice Samantha, y recalcó otra vez que el sexo se ha deslizado desde su lugar como cimiento del matrimonio (romántico) a una faceta «trivial». Pero, advierte, «has de desterrar todos los celos que puedas tener en mente. Sé sin ninguna duda que mi marido no irá a ninguna parte. Si no estás seguro de eso, no lo hagas».

Me sorprende descubrir que la abstinencia ocasiona un sentimiento de vergüenza, incluso en nuestra época fetichista de la abstinencia, e incluso para solteros asexuales. No es más fácil presentarse como asexual que hacerlo como poliamoroso. (Samantha no es franca con sus padres «porque tendría que usar la palabra "sexo" para explicárselo», bromea.) Un ensayo del sitio web de AVEN señala que las «reacciones van desde las de apoyo pleno [...] a acusaciones directas de llevar la vergüenza a la familia». ¿Por no tener sexo? Los asexuales encontrarían más compañía en Japón, donde la libido nacional es tan tenue que un periódico publicó el incitante titular: «¡Jóvenes! ¡No aborrezcáis el sexo.»³ El artículo se preocupaba por el hecho de que las «contrataciones de habitaciones en hoteles de citas habían caído al menos un 20% en los últimos cinco años». Y muchos invitados no los visitaban como lugar de encuentro íntimo, sino «porque los hoteles de citas ofrecen el acceso más barato a las máquinas de karaoke y videojuegos».

La comunidad de *swingers*, como la comunidad de asexuales casados, ha cobrado mayor prominencia en Google en los últimos años.⁴ El número de parejas de *swingers* está creciendo deprisa. Entre dos y cuatro millones de matrimonios de Estados Unidos participan en esta forma recreativa de no monogamia. Susan Wright es la directora ejecutiva de la National Coalition for Sexual Freedom (NCSF, Coalición Nacional para la Libertad Sexual), una especie de grupo de defensa del libertarismo sexual en lo que se refiere a prácticas «seguras, sanas y consensuadas». Wright cree que el número de *swingers* está infravalorado, porque algunas parejas van a clubes de intercambio de parejas, pero no se etiquetan como *swingers*. Sin embargo, el número de este tipo de clubes está creciendo de manera exponencial, dice, y este estilo de vida «es mucho más común de lo que la gente cree». Hay más de 500 clubes en el país,⁵ el doble que hace diez años, y se ha incrementado en 200 solo en los últimos cinco años. Los estados con más clubes son California y Tejas. El intercambio de parejas, dice Robert McGinley, presidente de la Asociación de Clubes de Swingers de Norteamérica, se ha «organizado e institucionalizado» en el siglo XXI.

La NCSF mantiene una lista de profesionales que comprenden los matrimonios sexualmente no tradicionales. Wright la fundó en 1997, después de trabajar en la Organización Nacional para Mujeres (NOW). Me parece una pionera del feminismo de tercera ola. NOW apoyó a las lesbianas a principios de la década de 1980, recuerda Wright, pero excluyó las comunidades sadomaso de su programa de no discriminación. Wright no estuvo de acuerdo con esta exclusión ni con la hostilidad entre feministas hacia sus pares no convencionales. «Las mujeres atacarían a otras mujeres con chaqueta de cuero. La gente cree que el sadomaso es muy inusual» o, en el caso de NOW, que explota a las mujeres, «pero yo les pregunto, bueno, ¿alguna vez os dais algún azote? Eso también es una forma de sadomaso».

Las reuniones de *swingers*, como la convención anual de Lifestyles[6] en Las Vegas, atraen a vendedores que tienen un negocio boyante en servicios fotográficos y juguetes sexuales. Los *swingers* están dispuestos a gastar hasta setecientos dólares en excursiones de fin de semana al Caribe o a México (como dice un chiste, sabes que eres *swinger* porque tienes un montón de millas gratis por viajes a Jamaica). A los hoteles les encantan los *swingers*, según Wright. Por lo general, un grupo alquilará un hotel entero y dará una fiesta para romper el hielo, «nada abierto o explícito». Luego los invitados pueden irse a casa o, más probable, subir la escalera. «Los hoteles reciben *swingers* una y otra vez —dice Wright—. Sabemos cómo dar rienda suelta a los sentimientos sin perder el control.»

Al mercado libre en general le encantan los *swingers*. Junto con las novias, son un nicho especialmente lucrativo para la industria del ocio y la hostelería, porque tienden a ser de clase media alta y disponer de muchos ingresos, aunque no sea esa la imagen que proyectan. Un estudio de 1985[7] preguntó a más de 100 no *swingers* por sus percepciones de los *swingers* y las compararon con los perfiles reales de 300 *swingers*. Los no *swingers* percibían a los *swingers* casi como cocos sexuales y los imaginaban fumando marihuana, consumiendo drogas y bebiendo copas de un solo trago, con tendencias demócratas y necesitados de un psicólogo. Los *swingers*, en realidad, tienden a tener matrimonios largos y muchos tienen hijos; aunque el *swinger* con hijos normalmente le pide a la canguro un sábado: «Quédate toda la noche y no hagas preguntas por la mañana.» Los *swingers* son «en su mayoría de mediana edad —dice Wright— con montones de mamás que se pasan horas llevando a los niños al fútbol». Tienden a ser política y religiosamente conservadores. Su perfil sitúa la génesis del *swin-*

ging no en la contracultura *hippy*, sino en las comunidades militarmente muy unidas del sur de California en las décadas de 1950 y 1960. *Swingers*: la base republicana.[8]

Internet ahorra a las parejas casadas curiosas el estigma de buscar información en librerías para adultos o *sex shops* de su localidad y facilita el acceso a la cultura oculta. En los ahora incomprensibles años anteriores a Google de principios de la década de 1990, una conocida mía intentó encontrar una fiesta *swinger* porque su compañera de habitación y mejor amiga no había tenido relaciones sexuales durante un tiempo y quería intentarlo. Caitlin tendría que acompañarla porque Nan no tenía coche. Nan encontró un folleto en Video Pomposity, una tienda de alquiler de películas con veleidades artísticas, pero tuvieron que llamar a tres o cuatro personas diferentes antes de conseguir la dirección real. «Era alto secreto —recuerda Caitlin—. No estaba segura de si sería como una fiesta real, o no, así que llevamos una bandeja vegetariana por si acaso.»

Cuando por fin encontraron el domicilio de la fiesta, una lujosa casa de dos plantas en un barrio residencial apartado, la anfitriona los recibió envuelta en una toalla. Se emocionó al ver lo que pensó que era una pareja de lesbianas en el umbral. Todas menos una de la veintena de parejas del interior eran blancas, dice Caitlin, y la mayoría parecían prósperas.

La fiesta se inició a última hora de la tarde y empezó como cualquier otra fiesta: charla de política, bomberos voluntarios y cosas similares. Aunque la anfitriona toqueteó a Caitlin cuando accedió a acompañarla con una ronda de cerveza, por lo demás no vio «signos de gente metida en sexo y estaba pensando que a lo mejor no era esa clase de fiesta». Hacia el anochecer, la acción fue en aumento. Los invitados empezaron a reunirse alrededor de la piscina y la bañera de agua caliente, desnudándose, sentándose en el regazo del otro e intercambiando lo que Caitlin recuerda como «besos de borracho, con la boca abierta». A Caitlin le entró el pánico y quiso urdir una «estrategia de escape». Terminó acurrucada en el cuarto de baño, incapaz de encontrar a Nan, mientras la anfitriona de la toalla llamaba a la puerta y preguntaba: «¿Estás preparada para empezar?»

Fue un «momento de decisión vital», dice Caitlin, porque «el marido de la anfitriona estaba en la cama y definitivamente preparado para empezar». Caitlin dijo que no y la pareja se retiró a su habitación, obligada, presumiblemente, a tener sexo aburrido solo entre ellos. Caitlin confiesa que era «la *swinger* falsa». Finalmente encontró a Nan en la bañera con el hombre más mayor de la fiesta, «una figura de Morton Feldman con pecho velludo». Nan hizo pucheros porque ella todavía no había intercambiado y quería disponer de un rato más. Caitlin la sacó y se la llevó del barrio residencial, hacia la relativa seguridad de la ciudad del interior en la que vivían. «Estoy dispuesta a hacer cualquier cosa una vez, pero no eso», concluye.

«Durante años recibí correo camuflado del club de *swingers* desde un apartado de correos —dice Caitlin, riendo—, y al abrirlo caían hojas de la siguiente fiesta de *swingers* y el laberinto telefónico para encontrarla.» Las cosas son mucho más fáciles hoy, sin payasadas de intriga y misterio ni teléfonos en los árboles. «La gente puede establecer una red de manera segura hoy en día —dice Wright—. Actualmente basta con escribir en Google el nombre de tu ciudad y encuentras a gente normal de la comunidad que está educando a otros adultos sobre sexualidad.»

Tiene razón. Encargo a mi álter ego Miranda que busque en clubes de intercambio de parejas y al cabo de solo cinco minutos su búsqueda arroja resultados exhaustivos. Informo a John. Por fin he llevado a mi extrañamente paciente marido al borde de su tolerancia por mis experimentos.

—Yo no voy a hacer intercambio de parejas —dice con cautela—. No voy a tener sexo en público en una jaula colgada.

—Yo tampoco voy a hacerlo. No te preocupes. No me atrae personalmente.

—¿La gente se viste para esas fiestas?

—¿Formal?

—Con esmoquin y vestidos largos y cosas así.

—No, cielo, eso es muy de James Bond. Guau, menudas fantasías románticas has tenido. No es el baile de graduación. Si acaso, piensa en uniformes de escuela católica y cuero.

—Eso no me interesa.

—A la Iglesia católica tiene que encantarle que sus uniformes formen parte del atrezo de los *swingers*. —Me río. John suspira con aprensión.

Estamos teniendo esta conversación mientras me estoy preparando para contactar con algunos de esos clubes de intercambio de parejas que se encuentran sin ningún esfuerzo por medio de Google. Hay demasiadas opciones, como con todo lo demás. Me intriga advertir que algunos son propiedad de una mujer. The Farm, cuya divisa me promete ayudarme «a cabalgar», parece como el Harvard de los clubes de intercambio de parejas. Está entre los más conocidos y grandes del mundo. Tiene ochenta hectáreas de terreno privado, servicio de cenas, un enorme bar, pistas de baile, grandes pantallas de televisión y veinticinco salas de fiesta temáticas. En verano hace gala de una piscina, tres terrazas para tomar el sol e instalaciones para autocaravanas para el *swinger* de vacaciones, así como senderos de excursionismo y mesas de pícnic.

—Este te encantará, cielo —digo—. Tiene mazmorra y zona de gimnasio.

—¿Qué puede ser más sexy que el ejercicio?

Descubro que los *swingers* ecologistas de Oregón pueden disfrutar de «una noche de sexo de calidad en un entorno grupal sin alcohol, tabaco ni drogas». El club «se preocupa por la salud» y es «primigenio». A pesar de su exuberancia erótica, la mayoría de los clubes de *swingers* hacen gala de ser entornos de no fumadores. Imagina que Calígula estuviera obsesionado por la salud. Es la clase de club que podría haber tenido. Los fumadores se han convertido en los mayores parias del país. Tenemos sexo en público en una mazmorra, pero no vayáis a pensar que fumamos.

El club social Swinging Boaters es para que «los *swingers* amantes de los barcos se junten para compartir estos dos pasatiempos sensuales», navegar y el sexo. Cualquiera puede concertar una cita, siempre y cuando anuncie el miércoles o el jueves que «va a algún sitio el fin de semana». Eso suena suficientemente vago. El anfitrión de *swingers* náuticos es responsable de «controlar las alertas meteorológicas y orientar a otros barcos hacia las citas». En un giro respecto a la piratería, esos otros barcos solo han de pasar por delante y saludar al barco anfitrión si están interesados.

—¿Son yates o veleros? —se interesa John.

—¿Qué diferencia habría?

—Simplemente me gusta conocer estas cosas, cielo.

A continuación, me centro en un club de mi zona y recopilo detalles de su propietaria. El club se encuentra en un centro comercial de la periferia. Está situado detrás de una tienda de zapatos y contiguo a la parte posterior de un restaurante de comida china para llevar. Solo abre las noches de fin de semana, como la mayoría de clubes, y tiene algunos servicios impresionantes: «una jaula de danza elevada a más de dos metros para disfrute de las damas», barras de baile de casi cuatro metros, «música atronadora en la pista de baile». No es un club de intercambio de parejas, sino una «experiencia de estilo de vida», dice el sitio web.

—¿Qué digo...? —murmuro en voz alta a John, dudando ante mi portátil—. ¿Crees que necesitas promocionarte cuando hablas con estas personas? ¿He de hablar de qué aspecto tenemos? Supongo que es un criterio de valor *swinger*.

—A lo mejor te hacen una prueba.

Mejor pecar de precavida. «Mi marido y yo estamos en buena forma física —escribo, sintiéndome absurda—, y se considera que tenemos buen aspecto.»

La propietaria, Lisa, demuestra ser servicial y amable, de las que añaden muchos corazones en su correspondencia, y me tranquiliza al asegurarme que nadie nos hará hacer nada que no queramos. Es un club «externo», explica. A diferencia de los clubes «internos», donde los miembros pueden tener sexo en lugares privados (o públicos) dentro del propio local, toda la noche si quieren, la función de los clubes externos es más la de ser un lugar de encuentro social, mientras que las «actividades íntimas» con otros invitados que te atraen han de llevarse a cabo en otro sitio.

Lisa me dice que el viernes es la mejor noche para los novatos. Si quiero venir sola debería vestirme de rojo para señalar que soy un «unicornio», el código *swinger* de una mujer sola. (Los hombres solos, vaya, no son bienvenidos.) Hay toneladas de fotos falsas y antiguas en los sitios web de emparejamiento *swinger*, me advierte Lisa, pero si vengo a su club conseguiré la certificación extra del icono de un gran corazón junto a mi perfil.

A continuación busco una fiesta privada. En 1975, un investigador descubrió que a casi la mitad de una muestra de no *swingers* le habría molestado que una pareja de *swingers* por lo demás intachable se mudara a la casa de al lado. Wright ve casos en los que los vecinos se quejan de fiestas en casas de *swingers*, pero normalmente ocurre cuando los *swingers* deciden empezar a cobrar por la entrada, y entonces es «un improvisado negocio de *swingers*». De hecho, una tormenta en este sentido hizo erupción en el lujoso barrio de Washington D. C. de Bethesda en 2009. Wright instó a los *swingers* emprendedores a instalar otro tipo de negocios, porque una de las cosas más negativas que puede ocurrirles a los libertaristas sexuales es cometer un delito contra las leyes de zonificación locales. «Hemos de transmitir el mensaje: no establecemos negocios contra las leyes de zonificación.»

Ned, el marido de un matrimonio de *swingers*, me cuenta cómo funcionan las fiestas caseras. Ned nos insta a John y a mí —aunque me hace reír con mojigatería incluso imaginar esa conversación— a ser «lo más claros posibles» entre nosotros antes de asistir a una fiesta. Luego «solo relájate y charla —dice—. En este aspecto, es mucho más parecido a cualquier otra fiesta. Cualquier nerviosismo desaparecerá enseguida». Como las interacciones sociales normales completamente vestida ya me ponen bastante nerviosa, más bien lo dudo. En sus fiestas en casa, Ned y su mujer suelen proponer ejercicios para romper el hielo. Me recuerda las excursiones de empresa.

Ned explica que algunos *swingers* solo usan las fiestas para conocer gente y no para «jugar» en el local. «Ahora bien, ¿qué hacer si una pareja a la que acabamos de conocer os propone ir al piso de arriba con ellos u os dice: "¿Os gustaría jugar?" Por supuesto, solo podéis hacer lo que os apetezca a los dos.» Me tranquiliza asegurando que «ser considerado y respetuoso con los demás, incluso cuando se declina una oferta, es recomendable en cualquier parte». Pese a que la gente piensa que los clubes de *swingers* son «una enorme orgía donde todos echan la ropa a un lado y se tiran en la pila», se equivocan, aparte de Plato's Retreat a principios de la década de 1970 en Nueva York, que realmente era así, concede.

Algunas parejas solo «juegan» entre sí hasta que se sienten cómodos con diversificar. Hay un «intercambio suave» en el que las parejas no se intercambian, sino que juegan solas mientras otra pareja mira; está la variación de «intercambio pleno en la misma habitación» y la opción de «intercambio pleno en diferentes habitaciones». Bob y Kate empezaron con el intercambio de parejas como primer paso en su búsqueda de un matrimonio más abierto. En el punto de partida decidieron que estaban interesados solo en un «intercambio suave, es decir, sin sexo con otras parejas», me cuenta Bob. «Fue sobre todo a instancias de Kate, pero, la primera vez que estuvimos con otra pareja, ella fue la que quiso dejar de lado ese límite, así que enseguida nos convertimos en pareja de intercambio pleno.» Las permutaciones me marean.

—Deberían ponerse etiquetas con todas las opciones diferentes —propone John.

Le doy las gracias a Ned por sus pacientes explicaciones y le pregunto si hay una fiesta inminente. Me responde que no. Él y su mujer han tenido que dejar de ser anfitriones. Su anciana madre enfermó y ha tenido que instalarse con ellos, y pensaron que a ella no le parecería muy bien.

La asexualidad y el intercambio de parejas parecen opuestos en una imaginada rueda de color de vida sexual y ética matrimonial. Sin embargo, en un sentido más profundo, forman parte del mismo aire posromántico. Ambos descartan la monogamia como directriz principal del matrimonio o incluso como aspecto relevante. La monogamia es como el apéndice del matrimonio. Sigue allí como un vestigio de funciones imperativas anteriores como asegurar la paternidad, pero ¿todavía sirve a estos propósitos?

Al reunir todas estas historias en un continuo —desde la deliberadamente asexual a la falta de sexo malhumorada o al clandestinamente infiel o el que tolera de forma tácita el adulterio, el matrimonio éticamente abierto o el alegre *swinger*—, me siento inclinada a pensar que deberíamos dejar de considerar la no monogamia un problema conyugal y llamarlo cultura conyugal. La no monogamia conyugal podría ser para el siglo XXI lo que el sexo prematrimonial fue para el siglo XX: una conducta que se desplaza gradualmente de lo proscrito y limitado a lo tolerado y cada vez más común.

La metáfora de intimidad podría estar desplazándose del círculo exclusivo y cerrado del anillo de boda a la web, con más conexiones y vínculos remotos y múltiples. Internet es una nueva morfología del matrimonio. Más de una vez, he oído que jóvenes casadas de veintitantos se refieren a ellas con desenvoltura como «poli».

Un axioma legal sostiene que el fraude vicia los contratos. Cuanto más sinceros son los términos, menos probable se vuelve el «fraude de la monogamia». En el pensamiento legal de vanguardia, la profesora Elizabeth Emens cuestiona de forma provocadora por qué el imperativo de la monogamia sigue sosteniéndose de manera acrítica cuando hemos estado cuestionando tantos otros fundamentos del matrimonio.[9] Su pensamiento encaja con la tendencia más amplia a ver la afinidad del contrato del matrimonio con la de otros contratos privados. «Si la gente pudiera elegir entre monogamia o alguna de sus alternativas, en lugar de ser instada a promesas automáticas de monogamia —presupone Emens—, podría haber menos traiciones desagradables y dolorosas. Más gente que valora la no exclusividad podría encontrarse [...]. Sería más fácil tener la seguridad de que un compañero monógamo realmente desea la monogamia.» Emens recomienda que usemos la ley «para alentar a la pareja a discutir y acordar reglas de relación sobre exclusividad sexual».

Me da la impresión de que el libertarismo sexual continuará creciendo y la monogamia de toda la vida continuará perdiendo estatus como algo asumido de manera predeterminada en matrimonios laicos. Las parejas que deciden casarse deberían hablar de la monogamia de antemano, de forma pausada, sincera y consciente. Sin duda muchos todavía la elegirán, pero no podemos saber cuántos porque, como señala Emens, no tenemos una forma socialmente aprobada de discutirlo.

O bien los cónyuges podrían decidir revisar la cuestión de la ética sexual en diferentes coyunturas. Quizás estarán de acuerdo en circunstancias bajo las cuales podrían pasar por alto la infidelidad. Quizás optarán por la monogamia durante ciertas fases de un matrimonio —al educar hijos pequeños, por ejemplo—, pero no necesariamente para siempre ni de manera incondicional. O quizá se descubrirán afirmando más que asumiendo que para ellos la exclusividad sexual y la intimidad física realmente es la piedra angular del matrimonio. Esa afirmación sincera, explícita, solo puede fortalecer su dedicación para hacerlo funcionar.

Algo ha ocupado el lugar de la monogamia como marco para matrimonios no convencionales descritos aquí;[10] de lo contrario, como cualquier edificio mal construido, se habría derrumbado. De manera sistemática, se revela que ese sustituto es un criterio ético platónico tomado prestado de la amistad. Como dice una mujer asexual: «Buscamos fundamentalmente distintas formas de intimidad con nuestras parejas. [...] Lo vamos resolviendo sobre la marcha.» Una mujer en un matrimonio no monógamo piensa en ello en términos similares. «¡Hay muchas más cosas en el matrimonio que la monogamia! Está la decisión de vivir nuestras vidas como compañeros en todas nuestras decisiones. ¿Qué saca cada cual de un buen matrimonio? Confianza. Fe. Compañerismo.»

En la década de 1970, estas parejas podrían haberse divorciado cuando la pasión se desvaneció. En el consenso del matrimonio de la década de 1950 y antes, podrían haber sentido que no tenían otra alternativa que quedarse juntos. Quizás en nuestro tiempo, y quizá como un efecto colateral no intencionado del mismísimo movimiento de los valores familiares, parejas inconformistas o inquietas en el plano sexual están resistiendo el canto de sirena romántico y trabajando con ahínco para seguir casados.

15

¿Un lugar al que va a morir un matrimonio enfermo?

El mundo oculto de la no monogamia ética

Lo que contemplan Jack y Jill no es tan ilícito y embustero como la infidelidad; ni tan recreativo y ligero como el intercambio de parejas; ni tan conveniente y familiar como el divorcio. Claro está, serás juzgado por muchos si te divorcias, y esa vergüenza pesa si decides buscar tu humanidad adulta por encima de aguantar lo que caiga. Pero al menos el divorcio es un camino bien hollado, o un sendero de lágrimas con puntos de partida e hitos hoy bien conocidos. Tiene su propio estante en algunas librerías. Aunque sus consecuencias podrían ser radicales para la pareja implicada, no es una opción social radical. La práctica real de la no monogamia conyugal tampoco es radical. Serás juzgado por la aventura si te pillan, desde luego, pero al menos la infidelidad es un pecado antiguo y agradable. La práctica de la no monogamia conyugal abierta, en cambio, no solo parece radical sino rara. Si has decidido explorarla con tu cónyuge como una nueva ética sexual que podría permitirte preservar el matrimonio, probablemente serás objeto de más oprobio que si un día te divorcias, empiezas a quedar al día siguiente y te traes a tu nuevo amante para que conozca a tus hijos esa misma noche.

Igual que la mayoría de los estadounidenses, e igual que yo, mi portátil está desconcertado por la palabra «poliamor». Mientras escribo, subraya la palabra de manera acusatoria con una línea roja de error ortográfico. Puede que piense que quiero decir «poligamia»,[1] pero el poliamor no es poligamia, que significa tener múltiples parejas. El poliamor también es distinto de la infidelidad, obviamente, y del intercambio de parejas, que es algo recreativo más que una no monogamia íntima. Es una versión evolucionada y más ética de un matrimonio abierto. Aunque el término puede abarcar cualquier número de geometrías de intimidad, significa en esencia, como la experta en derecho Elizabeth Emens escribe de manera sucinta, una forma de «no monogamia ética».[2] Curiosamente, lo que la hace radical es este criterio escrupuloso de decir la verdad, de pasar del entorno predeterminado de la mentira o la negligencia beneficiosa al conocimiento inquebrantable. La no monogamia ética sitúa en el lugar más alto las reglas, la sinceridad, el acuerdo y el consenso. Este criterio empieza contigo y con tu cónyuge y se extiende a elegir compañeros que son sinceros con sus cónyuges o no comprometidos. Su otro precepto principal es que tu vínculo y compromiso con tu cónyuge es y ha de seguir siendo el vínculo «primario». «Los rivales no se permiten»,[3] escribe Wendy-O Matik en una guía del poliamor.

En el presente, la no monogamia ética es anómala, pero creo que se trata de una vanguardia más que de un movimiento marginal. Un estudio amplio aunque no representativo de Lillian Rubin descubrió en 1990 que el 5 % de los matrimonios eran abiertos.[4] Un estudio de 2000[5] los cifra en medio millón. El gobierno federal[6] no financia la investigación en alternativas del matrimonio, así que es difícil de saber. En una encuesta realizada en 2007 a 14.000 personas en Oprah.com, un sorprendente 21 % de los que respondieron manifestó que tenían un matrimonio abierto.[7] Loving More, una organización nacional que apoya el poliamor, señala un índice de más de mil visitas diarias en su web. Hay decenas de redes y grupos locales de poliamor, desde el grupo de «poliamor consciente» de Filadelfia a un sitio de citas «poli» en línea. Dos académicos han señalado una reciente ola de interés en alternativas factibles al matrimonio monógamo, lo cual también se evidenció por la popularidad de las series de televisión *Big Love* y *Swingtown*. Programas de telerrealidad como *The Bachelorette* refuerzan un ideal de monogamia en el que la «concursante» debe elegir solo un hombre para casarse, pero durante la temporada completa, hasta que llega ese momento, estamos expuestos a la realidad de que la concursante tiene sentimientos románticos genuinos por más de un hombre a la vez. Es una realidad no monógama convertida de forma clandestina en un cuento de hadas monógamo de Cenicienta.

Un matrimonio abierto es para mí estrictamente un matrimonio de ciencia ficción, a pesar de mi afinidad teórica con él. Me parece ingenuo. Cuesta imaginar que todo el delicado engranaje de tantas vidas de personas, emociones y neurosis diferentes se mezcle de manera homogénea, sobre todo ante vestigios románticos formidables. Para la mayoría de los matrimonios, confianza, simbolismo e intimidad siguen entrelazados con el sexo y la posesión sexual. Claro que esta no es la era de la «mayoría de los matrimonios», la era del consenso matrimonial ni la era del imperativo del matrimonio familiar.

Pido en mi encuesta de internet que se reaccione a la opinión «No es realista esperar que un matrimonio sea monógamo en toda su duración». Esta pregunta provoca, de lejos, el mayor desacuerdo (69%), y la mitad de ellos dicen que no están «en absoluto de acuerdo». Solo el 15% está de acuerdo y el 14% no tiene opinión formada. Hay más personas que creen que vivir de manera monógama durante todo el matrimonio es realista que las que realmente lo consiguen.

A continuación, para arrancar diferencias entre «infiel» y «abierto», pido que se reaccione a «La no monogamia podría funcionar si las parejas estuvieran de acuerdo con eso de antemano». Esto provoca una reacción algo menos pesimista. El 58% está en desacuerdo y el 43% no está «en absoluto de acuerdo». No me sorprende. Sin embargo, al realizar una inspección más atenta, me interesa el 8% que está «completamente de acuerdo» y el 22% que entra en el rango del acuerdo. Casi uno de cada cinco —19%— no están seguros, pero tampoco descartan la idea. Creen que podría funcionar, o tienen un punto de vista neutral. Eso totaliza un elevado (sobre todo a este lado del Atlántico) 41 % que al menos no está decidido sobre si la no monogamia ética podría funcionar. Y el 11 % de quienes respondieron que estaban en desacuerdo con la primera afirmación (que no era no realista esperar que un matrimonio sea monógamo) piensa que la no monogamia podría funcionar si se pacta de antemano.

Si eres como mis conocidos casados, la idea pone el dedo en la llaga. Es un tema que da que pensar, aunque toleran mi charla al respecto. En privado, algunos preferirían un matrimonio abierto o tolerante de las aventuras si este estuviera socialmente aprobado. Algunos han sido infieles y otros han sido víctimas de infidelidad. La mayoría ha tenido fantasías con otros y enamoramientos; muchos ya no se sienten sexualmente posesivos ni muy excitados por sus cónyuges. A pesar de su curiosidad, la expresión más común es que «nunca funciona».[8] (Por escasa que sea, la investigación cuestiona este escepticismo reflejo.) La gente se estremece ante bochornos del inconsciente colectivo histórico, como el infantilismo del cambio de pareja de los aburridos y ricos residentes de Connecticut tan mordazmente retratados en la novela de Rick Moody *La tormenta de hielo*. Muchos en mi cohorte quieren creer en el matrimonio feliz abiertamente no monógamo como podrían querer creer en sirenas, unicornios y otras mitologías encantadoras. Quizá no hay ninguna idea que la gente casada quiera que otra gente casada arrastre para ellos a la corriente principal que esta.

Aunque el matrimonio abierto parece hoy «repugnante», dice una esposa, cree que pronto podría evolucionar y convertirse en un acuerdo más común o más benignamente percibido, como ha ocurrido con el matrimonio interracial. La no monogamia ética es la idea loca más lógica que existe. Josie añade que la cultura homosexual ha sido una vez más pionera. «Los gays han estado en relaciones abiertamente no monógamas y comprometidas durante décadas. ¿Por qué esto es tan escandaloso en el matrimonio hetero?»

Un terapeuta me cuenta que se ha encontrado a unos pocos pacientes que preferirían que sus cónyuges «encontraran un amante» antes que elaborar las cuestiones sexuales de su matrimonio, lo cual lamenta. Me sorprende que vea este nivel de franqueza con la frecuencia con la que lo hace. «Pero es como ser gay», dice, una subcultura secreta pero suficientemente prevalente.

Quizás el matrimonio tradicional promiscuo es el armario más profundo de nuestro tiempo y la no monogamia abierta lo más difícil de confesar. Mientras que algunos matrimonios heterosexuales formalmente tradicionales se hacen más promiscuos, algunos matrimonios del mismo sexo se hacen más románticos. Algunas parejas del mismo sexo reivindican su derecho a casarse para afirmar su creencia en la monogamia, la exclusividad y un vínculo de amor duradero, todas las premisas románticas del matrimonio. Entretanto, algunos matrimonios duraderos externamente tradicionales, que podrían ser aplaudidos por los «defensores del matrimonio» —porque son reconocidos legalmente y entre «un hombre y una mujer»— están llevando a cabo un proceso de «promiscuización». Están socavando en secreto la ortodoxia e improvisando nuevas reglas apartadas de los puntos de vista tanto tradicionales como románticos del matrimonio.

Resulta que Josie se ha casado, en Connecticut, con una nueva pareja. «Es el acto definitivo del optimismo», me escribe. Su novia se lo propuso a la antigua. Se arrodilló en una habitación de hotel con champán y bombones («Yo tenía miedo de que se hubiera desmayado o tropezado»), le pidió la mano a Josie y le regaló un anillo precioso.

Josie no está segura de cómo llamarse ahora:

—No quiero decir «mi pareja» —dice—. Eso fue antes de que decidiéramos casarnos.

—Pero los cónyuges hombre-mujer se llaman parejas actualmente. Encajarías.

Sin embargo, en sus sueños, Josie es más romántica que eso. Recibo su invitación de boda justo cuando estoy ahondando en los matrimonios heterosexuales promiscuos. Le señalo esta coincidencia. «¿Cómo es posible que hayamos migrado así al mundo del otro?», se pregunta.

El matrimonio abierto promiscuo tiene cierta audacia al extender los límites de lo posible dentro de una forma convencional. Socava los paradigmas más fuertes del matrimonio romántico, sus axiomas de que solo hay una intimidad a la vez, de que el amor romántico no es plural y que los celos imposibilitan intimidades múltiples. Prever una fidelidad conyugal que no esté enraizada en la práctica de la monogamia, sino en la sinceridad ética, es un salto de fe sorprendente, incluso si se plantea en el aprieto romántico harto común de vivir en un matrimonio monógamo célibe.

Neil está pillado en ese aprieto. Lleva más de una década casado con una mujer a la que todavía quiere, a su manera, pero el deseo ha muerto. «Llega un punto en que no es posible recuperar lo que había allí —me escribe—. No creo que mi mujer esté realmente muy preocupada por eso. Cuando mi vida amorosa se fue al traste en un momento que tiendo a olvidar, no tenía ni idea de adónde iba, pero durante los últimos cuatro años se redujo de tres a dos a uno y cero.» Neil no quiere poner sus hormonas entre bolas de naftalina durante el resto de su vida, ni desea el divorcio, ni confía en la idea de la no monogamia ética. «En mi opinión, hay mucho vinculado emocionalmente al acto de hacer el amor. En un compromiso de matrimonio abierto supongo que si el amor no está allí con una persona se transfiere a la que está dispuesto a darlo. Imagino que el resultado sería una existencia fría, probablemente más fría que las circunstancias existentes, pero estoy seguro de que hay otros que lo ven de una manera diferente. Ojalá hubiera una forma más fácil, una respuesta mejor.»

En un foro llamado «Vivo en un matrimonio sin sexo», en una comunidad de internet, había más de cinco mil historias y conversaciones la última vez que lo visité. Las entradas suelen ser divertidas, desgarradoras, mordaces y astutas, la mayoría son variaciones de «otra noche de viernes sin comerme un rosco». Me fascina que la inmensa mayoría de estos matrimonios nunca se metamorfoseen en compromisos abiertos con nuevas reglas. Por más que vivir en celibato en un matrimonio pueda distorsionar el alma de un cónyuge, también podría distorsionar el alma de un matrimonio «abrirse», así que no importa lo elegante, lógica o teóricamente incisiva que pueda ser la solución no monógama, la conversión jamás se produce, o nunca va más allá de exploraciones hipotéticas de refilón. Las quejas se presentan de manera anónima, se ofrecen consejos y tiernas elegías por la defunción de las vidas sexuales matrimoniales, pero los cónyuges siguen siendo monógamos sin sexo. Vivir de esta manera parece una defensa pírrica de un fuerte abandonado desde hace tiempo, pero comprendo el impulso.

Encontré a Piper en este foro. Le pregunté si alguna vez se plantearía abandonar la expectativa de la monogamia para conciliar sus necesidades con la lealtad conyugal. «Nunca cambiaría la monogamia —respondió de manera enfática—. No quiero compartir a mi amor con nadie más.» Aunque vive de manera célibe en su matrimonio y no hay actualmente nada que compartir, me contó: «Si deseara hacerlo con otra persona no estaría con mi marido.»

Los defensores del matrimonio tradicional nos cuentan que los ideales románticos están debilitando la institución. El más fuerte de ellos es la hipótesis de que la pasión sexual por un verdadero amor es la base del matrimonio. La no monogamia ética sería un profundo anatema para estos activistas del matrimonio, porque no concuerda con las bases antiguas del matrimonio, pero es una declinación, distante pero clara, del desafío a los ideales del matrimonio romántico en el espíritu posromántico de los tiempos.

«¿Cuál es el mayor error que cometen tus pacientes?», le había preguntado a Dan meses antes. Pensó un buen rato antes de responder, simplemente: «Hipótesis. Hacen hipótesis sobre lo que el otro está haciendo, sintiendo y pensando.»

—¿Cómo viviríamos —le pregunto a John con el comentario de Dan en mente— si no hubiera ninguna etiqueta? ¿Sería más fácil si un matrimonio enterrara la etiqueta «matrimonio» y viviera exactamente de la misma manera, pero llamara a la relación «donut de mermelada», o «amistad estructurada de coprogenitores» o «cohabitación de divorciados»? —Juego con el tema.

—Podría ser —dice John—, pero si eres infeliz y estás aburrido en casa e introduces a otra persona que es excitante e interesante de una forma en que el matrimonio no puede serlo... Es un polvorín a punto de estallar. Lo llames como lo llames.

—A lo mejor tienes razón —concedo—. Quizás un matrimonio abierto es solo un lugar al que va a morir un matrimonio enfermo. Quizás es como una residencia de ancianos o una estación de paso en la larga y desenrollada espiral mortal de un matrimonio, donde tratas de estar lo más feliz y cómodo posible antes de tu inminente fallecimiento.

La idea de «abrirse» como un despeje a la desesperada en el camino inexorable a la derrota se me ocurre otra vez cuando leo la historia de Joe en otro foro. Escribe que lleva más de ocho años casado. «Nos complementamos bien —dice—. Seríamos amigos inseparables», salvo por el matrimonio. Joe y su mujer tenían problemas de comunicación y su vida sexual se redujo. Inicialmente su mujer insistió en la monogamia y declaró que dejaría a Joe si la engañaba, pero luego ella se enamoró de un compañero de trabajo que despertaba pasiones con las que Joe «solo podía soñar». Cuando Joe le dijo que tenía un encaprichamiento similar con una compañera de trabajo, su mujer dejó de llevar el anillo de boda y tuvo una aventura. «Efectivamente, nuestra relación se convirtió en un matrimonio abierto; en cierto modo, por decisión de ella, pero yo me vi obligado a apoyarlo por mi firme creencia filosófica de que la monogamia debería ser voluntaria.» Desde entonces, la mujer ha tenido dos aventuras y Joe ninguna, debido a las diferencias en el mercado para mujeres y maridos, piensa él. Entretanto, el matrimonio ha continuado su hibernación sexual. «Me parece que mi mujer está en un matrimonio abierto, mientras que yo estoy confinado al celibato.» No suena prometedor.

Anita Wagner es activista sexual y educadora sexual para adultos. Tiene unos cincuenta y cinco años y vive en un matrimonio de poliamor. Procede de una familia conservadora del Sur y ha sido honesta con su familia sobre sus creencias, lo cual en cierta manera ha terminado por lamentar. Anita desarrolló un interés en la no monogamia ética, porque aprendió «lo destructiva que puede ser la infidelidad después de haberla experimentado desde todas las perspectivas».

Como educadora del poliamor, Anita observa que es raro que ambos cónyuges lleguen a la idea de la no monogamia de manera simultánea o que empiecen juntos de ese modo. (Aunque nada menos que el célebremente intachable y no radical Will Smith le contó a un entrevistador en 2005 que él y Jada Pinkett Smith tienen un matrimonio abierto en el cual se informan mutuamente antes de tener un rollo. «Nuestra perspectiva es no evitar lo que es natural. En nuestros votos matrimoniales no dijimos "renunciar a todos los demás". El voto que hicimos es que nunca te enterarás de que he hecho algo después de que ocurra.»)[9] Normalmente «primero se despierta el interés en un cónyuge —explica Anita—, y en ocasiones terminan en matrimonios poli-mono amor», lo cual en su opinión son las relaciones más desafiantes por razones obvias.

El típico matrimonio abierto de hoy en día, como en la década de 1970, se da entre personas de clase media con educación superior o profesionales ricos, normalmente de mediana edad.[10] Según la descripción de Anita, la pareja típica ve el matrimonio como la relación primaria, pero no exclusiva. «Tienden a considerarse personas autónomas con una relación de compromiso —dice—. A personas que dependen emocionalmente de otras para sentirse bien con ellas mismas no les funcionan nada bien este tipo de relaciones.»

Warren Buffett,[11] el segundo hombre más rico de Estados Unidos y poliamoroso *avant-la-lettre*, probablemente estaría de acuerdo con Anita. Durante décadas mantuvo una esposa y una querida, una en Omaha y otra en California, y ambas lo sabían, no había ninguna hoja de parra del secreto. Cuando un entrevistador de la BBC le preguntó a finales de 2009 cómo funcionaba, él dijo con ligereza: «Has de estar seguro, no tienes que ser celoso», y todos necesitan obtener lo que necesitan de la relación. Claro está, concedió, si se preguntara a los residentes de Omaha sobre su modo de vida más de uno arquearía las cejas, pero nunca se preocupó por eso. Los tres se preocupaban por «las tres personas implicadas».

En mis exploraciones detecto dos perfiles principales del matrimonio abierto. En el primero, la intimidad sexual apasionada ya no forma parte del matrimonio, si es que alguna vez la formó, pero el matrimonio todavía funciona en otros niveles como un vínculo valioso, íntimo e incluso sagrado. En estos casos, el matrimonio se abre sexualmente para conseguir lo que cada miembro necesita al tiempo que se mantiene el vínculo conyugal, la casa y la familia intactos, en algunos casos.

Susan llevaba años casada cuando se enamoró de otro hombre con el cual ella se «relacionó» en muchos niveles distintos: «amistad, compañía y sexo». Ella no había planeado enamorarse y no tenía intención de dejar a su marido: «Adoro a mi marido y nunca me divorciaré.» Pero el matrimonio, aunque era una relación comprometida y con amor, «carecía del elemento físico». Susan llegó a la familiar encrucijada de contemplar la infidelidad y mentir a su marido. La única cosa que no estaba dispuesta a hacer era dejar a su marido o a su amante, que «llenaba un vacío» en su vida. Abordó una misión de encontrar datos en internet y tropezó con el concepto de poliamor a través de Google y el habitual esfuerzo nulo que requieren las exploraciones en línea. Ahora ella y su marido son francos con ese pacto, y él incluso es un poco cordial con su amante. «¿Cuál es el problema? —pregunta ella—. ¿Estamos haciendo daño a alguien? Creo que no. No estamos engañando ni causando daño. Es difícil y requiere una actitud madura y respetuosa, pero estamos aprovechando lo mejor posible la situación y no vamos a pasar por la dolorosa experiencia de romper con el otro porque la sociedad haya decidido que no somos "normales".»

Holly también tiene un matrimonio Oreo —tradicional por fuera pero no por dentro— bajo circunstancias que podrían llevar a otras parejas al divorcio. Lleva casada dieciséis años con un hombre que «dijo que estaba enamorado de mí y que ciertamente parecía estarlo. Pero no exactamente como yo esperaba». El marido de Holly estaba tratando desesperadamente de no ser gay. (No es una revelación completamente inusual en el matrimonio. Un investigador cifra en hasta dos millones los matrimonios tradicionales hombre-mujer formalizados legalmente en los que uno de los miembros es gay o lesbiana.[12] Algunos de estos matrimonios empezaron de esa manera; otros evolucionaron con el tiempo.) Holly vive ahora con su marido «como viviría con mi mejor amiga. Sin secretos culposos. No hay nada de lo que sentirse culpable. Estoy ayudando a mi sucedáneo de marido a salir del armario. Espero que él también encuentre compañía íntima, mientras seguimos siendo amigos de confianza. No quiero una relación con un hombre convencionalmente posesivo e inseguro que no pueda comprender mi relación platónica con mi marido. Sigue siendo mi única familia real». Historias como las de Holly tienen un tono familiar: matrimonios tradicionales, amistosos y de baja tensión, con bolsas de competencias y ansiedades incumplidas, habitados por parejas tan consagradas a la idea del matrimonio que dejan que este se vuelva excéntrico para mantenerlo intacto. Para ellos, abrir el matrimonio es un acto de dar el último paso para salvarlo, una forma de honrar su matrimonio y sus yoes más profundos.

El poliamor también se produce en casos donde el matrimonio tiene un vínculo sexual robusto y un nivel elevado de sinceridad y confianza. Sintiéndose seguros y libidinalmente dotados, ambos compañeros, por razones de gusto, apetito sexual, convicción, ganas de aventura o deseo de intimidades múltiples se sienten cómodos abriendo la relación. El matrimonio de Bob y Kate es un ejemplo. Estoy en contacto con ellos después de leer un comentario de Kate en una comunidad en línea: «He publicado en foros de relaciones [...] que quería una relación abierta y he buscado consejo sobre cómo hablar con mi pareja al respecto, pero todas las respuestas que recibí contenían alguna palabra que me describía como una puta.» La hostilidad hacia mujeres seguras de sí mismas e independientes persiste.

Bob y Kate llevan más de dieciocho años casados y se conocen desde hace veinte. Tienen hijos en casa y están cerca de cumplir cincuenta. «Creo que en nuestro caso estamos muy enamorados el uno del otro y somos muy buenos amigos además, y estamos muy, muy seguros de nuestra relación —me cuenta Bob—. Creemos fuertemente en la noción de poliamor de que puedes amar (romántica y sexualmente) a más de una persona a la vez.»

Cuando se casaron, Kate solo había tenido relaciones con mujeres desde los dieciocho. Bob sabía desde el principio que ella era bisexual y que estaba «en el punto medio» de la escala de Kinsey de preferencia sexual. Tenían una relación tradicional en su matrimonio con hijos hasta hace una década, cuando empezaron a «discutir la posibilidad de un trío con otra mujer para que mi esposa pudiera volver a experimentar a las mujeres». Bob admite que la idea «también le seducía», pero fue Kate, no el marido, quien fue la catalizadora de esta conversación. Ella y Bob siempre habían sido muy buenos «compartiendo nuestros deseos y fantasías con el otro y en ocasiones disfrutábamos viendo juntos pornografía lésbica».

Pero la oportunidad de un trío nunca se presentó, así que se unieron a un sitio web de *swingers*. Trataron con el intercambio de parejas, sobre todo con otras parejas, y también visitaron clubes y hoteles. Fue una experiencia ambivalente para ellos, y se dieron cuenta de que los dos deseaban una conexión emocional con otras personas, además de la sexual. Redefinieron sus intereses y se interesaron por la idea de un matrimonio abierto.

No tienen límites concretos de reglas salvo la sinceridad. Se hablan de flirteos con colegas tanto en persona como en línea. Kate le ha dado a Bob carta blanca con otras mujeres que conoce en sus frecuentes viajes de trabajo. Si tiene un rollo, solo quiere saberlo después, y él le concede la misma libertad. Ambos están abiertos a tener relaciones individuales, o quizás una relación conjunta con otra mujer o una pareja. Han tenido un *ménage à trois* con una amiga casada, pero la mujer decidió que era demasiado para ella.

«En muchos sentidos, creo que sería bueno emocionalmente que Kate encuentre una novia. Como he dicho, viajo mucho, así que creo que disfrutará de la compañía cuando yo esté fuera de la ciudad.» Le pregunto a Bob sobre los celos. Parece notorio que sea tan complaciente respecto a otra intimidad para su mujer.

«Es curioso —dice—, pero los celos nunca han sido un problema para nosotros, ni siquiera al principio. Nunca ninguno de nosotros ha tenido un ataque de celos.»

Esto es único en las historias que encuentro y los casos que leo. Normalmente, «el primer obstáculo son los celos», me escribe un marido que vive en un matrimonio abierto, y creo que «sigue siendo cierto para la mayoría de los novatos». En su extenso trabajo con matrimonios, Anita Wagner está de acuerdo: «Los celos siempre son la mayor preocupación» para los cónyuges que quieren probar con la no monogamia ética y la conversión de la envidia en algo distinto parece una proeza increíble.

—Me pondría celoso —dijo John la primera vez que compartí esa idea que había encontrado.

Parecía, al principio, el final del experimento mental, como si hubiera alcanzado su término natural. Los celos son como el clima.

En todos los matrimonios, salvo en los más inquebrantables y resistentes, la nueva pareja supondría una amenaza para la antigua, o en eso insisten de manera educada las mujeres tenuemente monógamas de mi grupo, situando la idea de la no monogamia no celosa en algún sitio entre lo improbable y lo absurdo. Los celos se consideran un defecto o un vicio en todas las relaciones íntimas; salvo en el matrimonio y el amor, donde son considerados casi una virtud. Los románticos de la vieja escuela asignan un estatus casi instintivo a los celos y los interpretan como la certificación, por perversos que sean sus efectos, del amor verdadero y el cariño. Los poliamorosos lo ven como algo que puede dominarse a través de la conciencia y la disciplina.

Los poliamorosos tienen una historia alternativa sobre el deseo y el nuevo amor. En lugar de celos hablan de «compersión» un término nuevo para mí. La compersión es la antítesis de los celos, un contraideal conyugal.[13] A través de la compersión, situaciones que de un modo reflejo producirían celos en un matrimonio romántico producen sentimientos de cariño, como «deleitarse en el amor de la pareja por otro», o intentar compartir la felicidad que siente tu pareja. La compersión prospera con la paridad y equidad, y cuando ambos compañeros tienen otro vínculo.

Basándose en un trabajo de Dorothy Tennov (e indirectamente en la bióloga Helen Fisher), los poliamorosos controlan intensos apegos futuros al pensar en ellos no como pruebas de lo real sino como limerencia y ENR,[14] «energía de la nueva relación»: apasionada, excitante, inflamable, y un fuego efímero en comparación con la relación madura del vínculo primario. El matrimonio abierto es vulnerable en el tránsito a la limerencia, el «cóctel cerebral» de deseo que nos hace olvidar a todos los demás. Pero simplemente ser conscientes de que el cóctel siempre pierde fuerza puede ser una vacuna para el matrimonio.

Pienso en el marido de Nicole y otros no monógamos en serie que se divorcian de sus mujeres porque están «enamorados» de su amante. ¿Y si tuvieran una alternativa a este relato romántico? ¿Y si pensaran que hay variedades de vínculo, pasión y amor en las cuales la pasión no es la certificación del amor verdadero? Sospecho que terminamos sintiendo, asumiendo y pensando lo que nuestras historias imperantes y las metáforas del matrimonio nos condicionan a sentir, asumir y pensar.

Vuelvo a mi travesura del anuncio para recordar lo que algunos de los maridos en matrimonios abiertos genuinos tienen que decir sobre los celos. Resulta curioso que parezcan regocijarse en el carácter abierto y revelar lo opuesto a posesión y celos. Uno que dice que él no ha traspasado los límites del matrimonio descubre que varias relaciones de su mujer «mejoraron nuestra relación, haciéndola más sincera y abierta». Un artista me cuenta que los celos sexuales no merecen la pena en su matrimonio, y que disfruta «sabiendo que ella es amada por otros».

El mayor reto para Bob y Kate no son los celos sino el tiempo, la logística y las responsabilidades en conflicto. El mismo caso se da en la mayoría de los matrimonios. «¿Cómo voy a tener tiempo para ser no monógama?», pregunta una de mis amigas. No tiene objeciones con la idea desde el punto de vista moral o ético, sino sobre una base pragmática. Los poliamorosos tienen un dicho: «El amor no es un problema pero el tiempo sí.» La tecnología ayuda. «Una broma que he oído con frecuencia en la comunidad poli es "que todo el mundo saque las agendas"», dice Anita, pero Google vuelve a acudir al rescate. «Los calendarios de Google, que nuestras parejas pueden ver y editar, son muy útiles» para los no monógamos. Aun así, el cociente de monotonía del matrimonio puede desviarse rápidamente si un cónyuge tiene una aventura tórrida y el otro se queda en casa limpiando el lavabo. «Mi mujer fue a una cita tórrida y lo único que tuve yo fue esta lista asquerosa de tareas.»

En comparación con un matrimonio tradicional feliz, un matrimonio abierto discreto supone de hecho un mayor desafío logístico. Pero una vez más, comparado con un divorcio tradicional, es más asequible y fácil de organizar. Es un arreglo eficiente muy similar a las vidas de divorciados que cohabitan, que mantienen una casa por razones económicas, por la estabilidad de los hijos o por su afecto por un vínculo de compañía pero disfrutan de la libertad de cualquier otra pareja divorciada. El coste y las disrupciones de la no monogamia ética palidecen en comparación con romper un matrimonio a través del divorcio; comprar, establecer y amueblar dos casas; pagar en ocasiones decenas de miles de dólares en terapeutas matrimoniales y minutas de abogados; y encontrar canguro para los niños cuando el otro progenitor podría quedarse en casa.

Otro reto logístico en el caso concreto de Bob y Kate es que viven en una ciudad pequeña y han de ser cautelosos con sus reputaciones. Pero continúan con ese estilo de vida. Bob terminó escribiéndome porque «Kate estaba fuera en un viaje de fin de semana con una amiga que conectó con un grupo de mujeres en una web para mujeres casadas pero con curiosidad respecto a desarrollar relaciones con otras mujeres o una misión semejante». Bob lo resumió como «un fin de semana de mujeres salvajes». Supongo que puedes encontrar cualquier cosa en la web. Me acuerdo de las mujeres desesperadas de Heathercroft o de Karen, la Donna Reed subida de tono. La bisexualidad de la esposa parece sorprendentemente más común como versión no monógama de lo que habría imaginado.

Da la impresión de que Bob y Kate comparten más detalles entre ellos que la mayoría de las parejas poliamorosas. Las reglas de sinceridad varían ampliamente. Un músico que vive en la Costa Oeste y que respondió a mi anuncio trampa en *NYRB* me cuenta que «algunas parejas quieren encontrarse y conocerse con los amantes del otro, mientras que otros no quieren saber nada de lo que está pasando. Y existen todos los puntos intermedios. Cada uno tiene normas distintas sobre lo que "hay que saber", pero hay que tener reglas y ceñirse a ellas». Muchos cónyuges no quieren saber nada o muy poco más allá del conocimiento básico de que un amante o una querida existen y no amenazan el matrimonio. Algunas parejas están de acuerdo en no rendir cuentas al otro durante ciertos períodos, y no hacen preguntas sobre lo que ocurre durante ese tiempo. Una pareja lesbiana proporciona información del sexo fuera de la pareja, pero de manera opcional. En una ingeniosa feminización del pequeño libro negro del soltero, «cada uno mantiene un breve informe de sus encuentros». Dejan libros de registro que solo enumeran nombres, lugares y fechas en la estantería, disponibles para que la pareja lo consulte si lo desea. Una de las mujeres nunca miraba el registro y después de echar un vistazo o dos la otra dejó de hacerlo.[15]

Otros se aventuran un poco más. Un marido de un matrimonio abierto conoce al amante de su mujer de varios años. «Nos tratamos con cordialidad, pero no somos colegas. Ella prefiere no saber con quién intimo, pero es cordial con todas mis amigas.» Por su parte, Anita me cuenta que ella prefiere que «mi pareja no divulgue detalles íntimos sobre sus otras relaciones. Estoy contenta de saber adónde fueron, a quién vieron allí, pero lo que ocurre en una cama es algo que considero privado».

Aun así, otros matrimonios tolerantes de amantes no solo aceptan los devaneos de su cónyuge, los vigilan con cautela a través de ojos medio cubiertos, sino que también comparten detalles específicos, para reactivar el matrimonio o mantenerse con energía sexual. Este es el caso en los matrimonios donde, como dice Anita, los cónyuges tienen «un calentón» con los detalles, saber que uno salió, saber qué hicieron en la cama, etcétera. Otra pareja, donde la mujer es ejecutiva financiera y el marido abogado, y cuyos dos hijos «piensan que somos más convencionales de lo que somos», disfruta «comparando notas, pero nadie, nadie lo entiende, así que callamos». Según una investigación de mediados de la década de 1970, uno de cada cuatro cónyuges en matrimonios abiertos dijo que «le ponía cachondo», en la jerga del momento, discutir un potencial encuentro de antemano.

Estos matrimonios están rescribiendo la regla más básica, pero dentro del andamiaje del matrimonio. Me llenan de optimismo, en cierto modo. Quizá como un puente colgante, el matrimonio puede mantener su integridad y relevancia al oscilar con los vientos fuertes y admitiendo nuevas actitudes y reglas en lugar de aferrarse para resistir rígidamente contra ellas.

16

Amor libre 2.0

El nuevo matrimonio abierto

¿El matrimonio abierto es más factible ahora que antes? A finales de la década de 1960 y primeros de la de 1970, la no monogamia disfrutó de cierta moda ideológica, y no fue provincia exclusiva de la contracultura *hippy*. Una banda de radicales sexuales cristianos cuestionaron la ética de la monogamia en el matrimonio.[1] Entre ellos estaban los batalladores Della y Rustum Roy, autores de *Honest Sex: A Revolutionary New Sex Guide for the Now Generation of Christians* (1968). Los Roy diagnosticaron la «extrema gravedad» del matrimonio, una institución pútrida «envuelta por el deterioro y la descomposición». En un artículo publicado en *Humanist* en 1970 titulado «Is Monogamy Outdated?», los Roy rechazaron la monogamia conyugal como una simple interpretación de la tradición judeocristiana, y un empobrecimiento antihumanista. Instaron a los lectores a adoptar la prescripción bíblica de «ama al prójimo» de una forma más literal y a reemplazar el «código monolítico» de la monogamia con redes inclusivas, permeables de relaciones íntimas.

Sin embargo, en la década de 1970 el matrimonio abierto fue más ampliamente conocido (merecidamente dirían algunos) por medio de la ciencia ficción —el *best seller* de Robert Rimmer *El experimento Harrad*— y a través de un malentendido o una lectura altamente selectiva del clásico de 1972 *Matrimonio abierto* de George y Nena O'Neill. El libro que puso nombre al matrimonio abierto nunca pretendió hacerlo. Los O'Neill definieron los matrimonios abiertos como aquellos en los cuales los maridos y mujeres valoraban la comunicación, eran flexibles sobre los roles de los sexos, permitían autonomía mutua en sus amistades y vidas sociales, y pugnaban por el igualitarismo. Este ideal de ambición quedó exitosamente reducido en posteriores relatos al elemento más cautivador del sexo, y los O'Neill se convirtieron en santos patronos accidentales del «matrimonio abierto» como lo pensamos hoy.

«No tuvimos ningún control sobre la interpretación de la sección relacionada con el sexo —dijo George O'Neill en una entrevista en 1977—. Mencionamos que hay unas pocas parejas que podrían soportar y disfrutar relaciones externas que incluirían sexo y que unas pocas podrían incluso volver a aportar algo bueno otra vez a sus relaciones matrimoniales como resultado. Esta posibilidad desde luego no era una guía del matrimonio abierto, pero la gente se aferró a esta parte y no hizo caso del núcleo del libro, que es sobre ser abiertos con el otro. Así que, por desgracia, el matrimonio abierto ha sido ampliamente mal interpretado con el significado de un matrimonio sexualmente abierto.»[2] Entretanto, sus ideas atrevidas en su momento sobre compartir tareas, los roles de sexos flexibles, comunicación, igualitarismo e intimidad simplemente han entrado en la corriente dominante de un «buen matrimonio», al menos para los «compañeros de vida». Las modas y tendencias del matrimonio se desplazan un poco a la deriva desde la subcultura excéntrica a la vanguardia de la corriente principal.

En la década de 1970, la defensa de la no monogamia surgió desde ideales sublimes de la liberación social sin mucha fundación pragmática. El libro de 1974 *Is Marriage Necessary?* propuso, en la cadencia acalorada del momento, que el matrimonio era «una incitación potencial de la psique humana».[3] Las críticas de la monogamia y el sexo matrimonial exclusivo llegaron con los vientos racheados de una ideología tomada prestada de la izquierda que denunciaba la propiedad, la esclavitud sexual y las indignidades de la posesión. En un destacado estudio de 1973 del matrimonio «multilateral» y no monógamo, o «matrimonio grupal», Larry y Joan Constantine descubrieron que el 18% de los encuestados eligió este estilo de vida por un impulso político para «protestar contra el *establishment*».[4]

El matrimonio no monógamo tuvo de hecho cierta influencia política en esos años, pero pocas piedras de toque en la realidad (y nada en el matrimonio es más perecedero que una idea políticamente utópica al respecto). Hoy ocurre lo contrario. La no monogamia conyugal —en todas sus formas, desde la infidelidad ilícita a la abierta— carece de atractivo político en nuestro *zeitgeist* políticamente conservador del matrimonio. En cambio, está acumulando impulso en silencio a través de tendencias reforzadas de demografía (vivimos más), economía (las mujeres se ganan la vida), tecnología (conectamos y nos descubrimos con impresionante facilidad) y normas revisadas sobre el sexo prematrimonial (ya no necesitamos el matrimonio para legitimar nuestra vida sexual). Está impulsado por las circunstancias, no por la ideología. En la década de 1970, algunos de nosotros no creíamos en la monogamia, pero ella creía en nosotros; hoy creemos en la monogamia, pero parece que ella no cree en nosotros.

En los años setenta, especula Anita Wagner, la no monogamia «se centraba en el amor libre. La filosofía sonaba bien, pero había una inmensa falta de conciencia. Así que la gente tenía mucho sexo con el otro sin aceptar mucha responsabilidad por las secuelas. El poliamor es realmente amor libre adulto o amor libre 2.0».

Anita enseña «poliamor práctico». Desvincula explícitamente el matrimonio abierto y la no monogamia de las ortodoxias políticas de todo tipo y sobre todo del legado de la década de 1970. No es el matrimonio abierto de tus padres. «El poliamor es una solución para mucha gente —me cuenta—, tanto si creen en la meditación tántrica como si creen en el libre mercado.» Es una forma, entre otras cosas, de conciliar el matrimonio parcialmente satisfactorio con otros deseos persistentes. La suya es la perspectiva del ingeniero bohemio. La no monogamia ética podría ser subversiva, pero es sobre todo un problema a resolver y un conjunto de reglas a establecer. «No importa cuáles sean los puntos de vista políticos, puedes ser liberal, conservador, ultraliberal (tenemos un buen número de esos), lo que sea, y seguir siendo tan bueno en el poliamor como cualquier otro.» No requiere «nada filosóficamente más allá de la buena voluntad». En el siglo XXI, los formidables colaboradores de la no monogamia en el medio posromántico son más el salario que la lámpara de lava; más Google que el macramé; más la Era del Ingeniero que la de Acuario.

Aquí convergen políticamente movimientos y tendencias opuestos al matrimonio, de manera divertida, en torno a un consenso posromántico. El columnista David Brooks, por recordar su gráfica metáfora, piensa en el matrimonio como en una especie de problema de ingeniería y diseño, algo que requiere un manual de instrucciones para que funcione la «máquina social». Él y Wagner utilizaban la misma caja de herramientas, aunque con ideologías opuestas. Creen que a través de la práctica, la conciencia de uno mismo, las reglas, la disciplina y la buena voluntad, un matrimonio puede sobrevivir. Ni un defensor del matrimonio conservador ni un poliamoroso radical creen que el guión romántico y su versión de amor verdadero sean el borrador de un matrimonio feliz duradero. En cambio, ambos creen que hay algo práctico que podemos aprender a hacer o hacerlo de un modo distinto.

«Hoy vamos a hablar de sinceridad», dice el presentador del *podcast* Polyamory Weekly con entusiasmo a modo de introducción. Y como nos cuenta sabiamente Bob Dylan, «para vivir fuera de la ley has de ser honesto».

El «amor libre 2.0», como lo llama Anita, no solo representa un enfoque más práctico y menos ideológico que sus versiones anteriores de la década de 1970; también me intriga descubrir que su ética parece mucho más femenina. De un modo reflejo, el matrimonio abierto se asocia con intercambio de mujeres, poligamia, cultura *swinger*, o con una hoja de parra moral para una práctica que se resume en el acecho oportunista del macho (en una fiesta pocas frases anuncian más una mentira que «mi mujer y yo tenemos un pacto»). Pero igual que la brecha entre sexos se ha cerrado en el mundo de los negocios y en el de la infidelidad, las mujeres también están cambiando la ética del matrimonio abierto, y quizá por algunas de las mismas grandes razones: estos cambios podrían simplemente marcar el paso de la influencia de la mujer en la economía y en el matrimonio. A medida que las mujeres obtienen más poder en el matrimonio a través de su trabajo y su potencial de ingresos, modelan la no monogamia conyugal a su propia imagen.

Por ejemplo, la mayoría de la bibliografía de consejos, relatos instructivos y libros de orientación sobre el nuevo matrimonio abierto que he encontrado estaban escritos por mujeres. Dossie Easton, que se llama a sí misma «activista del corazón»,[5] escribió una guía canónica del poliamor, *The Ethical Slut*. Otro hallazgo sorprendente, y coherente con varios estudios desde mediados de los años setenta en adelante, es que las esposas, no los maridos, con frecuencia plantean la decisión del matrimonio abierto o son las primeras en mencionar el tema.[6] Según la mayoría de los estudios, también inician primero relaciones fuera del matrimonio, con más frecuencia y de manera más intensa que los maridos. La terapeuta Joy Davidson observa que las esposas ven el poliamor como un elemento que da poder y «se deleitan en el sentimiento de ser dueñas de sus deseos».[7] Esto es importante y quizá raro, porque las mujeres no exponen con facilidad lo que no consiguen en el matrimonio, por recordar a uno de mis pretendientes del *NYRB*.

Y en su estilo y ambiente, la ética del nuevo matrimonio abierto responde la pregunta normalmente confinada a la ciencia ficción o las novelas de Marge Piercy: ¿Qué aspecto tendría el sexo extramatrimonial si estuviera diseñado por mujeres?[8] ¿Y si no implicara los clisés de la década de 1970 de ligar, tener múltiples encuentros recreativos, alardear de las conquistas y todos los viejos clisés de la sexualidad masculina? Por un lado, me cuenta Anita, el matrimonio no monógamo abierto tiende a valorar las relaciones íntimas más que el mundo recreativo del *swinger* y los encuentros fortuitos. «El poliamor no está más relacionado con el sexo que la monogamia —continúa Anita—. Nuestras vidas sexuales no son más importantes para nosotros que nuestras relaciones, y para la mayoría de nosotros el sexo es sin duda menos importante» que intimidades múltiples. Hay que reconocer que la escasa investigación existente la apoya. En un estudio, casi dos terceras partes de cónyuges de matrimonios abiertos experimentaron aventuras «acompañadas por profunda amistad o afecto por sus parejas». En cierto sentido, el nuevo matrimonio abierto tiene más relación con quitarle el polvo a los roles sociales de la querida y el amante consagrados por el tiempo pero actualmente desfavorecidos, un mundo entre lo recreativo y lo conyugal en el cual las intimidades son reales pero circunscritas.

Y los poliamorosos se implican en propensiones sexuales estereotípicamente femeninas de discutir y diseccionar los sentimientos; prestar escrupulosa atención a la deliberación sobre criterios de conducta; cuidar de los sentimientos de su pareja. Es un estilo sexual ideal para las llamadas «reinas de la elaboración» que disfrutan de la terapia. O imagina el nuevo matrimonio abierto como la clase de matrimonio que podría tener una monja zen libertaria: un matrimonio que evita las instituciones y valora el libre albedrío, pero también cultiva la conciencia y la disciplina espiritual-conyugal de desprenderse de los celos y el vínculo sexual posesivo. Los matices éticos del poliamor tienen un aroma marcadamente oriental. Como aconseja una esposa: «Lo único que puedes hacer es vivir el presente. [...] Amarlo cuándo y cómo puedas. Y desprenderte de expectativas. El mundo, como dicen, se está desarrollando como debería.»

Davidson observa que muchos matrimonios de amor libre 2.0 terminan «conduciendo a una doble vida».[9] Ser abierto y practicar una ética de honestidad y consentimiento con la pareja puede obligar a ser reservado y hermético frente a la sociedad. Bob y Kate son nuestros mejores amigos, pero su mundo es un secreto para todos los demás. La verdad es que yo no quiero una reputación de «profesor *swinger*», me dice él. «La mayoría de nuestros amigos no se sorprendieron de oír de nuestras relaciones. Saben que los dos somos gente muy sexual. Además, solo se lo contamos a amigos que creemos que pueden entenderlo sin volverse locos. Proteger a nuestros hijos, mi trabajo y nuestra reputación ha sido primordial.»

En cuanto a los niños, «simplemente no queremos ponerlos en la situación donde otros padres dicen a su hijo: "No quiero que vayas con ellos porque sus padres son pervertidos." Me advierte de que me sorprendería ver cuántos tienen esa clase de reacción. «Vivimos en una ciudad pequeña donde demasiada gente conoce los asuntos de los demás, así que no queremos que nuestros hijos queden atrapados en medio. Ni siquiera les hemos hablado de nuestro estilo de vida, porque, francamente, no necesitan saberlo. Pero también suponemos que no les sorprendería demasiado si lo descubrieran.»

Los matrimonios abiertos podrían ser difíciles de confesar precisamente porque implican la vida secreta de un matrimonio tradicional. La mayoría de los casados al menos fantasean con estar con alguien además de sus cónyuges; mucha gente casada ha tenido amantes; otros lamentan no haberlos tenido. Por esa razón, explica Anita, es difícil predecir la forma en que incluso la gente más «abierta de miras» y tolerante con los gais reaccionará a la no monogamia ética. Anita especula que «pueden imaginar más fácilmente que su pareja desarrolla un interés en el poliamor, sobre todo si hay una aceptación social de ello».

Podría ser una idea amenazadora, pero es también estimulante, porque presenta una opción optimista del matrimonio infeliz. Dibuja una forma de pensar relacionada con añadir al matrimonio y no con hacerlo estallar. Anita pregunta: «¿Por qué no podemos tener nuestro pastel y comérnoslo?» Es la pregunta que acecha en muchos matrimonios melancólicos, donde queremos salvar una parte de él pero no la otra.

Eso es lo que Jack y Jill deciden que quieren: conciliar sus deseos y su matrimonio para tener su pastel y comérselo. Jill ha llegado a creer que, para ella, la definición resonante de fidelidad en el matrimonio significa acatar sinceramente las reglas, no necesariamente la práctica de la monogamia. Jack no es tan instintivamente antiinstitucional como Jill se imagina ser. Mejor, quizá, limitarse a seguir la regla de la monogamia, incluso de manera maquinal y taciturna, si es preciso, que garabatear una vida matrimonial improvisada más allá de las líneas. Mejor seguir el sendero bien hollado pero triste del divorcio que abrir uno feliz pero nuevo. Algunas ideas, aunque agradables para uno o ambos cónyuges individualmente, simplemente chocan contra el alma de un matrimonio. La poetisa Jane Hirshfield escribe: «El cuerpo de un caballo muerto de hambre no puede olvidar el tamaño con el que nació.» Quizá la no monogamia ética podría funcionar. Tienen la firme convicción de permanecer juntos por su familia, manteniendo la continuidad por el bien del trabajo y la vida del otro, disfrutando del vínculo de amor de compañeros de vida y de contar con un confidente al final del día; eso es lo que ha hecho que Jack y Jill se planteen estas nuevas reflexiones. En una era anterior simplemente podrían haberse divorciado, y se habría aplaudido hasta cierto punto como una aventura de autorrealización. Los matrimonios con déficits serios son con frecuencia descartados por completo. Pero ellos tienen una sensación diferente, ambivalente y con un conflicto genuino en su matrimonio. Su misma fe en el matrimonio tradicional los está convirtiendo en radicales del matrimonio.

Por su parte, Jill deseaba sinceramente rehabilitar los roles sociales de querida y amante, que tienen reglas, maneras, límites e intimidades distintas vinculadas a ellas. Ninguno de los dos quería un nuevo marido o una nueva esposa. Al contrario. Han llegado a sentir, bajo las circunstancias de su propio matrimonio, que sería posible estar cerca de alguien sin que eso sea un matrimonio o sin amenazar su matrimonio.

Así pues, concibieron sus propias reglas, un libro de códigos informal para ser o tener una amante. En matrimonios como este, la práctica ética y las reglas son el requisito. Y las reglas podrían cubrir todo el espectro.

Lo más obvio para Jack y Jill era la discreción, y que el matrimonio y relación parental iban primero.

Además, estipularon que el vínculo querida-amante debe ser un mundo completamente separado para cada uno de ellos. No podían elegir parejas de su comunidad, o del grupo de amigos, conocidos o colegas. No querían ser indiscretos o arriesgados. Ni querían mentirse el uno al otro y no querían estar con parejas que mintieran a las suyas si también estaban casados. Jack y Jill decidieron que ninguno de ellos querría saber nada sobre el amante del otro, ni compartir detalles, ni siquiera «saber» qué estaba pasando en cada momento. Iba a ser una capa conocida, pero oculta en las vidas de cada uno. No querían saber nada más allá de la existencia de un amante o querida. Se estaban «abriendo», pero en otro sentido, estaban realmente expandiendo el reino de la intimidad en su matrimonio.

Jack y Jill prometieron no llevar a sus amantes a su vida o espacio doméstico. No serían amigos de ellos en Facebook. A partir de ahí se metieron en cosas más concretas y ahondaron en estipulaciones de letra pequeña. Jack y Jill no querían ver trazas o vestigios de ninguna clase, físico o de otro tipo, de la otra vida. Y no querían que les hablaran de amante o querida.

Necesitarían elegir con cuidado. Para matrimonios que quieren hacer esto hay un montón de comunidades, en línea o no, donde uno puede conocer a gente que piensa de manera similar. O puedes usar los anuncios personales o unirte a las filas de aquellos que, en los sitios de citas en internet, se describen como «felizmente casados». Declaras que no vas a renunciar al matrimonio y no quieres mentir. Pasaron muchos meses. El principio es una cosa; la realidad, otra muy distinta. A través de los medios habituales encontraron a otra gente. Algunos están disponibles; otros viven en circunstancias y términos similares con sus parejas. Cuando ocurrió que los dos encontraron a alguien que les interesaba, más o menos al mismo tiempo, Jill descubrió que para los dos lo más difícil era ser honesto. Al principio Jill se desmoralizó y se asustó en alguna ocasión. No por complicaciones potenciales, sino por la tristeza de ya no estar... entera en su matrimonio. ¿Acaso Jill ya no era una buena persona por tener un matrimonio tan peculiar (pero más feliz)? Todavía se sentían sobrenaturalmente seguros de que no querían abandonarse y ninguno de ellos sintió la culpa de ser infiel o de tener que enfrentarse con una pareja infiel. Sin embargo, Jill se sentía nostálgica e incluso arrepentida por la inocencia (reconocidamente, una inocencia melancólica y que amenazaba con el divorcio) del matrimonio en los días en que todavía tenían la ficción imperante con el otro y con el mundo de que estaban jugando bajo las mismas reglas que todos los demás, por más que esas reglas se rompan con frecuencia. Jill quería ser capaz de pasar como conformista conyugal otra vez. La fantasía de la euforia romántica está tercamente alojada en el matrimonio, que una necesidad se satisface allí, en un solo lugar, y el resto, las necesidades insatisfechas, mueren de muerte natural entre bastidores.

Era un reto para Jack y Jill reconocer incluso para ellos que estaban haciendo una cosa extraña, porque no son personas extrañas, y su casa es muy ordenada, armoniosa y recta. Jill pensó al principio, y se lo dijeron el uno al otro, que quizá nada de lo que estaban intentando tendría un final feliz.

Por otro lado, esas preocupaciones eran hipotéticas. Todo funcionaba mejor en la vida real que en la teoría, donde no debería funcionar en absoluto. Jack y Jill no eran celosos ni se sentían amenazados, o mucho menos de lo que temían. Y los celos menguaron aún más con el paso del tiempo.[10] En su caso, no era tan difícil tomárselo con calma, porque la otra vida se percibía muy poco obstructiva para la intimidad del matrimonio, que para empezar no era apasionado. Pero cada vez que decidían no mentir, tenían que afrontar la realidad de su matrimonio inusual. Como le dijo Jack a Jill en una ocasión, hace falta mucho trabajo, un montón de fe y de control de sentimientos. Propuso que quizá sería más fácil con el tiempo. Y así fue.

Jill descubrió para su sorpresa que ser celoso es algo que puedes elegir ser o no ser. Aprendió a compartimentar, incluso a deleitarse en ese equilibrio de tener mundos y subjetividades distintos. Sin la mentira, daba la impresión de ser algo manejable, enriquecedor y no corrosivo para el matrimonio.

Jill compartió las noticias de su acuerdo conyugal y su vida de querida solo con unas pocas amigas muy íntimas. Le preguntaron si no tendía a sentir apego y enamorarse. Y ¿cómo podía no sentirse celosa o amenazada por la amante de Jack? Jill les contaba que consideraba que sentía apego, pero de un modo discreto y muy limitado. Sentía apego, porque no era una cuestión recreativa como la vida de los *swingers*. Jill apreciaba a su amante según el modo particular, único y no conyugal del vínculo entre querida y amante. Para la querida, los lazos son más sueltos, las intimidades se circunscriben, los vínculos son genuinos pero elásticos. Una relación entre amantes tiene una mayor tolerancia o incluso apetito, como debe ser, por estratos más complejos y diferenciados de la realidad que toca pero en la que nunca se inmiscuye.

Jill conjeturó que tener un amante era como una casa de acogida. Cuando eres un padre de acogida has de estar apegado al hijo, pero también has de contenerte porque ese niño no va a quedarse para siempre, y no es tuyo en el sentido de la familia permanente y el matrimonio. El apego es real, pero también parcial.

Algunas amigas envidiaban su vida amorosa. Señalaban lo feliz que era Jill y que tenía un cutis más joven. A otra amiga le preocupaba el riesgo de esta política. Podría ser. Jack y Jill no eran arrogantes o simplistas con esto. Podrían terminar divorciados, y lo saben, o enamorarse de otro, o terminar sintiéndose demasiado raros por tener un matrimonio no convencional, y podría parecerles mejor estar solos que un matrimonio así. Jack y Jill podrían descubrir que prefieren vivir un matrimonio que les hace sentirse infelices pero conformes, en lugar de lo que tienen ahora. Sería fácil y comprensible volver a encapricharse con la fantasía de la familia romántica donde solo puedes amar a una persona a la vez, en un sitio, en la misma casa, en un matrimonio «real». Uno puede querer nombrar otra vez las cosas como es debido, o vivir refugiado en una etiqueta, aunque sea la de «divorciado».

No obstante, parece que no hay elección que salve del peligro a un matrimonio endeble. El peligro acecha a matrimonios mediocres y tristes statu quo. Un marido al que Jill conoce le contó a su mujer que era infeliz y que no tenía intención de vivir de esa manera toda la vida que quedaba. La mayoría de nosotros tenemos el hábito cognitivo falaz de percibir más riesgo en la acción que en la estasis. Las cosas se asentaron en una rutina muy discreta con el paso de los meses y luego al año siguiente, y para entonces el tema no surgía demasiado. Vivían sus otras vidas en tardes o noches ocasionales aquí y allá, pero una vida no se entrometía mucho en el tiempo del otro. En ocasiones tenían noches de citas, como otras parejas casadas, solo que no uno con el otro. Como ambos ocasionalmente tenían actividades con amigos o trabajaban fuera de la casa por las noches, no fue un hecho inusual para ninguno de ellos. A través de la experiencia han llegado a establecer un toque de queda para el otro, como harías con un adolescente con un coche. En ocasiones Jill piensa en su relación como si estuviera divorciada, pero mantuviera una casa de manera amistosa. O en ocasiones se imagina a sí misma como una expatriada conyugal: estadounidense por fuera, francesa por dentro. Jill se siente ella misma otra vez, en toda su humanidad. Se siente más amorosa y generosa hacia Jack. Incluso han desarrollado un sentido del humor al respecto. Cuando la canguro se ofrece para que hagan una escapada romántica bromean: ¿Iremos juntos?

Lo que es asombroso tanto para Jack como para Jill es que hicieron esto. «Nunca funciona», lo sabían, y no puedes realmente cambiar las reglas del matrimonio. Pero funciona para ellos, al menos hasta ahora.

Jill no llamaría al suyo un cuento de hadas romántico. No lo llamaría una historia de divorcio ni una historia de mártires del matrimonio «que aguantan». La cuestión del divorcio nunca termina y puede cambiarlo todo. Todo cambiará, inevitablemente. Es la naturaleza de una época sin un imperativo de matrimonio que la decisión se renueve y se revise, se afirme o se rechace.

Pero por ahora, viven felices y comen perdices.

Epílogo

¿Por qué no podemos tener el pastel y comérnoslo?

No soy terapeuta matrimonial y este no ha sido un libro de consejos, pero mi propia filosofía respecto al matrimonio ha cambiado durante la redacción de este libro. Cuando empecé mi trabajo, pensaba en el matrimonio, tanto el mío como la institución, en gran medida en términos de pros y contras. Muchos de nosotros lo hacemos, como un acto reflejo. Cuando compartí el tema de mi libro, la gente me preguntaba: «¿Estás a favor o en contra del matrimonio?» Parece que imaginamos el matrimonio en términos contrapuestos: hemos de aceptar el matrimonio más o menos en sus términos, o rechazarlo como una mala idea, ya sea en el plano personal o, en algunas polémicas, como institución social. Si formas parte de un matrimonio melancólico cuyo problema no es fácil de resolver, tu alternativa es o quedarte casada según los términos del matrimonio o divorciarte y perder todas las cosas que sí funcionan en un matrimonio, o en una familia, y que lo ideal sería mantener.

Llegué a molestarme por esa oposición y, en una dimensión, este libro se ha convertido en una defensa no tradicional del matrimonio tradicional, desde el punto de vista de un humanista. Escuchando historias de otra gente, el matrimonio y la vida parecían tener más posibilidades y opciones de las que habría imaginado fuera del reino de la ciencia ficción o la pura fantasía. He llegado a admirar una tercera vía, algo entre mantener el rumbo en un matrimonio parcialmente satisfactorio pero melancólico y hacerlo estallar en un divorcio. Me admira el espíritu de aventura e improvisación dentro de los matrimonios externamente tradicionales, pero interiormente extraños que he encontrado en mis andanzas. Estos matrimonios encontraron una forma de preservar lo que realmente funcionaba, mientras maniobraban para crear las vidas que las parejas querían y honrar su humanidad adulta. Estas parejas encontraron formas de conciliar el matrimonio con cierto radicalismo.

Estos matrimonios posrománticos siguieron sus propias musas; no estaban avergonzados ni tenían que disculparse por sus propias preferencias y decisiones; prescindieron de elementos del guión romántico con espíritu aventurero; tuvieron imaginación conyugal y fueron conscientes de lo que podía ser el matrimonio. Ni rechazaron el matrimonio ni abrazaron sus viejos guiones tradicionales o románticos. Se concedieron permiso para elegir alternativas dentro del matrimonio. Tuvieron el valor —en ocasiones declarado y en ocasiones afirmado privadamente— para hacer algo raro pero con éxito. Y concedernos el permiso para hacer evolucionar el matrimonio es quizás el único reto de nuestro tiempo.

Así que supongo que esto se ha convertido en un manifiesto para tener el pastel y comértelo. Se ha convertido en una llamada para ser solo un poco glotones, chillonamente ambiciosos e incluso, donde está justificado, egoístas para lograr que el matrimonio nos dé lo que queremos, sea en relación al trabajo, la carrera, el tiempo libre, la vida familiar o el sexo. Es un manifiesto para vivir a lo grande en el matrimonio. Esta libertad para reinventar el matrimonio y aceptar una era de la heterodoxia del matrimonio es precisamente el regalo de nuestra era de posliberación, posromántica. Betty Friedan tuvo que exponer y el feminismo de segunda ola tuvo que remediar desigualdades legales, económicas, educativas, sociales y culturales básicas que hacían el matrimonio casi imprescindible para todas las mujeres. Hoy tenemos una lucha diferente, secreta y por lo general interna para cumplir las promesas de nuestra propia liberación. No podemos culpar convincentemente a las normas o imperativos matrimoniales por la melancolía, porque tenemos una libertad sin precedentes para vivir un matrimonio diferente, para no casarnos, para divorciarnos, para vivir separados o para inventar algo completamente diferente. Distintas cosas podrían funcionar. (Aunque si pudiera extraer algo de lo que he aprendido y permitirme un pequeño consejo, este sería que hay que vivir el matrimonio como si siempre estuviéramos de vacaciones: estar en sintonía con nuestras propias prioridades y con nuestra humanidad adulta. Imagina que tu primer hijo es el segundo y vive tu maternidad con más tranquilidad y desenfado.)

Sea como sea, hemos de responsabilizarnos de nuestra propia satisfacción y humanidad adulta. No podemos echar la culpa enseguida a las barreras legales o económicas, al menos si somos parejas heterosexuales a las que el estado permite casar, porque no quedan tantos obstáculos. La lucha es más una cuestión de valentía que de ley. Se trata de hacer menos juicios sobre los demás o sobre nosotros mismos y tener más imaginación.

Si estás en el limbo del matrimonio semifeliz, conseguirás más aprobación y recompensa social si reconstituyes el viejo guión o sigues las tendencias parentales y conyugales imperantes, mientras que es muy probable que te llamen egoísta y quejica si quieres más. Pero ¿a qué precio? ¿Vamos a tener esa conversación impensable o a proponer un estilo de vida conyugal alocado o quizá solo a contemplar nuestro matrimonio con una mirada nueva y mentalidad abierta? Bien podrías tener una vida y un matrimonio más felices por hacerlo. O, si no un matrimonio más feliz, al menos uno más vivo y más rico por intentarlo.

Nota de la autora

A lo largo de este libro, donde era necesario y prudente, he cambiado nombres y pequeñas características identificadoras para proteger el anonimato de las mujeres y los hombres que fueron tan amables de hablarme de sus vidas privadas. Estoy profunda y humildemente agradecida por el tiempo, la generosidad, la reflexión y la sinceridad valiente que me dedicaron las más de cincuenta personas que entrevisté, incluidos algunos expertos y figuras públicas a las que me refiero por su nombre y título. También he sacado provecho de conversaciones informales y de los puntos de vista de amigos y conocidos.

Como parte de mi trabajo también llevé a cabo dos encuestas en línea, cuyos resultados se plasman en estas páginas. La primera planteaba preguntas abiertas sobre opiniones del matrimonio con la esperanza de recopilar anécdotas e historias. Los 300 que respondieron se autoeligieron, y fueron dirigidos a la encuesta a través de comentarios en redes sociales de internet, y mediante invitaciones a participar por correo electrónico. Para conseguir un punto de vista más amplio y más representativo sobre el matrimonio, colaboré con un investigador cuantitativo en línea para llevar a cabo una modesta segunda encuesta que consistía en diez afirmaciones sobre el matrimonio, que menciono en los distintos capítulos cuando son temáticamente relevantes. Este investigador cuenta con un grupo de opinión en línea, el cual, en general, es representativo de la población de Estados Unidos que usa internet, y mi encuesta recibió 1.879 respuestas. Cada afirmación expresa una opinión sobre el matrimonio y pedí a los encuestados que puntuaran su nivel de acuerdo en una escala Likert de diez niveles, desde «no estoy en absoluto de acuerdo» a «ni de acuerdo ni en desacuerdo» a «completamente de acuerdo».

Revisé algunas pero no todo el voluminoso corpus de investigación académica sobre el matrimonio y aproveché mi formación de historiadora para considerar la erudición histórica sobre el tema. Considero que la investigación es un cimiento para este libro, pero esta no se ha destacado en el texto principal. En las notas he resumido algunas de las principales tendencias en Estados Unidos y derivo al lector interesado a mi sitio web, pamelahaag.com, donde encontrará comentarios y análisis que no encontraron espacio en el libro.

También me ha parecido sumamente útil revisar gran parte del comentario popular sobre el matrimonio tal y como se manifestó en periódicos y revistas desde la primera década de este siglo, una vez más, para obtener un mayor contexto y visión. También bebo de esas fuentes en estos capítulos.

En términos de temas y tópicos, he dedicado un poco más de tiempo a la exploración de acuerdos sexuales y melancolía en el matrimonio porque es un tema irritante que emerge con frecuencia en el matrimonio que por lo demás no es malo, y porque proporciona parte de los ejemplos más asombrosos y convincentes de un giro posromántico hacia nuevas sensibilidades en el matrimonio. Pero mi propósito en estos capítulos es explorar una diversidad de fuentes tanto de la melancolía como de la innovación dentro de la cáscara de un matrimonio convencional. Estas fuentes van desde los hábitos de selección de pareja, expectativas de matrimonio, la organización de trabajo y carrera, nuestra sensibilidad sobre la educación de los hijos, nuestros hábitats conyugales, ideas sobre la vida social adulta en el matrimonio y, finalmente, ideas sobre el sexo y la fidelidad conyugal. Aunque estos capítulos tienen un punto de vista en relación al matrimonio, en ningún caso describo un estilo de vida conyugal con la intención de apoyar o recomendar un curso de acción en particular, porque lo que funciona en un matrimonio podría fracasar en otro. En cambio, espero captar el espíritu de los tiempos, mostrar el potencial de la heterodoxia conyugal, donde los buenos matrimonios pueden adoptar diversas formas y ver hasta dónde puede extenderse e innovar el matrimonio, pero dentro de su forma legal tradicional. Adopto el punto de vista humanista de que los cónyuges bien intencionados en un matrimonio pueden contemplar formas diversas para que sus vidas en común sean más significativas y felices.

Agradecimientos

Este libro, como muchos otros, tuvo su génesis en una colección de conversaciones sinceras con amigos y el ocasional momento escuchado pícaramente a escondidas. Mi gratitud más profunda es para las mujeres y los hombres que hablaron conmigo sobre sus matrimonios. Sería torpe enumerar aquí a esos confidentes —y el respeto por su anonimato lo impide en algunos casos—, pero saben quiénes son. Y a otros que podrían encontrarse citados de manera anónima y prudente como «amigo» o «conocido» en estas páginas, les doy las gracias de manera colectiva y con humildad, y espero que no se irriten si descubren que sus puntos de vista y comentarios eran tan sabios o sumamente perfectos para el espíritu de nuestros tiempos que simplemente he tenido que incluirlos aquí, a modo de ilustración y homenaje.

Hay demasiados para enumerarlos, pero ahora me estoy embarcando en una tercera década de amistad y camaradería con algunas personas brillantes que he tenido la gran fortuna de conocer. Mientras trabajaba en este proyecto, en particular, mi vida habría sido mucho más deprimente o directamente imposible sin el consejo y la amistad de Elizabeth Federman, Shannon Avery, Peter Agree, Debby Applegate y Haleh Bakhash.

Después de que el matrimonio contemporáneo captara mi interés por primera vez, empecé a pensar en ello y a trabajar de forma provisional en este libro mientras terminaba un posgrado en no ficción creativa en el Goucher College. He tenido ocasión de experimentar que Goucher es una comunidad de escritores alegre que ofrece un apoyo poco común. Debo especial agradecimiento a mi mentor y amigo, Richard Todd, por su apoyo, brillantez y hábil voz editorial mientras yo navegaba en una transición desde la escritura académica a la no ficción creativa. Aunque este proyecto queda fuera del ámbito de mi tiempo en Goucher, estoy profundamente agradecida por haber contado con esta ayuda al empezar mi trabajo y con el consejo de otros mentores y estudiantes en el programa.

Cuando el libro dejó de ser una noción para convertirse en una propuesta, tuve la fortuna de contar con una agente extraordinariamente hábil y generosa. Susan Rabiner ha cumplido con un papel que supera de largo el de «agente literaria». Ha sido editora visionaria, consejera, maestra, amiga, abogada, voz de la verdad, madre suplente y un humorístico Virgilio para guiarme por el extraño mundo nuevo (para mí) de la edición comercial. Ha sido una delicia trabajar con ella. Susan «vio» este libro en su totalidad, y estoy muy agradecida por su tenacidad para solucionar problemas.

Luego, cuando el proyecto pasó de propuesta a trabajo real, la investigadora cualitativa Diane Hopkins me ayudó con su hábil, oportuna y generosa ayuda en tres entrevistas, y también he de dar las gracias a su hijo por hospedar una encuesta en línea. Gracias, asimismo, a Vanessa Verdine por su ayuda con mi encuesta cualitativa en internet y a Joy Johannessen por revisar un primer borrador de este libro.

Mi amiga y compañera escritora Barbara Benham merece un agradecimiento muy especial por compartir con paciencia e implacable ecuanimidad los detalles cotidianos de mi vida de autora, que se escoran entre lo tedioso y lo aterrador. Ella siguió el progreso del manuscrito y leyó con generosidad el producto final.

Gracias a las otras madres de mi grupo de escritura —Francine Kiefer, Emilie Surrusco y Mary Richert— que leyeron los primeros borradores y fragmentos, y compartieron el proceso con humor y apoyo. Gracias a mi amiga Mina Cheon por compartir ideas sobre el matrimonio y apoyo de autora.

Estoy extremadamente agradecida a mi editora en HarperCollins, Gail Winston, por su paciencia, sabiduría, orientación editorial y sobre todo por su fe en mis esfuerzos. Este libro ha mejorado gracias a sus comentarios y trabajo, y es difícil pedir más que eso. Gracias también a su asistente Jason Sack y al corrector Tom Pitoniak.

Además de otros lectores, Stephanie Coontz revisó algunas notas, mi amiga y extraordinaria editora Cindi Leive arrimó el hombro con alguna ayuda oportuna y divertida con mis ideas para los títulos y, en las últimas fases de la edición, debo dar las gracias a la documentadora Heidi Sullivan por leer el manuscrito y por su gran entusiasmo y excitación sobre ello en un momento propicio.

Estoy agradecida a todas las comunidades de amigos y colegas, desde grupos de lectura a círculos sociales recién formados o a mis vecinos, que han hecho el proceso mucho más agradable para mí y que retomaron mi trabajo cuando yo me acercaba a la finalización. Estoy agradecida, como siempre, a mis padres y familiares por su apoyo, su sentido del humor colectivo sobre el mundo y su ayuda en el frente doméstico. Me siento como si tuviera un muro de contención en mi vida con el apoyo de familiares y amigos tan entretenidos y fiablemente reflexivos.

Mi más profunda gratitud, amor y aprecio por mi marido, John. Es la persona más valiente que conozco, con una gran alma y un corazón amable, y a lo largo de los altibajos, no puedo imaginar una mejor persona con quien tener una aventura en la vida. El peaje de los libros cae con más peso en los más cercanos, y quizás ha jugado un papel simbólico de hermano rival para nuestro único hijo, Quincy, que nos deleita, nos da esperanza y perspicacia, y nos recuerda disfrutar del momento. En el tiempo que tardé en escribir un libro, Quincy escribió seis en su escuela primaria, como ocasionalmente me recuerda. Pero estoy intentando ponerme a su altura.

Notas

INTRODUCCIÓN

1. Entre los investigadores del matrimonio y la familia, Paul Amato y Alan Booth son probablemente los que más se identifican con el establecimiento de una distinción entre bajo conflicto y alto conflicto en los divorcios. El artículo de Amato de 1995 busca las interacciones de los efectos del conflicto matrimonial y los resultados para los hijos después de un divorcio en una muestra nacional de 2.000 parejas. Midió el conflicto conyugal basándose en informes de los padres sobre «la frecuencia de desacuerdos, el conflicto sobre la división de las tareas domésticas, el número de disputas graves en los últimos dos meses y si los cónyuges alguna vez se habían soltado un bofetón, golpeado, empujado, dado patadas o arrojado cosas por la rabia». Amato descubre que «las consecuencias a largo plazo del divorcio dependen del nivel de conflicto parental previo a la separación». Los niños no reciben bien el divorcio cuando «el conflicto abierto entre los padres no es excesivo». Sin embargo, si el conflicto en el matrimonio es elevado puede que estén mejor después del divorcio. Paul Amato: «Parental Divorce, Marital Conflict and Offspring Well-being during Early Adulthood», *Social Forces*, 73, núm. 3 (1995), 895-913.

Para Susan Jekielek, la ruptura conyugal después de un elevado conflicto en el matrimonio podría mejorar el bienestar emocional de los hijos, en comparación con un prolongado matrimonio de alto conflicto. Concluye que, «en un tiempo en que hay una reacción contra las leyes de divorcio liberales y en que las reformas políticas conservadoras son un intento de reencarnar la familia estadounidense tradicional», limitar el divorcio por la revocación de los criterios «sin falta» dañaría a los hijos si impidiera que el matrimonio de alto conflicto se divorciara. Susan Jekielek: «Parental Conflict, Marital Disruption and Children's Emotional Well-Being», *Social Forces*, 76, núm. 3 (1998), 905-935.

El efecto de esta investigación, aunque se interpreta frente a la política de la ley del divorcio, va en la dirección de una distinción más precisa entre los tipos de matrimonio que terminan en divorcio y se aleja de una visión del divorcio en términos monolíticos. Alan Booth y Amato refinaron en 2002 el anterior trabajo de este último y concluyeron entre otras cosas que un matrimonio infeliz caracterizado por «una suave desconexión tiene más base sobre la cual construir». Paul Amato y Alan Booth: «Parental Predivorce Relations and Offspring Postdivorce Well-Being», *Journal of Marriage and Family*, 63, núm. 1 (2001), 197-212.

Es aquí donde la investigación se torna relevante para la política del movimiento matrimonial. La conferencia «Matrimonios inteligentes, familias felices», celebrada en Orlando (Florida) en 2002 y patrocinada por la Coalición para la Educación del Matrimonio, la Familia y las Parejas (CMFCE), interpretó que la investigación académica sobre el matrimonio de bajo conflicto defiende la tesis de aguantar por los hijos a menos que el matrimonio sea de alta tensión, violento o disfuncional en algún otro sentido. Diane Sollee de la CMFCE tipifica el sentimiento: «No sugeriría que las parejas hicieran esto [aguantar en un matrimonio solo por el bien de los hijos] si no estuviera convencida de que ahora tenemos información nueva respecto a cómo hacerlo», y además tiene pruebas de su conveniencia. Las figuras del movimiento matrimonial Linda Waite y Maggie Gallagher argumentan en *The Case for Marriage* (Doubleday, Nueva York, 2000) que la mayoría de los divorcios se producen entre cónyuges de bajo conflicto, cuyos hijos es poco probable que se beneficien en modo alguno de la separación, según opinaron en la conferencia de 2001.

La destacada estudiosa del matrimonio Stephanie Coontz comenta a modo de reacción: «La experiencia de hijos que crecen en un matrimonio infeliz o que viven el proceso de divorcio de sus padres son tan variables que es imposible hablar de los costes o beneficios de aguantar en un matrimonio infeliz frente a divorciarse.» De hecho, los efectos son variables, y la «proporción de los efectos», la solidez o grado de las diferencias percibidas, no es tan grande. La propia investigación de Amato señala que en estudios de niños y adultos que han pasado por divorcios, la dimensión de los efectos es «modesta» cuando la calidad en relaciones sociales y ajuste psicológico es menor. Coontz continúa: «Que los padres que no se aman sigan siendo amigos y colaborando, y permanezcan juntos por el bien de los niños es una cosa. Pero si un matrimonio de bajo conflicto contiene desprecio o posiciones a la defensiva, o simplemente conducta fría, los niños pueden resultar dañados por eso tanto o más que por el proceso de divorcio.» Coontz concluye que «deberíamos alentar a los padres a pensar detenidamente antes de decidir, pero hemos de tener cuidado de no asustarlos o presionarlos para que tomen decisiones que luego pueden resultar contraproducentes». Comunicación personal de Stephanie Coontz con la autora (15-7-2010); Amato: «Parental Divorce, Marital Conflict and Offspring Well-being during Early Adulthood», op. cit., p. 897.

2. Amato resume a partir de su investigación de veinte años que hasta el 60 % de los divorcios se produce en matrimonios de bajo conflicto, a los que él llama «matrimonios suficientemente buenos» que podrían «salvarse» (citado en Peterson: «The Good in a Bad Marriage», p. 8D). Amato desarrolla la idea del matrimonio suficientemente bueno en su artículo académico «Good Enough Marriages: Parental Discord, Divorce, and Children's Well-Being», *Virginia Journal of Social Policy & the Law*, 9 (2002), 71-94.

3. Brooke Adams: «Holy Matrimony! Utah is the Place for Couples; Marriage», *Salt Lake Tribune* (14-3-2003), p. B1.

4. Booth y Amato: «Parental Predivorce Relations and Offspring Postdivorce Well-Being», op. cit., p. 197.

5. Stephanie Coontz: *Marriage, a History: From Obedience to Intimacy, or How Love Conquered Marriage*, Viking, Nueva York, 2005. [Versión en castellano: *Historia del matrimonio*, Gedisa, Barcelona, 2006.]

6. En todos estos capítulos me refiero y elaboro sobre todo el significado tradicional, popular y familiar de «romántico« (y posromántico) más que los principios clave del género literario y el movimiento romántico, aunque el personaje romántico y la tradición romántica ocasionalmente se solapan. Reviso algunos de estos ideales tradicionales y sus fuentes históricas en la cultura popular del siglo XX en Pamela Haag: «In Search of the 'Real Thing'», en John Fout y Maura Shaw Tantillo (eds.): *American Sexual Politics: Sex, Gender and Race Since the Civil War*, University of Chicago Press, Chicago, 1993, 161-191.

7. «Sex and Employment: New Hiring Law Seen Bringing More Jobs, Benefits for Women», *Wall Street Journal* (22-1-1965), 1.

1. LOS DILEMAS DE UN MATRIMONIO SEMIFELIZ

1. Además de mi propia encuesta en línea he revisado otras. En el lado positivo del espectro, un estudio de General Social Surveys descu-

brió que el 58% describía sus matrimonios como «muy felices», lo cual es de lejos el porcentaje más alto que he visto en una encuesta. Otra encuesta de Pew de 2007 concluyó que los estadounidenses casados son en general más felices que los solteros. Más felices quizás, aunque no necesariamente felices. El profesor de psicología Richard Lucas analizó veinte años de datos y concluyó que un aumento inicial en la felicidad relacionado con el matrimonio retrocede con el tiempo a los niveles anteriores al matrimonio. Las conclusiones de Lucas cuadran con lo que yo recojo de manera anecdótica de mujeres solteras. «Al principio te sientes dejada de lado, porque todas tus amigas se casan a los treinta y tantos —me cuenta una mujer soltera—, pero ahora que tengo más de cuarenta me siento más feliz.» Pew Research Center: «As Marriage and Parenthood Drift Apart, Public is Concerned about Social Impact» (1-7-2007), <http://pewresearch.org/pubs/526/marriage-parenthood>; Richard Lucas: «Adaptation and Set-Point Model of Subjective Well-being: Does Happiness Change After Major Life Events?», *Current Directions in Psychological Science*, 16 (2007), 75-80.

En una interesante encuesta en internet, el 30% de 3.000 encuestados dijo que lamentaba haberse casado y otro 20% «no estaba seguro». Encuesta de AOL/Women's Day en L. A. Johnson: «Would You Marry Him Again? Couples Here Dispute Marriage Poll's Unhappy Results», *Pittsburgh Post-Gazette* (23-1-2007), C1.

Una hipótesis ampliamente sostenida en la investigación y en sus comentarios es que la felicidad conyugal parece una curva en U: perdemos felicidad —y se disuelven más matrimonios— en los primeros siete años de casados, pero luego la recuperamos, después de unos veinte años. Sin embargo, uno de los artículos académicos más interesantes sobre la felicidad cuestiona esta idea de la curva en U de la felicidad conyugal y concluye que no se sostiene después de un análisis exhaustivo. Jody VanLaningham y otros: «Marital Happiness, Marital Duration and the U-Shaped Curve: Evidence from a Five-Wave Panel Study», *Social Forces*, 79, núm. 4 (2001), 1.313-1.341, descubren que de hecho los declives más pronunciados en la felicidad conyugal se producen en los primeros años de matrimonio, pero no encuentran motivos para sostener la idea de que la felicidad conyugal se ciñe a un patrón de curva en U: los niveles de felicidad que ellos descubren o permanecen planos o descienden con el paso del tiempo, pero no se incrementan en años posteriores.

Resulta interesante que el porcentaje de felicidad podría no haber cambiado mucho desde la década de 1970. Un estudio de 600 parejas del Identity Research Institute descubrió que mientras que la tasa de divorcio se situaba numéricamente en el 40% a escala nacional, de hecho el 75% de los matrimonios era «un descalabro». Dos investigadores descubrieron en la década de 1970 que el 80% de los entrevistados en algún momento había «considerado seriamente» el divorcio, dejando un residual 20% que no lo había hecho. George y Nena O'Neill fijaron en el mismo 20% los «matrimonios felices» en su influyente trabajo sobre el matrimonio de principios de la década de 1970. Della Roy: «Is Monogamy Outdated?», *Humanist* (marzo-abril de 1970); George y Nena O'Neill: *Open Marriage: A New Life Style for Couples*, Avon, Nueva York, 1972. [Versión en castellano: *Matrimonio abierto*, Grijalbo, Barcelona, 1974.]

Una tendencia inquietante, aunque solo indirectamente relacionada con la cuestión del matrimonio y la felicidad, es que la tasa de suicidio de personas entre 45 y 54 años —por lo general adultos con hijos y/o casados— se incrementó en casi un 20% en cinco años, desde 1999 hasta 2004. Entre las mujeres en ese rango de edad, la tasa «saltó» un 31%, lo cual «rompe con tendencias del pasado», según la American Foundation for Suicide Prevention, como lo describe Patricia Cohen: «Midlife Suicide Rises, Puzzling Researchers», *New York Times* (19-2-2008), 19.

2. Peter Thompson: «Desperate Housewives? Difficulties and the Dinamics of Marital (un)Happiness», Florida International University, documentos de trabajo (2005), <http://www.flu.edu/orgs/economics/wp2005/05>.

3. El vagamente relacionado autodenominado movimiento matrimonial se declaró en la cuarta conferencia anual de la Coalición por la Educación de las Familias y Parejas celebrada en Denver el 30 de junio de 2000. Sobre la conferencia, véase Cheryl Wetzstein: «Coalition Pledges to Stregthen Marriage, *Washington Times* (30-6-2000), A11; Marilyn Gardner: «A Quiet Revolution in Support of Marriage», *Christian Science Monitor* (30-6-2000), 2; Julia McCord: «Leaders Promote Marriage: Nebraskans Join a Movement to Fight the Trends of Divorce and Unwed Motherhood», *Omaha World Herald* (30-6-2000), 19.

En esta conferencia más de un centenar de académicos y «líderes religiosos» apoyaron al movimiento matrimonial por «cambiar la opinión sobre el matrimonio». Prometieron promover el matrimonio para que «cada año haya más niños que crezcan protegidos por sus propios padres felizmente casados». Advirtieron que no apoyaban «la tiranía masculina, la violencia doméstica ni la denigración de madres solteras». Stephen G. Post: «Communities Should Work to Help Marriage Succeed», *Plain Dealer* (3-7-2000), 7B.

Tampoco querían neutralidad en torno al matrimonio en la política o la ley. A diferencia de los países de Europa occidental, cuyas políticas sociales normalmente no vinculan el acceso a beneficios o servicios de un niño al estado civil de sus padres, el primer principio del movimiento matrimonial tal y como se articuló en su convención de 2000 es «hacer que el objetivo sea apoyar a los matrimonios, no simplemente la neutralidad respecto al matrimonio. Los matrimonios sanos benefician a toda la comunidad». En otras palabras, quieren discriminar a favor del matrimonio (heterosexual). Clint Cooper: «Marriage Movement Principles», *Chattanooga Times Free Press* (30-6-2000), B3.

Su segundo principio reitera que la política pública debería ser pro-matrimonial más que neutral respecto al matrimonio: «Respecto al estatus especial del matrimonio —declara haciéndose eco de un punto de vista del matrimonio del siglo XIX más como un estatus que como una relación contractual (véase *Maynard v. Hill*, 125 U.S. 190 [1888])— no extender los beneficios del matrimonio a parejas que podrían casarse pero deciden no hacerlo.»

El tercer principio reitera el compromiso de «reconectar el matrimonio y la crianza de los hijos». Y dar fruto: «No desalentar a las parejas casadas de tener todos los hijos que elijan.» Este principio me desconcierta. No me queda claro cómo la política pública ha desalentado la procreación conyugal, salvo quizá por políticas inadecuadas respecto a las bajas por maternidad, pero esas necesidades no se contemplan en los cinco principios.

El cuarto principio afirma: «No desalentar la interdependencia conyugal penalizando el trabajo no remunerado en hogares y comunidades.» Interdependencia conyugal significa una división de roles (en este caso, una división de roles por sexos).

El quinto principio del movimiento matrimonial insta a «la promoción de la permanencia conyugal», que podría conllevar la anulación de leyes liberales de divorcio por consenso y la promoción de la alianza matrimonial, aunque el principio es demasiado vago para relacionarse con una política específica.

Acumulativamente, los principios exponen lo que parece un borrador para ver el matrimonio más como una institución social y una obligación que como un vínculo romántico, un revival del concepto de «matrimonio tradicional» del siglo XIX en el siglo XXI, saltándose el interregno de atenuación del matrimonio del siglo XX. Para un comentario más extenso y un análisis del movimiento matrimonial, la política matrimonial, aspectos del revival del matrimonio tradicional y una discusión con Nicky Grist, director ejecutivo de Alternativas al Matrimonio, la única organización nacional que combate la discriminación matrimonial, véase <http://www.pamelahaag.com>.

4. Citado en Dianna Marder: «Young Adults Looking to Marry Soul Mates», *Contra Costa Times* (20-6-2001), D4. La encuesta del National Marriage Project se realizó a 1.000 personas de edades comprendidas entre los 20 y los 29 años; Cheryl Wetzstein: «Young Singles Aim at Lasting Marriage, Study Shows Many Seek 'Soul Mates'», *Washington Times* (13-6-2001), A10.

5. Kristina E. Zurcher: «'I Do' or 'I Don't'? Covenant Marriage after Six Years», *Notre Dame Journal of Law, Ethics & Public Policy*, 18, núm. 1 (2004), 273-301, p. 293.

6. Para un resumen de la investigación sobre felicidad y duración del matrimonio, véase Jody VanLaningham y otros: «Marital Happiness, Marital Duration and the U-Shaped Curve: Evidence from a Five-Wave Panel Study», *Social Forces*, 79, núm. 4 (junio de 2001), 1.313-1.341. Van-Laningham también cuestiona la idea de que el matrimonio experimenta un alza en felicidad en años posteriores si se insiste.

7. Ana Veciana-Suarez: «Marriage is as Much about Work as Love», *Houston Chronicle* (15-10-2000), 6. Véase también como ejemplo John Boudreau: «Telling the Truth about Marriage: Long, Happy Unions are Rare and Require Work», *San Jose Mercury News* (27-6-2004), 3H.

8. David Brooks: «The Elusive Altar», *New York Times* (18-1-2007), A27.

9. Blaine Harden: «Bible Belt Couples 'Put Asunder' More, Despite New Efforts», *New York Times* (21-5-2001), A1.

10. Realizada por el National Marriage Project, Rutgers University. Citado en Jane Eisner: «For Blissful Marriage Shallow New View», *Philadelphia Inquirer* (14-6-2001), A31.

11. Mientras que algunos estudios muestran ideales perdurables e inflados de la felicidad romántica, otros revelan expectativas humildemente pragmáticas. Rachel Lawes descubrió en su trabajo que lejos de aferrarse a los estándares de amor romántico y gratificación personal, una buena porción de los encuestados preferían un «repertorio realista» sobre el matrimonio y desdeñaban el «repertorio romántico», asegurando que este solo existía en suposición y no en el «mundo real». Para ellos lo sublime romántico se había elevado desde un objetivo reconocidamente noble hacia la estratosfera del mito puro. Estos realistas anticiparon matrimonios que sobrevivirían gracias a cónyuges que «se esfuerzan» y «caracterizado por deuda, infidelidad, "quedarse jun-

tos por el bien de los niños" y enfermedad». Rachel Lawes: «Marriage: An Analysis of Discourse», *British Journal of Social Psychology*, 38, núm. 1 (1999), 1-20. La académica Ann Swindler entrevistó a 88 parejas de clase media y media alta del Medio Oeste y descubrió que no tenían ese lavado de cerebro romántico, pero habían mostrado «una comprensión prosaica y realista del amor». Peter Monaghan: «Berkeley Sociologist Investigates Notions of Love», *Chronicle of Higher Education* (17-8-2001), 18. Véase también Lisa Neff: «To Know You Is to Love You: The Implications of Global Adoration and Specific Accuracy for Marital Relationships», *Journal of Personality and Social Psychology*, 88, núm. 3 (marzo de 2005), 480-497.

12. Lori Gottlieb: *Marry Him: The Case for Settling for Mr. Good Enough*, Dutton, Nueva York, 2010.

13. En Estados Unidos, el interés posromántico en versiones de emparejamiento, matrimonio concertado y matrimonio antes del amor coexisten con la tendencia romántica internacional del «amor antes del matrimonio», lo cual sugiere una divertida y fascinante polinización cruzada. Me pregunto si la economía globalizada, internet, la guerra, la inmigración, el turismo sexual internacional y el preocupante aumento de las novias solicitadas por correo, entre otros lugares de contacto y cruce, no han aplanado también nuestros ideales conyugales, como propone Thomas Friedman para la economía. La tendencia del «amor antes del matrimonio» de la India realmente ganó impulso en las corrientes de la economía global con el boom del software en la década de 1990. Siguiendo la ruta de transmisión comercial habitual, partes de Asia y de Oriente Próximo están obsesionadas con nuestro ideal romántico exportado del amor verdadero. Véase Del Jones: «One of USA's Exports: Love American Style», *USA Today* (14-2-2006), 1B. Esto ha inspirado a un periódico indio a escribir editoriales con enardecedoras hipérboles sobre la «nauseabunda tendencia» hacia los «criterios occidentales del matrimonio», aquellos que «se revuelcan en la cohabitación y el goce» y respiran «el aire de una permisividad y una promiscuidad que lo impregnan todo, con olor a adulterio e infidelidad». Supongo que es el (menguante) estilo americano. «So Why Bother Getting Married?» (editorial), *Statesman* (6-6-2006); «Bonding of Two Souls» (editorial), *Statesman* (5-4-2006).

Entretanto, en Estados Unidos y los países de Europa occidental, la idea del matrimonio concertado y las parejas se está poniendo de moda. «Los matrimonios concertados son muy naturales —dice Aneela Rahman, ciudadana británica—. Es algo que los asiáticos hacemos constantemente y forma parte de nuestra cultura.» Rahman tenía 23 años y estaba muy occidentalizada, bien educada y estudiando optometría cuando su familia concertó su matrimonio. Ahora su serie de televisión *Arrange Me a Marriage* requiere un trabajo con amigos para encontrar candidatos adecuados para el matrimonio. Gillian Bowditch: «Mr. Right? That Can be Arranged», *Sunday Times* (18-10-2007), 3.

«Aunque muchos podrían encogerse ante la perspectiva de un matrimonio concertado —escribe la novia estadounidense Anum Ghazipura—, yo no tengo reservas respecto a esa idea. No tener la responsabilidad añadida de tener que elegir al hombre con el que pasaré el resto de mi vida [...] me da la oportunidad de concentrarme en mis objetivos.» Por supuesto, según el guión romántico, el amor y el matrimonio eran los objetivos de la vida. Anum Ghazipura: «My Relatives Will Choose my Husband», *Atlanta Journal-Constitution* (13-2-2007), 13A.

Para un análisis más amplio y comentario sobre la moda del matrimonio concertado, véase <http://www.pamelahaag.com>.

14. Correspondencia por correo electrónico con la autora (28-4-2009).

15. Robert Epstein: «Editor as Guinea Pig: Putting Love to a Real Test» (editorial), *Psychology Today* (junio de 2002). Véase también: <http://www.drrobertepstein.com>. Karen Peterson: «Falling in Love by Design», *USA Today* (26-6-2003), 8D.

16. Samieh Shalash: «It's All Arranged: 60 Percent of World's Marriages Decided in Advance for Couples», *Lexington Herald-Leader*, «Lifestyle» (16-5-2005).

17. Sorprendentemente un trabajo de investigación inédito basado en datos longitudinales de Framingham (Massachusetts) sugiere que el divorcio podría realmente ser contagioso. El estudio descubrió que tener amigos que se habían divorciado aumentaba el riesgo de divorcio de una persona en un 147%. Véase Rose McDermott y otros: «Breaking Up Is Hard to Do, Unless Everyone Else Is Doing it Too: Social Network Effects on Divorce in a Longitudinal Sample Followed for 32 Years», trabajo patrocinado por una beca del National Institute of Aging, <www.scribd.com/doc/33986828/Social-Network-Effects-On-Divorce>.

18. El tema candente, la cuestión polarizante del matrimonio del mismo sexo, no es más que un elemento en una historia de dos culturas conyugales diferentes en Estados Unidos: las «dos Américas» del matrimonio. Los temperamentos políticos y conyugales muestran una «notoria correlación», según un microanálisis de 2006 de los 3.141 conda-

dos del país. Cuanto más alta era la tasa de cohabitación prematrimonial, posposición de matrimonio y paternidad y menor número de hijos, menos probable era que el condado votara por George Bush en 2000 o 2004, y viceversa. Un análisis del censo de 2005 basado en más de tres millones de hogares estadounidenses descubre de un modo similar que la América republicana y la demócrata se casan de un modo diferente. Ron Lesthaeghe y otros: «The Second Demographic Transition in the United States: Exception or Textbook Example?», *Population and Development Review*, 32, núm. 4 (diciembre de 2006), 669-698; Tallese Johnson y Jane Dye: *Indicators of Marriage and Fertility in the United States from the American Community Survey: 2000 to 2003*, U.S. Census Bureau, mayo de 2005; para una revisión de parte de los datos, véase Tamar Lewin: «Data on Marriage and Births Reflect Political Divide», *New York Times* (13-10-2005).

La tasa de divorcio difiere en estas distintas culturas del matrimonio y en direcciones sorprendentes. La tasa de divorcio en muchas partes del Cinturón Bíblico se sitúa casi un 50% por encima del promedio nacional. En particular, los baptistas tienen la tasa más elevada de divorcio entre todos los grupos cristianos, y es más probable que se divorcien que los agnósticos y ateos. El gobernador de Arkansas Mike Huckabee declaró un «estado de emergencia conyugal» en 1999. El lugar con la tasa de divorcio más baja es Massachusetts, la quintaesencia del estado liberal. Las tasas de divorcio proceden del U.S. Census Bureau: *Statistical Abstract of the United States 2010*, U.S. Government Printing Office, Washington D. C., 2009. Los datos más recientes son de 2007 y faltan datos de seis estados. Véanse datos actuales sobre tasas de matrimonio o divorcio en los cincuenta estados en el sitio web de Pew Research Center, <http://pewresearch.org>. «Baptists Have Highest Divorce Rate», Associated Press (30-12-1999), accesible en el sitio web del deísmo <http://www.sullivan-county.com/bush/divorce>; «The So-What View of Marriage» (editorial), *Omaha World Herald* (24-4-2000), 10; Huckabee citado en Harden: «Bible Belt Couples 'Put Asunder' More», A1.

Entre los estados que puntuaban más alto en número de hijos en familias monoparentales en 2006 estaban Arkansas, Georgia, Alabama, Carolina del Sur, Luisiana y Misisipí, y todos menos Misisipí estaban también entre los diez estados con menos nacimientos de mujeres no casadas en 2004. Esto motivó que el *Atlanta Journal-Constitution* dijera que el Sur era el «centro de madres solteras de la nación». Annie E. Casey Foundation: *Kids Count 2006*, Kids Count Data Center, <http://www.kidscount.org/datacenter>, comparación por tema: «Children in Single-Parent Families: Percent: 2006»; Dye y Johnson: *Indicators of Marriage and Fertility...*, op. cit.; Helena Oliviero: «South Leads Trend of Motherhood Without Marriage», *Atlanta Journal-Constitution* (13-10-2005), A1. Naomi Cahn y June Carbone: *Red Families v. Blue Families: Legal Polarization and the Creation of Culture*, Oxford University Press, Nueva York, 2010 ha ocasionado el debate sobre si las tasas de nacimientos fuera del matrimonio en estados demócratas son menores por las tasas superiores de abortos.

Estos patrones de matrimonio ciertamente interactúan de maneras complejas con la pobreza y la educación. Sin embargo, entre los políticos socialmente conservadores, una respuesta a la impresionante tasa de divorcio y madres solteras en los bastiones del matrimonio tradicional ha consistido en reafirmarse en los valores tradicionales como remedio y tratar de revivirlos por medio de la educación matrimonial y programas similares. El gobernador de Oklahoma Frank Keating, por ejemplo, calificó la elevada tasa de divorcio de su estado como «una acusación ardiente de lo que no se está diciendo desde detrás del púlpito» al 70 % de los residentes del estado que van a la iglesia cada semana y prometió usar 10 millones de dólares en fondos de asistencia en una campaña para reducir en un tercio la tasa de divorcio en diez años. Harden: «Bible Belt Couples 'Put Asunder' More», op. cit., A1. Otra hipótesis podría ser que en la medida en que los valores son factores en diferentes tasas de divorcio, la cultura del matrimonio tradicional en el Cinturón Bíblico es demasiado fuerte, no demasiado débil, en un momento en que el matrimonio tradicional no parece fortalecerlo. Para un mayor análisis y opinión, véase <http://www.pamelahaag.com>.

19. Hoy el éxito y el fracaso matrimonial en Estados Unidos están más firmemente relacionados con la clase. En el siglo XXI se ha abierto una divisoria de clase en el matrimonio —un «golfo que se abre», informa el *Economist*— entre los pobres y la clase obrera y la clase media. Es una tendencia reciente y sorprendente. En la década de 1970, las tasas de matrimonio y divorcio cayeron en igual medida en las distintas clases sociales y no podían distinguirse en función de la educación para hombres o mujeres. Hoy las parejas de clase media se divorcian con una tasa que es casi la mitad que la de las parejas menos prósperas. Estas parejas que ganan más de 50.000 dólares tienen un 31 % de probabilidades de divorciarse después de quince años, en comparación con una probabilidad del 65 % para aquellos que ganan menos de 25.000 dólares. La investigadora Pamela Smock describe que el matrimonio parece estar emergiendo en el siglo XXI como una costumbre más elitista. Sobre la

década de 1970, véase Zhenchao Qian y otros: «Changes in American Marriage, 1972 to 1987», *American Sociological Review*, 58, núm. 4 (1993), 482-495; Pamela Smock: «The Wax and Wane of Marriage: Prospects for Marriage in the 21st Century», *Journal of Marriage and Family*, 66, núm. 4 (2004), 966-973.

Un elemento de esta divisoria de clases es que las cosas que pensamos que podrían acabar con el matrimonio tradicional podrían asociarse con los matrimonios más fuertes de hoy. En la década de 1990, las conclusiones preponderantes en la investigación sostenían que la educación superior de la mujer amenazaba sus perspectivas y el éxito conyugal. En la primera cohorte posliberación de la mujer de principios de la década de 1970 eso podría haber sido cierto, pero esa tendencia se ha revertido en el siglo XXI. Joshua Goldstein y Catherine Kenney concluyen que, aunque en el pasado era menos probable que se casaran las mujeres con más educación, recientes licenciadas en la universidad en el alba del siglo XXI tienen más posibilidades de casarse, aunque lo harán a una edad más avanzada. Su investigación «sugiere que el matrimonio cada vez más se está convirtiendo en un privilegio de los más educados». Pamela Smock y otros también descubrieron que la «retirada del matrimonio» en este siglo es más pronunciada por el bajo estatus socioeconómico de los estadounidenses. La probabilidad de esperar casarse —en un país donde hace solo cinco décadas el matrimonio era casi universal en todas las clases sociales— se ve ahora diferenciado según la posición socioeconómica. Joshua Goldstein y Catherine Kenney: «Marriage Delayed or Marriage Forgone? New Cohort Forecasts of First Marriage for U.S. Women», *American Sociological Review*, 66 (2001), 506-519; Pamela Smock: «First Comes Cohabitation and Then Comes Marriage?», *Journal of Family Issues*, 23, núm. 8 (2002), 1.065-1.087; Christine Whelan: *Why Smart Men Marry Smart Women*, Simon & Schuster, Nueva York, 2006.

Entre las mujeres con formación universitaria que se casaron por primera vez entre 1990 y 1994, solo el 16,5% estaba divorciada. Entretanto, entre quienes dejaron el instituto, la tasa se elevó desde el 38 al 46% en el mismo período. Desde 1975 hasta la década de 1990, las tasas de divorcio cayeron entre las mujeres con al menos cuatro años de universidad, pero siguieron siendo altas entre mujeres con menos de cuatro años en la facultad. Esta tendencia sugiere una «creciente asociación entre penurias socioeconómicas» y divorcio. Steven Martin: «Trends in Marital Dissolution by Women's Education in the U.S.», *Demographic Research*, 15 (diciembre de 2006), 537-560.

Del mismo modo, el trabajo asalariado entre las mujeres parece apoyar ahora el matrimonio y el éxito conyugal. En un trabajo de 2002 basado en dos oleadas de datos del National Survey of Families and Households, el destacado investigador del matrimonio Robert Schoen y otros descubrieron «datos claros de que, a escala individual, el empleo de la mujer no desestabiliza los matrimonios felices». Schoen comenta que, «al contrario de teorías invocadas con frecuencia», el empleo a tiempo completo de las mujeres está asociado con una mayor estabilidad conyugal. David Popenoe, que en cierta ocasión expresó el pesimismo sobre las esposas trabajadoras y la estabilidad conyugal, considera que los nuevos datos según los cuales las mujeres trabajadoras estabilizan el matrimonio son «probablemente correctos. Las mujeres trabajadoras se han convertido en la norma, y ello está teniendo un efecto diferente hoy que hace treinta años». Un estudio de 2002 corrobora la observación de Popenoe de una diferencia de cohorte. Bisakha Sen descubre que el efecto del trabajo de las mujeres casadas difiere según la generación. Al principio podría haber puesto en peligro el matrimonio, pero en nuestro siglo podría ser «beneficioso para la estabilidad conyugal». Robert Schoen y otros: «Women's Employment, Marital Happiness, and Divorce», *Social Forces*, 81 (diciembre de 2002), 643-662; Popenoe y Burstein citado en Frank Greve: «Study Suggests Unions with Working Wives Last», *Houston Chronicle* (23-5-2007), B2; Bisakha Sen: «Does Married Women's Market Work Affect Marital Stability Adversely? An Intercohort Analysis Using NLS Data», *Review of Social Economy*, 60, núm. 1 (2002), 71-92.

La opinión y las interpretaciones varían según la divisoria de clase. Algunos lo interpretan como una prueba de la mayor utilidad del matrimonio y el valor para las clases medias. «En coherencia con el razonamiento económico —opina el profesor de economía Tyler Cowen—, el matrimonio está creciendo entre grupos que se benefician al máximo del matrimonio.» Tyler Cowen: «Matrimony Has Its Benefits, and Divorce Has a Lot to Do With That», *New York Times* (19-4-2007), C1.

De hecho, no es que las mujeres de bajos ingresos se resistan al matrimonio porque no conocen sus beneficios o no los veneran. Según cierta investigación, no se casan porque con frecuencia eso «dificulta» el bienestar de sus hijos o el propio en términos materiales y psicológicos. La profesora de la Universidad de Harvard Kathryn Edin, en su fascinante y extenso trabajo entre mujeres solteras pobres de tres ciudades, preguntó a las mujeres por qué iban o no iban a casarse, y descubrió que sentían que «el matrimonio conlleva más riesgos que potenciales recompensas».

De manera uniforme, las mujeres tienen cierto elogio abstracto por el matrimonio. Sin embargo, las mujeres reconocen que «cualquier matrimonio es también económicamente precario, podría ser muy conflictivo y de corta duración». Sin las ventajas compensadoras de la unión de activos y las economías de escala que caracterizan los matrimonios de clase media, una mujer pobre podría estar mejor no casada porque entonces «tiene la flexibilidad de reducir los costes de su hogar al deshacerse de él». Kathryn Edin: «What Do Low-Income Single Mothers Say About Marriage?», *Social Problems*, 47, núm. 1 (2000), 112-133.

Los defensores políticos del matrimonio tradicional en Estados Unidos tienden hacia la conclusión de que el no matrimonio está exacerbando la pobreza, cuando no causándola, y una mayor desigualdad de clases. Kay Hymowitz del conservador Manhattan Institute desarrolla la idea de un sistema de «castas» entre quienes se casan y quienes no se casan. Mike Leavitt, secretario de servicios humanos y de salud del presidente George W. Bush, identificó el traslado al trabajo de población que recurre a los servicios sociales y la «construcción de matrimonios fuertes» como los dos pilares de su programa de reforma del estado de bienestar. Nicky Grist, directora ejecutiva de Alternativas al Matrimonio, disiente del enfoque «dejémosles que coman pastel de bodas» al tratar con la pobreza. Véase Kay Hymowitz: *Marriage and Caste in America*, Ivan Dee, Chicago, 2006; Robert Gehrke: «Leavitt Calls Good Marriages a Major Key to Welfare Reform», *Salt Lake Tribune* (14-6-2006); Harden: «Bible Belt Couples 'Put Asunder' More», op. cit., A1; Nicky Grist, entrevista con la autora (julio de 2008).

Más opiniones liberales tienden hacia la conclusión de que deberíamos preocuparnos por la pobreza y el bienestar de los niños más que promover el matrimonio para resolver esos problemas de manera indirecta. Véase por ejemplo, Frank Furstenberg: «What a Good Marriage Can't Do», *New York Times* (13-8-2002), A2, 19. Para un mayor comentario y análisis, véase <http://www.pamelahaag.com>.

20. La frase es de Elizabeth Drogin: «The Marrying Types: Stances of Marriage Postponement and Pursuit among Young Adults», tesis doctoral, University of California, Berkeley, 2006, *Dissertation Abstracts A: The Humanities and Social Sciences*, 66, núm. 10, p. 3.821.

21. Hoy, aunque la tasa de divorcio de Estados Unidos se ha estabilizado en la última década quizá por movimientos demográficos o por el hecho de que más parejas cohabitan sin casarse, nos casamos y nos divorciamos más que en naciones semejantes. Como señala el estudioso del matrimonio Andrew Cherlin, el «sentimiento a favor del matri-

monio parece ser más fuerte en Estados Unidos que en otros países desarrollados» en el siglo XXI. «La porción de adultos de Estados Unidos que es probable que se casen es más alta, pero también lo es la posibilidad de divorcio.» *Marriages and Divorces*, del U.S. Census Bureau, proyecta que alrededor del 50 % de los primeros matrimonios de los hombres menores de cuarenta y cinco años podría terminar en divorcio, y entre el 44 y el 52 % de los primeros matrimonios de las mujeres en el mismo grupo de edad. Andrew Cherlin: «American Marriage in the Early Twenty-First Century», *Future of Children*, 15, núm. 2 (otoño de 2005), 33.

Europa occidental, el Reino Unido, Canadá, Japón y sobre todo Escandinavia —en resumen, la mayoría de las naciones ricas del mundo industrializado— están en la vanguardia del «posmatrimonio». Según algunos sociólogos están llevando a cabo una «revolución de terciopelo» lejos del viejo mundo conyugal y los valores familiares. Podría decirse que el matrimonio ya no es la principal institución social de estos países.

Desde que empezó este siglo, las parejas no casadas han sido la norma en Suecia, Noruega, Dinamarca, Islandia y Finlandia. Más de la mitad de los bebés de Escandinavia nacieron de mujeres no casadas en 1999. En Suecia, el 28 % de los hogares está formado por heterosexuales que cohabitan, en comparación con el 8 % en Estados Unidos. El investigador noruego Oystein Kravdal señala una «masiva deriva» que se aparta del matrimonio en Noruega, mientras que desde 1999 los nacimientos de madres solteras representaban casi la mitad de todos los nacimientos. En Islandia es el 62 %. El príncipe heredero de Noruega se casó con una madre soltera con un hijo pequeño después de convivir con ella, y hay un condado en Noruega en el que el 82 % de los primeros hijos nació de parejas no casadas. La tasa de matrimonio de Francia ha caído un 30 % en las últimas tres décadas y el 59 % de los nacimientos en 2005 correspondió a madres no casadas. No obstante, la tasa de nacimientos en Francia está creciendo y es casi igual que la de Estados Unidos, y las parejas compran casas y educan niños sin el matrimonio. Sarah Lyall: «For Europeans, Love, Yes; Marriage, Maybe», *New York Times* (24-3-2002), 1; «Sweden's 'Marriage Lite' Gets Closer Examination», *USA Today* (18-7-2005), 6D; Oystein Kravdal: «Does Marriage Require a Stronger Economic Underpinning Than Informal Cohabitation?», *Population Studies*, 53, núm. 1 (marzo de 1999), 63-80; Lyall: «For Europeans...», op. cit.; Noelle Knox: «Nordic Family Ties Don't Mean Tying the Knot», *USA Today* (16-12-2004), A15; Molly

Moore: «More Longtime Couples in France Prefer L'Amour Without Marriage», *Washington Post* (21-11-2006), A22.

En el Reino Unido el matrimonio lleva en declive desde principios de la década de 1970. Una de cada tres mujeres escocesas considera que el matrimonio «ya no es necesario o relevante». El Reino Unido está a solo veintitrés años de ser una nación con mayoría de no casados. Y en Australia y Nueva Zelanda, el matrimonio continúa su «declive inexorable», según estadísticas neozelandesas. La tasa matrimonial cayó a la mitad de 1987 a 2007. Russell Leadbetter: «One in Three Women Doesn't Want to Walk down the Aisle», *Evening Times* (Glasgow), (24-10-2006), 12; Steve Doughty: «Women Waiting Till 30 to Marry if They Ever Get Round to It at All», *Daily Mail* (8-2-2006), 29; Sarah Womack: «Married Parents 'In Minority by 2031'», *Daily Telegraph* (5-10-2007); Patrick Crewdson: «Wedding Bells Later and Rarer for Kiwis», *Dominion Post* (4-5-2007), 8.

Canadá alcanzó en 2006 el hito de tener una mayoría de canadienses adultos (por encima del 51 %) que nunca se habían casado. La relación más popular en Quebec ha sido durante muchos años la familia en «concubinato» y esa relación, según Statistics Canada, ha aumentado desde 2001. Barbara Kay: «Weddings Have Lost Their Lustre», *National Post* (13-9-2007), A1.

Para análisis y comentario sobre por qué la gente se casa o no en nuestras naciones similares, véase <http://www.pamelahaag.com>.

22. Citado en «The So-What View of Marriage» (editorial), *Omaha World Herald* (24-4-2000), 10.

23. Moore: «More Longtime Couples in France Prefer L'Amour Without Marriage», op. cit., A22.

24. Raoul Felder, de su blog, <http://www. raoulfelder.com>.

25. Claudia Goldin critica esta amplia cohorte de diferencias en el matrimonio en «The Long Road to the Fast Track: Career and Family», *Annals AAPSS*, 596 (noviembre de 2004), 246-247, véanse también pp. 24-25 para un resumen del trabajo de Goldin. La obra fundamental de Betty Friedan *La mística de la feminidad*, por supuesto, diseccionaba la edad de consenso de este matrimonio de forma más vívida y consecuente, y la obra de Stephanie Coontz *The Way We Never Were: American Families and the Nostalgia Trap* (Basic Books, Nueva York, 1992) ofrece un importante correctivo a las nociones imprecisas de vida y matrimonio en la década de 1950 que eran evidentes en el discurso de los valores familiares de la era Reagan y su nostalgia para la familia de antes de los años sesenta.

26. Thomas Fleming: «Sex and Civil Rights», *This Week* (19-3-1967).

27. Cynthia Fuchs Epstein: *Women in Law*, Basic Books, Nueva York, 1981, 51.

28. Citado en Saul Feldman: *Escape from the Doll's House*, Carnegie Commission on Higher Education, Nueva York, 1974, 1.

29. Al principio del siglo XXI, la edad media del primer matrimonio se había incrementado a 26,8 años para los hombres y a 25,1 años para las mujeres, un ascenso desde los 23,2 y 20,8 de 1970. El destacado investigador del matrimonio Robert Schoen resume «la tendencia general hacia un matrimonio más joven hasta la década de 1960 y un aumento de la edad a partir de entonces». Las mujeres de Estados Unidos en el siglo XX tuvieron el promedio de edad del primer matrimonio más bajo justo después de 1945, en menos de 20 años. U. S. Census Bureau: «Number, Timing and Duration of Marriages and Divorces», *America's Families and Living Arrangements*, 9 (2001); Robert Schoen y Vladimir Canudas-Romo: «Timing Effects on First Marriage: Twentieth-Century Experience in England and Wales and the USA», *Population Studies*, 59, núm. 2 (julio de 2005), 135-146.

Hay unas pocas explicaciones para la tendencia, incluida la cohabitación antes del matrimonio. Véase Larry Bumpass y otros: «The Role of Cohabitation in Declining Rates of Marriage», *Journal of Marriage and Family*, 53, núm. 4, (1991), 913-927.

Claudia Goldin argumenta que la disponibilidad de un control de la natalidad fiable parcialmente da cuenta del ascenso en edad del primer matrimonio sobre todo para las mujeres con formación universitaria. «Con la llegada de la píldora —escribe Goldin—, algunos hombres y mujeres pudieron decidir retrasar el matrimonio sin pagar una penalización.» La posposición del matrimonio, a su vez, permitió que las mujeres invirtieran en prolongados procesos educacionales. Esto resulta en un mercado matrimonial «más amplio» para las mujeres con potencial profesional. Claudia Goldin: «Career and Marriage in the Age of the Pill», *American Economic Review*, 90, núm. 2 (mayo de 2000), 461-465.

David Loughran también considera que el matrimonio en un momento posterior es pronunciado entre grupos de mujeres con educación más elevada. Usa un modelo de patrones de «búsqueda conyugal femenina» para mostrar que la desigualdad creciente en los salarios masculinos da cuenta de parte del declive del matrimonio temprano. Descubre que la desigualdad masculina explica entre el 7 y el 18 % del declive en la «propensión al matrimonio» entre 1970 y 1990 para las mujeres blancas y las mujeres negras mejor educadas, concretamente. Loughran señala que las mujeres educadas buscan potenciales parejas en círculos más reducidos. Las disminuciones en los salarios masculinos suponen tiempos de búsqueda más largos para las parejas, y por consiguiente retrasa el matrimonio de mujeres negras bien educadas y mujeres blancas. David Loughran: «The Effect of Male Wage Inequality on Female Age at First Marriage», *Review of Economics and Statistics*, 84, núm. 2 (mayo de 2002), 237-250.

Internacionalmente, el mayor elemento de predicción del matrimonio postergado es un incremento en el éxito educacional de las mujeres. Véase: Stephanie Coontz: *Marriage, a History*, op. cit.

Hoy las parejas podrían esperar hasta que su vida esté en orden antes de casarse, por ejemplo, hasta que puedan permitirse irse a vivir solas, comprar una casa, tener empleos seguros, decidir dónde vivir, viajar un poco, aposentarse en una carrera o trabajo u obtener títulos profesionales. Nicky Grist, directora ejecutiva de Alternativas al Matrimonio, me cuenta que el deseo de pagar por la boda en sí retrasa el matrimonio, el perro que se muerde la cola. Entrevista con la autora (14-7-2008).

30. Véase Kathleen Gerson: «Moral Dilemmas, Moral Strategies, and the Transformation of Gender», *Gender & Society*, 16, núm. 1 (febrero de 2002), 8-28.

31. Madeline Chambers: «Marriage Should Expire after 7 Years: Politician; Bavaria's Gabriele Pauli; Running for Leadership of Christian Social Union», Reuters, *National Post* (21-9-2007), A14; «As Divorces Soar, Couples Told to Sign Up for the Seven-Year Hitch», *Daily Telegraph* (Australia) (21-9-2007), 23.

2. «COMPAÑEROS DE VIDA»

1. Betty Friedan: *The Feminine Mystique*, Norton, Nueva York, 1963, p. 244. [Versión en castellano: *La mística de la feminidad*, Cátedra, Madrid, 2009.]

2. Barbara Risman y Danette Johnson-Sumerford: «Doing It Fairly: A Study of Postgender Marriages», *Journal of Marriage and Family*, 60, núm. 1 (1998), 23.

3. Dos de los estudios más destacados sobre la tendencia hacia el emparejamiento selectivo en Estados Unidos son Megan Sweeney y Ma-

ria Cancian: «The Changing Importance of White Women's Economic Prospects for Assortative Mating», *Journal of Marriage and Family*, 66 (noviembre de 2004), 1.015-1.028; y Christine Schwartz y Robert D. Mare: «Trends in Educational Assortative Marriage from 1940 to 2003», *Demography*, 42, núm. 4 (noviembre de 2005), 621-646. Las sociólogas Sweeney y Cancian descubrieron en su investigación que la influencia del potencial de ingresos de las mujeres en sus perspectivas de matrimonio ha crecido con el tiempo, y continúa creciendo. Señalan que las mujeres con altos ingresos son las que se casan con hombres de altos ingresos, elevado estatus ocupacional y elevadas expectativas de ingresos futuros, más que en el pasado. «Lo más asombroso», a juicio de las investigadoras, es el declive en las posibilidades de que los estadounidenses con niveles educativos más bajos se casen. El matrimonio ya no es un camino en el ascensor social prometido por la narrativa romántica, y es más probable que una mujer de inferior educación se vea superada en el mercado del matrimonio por una mujer de elevada educación que atrae a su par, el hombre de elevada educación.

Schwartz y Mare señalan que el brusco aumento en el número de estadounidenses que tiene educación superior incrementa la homogamia, sobre todo cuando facultades y universidades asumen las funciones de selección de pareja previamente característica de iglesias, comunidades y otras organizaciones. En segundo lugar, señalan que en el contexto de los roles de género igualitarios, los hombres han empezado a competir por mujeres con ingresos elevados, igual que las mujeres siempre han competido por hombres de ingresos elevados. Y esto también alienta la homogamia.

En 1994, Matthijs Kalmijn captó la tendencia hacia la proximidad económica por encima de la cultural al examinar datos sobre emparejamiento selectivo de entre 1970 y 1980. Su artículo sugiere que otra tendencia fundamental —hacia un matrimonio más tardío— podría interactuar con la tendencia hacia el emparejamiento selectivo. Kalmijn concluye que en 1970 el emparejamiento selectivo por estatus cultural (esto es casarse en el seno de un grupo cultural, etnicidad, barrio o religión similares) era más importante que casarse con alguien del mismo estatus económico. La dimensión económica, no obstante, según descubre Kalmijn, es más importante cuando la gente se casa en un momento posterior de la vida. Por lo tanto, el emparejamiento selectivo por salario y por niveles educativos —tan profundamente asociados con el salario en Estados Unidos— lógicamente se haría más pronunciado cuando los estadounidenses en general se casan más tarde. Además, descubrió que en la década de 1970 el estatus económico de la homogamia cobró importancia durante la década de 1970 a costa del emparejamiento selectivo cultural. Matthijs Kalmijn: «Assortative Mating by Cultural and Economic Occupational Status», *American Journal of Sociology*, 100, núm. 2 (1994), 422-452.

4. Cuento como aproximadamente «iguales» a aquellas facultades y universidades que se hallaban a 20 puntos en el ránking unas de otras (normalmente en la misma categoría y escalafón) y/o a 5 puntos porcentuales en términos de selectividad, una medida de proximidad viciada pero al menos mesurable gracias al informe anual de *U. S. News*.

5. Después de completar este manuscrito, el Pew Research Center divulgó estudios que indicaban que actualmente en el matrimonio hay una mayor ganancia económica para los hombres que para las mujeres. Las mujeres hoy, en comparación con sus pares de 1970, tienen más probabilidades de tener más educación e ingresos que sus maridos. Véase «New Economics of Marriage: The Rise of Wives», Pew Research Center, <http://www.pewresearch.org.pubs>.

6. Andrew Rocco Tresolini Fiore: «Romantic Regressions: An Analysis of Behavior in Online Dating Systems», tesis doctoral del Program in Media Arts and Science, Massachusetts Institute of Technology, 2004, p. 13. La tendencia más generalizada en las citas se aleja de las citas aleatorias o cara a cara y se dirige a una cita en línea, ya sea a través de servicios de emparejamiento como eHarmony o servicios en línea más variopintos como Match.com. Algunos de los trabajos más interesantes y rigurosos sobre los sistemas de citas en internet proceden del Program in Media Arts and Sciences del MIT Media Lab. Su trabajo avala la migración de las citas en línea y la selección de pareja a la corriente dominante. Los anuncios personales en línea, argumentan, «tienen el potencial de modelar cómo una persona atrae a otra, queda con ella y se enamora». Michele Belot y otros descubren que las preferencias quedan superadas por la oportunidad en citas rápidas, por ejemplo, «Can Anyone Be the One? Evidence on Mate Selection from Speed Dating», C.E. P. R. Discussion Papers, núm. 5.926 (2006).

7. Citado en Dianna Marder: «Young Adults Looking to Marry Soul Mates», *Contra Costa Times* (20-6-2001), D4.

8. Nancy F. Cott: *The Bonds of Womanhood: "Woman's Sphere" in New England, 1780-1835*, Yale University Press, New Haven (Connecticut 1977).

9. Un corpus extensivo de la investigación histórica describe los mundos profundamente segregados por sexo de la clase media esta-

douinidense del siglo XIX, en la cual la intimidad, la camaradería y la vida social se obtenían de relaciones con el mismo sexo, incluso (o especialmente) después del matrimonio. El relato más persistentemente brillante de las intimidades femeninas en la cultura burguesa estadounidense del siglo XIX procede de Carroll Smith-Rosenberg: «The Female World of Love and Ritual», en *Disorderly Conduct*: *Visions of Gender in Victorian America*, Knopf, Nueva York, 1985. Sobre la cultura fraternal masculina, véase Mark C. Carnes y Clyde Griffen (eds.): *Meanings for Manhood: Constructions of Masculinity in Victorian America*, University of Chicago Press, Chicago, 1990 y en particular los ensayos de Carnes: «Middle-Class Men and the Solace of Fraternal Ritual» y Donald Yacovone: «Abolitionists and the 'Language of Fraternal Love'».

Un legado del apogeo del matrimonio romántico a mediados del siglo XX fue la sustitución de mundos de la intimidad del mismo sexo en fraternidades y sororidades por los intensos vínculos emocionales de la pareja romántica. Como señalan tanto Michael C. Carnes como Richard Briggs Stott, al final de siglo (y al iniciarse la era romántica del siglo XX) esta conducta grupal masculina procaz fue sustituida por una idea de sobriedad, autocontrol, ideas culturalmente estigmatizadas y más claramente definidas de la homosexualidad masculina y un ideal domesticado de masculinidad. Sin embargo, ahora que el apogeo romántico está desvaneciéndose, como creo que ocurre, hay también pruebas de que el mundo de la intimidad del mismo sexo está resurgiendo por encima de la intimidad conyugal (véase el capítulo 8 de este libro). En cuanto a Stott véase su *Jolly Fellows*: *Male Milieus in Nineteenth-Century America*, John Hopkins University Press, Baltimore, 2009.

10. Kate M. Jackson: «It's a Marriage of Sorts: 'Workplace Spouses' Share Office Goals, Long Hours, and Need for Boundaries», *Boston Globe* (23-10-2005), G1.

11. Tavia Evans: «Counselor Helps Workers Keep Issues Out of Work», *St. Louis Post-Dispatch* (25-12-2005), E1.

12. Por ejemplo, la economista de la conducta Zvika Newman descubrió en su investigación que un matrimonio con dos compañeros que trabajan es más estable cuando se pone en peligro por «ofertas externas» (en otras palabras, la tentación de una nueva aventura o una nueva pareja) que un matrimonio con solo un cónyuge que trabaja. Los estudiosos del derecho señalan que las prohibiciones sociales que solían incentivar la conducta promatrimonial y dificultar conductas «oportunistas» como la infidelidad han menguado, lo cual hace que un ama de casa

sea más vulnerable al abandono y la traición que en el pasado, dada la ausencia de contratos legales que tracen y especifiquen las expectativas del matrimonio. Y otro estudio descubre que una mayor ratio de miembros del otro sexo en la oficina incrementa la disolución de relaciones preexistentes, pero no establece diferencia en la transición de soltero a casado. Zvika Newman: «Are Working Women Good for Marriage?», Department of Economics, Boston University, Working Papers Series: WP2006-039; Michael Svarer: «Working Late: Do Workplace Sex Ratios Affect Parnership Formation and Dissolution?», *Journal of Human Resources*, 42, núm. 3 (2007), 383-395.

13. Marcus Buckingham: «What Great Managers Do», *Harvard Business Review*, 83, núm. 3 (marzo de 2005), 70-80.

14. Estadística citada en Mary Shedden: «It Takes Two 2 Tango», *Tampa Tribune* (11-9-2006), 1. Learning Express, una cadena de jugueterías, señala que al menos un 87% de sus tiendas es propiedad de parejas casadas. Los datos nacionales indican que el 36% de matrimonios coemprendedores se dedica al sector servicios, el 30% a la agricultura, el 18% al comercio al por menor. Abigail Leichman: «Copreneurs Combine Marriage, Career», *Record* (Bergen County, Nueva York) (3-9-2006), B1. En cierto modo, estos matrimonios son la versión del siglo XXI del matrimonio y la economía agraria basada en la familia del siglo XIX, quizá la última vez que matrimonio y empresa se solaparon de manera tan penetrante.

3. «YO PUEDO TENERLO TODO»

1. Citado en Toni Carabillo y otros: *Feminist Chronicles*, Women's Graphics, Los Ángeles, 1993, p. 56.

2. Mirra Komarovsky: *Women in College: Shaping New Feminine Identities*, Basic Books, Nueva York, 1985, p. 185.

3. Una holgada mayoría de mis encuestados en internet están de acuerdo con Shirin. Les pido que reaccionen a la afirmación: «Nunca es del todo igual en términos de labores domésticas. Las mujeres suelen terminar haciendo más.» Esta opinión recoge la más alta reacción «completamente de acuerdo» de todas mis preguntas, con un muy robusto 26%, y una extremadamente baja reacción «en absoluto de acuerdo» (solo un 6%). También ha recibido el nivel más bajo de reacciones indecisas, en el 14%. Sobre esta cuestión de la igualdad en el trabajo doméstico, los encuestados tienen opiniones más firmes y enfáticas, y se

decantan abrumadoramente hacia el acuerdo, con el 70 % de acuerdo entre «un poco» y «completamente».

4. Karen Arnold: *Lives of Promise: What Becomes of High School Valedictorians: A Fourteen-Year Study of Achievemment and Life Choices*, Jossey-Bass, San Francisco, 1995.

5. Louise Story: «Many Women at Elite Colleges Set Careeer Path to Motherhood», *New York Times* (20-9-2005), A5.

6. Sospecho que con la tendencia a dejar de trabajar del siglo XXI, este recorte preventivo de ambición se ha hecho más pronunciado. Otro factor importante es que las críticas sociales de la mujer profesional con familia se hicieron más ruidosas en la década de 1980 y luego a lo largo de la década de 1990, como documentó Susan Faludi en su magistral *Backlash: The Undeclared War Against American Women*, Crown, Nueva York, 1991 [versión en castellano: *Reacción: la guerra no declarada contra la mujer moderna*, Anagrama, Barcelona, 1993].

El libro de Sylvia Hewlett, *Creating a Life: Professional Women and the Quest for Children* (Talk Miramax, Nueva York, 2002), está entre los lamentos más destacados sobre las dificultades de equilibrar carrera y familia. En su estudio, Hewlett concluye que la mitad de las mujeres centradas en su profesión llegaron a lamentar no tener hijos y seguir con sus carreras. Este libro se discutió mucho, aunque aparentemente no se vendió tan bien; véase Motoko Rich: «Mommy Books: More Buzz than Buyers», *New York Times* (25-4-2007), E6. Con un espíritu más optimista, Hewlett podría haberse fijado en que la otra mitad de sus encuestados lograron organizarse para ocuparse de los hijos y de la carrera simultáneamente.

El peaje económico para las mujeres que individualmente deciden dejar el trabajo es muy alto. Leslie Bennetts, en *The Feminine Mistake: Are We Giving Up Too Much* (Hyperion, Nueva York, 2007), documenta de manera admirable que la mujer y madre que se queda en casa trabaja a cambio de nada. Su trabajo se valora en 138.095 dólares al año, según expertos en compensación de Salary.com, pero no recibe ningún salario.

A pesar de los riesgos, otros investigadores plantean que dejar el trabajo y un compromiso más romántico y caballeroso hace más felices a las mujeres. En 2006, W. Bradford Wilcox y Steven Nock atrajeron la atención de los medios, incluido un artículo del *New York Times*, cuando descubrieron en su trabajo sobre la felicidad de la esposa «apoyo significativo» en su investigación del «modelo de matrimonio de género»; las «mujeres de mentalidad tradicional, mujeres que no trabajaban fuera de casa», y donde el marido ganaba el dinero, «declararon que eran más felices en sus matrimonios». W. Bradford Wilcox y Stephen L. Nock: «'Her' Marriage after the Revolution», *Sociological Forum*, 22, núm. 1 (2007), 104-110.

Periódicos y revistas se abalanzaron. Titularon la investigación como una nueva fase en la continuada metamorfosis del ama de casa de feliz a desquiciada y otra vez feliz. «El regreso del ama de casa feliz», proclamaba un titular. Slate redujo el resultado final a «Desperate Feminist Wives: Why Wanting Equality Makes Women Unhappy» [Esposas feministas desesperadas: por qué querer la igualdad hace que las mujeres sean más infelices] (6-3-2006).

No resulta sorprendente que la investigación en sí tuviera más matices que los titulares. La investigadora Kristen Springer replicó a la afirmación de Wilcox en *Sociological Forum*, asegurando que él había probado el dividendo de felicidad del matrimonio retro. Springer reexaminó los datos de Wilcox y Nock y descubrió que un gran número de variables que medían grados de tradicionalismo en el matrimonio explicaban, todas combinadas, un simple 3 % de la varianza en la felicidad conyugal de las mujeres; una endeble «base factual», asegura Springer, para la conclusión bulliciosa de que el matrimonio «tradicional» es el más feliz para las mujeres». Por otro lado, dos variables que usó Wilcox para medir el «trabajo emocional de un marido» incrementó la explicación de la felicidad conyugal de las mujeres hasta un increíble 53 %; «una potencia explicativa unas 17 veces más grande» que las medidas del matrimonio tradicional. Kristen W. Springer: «Research or Rhetoric? A Response to Wilcox and Nock», *Sociological Forum*, 22, núm. 1 (2007), 112-117.

Los economistas conductuales diseccionan la economía de las guerras de mamás. En términos del economista conductual, la mujer que deja el trabajo, que cambia el desarrollo profesional por el trabajo doméstico ha hecho una inversión arriesgada e incierta a expensas de sus inversiones profesionales. Por esta razón, como dice el economista Ian Smith, es importante que las mujeres negocien «términos conyugales» favorables para su fuerte inversión inicial en el matrimonio, y de manera ideal antes del matrimonio; «dado que la edad, fecundidad e inversión conyugal disminuyen las opciones externas de la mujer más deprisa que las de los hombres, el llamado regateo de las mujeres puede lograr las mejores gangas cuando son jóvenes y mientras el amor es fuerte y resulta más probable obtener una división justa». Ian Smith: «The Law and Economics of Marriage Contracts», *Journal of Economic Surveys*, 17, núm. 2 (2003), p. 211.

Aunque el matrimonio en el que la mujer deja el trabajo representa la versión más nostálgicamente romántica de hoy, con su caballerosidad y el macho que gana el pan, no da resultado que un ama de casa piense su compromiso en términos románticos. Aun así, suelen hacerlo. En la práctica, como observa «empíricamente» Smith, «es menos probable que [las esposas de matrimonios tradicionales] redacten un contrato matrimonial, aunque aparentemente tienen mucho que ganar al hacerlo». En cambio, como revelan otros investigadores, estas esposas se aferran a delirios (románticos) de «y comieron perdices» o al menos, de resoluciones favorables y acatadas de pensión alimenticia. Lynn Baker y Robert Emery descubrieron que el 81 % de las mujeres de su investigación esperaba que el juzgado las recompensaría con la pensión alimenticia si se requería un divorcio, y todas predijeron que su cónyuge lo cumpliría. Lynn Baker y Robert Emery: «When Every Relationship Is Above Average: Perceptions and Expectations of Divorce at the Time of Marriage», *Law and Human Behavior*, 17, núm. 4 (1993), 439-450.

Para un comentario detallado y un análisis de la economía de los matrimonios con la mujer en casa, incluida una discusión del trabajo sobre el matrimonio por parte de economistas conductuales como Shoshana Grossbard-Shechtman, véase <http://www.pamelahaag.com>.

7. Jennifer Wolcott: «Still Not Having It All», *Christian Science Monitor* (16-12-2003), 11.

8. Joan Williams: *Unbending Gender: Why Family and Work Conflict and What to Do About It*, Oxford University Press, Nueva York, 2000.

9. Citado y descrito en Andrew Hacker y Claudia Dreifus: *Higher Education? How Colleges Are Wasting Our Money and Failing Our Kids-and What We Can Do About It*, Times Books, Nueva York, 2010, 53-54.

10. El apoyo del cónyuge en la carrera profesional en los matrimonios de dos carreras emerge en algunas investigaciones como una base relativamente nueva para la estabilidad conyugal y la felicidad. Habría sido discutible como «virtud» matrimonial en la década de 1950 y la era romántica, cuando, por prescripción, mujeres y maridos tenían roles complementarios y diferentes. Allen Bures concluye que los altos niveles de apoyo conyugal crean niveles elevados de satisfacción laboral, pero la relación es moderada por género. En un nivel bajo de apoyo, tanto maridos como mujeres tienen una tensión igual, pero los maridos se benefician más de niveles elevados de apoyo conyugal para su carrera que las mujeres. Allen Bures: «The Effects of Spousal Support and

Gender on Worker's Stress and Job Satisfaction: A Cross National Investigation of Dual Career Couples», *Journal of Applied Business Research*, 12, núm. 1 (invierno de 1995-1996), 52-58. Véase también Uco J. Wiersma y Peter van den Berg: «Work-Home Role Conflict, Family Climate, and Domestic Responsibility Among Men and Women in Dual-Earner Families», *Journal of Applied Social Psychology*, 21, núm. 15 (agosto de 1991), 1207-1217.

4. EL MATRIMONIO TOM SAWYER

1. Anirban Basu: Sage Policy Group, Baltimore (Maryland), correspondencia con la autora (1-8-2007).
2. Betty Friedan: *The Feminine Mystique*, Norton, Nueva York, 1963, p. 244. [Versión en castellano: *La mística de la feminidad*, Cátedra, Madrid, 2009.]
3. Bruce Bliven: «By 1966, Half of Us Will be Under 25», *New York Times* (8-12-1963).
4. Michael Bittman y otros: «When Does Gender Trump Money? Bargaining and Time in Household Work», *American Journal of Sociology*, 109, núm. 1 (julio de 2003), p. 186.
5. AsiaNews: «Fatwa Against 'House Husbands'» (16-5-2006), <http://www.asianews.it/news-en/Fatwa-against-house-husbands-6176.html>.
6. Entrevista de Norman Mailer con el presentador Terry Gross en *Fresh Air*, National Public Radio, emitido originalmente el 8 de octubre de 1991.
7. Linda Hirshman: «Homeward Bound», *American Spectator* (21-11-2005), <http://www.prospect.org/cs/articles?articleId=10659>.

5. LA DICHA DE CAER

1. Richard Morin, Pew Research Center, Pew Social and Demographic Trends Project: *Inside the Middle Class: Bad Times Hit the Good Life*, publicado el 30 de abril de 2008, <http://pewsocialtrends.org/pubs/706/middle-class-poll>.
El Instituto de las Familias y el Trabajo comparó las posiciones de los trabajadores más jóvenes con las de sus padres. Descubrieron «una marcada tendencia en las posiciones de tanto mujeres como hombres»

a alejarse de carreras de altos vuelos y hacia posiciones más cómodas y flexibles en la vida. Están «eligiendo quedarse en los mismos niveles —descubrió el estudio—, más que continuar subiendo por la escalera profesional». Horatio Alger está siendo apartado como icono del sueño americano por el Bartleby de Herman Melville, quien, cuando se le ofrecían oportunidades para avanzar, decía simplemente que «preferiría no hacerlo». En 1992, el 68 % de los hombres con formación universitaria quería pasar a posiciones con más responsabilidad, pero solo el 52 % en 2002. La deflación de la ambición es todavía más pronunciada entre mujeres con formación universitaria. En 1992, el 57 % quería pasar a trabajos con más responsabilidad, en comparación con solo un 36 % en 2002. Families and Work Institute: «Generation & Gender in the Workplace», Families and Work Institute, Washington D. C., 2003, disponible en <http://familiesandwork.org/site/research/reports/genandgender>.

Una encuesta de Salary.com descubrió que casi un 40 % de los trabajadores, hombres y mujeres, preferiría más tiempo a un aumento de 5.000 dólares anuales en el sueldo, un cambio radical del 20 % en las prioridades de una fecha tan reciente como 2002.

Un estudio de Radclife College-Harris alcanza la asombrosa conclusión de que el 70 % de los hombres de entre veinte y treinta años dice que cambiaría dinero por tiempo con sus hijos. Radcliffe Public Policy Center con Harris Interactive: *Life's Work: Generational Attitudes Toward Work and Life Integration*, publicado el 4 de mayo de 2000. *Fast Company* especula que la brecha de género en los beneficios podría algún día estrecharse cuando «la gente mejor y más brillante diga: "Lo siento, no puede pagarme lo suficiente para que acepte ese empleo."»

Estudiantes de medicina renuncian a las especialidades médicas más prestigiosas —pero también las más exigentes y las que más dedicación requieren—, porque anticipan que querrán pasar más tiempo disfrutando de sus aficiones y tiempo libre. Las estudiantes gravitan hacia especialidades de menor duración como la dermatología y rechazan otras que consumen más tiempo como la pediatría o la medicina general. Suzanne Rose, vicedecana de la Mount Sinai School of Medicine, reconoció que se perdió momentos clave en las vidas de sus hijos porque estaba esforzándose por convertirse en una de las primeras mujeres gastroenterólogas. Estas estudiantes, se maravillaba, «no quieren trabajar tanto». Julie Rovner: «Med Students Seeking Less Demanding Specialties», National Public Radio, emitido el 13 de octubre de 2004.

Los arquitectos señalan un «drástico» declive en elementos característicos de los barrios residenciales como las grandiosas puertas de entrada, los techos catedralicios o las ventanas palaciegas. Esta tendencia empezó mucho antes de la crisis económica de 2008, aunque sin duda la exigencia las propulsa ahora. Roger Lewis, famoso arquitecto y columnista, predice una tendencia a la reducción en el sueño americano. «En relación con hace unas décadas —comenta—, hay cada vez más y más gente que se da cuenta de que no necesitan tanto espacio y quieren casas bien diseñadas y más compactas» (correspondencia con la autora, 9-12-2008). La encuesta de tendencias de diseño de casas del American Institute for Architects (AIA) correspondiente al tercer trimestre de 2008 corrobora el instinto de Lewis sobre la tendencia incipiente hacia espacios domésticos más pequeños. El AIA concluye que las parcelaciones de las afueras, pese a «las oportunidades que ofrecen para el ocio, el espacio libre y planes comunitarios más desarrollados están perdiendo terreno». Señalan que «la simplicidad se está imponiendo en el estilo de las casas y los exteriores».

2. Barbara Ehrenreich: *Fear of Falling: The Inner Life of the Middle Class*, Pantheon, Nueva York, 1989.

3. Elizabeth Warren: *The Two-Income Trap: Why Middle-Class Mothers and Fathers Are Going Broke*, Basic Books, Nueva York, 2003.

4. Consumo, anticomunismo y patriotismo (la libertad de comprar Coca-Cola «es por lo que luchamos» nos decía la propaganda en términos enaltecidos durante la Segunda Guerra Mundial) tendieron a cuajar, extrañamente, en un concepto compilado sobre el siglo americano y la fuerza global. «El ahorro es ahora antiamericano», declaró William Whyte en 1956. En el famoso debate de cocina de julio de 1956 entre Nixon y Kennedy, el primero gravitó fácilmente hacia el inventario de electrodomésticos del hogar americano como prueba de la superioridad geopolítica americana. En la época de posguerra, el matrimonio alimentó la economía del consumidor y el estándar de vida. Los estadounidenses compraron 21 millones de coches, 20 millones de neveras, más de 5 millones de cocinas y casi 11 millones de televisores y hubo más de 1 millón de mudanzas a casas nuevas cada año. En los cinco años posteriores a la Segunda Guerra Mundial, el gasto de consumo se incrementó en un 60%, pero el monto invertido en muebles y electrodomésticos, en concreto, se elevó un asombroso 240%. Los gastos en comida y bebida crecieron comparativamente en un modesto 30%; los de ropa, el 53%; y los de educación un 73%. Elaine Tyler May de-

talla el consumo del ama de casa americana en *Homeward Bound: American Families in the Cold War*, Basic Books, Nueva York, 1988, 165-166; 170-171.

A mediados de la década de 1950 la cifra de centros comerciales en Estados Unidos había crecido rápidamente hasta 3.840. De manera significativa, flanquearon los caminos migratorios de las familias suburbanas. De 1948 a 1954, las áreas residenciales alcanzaron precios de venta que casi triplicaban los de las ciudades centrales. Richard Polenberg: *One Nation Divisible: Class, Race and Ethnicity in the U.S. Since 1938*, Penguin, Nueva York, 1980, p. 135; James Tarver: «Suburbanization of Retail Trade in the Standard Metropolitan Areas of the United States, 1948-1954», *American Sociological Review*, 22 (agosto de 1957), 429-433, p. 431.

5. Marina Moskowitz: *Standard of Living: The Measure of the Middle Class in Modern America*, Johns Hopkins University Press, Baltimore, 2004. El nivel de vida se convertiría en la directriz intrínseca y vagamente competitiva de no ser menos que el vecino: se definía como el «mínimo de necesidades, comodidades y lujos que son esenciales para mantener una persona o grupo en el estatus o circunstancias tradicionales o adecuadas». Nótese cómo las necesidades se convierten fácilmente en lujos.

6. David Riesman: «The Suburban Sadness», reimpreso en William Dobriner (ed.): *Suburban Community*, Putnam, Nueva York, 1958.

7. Elaine Tyler May: *Homeward Bound: American Families in the Cold War Era*, Basic Books, Nueva York, 1988, 165-168.

8. Barbara Ehrenreich: *The Hearts of Men: American Dreams and the Flight from Commitment*, Doubleday, Garden City (Nueva York), 1983.

9. May: *Homeward Bound*, op. cit., p. 164.

10. Ibídem, p. 180.

6. LA PARADOJA DE TENER HIJOS Y DIVORCIARSE

1. Jason Fields y Lynne M. Casper, U.S. Census Bureau: «America's Families and Living Arrangements», Current Population Reports, P20-537, 2000; para más información sobre madres solteras y padres que cohabitan, véase Pamela Smock: «First Comes Cohabitation and Then Comes Marriage», *Journal of Family Issues*, 23, núm. 8 (2002), 1.065-1.087; Pamela Smock: «Cohabitation in the U.S.: An Appraisal of Re-

search Themes, Findings and Implications», *American Review of Sociology*, 26, núm. 1 (2000), 1-20.

2. Diane Sollee, investigadora y figura clave del movimiento matrimonial, descubrió que el «setenta por ciento de las parejas experimentan una gran caída en la satisfacción conyugal una vez que nacen sus hijos, y que esta no regresa hasta que los hijos se van de casa». Citado en John Boudreau: «Telling the Truth about Marriage», *San Jose Mercury News* (27-6-2008), 3H.

El vínculo entre el nacimiento de los hijos y la infelicidad e insatisfacción conyugal no es del todo nueva y se ha documentado en varios estudios de investigación desde la década de 1970. Estudios más recientes han descubierto una relación, entre ellos el de Jay Belsky y otros: «Stability and Change in Marriage Across the Transition to Parenthood», *Journal of Marriage and Family*, 45 (1983), 567-577; Lawrence Kurdek: «Developmental Changes in Marital Satisfaction», en Thomas Bradbury (ed.): *The Developmental Course of Marital Dysfunction*, Cambridge University Press, Nueva York, 1998; y Kenneth Leonard y Linda Roberts: «Marital Aggression, Quality and Stability in the First Year of Marriage», en Bradbury (ed.): *The Developmental Course*, op. cit., 44-73.

Aunque hay una relación persistente, en este capítulo estoy más interesada en algunas de las actitudes sobre la paternidad de hoy que podrían exacerbar la melancolía o darle un nuevo giro. Por ejemplo, hay pruebas de que, pese a que los hijos problematizan el matrimonio, la idea de «aguantar mecha» por los niños está creciendo, de manera que ellos se convierten en el pegamento que nos mantiene unidos en el matrimonio y al mismo tiempo incrementa nuestra infelicidad conyugal. Una encuesta de Time/CNN de 2000 descubrió que «más gente cree que los padres deberían permanecer juntos por el bien de los hijos». Un 33% de los encuestados respondió de este modo, en comparación con el 20% de hace solo veinte años, en 1980, antes del renacimiento conservador de los «valores familiares». Encuesta citada en Abigail Trafford: «Second Opinion: The Case for Marriage Isn't Open and Shut», *Washington Post* (17-10-2000), Z7.

Y, a diferencia de lo que ocurría en décadas anteriores, cuando los hijos eran uno de varios imperativos que obligaban al matrimonio, hoy son con más frecuencia la única inspiración o imperativo para muchos matrimonios. El matrimonio se ha considerado tradicionalmente el «contexto preferido» para educar a los hijos, y sigue siéndolo, según la investigación de R. Kelly Raley en «Increasing Fertility in Cohabitating Unions: Evidence for the Second Demographic Transition in the United States?», *Demography*, 38, núm. 1 (febrero de 2001), 59-66. Pero hoy este imperativo o preferencia en el matrimonio se enfrenta a escasa o nula competición por parte de otros imperativos, y por consiguiente pesa más en el matrimonio.

Además, una interesante conclusión del Pew Research Center de 2007 sugiere que hoy las fuentes de satisfacción de los padres como individuos y las fuentes de satisfacción de los padres en el matrimonio podrían estar fracturadas en torno a la cuestión de los hijos. El estudio concluyó que los hijos puntúan muy bajo en los requisitos para un matrimonio «feliz», pero el mismo estudio también descubrió que proporcionan la fuente más alta de «satisfacción personal» para los padres. Pew Research Center: «As Marriage and Parenthood Drift Apart, Public Is Concerned about Social Impact» (1-7-2007), resumen ejecutivo, <http://pewresearch.org/pubs/526/marriage-parenthood>.

De manera acumulativa, la investigación presenta una imagen desconcertante en la cual los hijos incrementan la infelicidad conyugal, pero quizá contribuyen a nuestra satisfacción personal y nuestras razones para casarnos. Tenemos un mayor compromiso de «aguantar» y permanecer juntos por los hijos del que teníamos hace unas pocas décadas, mientras que el efecto de otros imperativos es menor o nulo.

3. Save the Children: «State of the World's Mothers» (5-5-2010), <http://www.savethechildren.org>.

4. Jay Belsky y John Kelly: *The Transition to Parenthood: How a First Child Changes a Marriage: Why Some Couples Grow Closer and Others Apart*, Delacorte, Nueva York, 1994.

5. «What Your Mother Never Told You About Motherhood», *Oprah* (17-9-2002).

6. Judith Warner: *Perfect Madness: Motherhood in the Age of Anxiety*, Riverhead, Nueva York, 2005.

7. Para una crítica de la neurociencia popularizada en el desarrollo del cerebro infantil, véase John T. Bruer: *The Myth of the First Three Years: A New Understanding of Early Brain Development and Lifelong Learning*, Free Press, Nueva York, 1999.

8. Michele Weiner-Davis: *Sex-Starved Marriage: A Couple's Guide to Boosting the Marriage Libido*, Simon & Schuster, Nueva York, 2001.

9. Citado en Kathleen Deveny: «We're Not in the Mood», *Newsweek* (30-6-2003), 40.

10. Dagmar Herzog: *Sex in Crisis: The New Sexual Revolution and the Future of American Politics*, Basic Books, Nueva York, 2008, 3.

11. Jessica Ramirez: «How to Keep Him from Cheating», *Newsweek* (25-9-2008), <www.newsweek.com/2008/09/24-how-to-keep-him-from- cheating.html>.

7. HIJOS: LOS NUEVOS CÓNYUGES

1. «The Frayed Knot», *Economist* (26-5-2007), 23-25.
2. Pew Research Center Publications: «As Marriage and Parenthood Drift Apart, Public Is Concerned About Social Impact» (1-7-2007), <http://pewresearch.org/pubs/526/marriage-parenthood>.
3. «Childless by Choice: A Survey of Women on Having Children», *American Demographics* (1-10-2001).
4. Descrito en ibídem. Véase también Madelyn Cain: *The Childless Revolution*, Perseus, Cambridge (Massachusetts), 2001. Cain sostiene que la idea está siendo aceptada «por cada vez más gente generación tras generación» y que las mujeres de treinta y tantos al principio del siglo XXI «sentían muy poca obligación social» para tener hijos. «Ahora mismo somos probablemente el grupo más grande y menos reconocido de la sociedad occidental», dice un marido feliz «libre de hijos» de 39 años de Maryland.
5. U.S. Census Bureau: «America's Families and Living Arrangements: 2008», Current Population Survey (CPS) Reports, <http://www.census.gov/population/www/socdemo/hh-fam.html#cps>.
6. He encontrado más investigaciones sobre matrimonios que no tienen hijos en contextos distintos de Estados Unidos, en naciones industrializadas de desarrollo similar al nuestro. Un estudio estadounidense de 2008 descubrió que al menos el 20 % de los estadounidenses percibe que tener hijos es «demasiado caro», lo cual indirectamente da fe de elevados estándares, como si los padres no ricos o pobres no pudieran tener éxito en ese sentido. Véase «One in Five Women are Deciding Against or Delaying Having a Child Because of the High Cost of Child Care and Preschool, Poll Shows», <http://www. prnewswire.com/cgi> (14-8-2008). En Alemania la historia es similar: el 47 % afirma que un hijo «sería una carga económica demasiado grande» mientras que un 27 % dice que «es difícil educar a los hijos» y no tienen fuerza para ello. Véase Allensbach Institute: «Influential Factors in the Birthrate (traducción)» (marzo de 2004), <http://www.ifd-allensbach. de/pdf/akt_0407.pdf>. En un estudio canadiense, 8 de cada 10 encuestados citó «ser capaces de costearnos los hijos» como elemento impor-

tante. Véase Vanier Institute of the Family, 2007, <http://www.vifamily. ca/library/future/4.html>. Una investigación del Australian Institute of Family Studies, llevada a cabo en respuesta a una disminución alarmante de la tasa de natalidad, preguntó a las esposas por qué no tendrían hijos. Un número elevado de respuestas señalaba la idea de que los hijos exigen demasiado trabajo, demasiado dinero y demasiada perfección. «Me encantan los niños, pero requieren demasiada responsabilidad»; «No podemos costearnos tener hijos»; «Preferiría no tener hijos a menos que gozara de comodidad económica»; «Tendría que ganar más dinero.»

Merece señalar todas estas respuestas relacionadas con el dinero, porque incluso en países con redes de bienestar social mucho más densamente tejidas que en Estados Unidos, el no tener hijos expresa una suposición de que ser buenos padres equivale a ser padres ricos. Los padres pobres siempre han tenido éxito con la paternidad, pero en las imaginaciones de estas mujeres hacían falta enormes recursos económicos y emocionales para hacer bien el trabajo.

De manera poco común, los encuestados también señalaron que eran demasiado «egoístas» para tener hijos. Un participante en un estudio australiano explica que «preferimos progresar nosotros». Es una idea comprensible, pero traiciona una hipótesis subyacente sutil de que la paternidad es incompatible con cualquier progreso personal de interés propio o «egoísmo». ¿De verdad no hemos llegado a creer que los padres pueden ser solo padres? Esa preocupación brilla en algunas de estas respuestas, que ven una incompatibilidad básica fundamental entre placer adulto y vocación y paternidad. Ruth Weston y Lixia Qu, Australian Institute of Family Studies: «Men's and Women's Reasons for Not Having Children», *Family Matters*, 58 (otoño de 2001).

Sería interesante saber qué criterios de «responsable» y «generoso» delatan estas preocupaciones.

7. Según el censo de Estados Unidos y el National Center for Health Statistics. Véase Lauren Sandler: «The Only Child: Debunking the Myth», *Time* (19-7-2010), <www.time.com/nation/article/ 0,8599,2002,382,00>, y Susan Greenberg: «The Rise of the Only Child», *Newsweek* (23-4-2001), <www .newsweek.com/2001/04/23/the-rise-of-the-only-child>.

8. Rosanna Hertz: «And Baby Makes Two», *Christian Science Monitor* (30-10-2006). Hertz escribió *Single by Chance, Mothers by Choice*, Oxford University Press, Nueva York, 2006.

9. Citado en Sharon Jayson: «Society Switches Focus Away from

Children: Not as Much Adult Life Spent with Kids», *USA Today* (12-7-2006), 1D. Un estudio de 2007 del Pew Research Center descubrió que mientras que los estadounidenses están persistentemente inquietos por la «desvinculación» de matrimonio y paternidad y maternidad, solo un 41 % dice que los hijos son muy importantes para un matrimonio con éxito. Merece la pena compararlo con el 65 % que se sentía así recientemente, en 1990. Pew Research Center: «As Marriage and Parenthood Drift Apart, Public Is Concerned about Social Impact», (1-7-2007), resumen ejecutivo, <http://pewresearch.org/pubs/526/marriage-parenthood>; Ruth Padawer: «State of America's Unions is Ominous», *Milwaukee Journal Sentinel* (29-6-2003), 4L.

10. Madeline Levine: *The Price of Privilege: How Parental Pressure and Material Advantage are Creating a Generation of Disconnected and Unhappy Kids* (HarperCollins, Nueva York, 2006) sobre la abundancia de material y pauperización emocional de los hijos de clase media de hoy, y el Dr. Alvin Rosenfeld y otros: *The Over-Scheduled Child: Avoiding the Hyper-Parenting Trap* (St. Martin's, Nueva York, 2001) respecto a las tendencias de sobrepaternidad que Judith Warner captura en *Una auténtica locura*.

11. Una extensión del «yo no pedí nacer» es el fenómeno de los hijos que denuncian a sus padres. Hijos de Estados Unidos han denunciado por abuso después de recuperar recuerdos reprimidos de abuso sexual; por mala administración parental de su dinero heredado o fondos fiduciarios; por la malversación de ganancias confiadas a ellos, como en el caso del actor Macaulay Culkin; y por «divorcio». Sobre la separación parental, véase Bart Greenwald: «Irreconcilable Differences», *University of Louisville Brandeis Journal of Family Law*, 32, núm. 1 (1993-1994).

La tendencia emergente entre hijos que demandan a sus padres se refiere a la «vida injusta» en la cual los hijos demandan a sus padres esencialmente por dejarles nacer, incluso con discapacidades severas. O, para proyectarlo en el futuro, los expertos en ética se preguntan si los hijos podrían demandar a los padres que no examinaron embriones preimplantados o embriones en la primera etapa del embarazo en buscad de trastornos genéticos o simplemente «imperfecciones». ¿Podrían venir a demandar a los padres por no rectificar o potenciar su proyecto genético antes del nacimiento? Tony Fitzpatrick señala un «incremento en los hijos que demandan a sus padres por la herencia o por enfermedades que podrían haber eliminado»; véase su *Applied Ethics and Social Problems, Policy Press*, Bristol (Reino Unido), 2008, p. 173. Para mis propósitos, estos casos de pruebas genéticas son más relevantes en relación con la premisa de una demanda legal para obtener los mejores resultados posibles, y para su articulación de culpabilidad parental, retroactivamente, en las vidas y la felicidad de los hijos, incluso después de hacerse adultos.

12. Padres que ejercen de hiperpadres están tratando concienzudamente de hacerlo lo mejor posible para sus hijos. Pero ni la investigación ni la intuición tienen clara la idea de que esa hiperpaternidad es mejor para los hijos o, más precisamente, que causa alguna diferencia en un sentido o en otro. Una fascinante crítica procede de los economistas Steven D. Levitt y Stephen J. Dubner: *Freakonomics: A Rogue Economist Explains the Hidden Side of Everything*, William Morrow, Nueva York, 2005 [versión en castellano: *Freakonomics*, Ediciones B, Barcelona, 2006]. Levitt y Dubner revisaron la investigación sobre resultados educativos y descubrieron que los indicadores que importan en ser padres eran aquellos que describen «cosas que los padres son» (p. 170 de la edición en castellano). La lista menos influyente describía «cosas que los padres hacen»: cosas como leer más cuentos o hacer más excursiones o programas de enriquecimiento. «Para los padres, y los expertos en el cuidado de los niños, que están obsesionados con la técnica de crianza de estos, puede constituir incluso un revulsivo. La realidad es que la técnica parece estar sobrevalorada. Pero esto no significa que los padres no influyan. Es obvio que influyen enormemente. Aquí está el acertijo: para cuando la mayoría de la gente coge un libro acerca del cuidado de los hijos, es demasiado tarde. La mayor parte de las cosas que importan se decidieron mucho antes: quiénes somos, con quién nos casamos, qué tipo de vida llevamos. [...] Pero no es tanto una cuestión de qué se hace como padre, sino de quién se es» (pp. 170-171 de la edición en castellano).

Desde otra perspectiva, Judith Harris argumenta en *The Nurture Assumption* (Free Press, Nueva York, 1998) [versión en castellano: *El mito de la educación*, Grijalbo, Barcelona, 1999] que los adolescentes no son influidos por la educación por encima de la naturaleza, sino por la educación por encima de la educación: están mucho más influidos por sus grupos de pares a lo largo de la adolescencia que por sus padres, aunque los padres tienden a sobrestimar su influencia en los resultados de sus hijos.

Kathleen Carlsson argumenta en su libro *The Case Against Women Raising Children* (Xlibris, Nueva York, 2008), que la influencia maternal y lo que se resume en las prescripciones de «vinculación» y relación parental son demasiado intensivos y asfixiantes, y los costes demasiado grandes tanto para el progenitor como para el hijo.

Aunque no se refiere a estilos de paternidad y maternidad sino de gestión, el experto Bruce Tulgan describe a veintitantos empleados que entran en el mercado de trabajo y luchan por adaptarse a las críticas o para comprender la ética laboral, y que tienden a esperar de sus jefes el equivalente a unos hiperpadres. Por ejemplo, esperan y desean que apoyen su autoestima. Bruce Tulgan: *Not Everyone Gets a Trophy*, Jossey-Bass, Nueva York, 2009.

En un ensayo personal sobre el futuro de la imaginación y la literatura, Michael Chabon recuerda con cariño las aventuras en bicicleta de su propia infancia y se pregunta dónde cultivará la próxima generación su sentido de imaginación y espíritu literario cuando se pasa la mayor parte de su tiempo al alcance de sus padres preocupados, y rara vez se aventura en el «bosque». Véase su «Manhood for Amateurs: The Wilderness of Childhood», *New York Review of Books*, 56, núm. 12 (16-7-2009). Este espíritu marchitado de aventura de infancia, especula, tiene tanto que ver con los temores parentales exagerados y la hipervigilancia como con la eliminación de nuestros espacios naturales abiertos.

13. *Supernanny*, ABC (17-4-2008).

14. Sarah Lyall: «For Europeans, Love, Yes; Marriage, Maybe», *New York Times* (24-3-2002), A1.

15. Claude Martin, sociólogo francés, observa «muy pocas diferencias entre estar casado y cohabitar y muy pocas diferencias entre hijos nacidos fuera del matrimonio y aquellos nacidos dentro del matrimonio» en el discurso cultural de Europa occidental. (En Estados Unidos, para trazar un contraste rápido, el ministro del movimiento matrimonial y educador del matrimonio Mike McManus —uno de los tres comentaristas pagados por la administración Bush para promocionar los planes de educación matrimonial— comentó que, como los hijos de madres solteras tienen «22 veces más probabilidades» de terminar encarcelados, las madres solteras estaban creando la «siguiente generación de monstruos».) Martin es citado en Lyall: «For Europeans...», op. cit., p. A1; McManus, citado en Clarence Page: «We'd Rather Get Married than Stay Married», *Seattle Post-Intelligencer* (11-11-2007), B7.

Tampoco los países de Europa occidental distinguen entre padres casados y no casados en sus políticas sociales para incentivar el matrimonio, sino que se centran exclusivamente en el bienestar de los hijos bajo la rúbrica de «política familiar». Dice Maria Lidstrom, ex coordinadora de política familiar e infantil de Suecia, «no hay debate de "valores familiares", nadie que busque formas de invertir» las tendencias en su país. En cambio, «la discusión ha estado más centrada en ¿cómo podemos ayudar a la gente que quiere separarse? ¿Cómo podemos hacerlo más fácil para las madres solteras? No es que el gobierno lo apoye. Se adaptan para facilitar las cosas a las madres solteras». Comunicación por correo electrónico con la autora (julio de 2008); y Noelle Knox: «Nordic Family Ties Don't Mean Tying the Knot», *USA Today* (16-12-2004), A15.

Según diversos indicios, los hijos en los países europeos posmatrimonio prosperan más, tienen más éxito y más logros que los hijos de Estados Unidos. El informe de Unicef de 2007 sobre el bienestar de los niños en las naciones más ricas sitúa a Estados Unidos en el tercio inferior del ránking en cinco de seis indicadores de bienestar infantil: Estados Unidos se sitúa abajo del todo, junto con el Reino Unido, en relaciones de familias y pares, bienestar subjetivo y conductas y riesgos. Se sitúa entre los cuatro más bajos en los otros indicadores: bienestar material, bienestar educacional y salud y seguridad. Suecia, Dinamarca, Holanda, Finlandia y Noruega, en cambio, puntúan en el primer tercio en casi todos los parámetros. La encuesta de calidad de vida de Naciones Unidas sitúa a Noruega en primer lugar y a Suecia en segundo en general, mientras que Estados Unidos se sitúa en octavo lugar. Unicef: *Innocenti Report Card*, Innocenti Research Center, Florencia, 2007.

Entre otros estudios internacionales sobre el éxito educativo, el Estudio de Progreso en Lectura y Alfabetización Internacional concluye que Suecia, Dinamarca, Canadá y Holanda puntúan más alto en alfabetismo en cuarto grado que Estados Unidos, mientras que Francia, Escocia, Nueva Zelanda e Islandia puntúan de manera similar.

Según la Unicef, Estados Unidos tiene la tasa más alta de partos de adolescentes entre las naciones ricas del mundo, y unas «cuatro veces el promedio de la Unión Europea». Holanda, Suecia, Japón, Suiza y Corea tienen las más bajas del mundo. Quizás esta tasa más elevada de partos de adolescentes se debe a una menor incidencia del aborto en Estados Unidos, donde es una opción menos popular o disponible, pero, según otra investigación del Alan Guttmacher Institute, Estados Unidos tiene una tasa de aborto ligeramente superior a la de Suecia, Dinamarca o Noruega, así como una tasa de partos adolescentes más elevada. Sobre las tasas de partos adolescentes, véase Unicef: *Innocenti Report Card*, 3 (julio de 2001); Stanley K. Henshaw y otros: «The Incidence of Abortion Worldwide», *Family Planning Perspectives*, 25, suplemento (enero de 1999), <http://www.guttmach- er/org/pubs/journals/25s3099.html>.

16. Lyall: «For Europeans...», op. cit.

17. *Conaway vs. Deane*, en 401 Md. 219 (2007).

18. Ian Smith: «The Foundations of Marriage: Are They Crumbling?», *International Journal of Social Economics*, 31 (2004), 487-500.

19. Citado en «Childless by Choice», American Demographics.

20. Barry Schwartz: *The Paradox of Choice: Why More is Less*, Ecco, Nueva York, 2004.

21. Nisa Islam Muhammad, National Healthy Marriage Resource Center, seminario (23-7-2008). Kai Stewart de Project Future en Atlanta, una organización sin ánimo de lucro que ayuda a adolescentes embarazadas, señala la misma tendencia en que sus clientes sitúen la maternidad en un lugar mucho más elevado que el matrimonio o la familia nuclear per se. Helena Oliviero: «South Leads Trend of Motherhood Without Marriage», *Atlanta Journal-Constitution* (13-10-2005), p. A1.

22. Peggy Orenstein: «What's Wrong with Cinderella?», *New York Times Magazine* (24-12-2006). Según analistas de ventas al por menor, los beneficios de línea Princesa de Disney son de 3.000 millones de dólares, lo cual es diez veces su nivel de 2000.

23. P. M. Forni, presentación, Medical Library Association, Filadelfia (6-10-2009).

24. Por ejemplo, el 70 % de los hombres de entre 20 y 30 años dice que cambiaría un salario más alto por más tiempo para pasar con sus hijos. Radcliffe Public Policy Center con Harris Interactive: «Life's Work: Generational Attitudes Toward Work and Life Integration», Radcliffe Public Policy Center, Cambridge (Massachusetts) (4-5-2000).

25. Running USA, Wire 65 (13-8-2008).

26. Juliet Macur: «Big Marathons, Already Packed, May Still Grow», *New York Times* (28-10-2008).

27. Modern Danish: «Trends and Considerations When Planning Your Bathroom», <http://stores.channeladvisor.com/moderndanish/Store/Tab>.

28. Conference Board: «Special Consumer Survey Report: Job Satisfaction on the Decline» (agosto de 2002), <http://www.consumerresearchcenter.org>.

29. Nouveau Bathrooms: «Bathroom Design Trends», <http://www.nouveaubathrooms.com/bathroom-design-trends>.

30. Julia Lawlor: «Why Are These Commuters Smiling?», *New York Times* (3-5-2000), *Technology*, 1.

8. CUEVA MASCULINA EN LA TIERRA PROMETIDA

1. Mary Fischer: «Why Women Are Leaving Men for Other Women», CNN.com (23-4-2009); Jackie Warner citada en «Women Leaving Men for Other Women», Oprah.com (25-3-2009).

2. Kay Hymowitz: «The Child-Man: Today's Single Young Men Hang Out in a Hormonal Limbo Between Adolescence and Adulthood», *Dallas Morning News* (1-2-2008).

3. Citado en Elaine Tyler May: *Homeward Bound: American Families in the Cold War Era*, Basic Books, Nueva York, 1988, pp. 164, 180.

9. HÁBITATS CONYUGALES

1. Sobre las preferencias entre matrimonios y familias por la ciudad frente a los barrios residenciales y sobre los actuales patrones residenciales, véase Segmentation Company (a division of Yankelovich): «Attracting the Young, College-Educated to Cities», CEOs for Cities National Meeting (1-5-2006).

2. David Riesman: «The Suburban Dislocation», *Annals of the American Academy of Political and Social Science*, 314, núm. 1 (1957), 123-146; William Whyte: *The Organization Man*, Simon & Schuster, Nueva York, 1956, pp. 287, 296, 361. Antes todavía, en 1907, la revista *Suburban Life* ensalzó la vibrante vida comunitaria de barrios residenciales que como lagos atraían «a casi todos los niños y una gran cantidad de la gente mayor» a los clubes de verano, golf y tenis, y a las salas de actos, donde «algunos personajes bien conocidos siempre hablan de algún tema de interés para la mayoría de las mujeres». F. E. M. Cole: «Chicago's Most Unique Suburbs», *Suburban Life* (noviembre de 1907), reimpreso en Becky Nicolaides y Andrew Wiese (eds.): The Suburb Reader, Routledge, Nueva York, 2006.

3. David Riesman: «The Suburban Sadness», en William Dobriner (ed.): *Suburban Community*, Putnam, Nueva York, 1958, p. 399.

4. Loren Baritz: *The Good Life: The Meaning of Success for the American Middle Class*, Knopf, Nueva York, 1988, pp. 197, 203, 204.

5. Lewis Mumford: *The Culture of Cities*, Harcourt Brace & Company, Nueva York, 1970 (publicado originalmente en 1938), p. 216.

6. En 1954, *McCall's* renovó su imagen no solo como revista de mujeres sino como publicación destinada a toda la familia, unida, sola. Ja-

mes Playsted Woods: *Magazines in the United States*, Ronald, Nueva York, 1956.

7. John Cacioppo: *Loneliness: Human Nature and the Need for Social Connection*, Norton, Nueva York, 2009.

8. Robert Putnam: *Bowling Alone: The Collapse and Revival of American Community*, Simon & Schuster, Nueva York, 2000, pp. 98, 106 [versión en castellano: *Solo en la bolera: colapso y resurgimiento de la comunidad norteamericana*, Galaxia Gutenberg, Barcelona, 2002]. Entre mediados y finales de la década de 1970, un estudio del estilo de vida nacional que Putnam cita concluyó que el estadounidense promedio recibía a amigos en casa entre catorce y quince veces al año. A finales de la década de 1990, esa cifra había caído a ocho veces por año, un declive de casi la mitad en menos de dos décadas, y la incidencia de salir a ver amigos también se había reducido. Daniel Yankelovich, destacado investigador social y encuestador, también informa de un declive de casi un tercio entre 1985 y 1999 en la disposición del estadounidense promedio para hacer amigos.

9. James Howard Kunstler: *Home from Nowhere: Remaking Our Everyday Worlds for the 21st Century*, Simon & Schuster, Nueva York, 1996, p. 94.

10. No es que hoy en día las parejas casadas y las familias de clase media prefieran inherente o esencialmente la vida de los barrios residenciales. Algunos lo hacen, pero algunos de ellos simplemente sienten que no tienen muchas elecciones, y que las ciudades no han funcionado realmente para satisfacer las necesidades de las familias.

Una encuesta de Yankelovich de 2006 revela que, al contrario de la sabiduría convencional, las parejas jóvenes casadas y con hijos son igual de receptivas a los barrios urbanos cercanos a los centros de las ciudades, el 51%, como a los barrios distantes, el 54%. Segmentation Company: «Attracting the Young, College-Educated to Cities», op. cit. La idea del matrimonio en la ciudad atrae como principio general, pero dos problemas graves —las escuelas y la seguridad—, actualmente separan de las ciudades y empujan hacia los barrios familiares a parejas que por lo demás tienen un instinto robusto para hacer vida de casados en público y vivir en barrios socialmente vitales. No obstante, *CEOs for Cities* señala que las familias no urbanas tienden a visualizar la vinculación, la intimidad y la seguridad a través del espacio. *CEOs for Cities*, «CityKids», 2007.

Ausentes las preocupaciones sobre estas dos cuestiones, el 80% de las parejas preferirían vivir en la ciudad, según una Asociación Nacional de Constructores de Casas citado en Lois Fu, Federal Transit Administration: «The Case for Federal Investment in Major Capital Transit Projects», libro blanco inédito, 2003.

La migración de parejas casadas y familias de nuevo hacia zonas urbanas parece una microtendencia conyugal. En 2008, el American Institute for Architects documentó una preferencia creciente contra el desarrollo residencial y hacia barrios urbanos más densos, con acceso fácil al tránsito y que dan preferencia por los peatones. Los porches, por otro lado, resisten como una característica de diseño popular, precisamente porque «evocan tiempos con una interacción mayor entre los barrios». Véanse también las proyecciones de un deseo mucho mayor de las casas urbanas cerca del tránsito de 2005. Véase Center for Transit-Oriented Development: *Hidden in Plain Sight: Capturing the Demand for Housing Near Transit* (julio de 2004), < http://www.reconnectingamerica.org/assets/Uploads/2004Ctodreport.pdf>.

Matrimonios más jóvenes empiezan más conectados por medio de internet y han permanecido socialmente conectados. Según la intimidad desdibujada de hoy, parejas casadas más jóvenes podrían ser más propensas a mezclar el matrimonio con amigos. En 2003, la periodista Ethan Watters escribió sobre «tribus urbanas». Son familias improvisadas que los solteros de veintitantos tejen para ellos antes de casarse. Estas tribus, descubrió Watters, funcionan más como matrimonios y familias que como amistades fortuitas. Cuando los miembros necesitan ayuda en plena noche, otro amigo se acerca y —la prueba del algodón del falso matrimonio— se siente obligado a hacerlo. Ethan Watters: *Urban Tribes: A Generation Redefines Friendship, Family and Commitment*, Bloomsbury, Nueva York, 2003.

11. Informe del U.S. Census, citado en Richard Florida: *Who's Your City?*, Basic Books, Nueva York, 2009, p. 259.

12. Lenore Skenazy, entrevista con la autora (11-12-2008).

13. Naomi Gerstel y Natalia Sarkisian: «Marriage: The Good, The Bad, and the Greedy», *Contexts*, 5, núm. 4 (otoño de 2006), p. 16.

14. Chris Berdik: «The Greedy Marriage: Two Scholars Argue that Good Spouses Make Bad Neighbors», *Boston Globe* (16-9-2007), D1.

15. Cohousing Association, <http://www. cohousing.org>.

16. Cate Cochran: *Reconcilable Differences*, discutido en Anne Kingston: «Upstairs Mom, Downstairs Dad», *Maclean's* (29-10-2007), pp. 54-55.

17. National Association of Home Builders, Economics Group: *Home of the Future*, National Association of Home Builders, Washington D. C. 6-7-2010).

18. Paul Goldberger: «Site Specifics», *New Yorker* (2-4-2001), <http://www.newyorker.com/archive/2001/04/02/010402crsk_sky-line>; <http://www.makcenter.org/MAK_Schindler_House.php?section=1>.

19. Citado en H. J. Cummins: «Study Weighs Conflict Factor in Divorce's Impact on Kids», *Minneapolis Star Tribune* (26-2-2001), E1.

20. Véase Tyler Cowen: «Why Don't People Have More Sex?», <http://www.marginalrevolution.com/marginalrevolution /2005/05/why_dont_people.html>. Cowen es economista formado en Harvard y profesor en la George Mason University.

10. HISTORIAS DE LA CARPETA «AVENTURAS»

1. Algunos tribunales han dictado que el imperativo de la monogamia es la argamasa del matrimonio. El del 10.º circuito *Potter vs Murray City*, 760 f.2d 1.065 (1985) confirmó el despido de un agente de policía por bigamia sobre la lógica de que «la monogamia está inextricablemente entrelazada en el tejido de nuestra sociedad. Es la base sobre la que se ha construido nuestra cultura».

2. Andrew Greeley señala que incluso la eminente investigadora Helen Fisher tuvo que confiar en *Cosmopolitan* y *Playboy* respecto a los datos sobre infidelidad. Andrew Greeley: «Marital Infidelity», *Society*, 31, núm. 4 (mayo-junio de 1994), 9-13. Respecto la resistencia política a llevar a cabo investigaciones sobre la sexualidad véase Edward Laumann: «A Political History of the National Sex Survey of Adults», *Family Planning Perspectives*, 26, núm. 1 (enero-febrero de 1994), 34-40. El difunto senador ultraconservador Jesse Helms y otros legisladores se resistieron a plantear preguntas en la encuesta nacional, no solo sobre homosexualidad sino sobre sexo en general.

Los investigadores pugnan por cuantificar la vida sexual del matrimonio. Maridos y mujeres dan respuestas de rehabilitación y prosociales en encuestas y entrevistas. Enmiendan sus propios registros conyugales mientras exageran de manera especulativa la perfidia de sus amigos, vecinos y ex cónyuges; subestiman estratégicamente; no son francos respecto a sus improvisaciones o exotismos sexuales. De manera significativa, en uno de estos estudios, los cónyuges divorciados en general informaron de una tasa de solo el 13 % de infidelidad, pero no menos del 43 % informó de que sus ex cónyuges les habían sido infieles. Scott Smith y Kim Lloyd: «Spousal Alternatives and Marital Dissolution»,

American Sociological Review, 60, núm. 1 (1995), 21-25. El pionero Alfred Kinsey, haciendo ajustes sobre la reticencia en entrevistas cara a cara con cónyuges cercanos, calculó que alrededor de la mitad de los hombres casados y un 45 % de las mujeres casadas habían participado en alguna actividad extramatrimonial antes de cumplir cuarenta años. Alfred Kinsey: *Sexual Behavior in the Human Male*, Saunders, Filadelfia, 1948, p. 585.

3. David Atkins caracteriza la infidelidad como algo que ocurre en una «minoría fiable» de matrimonios, como un «fenómeno común» que sin embargo es «poco comprendido». Véase David C. Atkins, Donald H. Baucom y Neil S. Jacobson: «Understanding Infidelity: Correlates in a National Random Sample», *Journal of Family Psychology*, 15, núm. 4 (2001), 735-749. Véase asimismo Michael Wiederman: «Extramarital Sex: Prevalence and Correlates in a National Survey», *Journal of Sex Research*, 34, núm. 2 (1997), 167-174 para un cálculo similar de alrededor del 20 % de los cónyuges, y Edward Laumann: «A Political History of the National Sex Survey of Adults», *Family Planning Perspectives*, 26, núm. 1 (enero-febrero de 1994), 34-40. En *The Social Organization of Sexuality: Sexual Practices in the United States* (University of Chicago Press, Chicago, 1994), los autores Edward O. Laumann, John H. Gagnon, Robert T. Michael y Stuart Michaels calculan la cifra de infidelidad en el extremo más bajo, con un 20 % de las esposas y un 35 % de los maridos, pero la metodología se ha puesto en entredicho porque los cónyuges eran entrevistados uno delante del otro. Judith Mackay descubre una incidencia mucho mayor, cercana a otros cálculos, en la que la mitad de los estadounidenses reconocían haber sido infieles sexualmente, en comparación con un porcentaje menor de alemanes (40 %) y españoles (22 %). Véase Judith Mackay: «Global Sex: Sexuality and Sexual Practices Around the World», Fifth Congress of the European Federation of Sexology, Berlín, 2000, <http://www2.hu-berlin.de/sexology/ GESUND/ARCHIV/PAP_MAC.HTM>. Martin Siegel también estima en un 50 % la incidencia de la infidelidad en «For Better or Worse: Adultery, Crime and the Constitution», *Journal of Family Law*, 30 (1991), p. 55. En el extremo superior está Shere Hite: *Women and Love: A Cultural Revolution in Progress*, Knopf, Nueva York, 1987 [versión en castellano: *Mujeres y amor*, Plaza & Janés, Barcelona, 1988].

4. Citado por Pamela Druckerman: «Infidelity No Longer a Death Knell in Politics», *Contra Costa Times* (22-7-2007). Druckerman: *Lust in Translation: The Rules of Infidelity from Tokyo to Tennessee* (Pen-

guin, Nueva York, 2007) resume estas posiciones y la severa desaprobación de los estadounidenses en comparación.

5. Encuesta de Gallup de 2006 resumida en Elizabeth Emens: «Monogamy's Law: Compulsory Monogamy and Polyamorous Existence», *New York University Review of Law & Social Change*, 29 (2004), 277-376. El artículo de Emens es tremendamente exhaustivo y útil, no solo por su mordaz análisis legal de los estatutos del adulterio y sus alternativas, sino también por su revisión de las actitudes prevalentes hacia la monogamia en el matrimonio.

6. Eric Widmer y otros: «Attitudes toward Nonmarital Sex in 24 Countries», *Journal of Sex Research*, 35, núm. 4 (1998), 358-359.

7. Daniel Bell, por ejemplo, escribiendo sobre las costumbres sexuales en 1963, calificó esta brecha entre «posiciones afirmadas y conducta real» de síntoma de la hipócrita «naturaleza esquizoide del sexo en Estados Unidos». En Robert Libby y Robert Whitehurst (eds.): *Marriage and Alternatives: Exploring Intimate Relationships*, Scott, Foresman, Glenview (Illinois), 1977, p. 383.

8. Eve Kosofsky Sedgwick: *The Epistemology of the Closet*, University of California Press, Berkeley, 1990; D. A. Miller: *The Novel and the Police*, University of California Press, Berkeley, 1988, p. 206.

9. Jessica Ramirez: «How to Keep Him from Cheating», *Newsweek* (25-9-2008), <http://www.newsweek.com/2008/09/24-how-to-keep-him- from-cheating.htm>. Esta entrevista describe la investigación del rabino y psicólogo Gary Neuman basada en 100 maridos que engañaron y otros 100 que permanecieron fieles.

10. La destacada obra de Helen Fisher sobre el deseo, la monogamia y el amor es *The Anatomy of Love*, Norton, Nueva York, 1992. Fisher relata en algunas entrevistas que, cuando una pareja casada manifiesta ser feliz en el plano sexual y sentirse excitada después de cuatro o cinco años, tiene ganas de decir: «¿En serio?» Fisher desarrolla un contrarrelato de los argumentos de monogamia adaptativa hechos por sociobiólogos como Sarah Hrdy en *Mother Nature: A History of Mothers, Infants, and Natural Selection* (Pantheon, Nueva York, 1999). Elizabeth Emens señala en su breve crítica de Hrdy y otras obras sociobiológicas en «Monogamy's Law» que «casi se pueden escuchar los suspiros de alivio de los teóricos de la evolución cuando pueden concluir que esos humanos son básicamente monógamos» y eligen la calidad por encima de la cantidad.

Sin embargo, Fisher delinea los diversos procesos bioquímicos relacionados con diferentes fases de amor, desde el deseo intenso del apetito sexual temprano hasta la oxitocina liberada durante los orgasmos que une a los miembros de la pareja monógamamente durante un tiempo o una fase de amor más asentado después de dos años. Fisher señala la «crisis del cuarto año», que nos inclina a buscar nuevos objetos románticos y sexuales fuera de la relación establecida.

Mucho antes, en 1949, el antropólogo George Peter Murdock llevó a cabo un estudio ambicioso de las costumbres matrimoniales y sexuales de todas las sociedades existentes para las que pudo encontrar buenos datos, y concluyó que solo 43 de 238 sociedades consideraban que la «monogamia estricta» en el matrimonio era un ideal. Murdock incluso fue generoso en defensa de la monogamia, clasificando como «monógamas a unas pocas tribus en las que ocurren uniones plurales» pero «no se prefieren». El «sesgo de nuestras propias costumbres sexuales tradicionales altamente aberrantes» que confinan el sexo «exclusivamente dentro de los límites de una relación social, investido con la responsabilidad para la reproducción» ha conducido a acusaciones de «comunismo sexual» contra las culturas «primitivas». George Peter Murdock: *Social Structure*, Macmillan, Nueva York, 1949, pp. 27, 260.

En cuanto a las inspiraciones monógamas en la naturaleza, los bonobos, presumiblemente de manera tan natural como otros simios o monos que podríamos contemplar en pos de inspiración y perspectiva conyugal-biológica, practican una no monogamia desenfrenada, cuidan de su descendencia colectivamente (porque la paternidad es desconocida) y usan el sexo promiscuo más que la guerra como medio para superar los conflictos entre grupos. Es amor libre, del Edén de antes de la Caída.

11. Esther Perel: *Mating in Captivity: Reconciling the Erotic & the Domestic*, HarperCollins, Nueva York, 2006.

12. Denise Previti y otros concluyen con buen criterio que la infidelidad es «causa y consecuencia» de la disolución conyugal. «Is Infidelity a Cause or a Consequence of Poor Marital Quality?», *Journal of Social and Personal Relationships*, 21, núm. 2 (2004), pp. 217-230.

Una crítica muy útil de la realidad «común» pero «pobremente entendida» de la infidelidad en el matrimonio la ofrece David C. Atkins, Donald H. Baucom y Neil S. Jacobson: «Understanding Infidelity: Correlates in a National Random Sample», *Journal of Family Psychology* 15, núm. 4 (2001), pp. 735-749. Previti califica de «destacada omisión» que la investigación del matrimonio preste tan escasa atención al sexo extramatrimonial, a pesar de que con frecuencia tiene consecuencias, y el investigador del matrimonio Roger Rubin descubrió que los tres manuales más destacados sobre el matrimonio que se vendían en 2011 «prácticamente no mencionan» los estilos de vida no monógamos. Roger Rubin: «Alternative Lifestyles Revisited, or Whatever Happened to Swingers, Group Marriages and Communes?», *Journal of Family Issues*, 22, núm. 6 (2001), 711-727. Atkins concluye simplemente que la escasa investigación sobre la infidelidad «no ha sido acorde con su prevalencia e impacto».

Terapeutas y clínicos ven la infidelidad como uno de los problemas más difíciles de tratar en terapia, aunque también es uno de los que se presentan de forma más común. Además, algunos terapeutas de pareja han calculado que entre el 50 y el 65 % de las parejas hacen terapia como resultado de la infidelidad. Mark Whisman y otros: «Therapists' Perspectives of Couple Problems and Treatment Issues in Couple Therapy», *Journal of Family Psychology*, 11, núm. 3 (1997), 48-60; Shirley Glass y otros: «The Relationship of Extramarital Sex, Length of Marriage and Sex Differences on Marital Satisfaction and Romanticism», *Journal of Marriage and Family*, 39, núm. 4 (1988), 691-703.

13. La investigación sobre los dormitorios separados es de la National Sleep Foundation, citado en Amber Greviskes: «Is the Romance Gone? Couples Increasingly Sleeping in Separate Beds» (26-7-2010), <aolhealth.com/2010/07/26>.

14. Jessie Bernard: «Infidelity: Some Moral and Social Issues», en Robert Libby y Robert Whitehurst (eds.): *Marriage and Alternatives: Exploring Intimate Relationships*, Scott, Foresman, Glenview (Illinois), 1977, p. 144.

15. «Deluded Brides Believe Marriage Will Last Forever», *Express* (3-4-2008), 23.

16. Sobre las reacciones al matrimonio de Hillary Clinton, véase, por ejemplo, Sally Bedell Smith: *For Love of Politics: Bill and Hillary Clinton: The White House Years*, Random House, Nueva York, 2007; Jonathan Darman: «Not Really Feeling It: A New Book Tries to Make Sense of the Gripping, Grating Psychodrama that is the Clinton's Marriage», *Newsweek* (22-10-2007), 43; Lisa Miller: «It's Not Her. It's That Marriage», *Newsweek* (17-3-2008), 38. Véase, entre otros muchos artículos que documentan este desconcertante desprecio, y sus orígenes en el hecho de que Hillary «aguantara mecha» después de la aventura, Michael Powell: «Why Is This Candidate Smiling? In New York, Hillary Clinton's Cool Façade Leaves a Lot of Women Cold», *Washington Post* (7-8-2000), C1; John Harris: «Senator or Soap Star? First Lady's

Life Eclipses Her Message», *Washington Post* (22-1-2000), A1; Deborah Mathis: «Clinton Marriage None of Our Business», *Seattle Post-Intelligencer* (12-10-2000), B7; Kathy Kiely: «Scenes from Clinton Marriage Get Airing Before Book Debut», *USA Today* (5-6-2003), A8.

11. «LO LLAMO CITAS PARA CASADOS»

1. Este y otros comentarios de Noel Biderman son de una entrevista con la autora del 9 de julio de 2008.

2. David C. Atkins, Donald H. Baucom y Neil S. Jacobson: «Understanding Infidelity: Correlates in a National Random Sample», *Journal of Family Psychology*, 15, núm. 4 (2001), 735-749.

3. Alfred Kinsey descubrió en su trabajo pionero que el 31 % de las mujeres con licenciaturas universitarias había sido infiel a los cuarenta años. También descubrió que la infidelidad causó menos problemas en sujetos más ricos; especuló que era porque podían costearse el secreto, los diferentes espacios vitales y la intimidad. Alfred Kinsey: *Sexual Behavior in the Human Female*, Saunders, Filadelfia, 1953, pp. 416, 427. Véase también Atkins: «Understanding Infidelity», op. cit.

A la inversa, en su trabajo cualitativo con mujeres pobres solteras de Chicago, Filadelfia y Charleston (Carolina del Sur), Kathryn Edin reparó en la simultaneidad de una fuerte intolerancia y la renuncia al adulterio masculino. Aunque su trabajo es cualitativo, y por lo tanto no tan concluyente, sus sujetos se negaron a tolerar quedarse con un infiel, viendo a un cónyuge herido que lo sufriría (o presumiblemente lo cometería) como «desesperadamente ingenuo» o «sin respeto por sí mismo». No obstante, suponían de manera fatalista que la infidelidad masculina es casi un hecho conyugal. «Me gustaría encontrar a un buen hombre con el que casarme —le dijo una madre blanca soltera a Edin—, pero sé que no se puede confiar en los hombres. Por eso los trato como lo hago, como los perros que son. Creo que todos los hombres engañarán a sus mujeres sin que importe lo mucho que las quieran. Y no te gustaría estar en esa posición.» Eso reduce las opciones de las mujeres al no matrimonio y el respeto propio, o al matrimonio y una intolerable falta de respeto debido a las andanzas incorregibles de los maridos. Kathryn Edin: «What Do Low-Income Single Mothers Say About Marriage?», *Social Problems*, 47, núm. 1 (2000), 112-133.

4. Atkins, Baucom y Jacobson: «Understanding Infidelity», op. cit.

5. «Facebook Fuelling Divorce, Research Says», *Telegraph* (Lon-

dres) (21-12-2009), <http://www.telgraph.co.uk/technology/facebook/6857918>.

6. Atkins, Baucom y Jacobson: «Understanding Infidelity», op. cit. Sobre el cierre de la brecha de la infidelidad, véase también Mary Beth Oliver y Janet Shibley Hyde: «Gender Differences in Sexuality: A Meta-Analysis», *Psychological Bulletin*, 114, núm. 1 (1993), 29-51, que no encuentra diferencias de sexo o muy escasas en cada uno de los campos salvo en el de la masturbación, que los hombres realizan con más frecuencia que las mujeres. Oliver y Hyde señalan que estas diferencias eran más amplias en la década de 1950 y se han estrechado de forma considerable entre las décadas de 1960 y 1980. Edward Laumann y otros han llevado a cabo algunas de las investigaciones más fiables e importantes sobre la conducta sexual en Estados Unidos en *The Social Organization of Sexuality* (University of Chicago Press, Chicago, 1994), basado en una gran base de datos nacional representativa. Encuentran escasas diferencias en infidelidad entre los sexos. Michael Wiederman en «Extramarital Sex: Prevalence and Correlates in a National Survey», *Journal of Sex Research*, 34 (1997), 167-174, no informa de diferencias en la incidencia o frecuencia de la infidelidad para la gente casada por debajo de la barrera de los cuarenta años. Rhonda Parker, en «The Influence of Sexual Infidelity, Verbal Intimacy and Gender Upon Primary Appraisal Processes in Romantic Jealousy», *Women's Studies in Communication*, 20, núm. 1 (1997), 1-24, señala diferencias que disminuyen también por sexo.

7. Mike Genung: «Statistics and Information on Pornography in the USA», <www.blazinggrace.org/pornstatistics.htm>, datos de 2008.

8. Jennifer Schneider, correspondencia con la autora (8-7-2009). No ha habido mucha erudición sobre la ciberaventura. Alvin Cooper ha publicado sobre la prevalencia y la naturaleza de las ciberaventuras. Véase «Online Sexual Compulsivity: Getting Tangled in the Net», *Sexual Addiction & Compulsivity*, 6 (1999), 79-104. Véase también Cooper y otros: «Cybersex Users, Abusers, and Compulsives: New Findings and Implications», *Sexual Addiction & Compulsivity*, 7 (2000), 1-25. Una limitación con la mayor parte de este trabajo es que solo trata conductas adictivas y compulsivas, cuando las ciberaventuras emergen en entornos clínicos y terapéuticos. Cooper: «Romance in Cyberspace: Understanding Online Attraction», *Journal of Sex Education and Therapy*, 22 (1997), 71-84 aborda el tema también desde una perspectiva no patológica.

9. Jennifer Schneider: «The Impact of Compulsive Cybersex Behaviors». En solo un 17% de los casos que discute Schneider las ciberaventuras progresan de lo virtual al contacto físico real.

10. Marlene Maheu y Alvin Cooper: *Infidelity on the internet: Virtual Relationships and Real Betrayal*, Sourcebooks, Naperville (Illinois), 2001. Entre otros hallazgos: nueve millones de usuarios (el 15% de la población total de internet en ese momento) habían accedido a los cinco sitios principales de pornografía para adultos. Solo el 8% se caracterizaría como «sexualmente compulsivos» y la mayoría pasa menos de diez horas por semana en cuestiones relacionadas con el sexo. Las mujeres tienden a saltarse la erótica visual en comparación con los hombres: el 23% de las mujeres dice que navega por contenidos visuales eróticos en comparación con el 50% de los hombres. Pero cifras iguales de hombres y mujeres buscaban contacto sexual y romántico en salas de chat. La mayoría de los que navegan son sinceros sobre su sexo, aunque el 60% reconoce que «ocasionalmente» mintió sobre otros detalles biográficos. El 20% de la población que utiliza internet participa en alguna clase de actividad sexual en la red.

12. EN BUSCA DE UNA BURBUJA

1. Jennifer Schneider: «The Impact of Compulsive Cybersex Behaviors on the Family», *Sexual and Relationship Therapy*, 18, núm. 3 (2003), 329-354.

13. LA REGLA DE LAS CINCUENTA MILLAS

1. Ben B. Lindsey: *The Companionate Marriage*, Boni & Liveright, Nueva York, 1927. Bertrand Russell defendió una tesis similar en su obra de 1929 *Marriage and Morals*, Routledge Classics, Nueva York, 2009, p. 87: «Creo que donde un matrimonio da fruto y ambas partes son razonables y decentes la expectativa debería ser que durará toda la vida, pero que tendrá la exclusiva de las relaciones sexuales del otro.» [Versión en castellano: *Matrimonio y moral*, Cátedra, Madrid, 2001.] Para otros estudios, véase James Smith y Lynn Smith: *Beyond Monogamy: Recent Studies of Sexual Alternatives in Marriage*, Johns Hopkins University Press, Baltimore, 1974.

2. John F. Cuber con Peggy B. Harroff: *The Significant Americans:*

A Study of Sexual Behavior Among the Affluent, Appleton-Century, Nueva York, 1965, p. 34.

3. Ibídem, p. 34.

4. Ibídem, p. 158.

5. Ibídem, p. 35.

6. Alfred Kinsey: *Sexual Behavior in the Human Female*, Saunders, Filadelfia, 1953, pp. 416, 427, 434.

7. Jessie Bernard: «Two Clinicians and a Sociologist», en Gerhard Neubeck (ed.): *Extramarital Relations*, Prentice-Hall, Englewood Cliffs (Nueva Jersey), 1969.

8. Cuber y Harroff: *The Significant Americans*, op. cit., p. 160.

9. Gordon Clanton: *Face to Face: An Experiment in Intimacy*, Dutton, Nueva York, 1975.

10. Joseph Fletcher: «Love is the Only Measure», *Commonweal* (14-1-1966), p. 431. Fletcher extendió su punto de vista ético en *Situation Ethics*, Westminster, Filadelfia, 1966.

11. Cuber y Harroff: *The Significant Americans*, op. cit., p. 193.

12. Jessie Bernard: «Infidelity: Some Moral and Social Issues», en Robert Libby y Robert Whitehurst (eds.): *Marriage and Alternatives: Exploring Intimate Relationships*, Scott, Foresman, Glenville (Illinois), 1977, 131-132.

13. Una de las premisas del movimiento de la abstinencia en el siglo XXI es que las mujeres jóvenes «se entregan» a chicos y hombres a cambio de nada, lo que inhibe el idilio, el compromiso sexual y el matrimonio. En su ensayo sobre el «niño-hombre», Kay Hymowitz señala que como los jóvenes pueden obtener sexo a cambio de nada, están menos inclinados todavía a casarse (la moneda de cambio de nuestros cuerpos ya se les ha entregado), lo cual retrasa la madurez masculina. Kay Hymowitz: «The Child-Man: Today's Single Young Men Hang Out in a Hormonal Limbo Between Adolescence and Adulthood», *Dallas Morning News* (1-2-2008). Como reza el viejo adagio: «¿Para qué comprar la vaca si tienes la leche gratis?»

14. LO VAMOS RESOLVIENDO SOBRE LA MARCHA

1. Red de Visibilidad y Educación Asexual (julio de 2008), <http://www.asexuality.org/home>.

2. Ibídem.

3. Paul Wiseman: «No Sex Please-We're Japanese», *USA Today* (3-

6-2004), 15A. Véase también «'Asexual Marriage' Website Thrives in China», *Toronto Star* (31-7-2006), p. E7.

4. El breve artículo de Richard Rayner en el *New York Times Magazine* en 2000 incluye una entrevista con Robert McGinley, presidente de NASCA (North American Swing Club Association, Asociación Norteamericana de Clubes de Intercambio de Parejas). McGinley le explicó a Rayner que el grupo se había incrementado de 150 a 310 afiliados desde 1995 hasta 2000 y manifestó que el intercambio de parejas se ha vuelto muy organizado e institucionalizado. Richard Rayner: «Back in the Swing», *New York Times Magazine* (9-4-2000), 42-43. Terry Gould calculó que hay unos tres millones de *swinger* (o «practicantes del estilo de vida» como se los conoce ahora) casados, sobre todo de mediana edad y de clase media. Estos datos suponen un incremento de casi un millón desde 1990. Terry Gould: «The Other Swinging Revival», *Saturday Night*, 113 (1998), 48-58.

Según McGinley, el intercambio de parejas ha mostrado en los últimos diez años un incremento significativo, y Susan Wright dice que ha crecido «exponencialmente» en la última década (entrevista telefónica con la autora, 3-9-2008). La lista de correo de NASCA tenía unos 12.000 nombres hace diez años; hoy tiene alrededor de 30.000. McGinley calcula que hay 400 clubes de *swingers* hoy frente a los 200 de hace una década. Obviamente, internet y Google han alimentado el crecimiento del intercambio de parejas y lo han conducido a una nueva era. Las parejas pueden explorar en casa y no tienen que ir a librerías para adultos o a clubes para obtener información. En la década de 1970, un 74% de los *swingers* se encontraba a través de libros, misteriosas listas de correo y teléfonos en postes, o a través de revistas de intercambio de parejas. Los motores de búsqueda de internet alientan al matrimonio no tan interesado a obtener más información sin necesidad de penurias logísticas o bochorno social, como, pongamos, tener que entrar en una vídeoteca para adultos. Véase Robert Rubin: «Alternative Lifestyles Revisited, or Whatever Happened to Swingers, Group Marriages and Communes?», *Journal of Family Issues*, 22, núm. 6 (2001), 711-726.

5. Roger Rubin resume el estado del intercambio de parejas en «Alternative Lifestyles Revisited», op. cit.

6. Entrevista con Susan Wright (3-9-2008).

7. Richard J. Jenks: «Swinging: A Replication and Test of a Theory», *Journal of Sex Research*, 21, núm. 1 (1985), 199-205. Brian Gilmartin descubrió que a casi la mitad de una muestra de no *swingers* le molestaría que «una pareja de *swingers* por lo demás intachable se mudara a su

barrio». Gilmartin: «That Swinging Couple Down the Block», *Psychology Today*, 8 (1975), p. 55.

8. Los *swingers* son en gran medida convencionales y políticamente conservadores, con un 32% que en la investigación de Richard Jenks se definía como «conservador» y el 41% como «moderado». Solo el 27% de los *swingers* se calificaba de «liberal». El 50% de los *swingers* votó a Reagan en 1980 y solo el 24% a Carter. Richard Jenks: «A Comparative Study of Swingers and Nonswingers: Attitudes and Beliefs», *Lifestyles*, 7 (1985), 5-20, y «Swinging: A Review of the Literature», *Archives of Sexual Behavior*, 27 (1998), 507-521.

9. Elizabeth Emens: «Monogamy's Law: Compulsory Monogamy and Polyamorous Existence», *New York University Review of Law & Social Change*, 29 (2004), 277-376.

10. JoyDavidson: «Working with Polyamorous Clients in the Clinical Setting», *Electronic Journal of Human Sexuality*, 5 (16-4-2002), <http://www.ejhs.org/volume5/polyoutline.html>.

15. ¿EL LUGAR AL QUE VA A MORIR UN
    MATRIMONIO ENFERMO?

1. Joy Davidson: «Working with Polyamorous Clients in the Clinical Setting», *Electronic Journal of Human Sexuality*, 5 (1-4-2002), <http://www.ejhs.org/volume5/polyoutline.html>.

2. Elizabeth Emens: «Monogamy's Law: Compulsory Monogamy and Polyamorous Existence», *New York University Review of Law & Social Change*, 29 (2004), 277.

3. Wendy-O Matik: *Redefining Our Relationships: Guidelines for Responsible Open Relationships*, Defiant Times Press, Berkeley (California), 2003, p. 43.

4. Lillian Rubin: *Erotic Wars: What Happened to the Sexual Revolution?*, Farrar, Straus & Giroux, Nueva York, 1990.

5. Adam Weber: «Survey Results: Who Are We? And Other Interesting Impressions», *Loving More* 30 (2000), 4-6.

6. Anita Wagner, correspondencia con la autora (julio de 2008).

7. Ibídem.

8. En la década de 1980, Arline Rubin y James Adams continuaron un estudio de investigación de 1978. La muestra original constaba de 130 encuestados de matrimonios sexualmente abiertos, y otros 130 en matrimonios sexualmente exclusivos. De los 68 encuestados sexualmen-

te exclusivos que continuaban juntos en 1983, el 62 % manifestó que había considerado el sexo extramatrimonial, a pesar de su intención de tener matrimonios sexualmente exclusivos y el 28 % declaró haber tenido sexo extramatrimonial una vez o más de una vez. Rubin y Adams no encontraron diferencias estadísticamente relevantes en la estabilidad conyugal entre los matrimonios sexualmente exclusivos y los sexualmente abiertos. Arline Rubin y James Adams: «Outcomes of Sexually Open Marriages», *Journal of Sex Research*, 22, núm. 3 (1986), 311-319.

Tampoco hay pruebas de que el intercambio de parejas, o una no monogamia más recreativa, afecte a la estabilidad conyugal. En un estudio de 1998, Richard Jenks descubrió que más del 91 % de los maridos y el 82 % de las mujeres indicaron que eran felices con el *swinging*. Menos del 1 % de las esposas estaba descontenta con el *swinging*; ningún hombre expresó infelicidad. Señalaron que no hubo «ningún cambio o mejora» en el matrimonio ni en un sentido ni en otro y que las actividades de intercambio de parejas eran intrigantemente irrelevantes para el éxito del bienestar conyugal. Richard Jenks: «Swinging: A Review of the Literature», *Archives of Sexual Behavior*, 27 (1998), 507-521.

9. «Will Smith Says He Has 'Open' Marriage with Jada Pinckett Smith», UPI News Service (8-2-2005), <http://www .realitytvworld. com/index/articles/story.php?s=1001905>.

10. Hay muy pocas investigaciones sociales científicas sobre los matrimonios abiertos o poliamorosos. El gobierno federal no ha estado ansioso por financiar la investigación sobre la sexualidad en general, por no mencionar las formas de matrimonio no tradicionales (entrevista y correspondencia por correo electrónico de Anita Wagner con la autora, verano de 2008). Meg Barker, estudiosa británica y ella misma poliamorista, señala que un grupo de académicos intentó preparar un número especial en la revista *Sexualities* sobre el tema del matrimonio abierto y el poliamor y no lograron encontrar suficientes estudios para hacerlo. Meg Baker: «This Is My Partner and This Is My... Partner's Partner», *Journal of Constructivist Psychology*, 18, núm. 1 (enero-marzo de 2005), 75-88.

La investigación de pares que sí existe desde las décadas de 1980 y 1970 sugiere perfiles demográficos para parejas en matrimonios abiertamente no monógamas que se parecen a las de los *swingers* y las que tienden a la infidelidad. A lo largo de varios estudios desde la década de 1980, los matrimonios con compromisos abiertos suelen situarse en las filas de los profesionales bien educados. En su estudio de 1975, James Ramey describe que el grupo de matrimonio abierto tiene una edad media de 44 años para los maridos y 40 para las esposas; todos los sujetos eran blancos. Casi todos eran profesionales, típicamente en ocupaciones creativas, académicas o gerenciales. James Ramey: «Intimate Groups and Networks: Frequent Consequence of Sexually Open Marriage», *Family Coordinator*, 24, núm. 4 (1975), 515-530. Jacquelyn Knapp: «An Exploratory Study of Seventeen Sexually Open Marriages», *Journal of Sex Research*, 12, núm. 3 (1976), 206-220, descubrió que la edad promedio entre sus 17 parejas era 30 años y, como en la mayor muestra de Ramey, la mitad de ellos estaban empleados en campos académicos. El resto trabajaba de enfermera, carpintero, piloto, gerente, agente de seguros, librero y secretaria. Antes de entrar en un compromiso de matrimonio abierto, tres de las esposas y cuatro de los maridos habían tenido aventuras ilícitas y secretas. La mayoría había tenido educaciones conservadoras o moderadas en términos de sexo. Véase también Jacquelyn Knapp: «Some Non-Monogamous Marriage Styles and Related Attitudes and Practices of Marriage Counselors», *Family Coordinator*, 24, núm. 4 (1975), 505-515.

Knapp concibió un «instrumento de personalidad» en 1982 y descubrió que la amalgama de tipos de personalidad en un matrimonio sexualmente abierto se inclina hacia compañeros que son individualistas, con logros académicos, creativos, inconformistas, estimulados por la complejidad y el caos, con inventiva, relativamente poco convencionales e indiferentes a lo que dicen los demás, preocupados por su propio sistema ético personal y dispuestos a aceptar riesgos. Knapp descubrió que no eran destructivos en sus relaciones. Su obra inédita está descrita en Shelley Ann Peabody: «Alternative Lifestyles to Monogamous Marriages: Varieties of Normal Behavior in Psychotherapy Clients», *Family Relations*, 31, núm. 3 (1982), 425-435. Knapp concluyó que la mayoría consideraba «especialmente importante» su convicción de que no se puede esperar de ninguna persona que satisfaga todas las necesidades. Peabody descubrió que para tener éxito en un matrimonio sexualmente abierto, los cónyuges han de estar en un «nivel más autónomo del desarrollo del yo». Peabody concluye que, aunque es una elección no convencional, es para muchos una decisión «no neurótica».

11. Warren Buffett, entrevista con Evan Davis, Public Radio International, BBC World Service (25-10-2009).

12. Amity Buxton: «Works in Progress: How Mixed-Orientation Couples Maintain Their Marriages after the Wives Comes Out», *Journal of Bisexuality*, 4, núm. 1-2 (2004), 57-82; Richard Isay calcula que entre 1974 y 1981, del 15 al 20 % de los hombres homosexuales estaban

o habían estado casados, aunque cabe suponer que ese porcentaje sea más bajo hoy, debido a la mayor aceptación social de la homosexualidad. Richard Isay: «Heterosexually Married Homosexual Men: Clinical and Developmental Issues», *American Journal of Orthopsychiatry*, 68, núm. 3 (julio de 1998), 424-432.

13. Davidson: «Working with Polyamorous Clients in the Clinical Setting», op. cit.

14. Dorothy Tennov: *Love and Limerence: The Experience of Being in Love*, Scarborough, Lanham (Maryland), 1999.

15. Marny Hall, en Marcia Munson y Judith P. Stelboum (eds.): *The Lesbian Polyamory Reader: Open Relationships, Non-Monogamy, and Casual Sex*, Haworth, Nueva York, 1999. La investigación de Jacquelyn Knapp descubrió una minoría de matrimonios abiertos que «habitualmente exploraban todas las facetas» de sus relaciones con otros para solidificar «el vínculo conyugal» entre ellos. James Ramey descubrió que una mayoría de las parejas entrevistadas (53%) que participaban en redes de «amistad íntima» manifestaron que discutían sus encuentros «en detalle» con su pareja, y el 15% «participaba con entusiasmo» en estas discusiones. Ramey: «Intimate Groups and Networks», op. cit.

16. AMOR LIBRE 2.0

1. Rustum [Roy] y Della Roy: *Honest Sex: A Revolutionary New Sex Guide for the Now Generation of Christians*, Signet, Nueva York, 1968; «Is Monogamy Outdated?», *Humanist* (marzo-abril de 1970), reimpreso en Robert Libby y Robert Whitehurst (eds.): *Marriage and Alternatives: Exploring Intimate Relationships*, Scott, Foresman, Glenview (Illinois), 1977.

2. Citado en Judy Gaines Leopard y Dale Wachowiak: «The Open Marriage O'Neills: An Interview», *Personnel and Guidance Journal*, 55, núm. 9 (mayo de 1977), 505-509.

3. Lawrence Casler: *Is Marriage Necessary?*, Human Science Press, Nueva York, 1974. Véase también Mervyn Cadwallader: «Marriage as a Wretched Institution», *Atlantic* (noviembre de 1966), 62-66.

4. Descrito en James Ramey: «Intimate Groups and Networks: Frequent Consequence of Sexually Open Marriage», *Family Coordinator*, 24, núm. 4 (1975), 515-530; Larry y Joan Constantine: *Group Marriage: A Study of Contemporary Multilateral Marriage*, Macmillan, Nueva York, 1973.

Jacquelyn Knapp también descubrió en su investigación que un buen número de mujeres se sentían inspiradas hacia la no monogamia «por actividades de autoconciencia de las mujeres». Jacquelyn Knapp: «Some Non-Monogamous Marriage Styles and Related Attitudes and Practices of Marriage Counselors», *Family Coordinator*, 24, núm. 4 (1975), 505-514.

5. Dossie Easton: *The Ethical Slut*, Greenery, San Francisco, 1997.

6. Tres estudios desde la década de 1970 descubrieron que las mujeres normalmente mencionaban el tema e iniciaban matrimonios abiertos y eran más activas a partir de entonces. En algunos casos ellas proponían matrimonios abiertos en reacción a maridos que ya les habían engañado y mentido. Querían convertir el sexo extramatrimonial en una forma más ética, sincera e igualitaria. En otras palabras, el matrimonio abierto fue en estos casos una feminización de la infidelidad. Jacquelyn Knapp llevó a cabo una investigación en profundidad de 17 matrimonios abiertos en Kansas en 1975. En 11 de los matrimonios, la mujer experimentó primero el sexo extramatrimonial. En otros tres casos, la pareja tuvo una primera experiencia juntos, pero organizada por la mujer. Salvo en tres parejas, la esposa tomó la iniciativa de organizar e iniciar el sexo extramatrimonial. Las esposas tuvieron la primera idea en cinco de los matrimonios. Knapp interpretó el interés de las esposas como un deseo de eliminar el doble rasero de «está bien para él, pero no para mí». También veían las aventuras en matrimonios abiertos como menos amenazadoras para la integridad de la familia y el matrimonio, y descubrieron que «las relaciones externas les permitían ajustar sus propios ritmos sexuales que con frecuencia excedían a los de sus maridos». Sentían que las relaciones extramatrimoniales consentidas les «permitían expresar y recibir afecto de más fuentes, una necesidad que muchas mujeres consideran insatisfecha en sus matrimonios. Los cónyuges de ambos sexos se sintieron «aliviados« de no ser la única persona requerida para satisfacer «necesidades emocionales». La muestra de Knapp no se inclinaba hacia el intercambio de parejas recreativo, sino más bien hacia relaciones que incluían una «profunda amistad».

Véase Jay Ziskin y Mae Ziskin: *The Extra-Marital Sex Contract*, Nash, Los Ángeles, 1973; Ramey: «Intimate Groups and Networks», op. cit.; Jacquelyn Knapp: «An Exploratory Study of Seventeen Sexually Open Marriages», *Journal of Sex Research*, 12, núm. 3 (1976), 206-220.

7. Joy Davidson: «Working With Polyamorous Clients in the Clinical Setting», *Electronic Journal of Human Sexuality*, 5 (16-4-2002), <http://www.ejhs.org/volume5/polyoutline.html>.

8. Tres de los manuales más destacados sobre poliamor, la nueva subcultura del matrimonio abierto, son Easton: *The Ethical Slut*, op. cit.; Deborah Anapol: *Love Without Limits*, IntiNet Resource Center, San Rafael (California), 1992; y Wendy-O Matik: *Redefining Our Relationships: Guidelines for Responsible Open Relationships*, Defiant Times Press, Berkeley (California), 2003. La orientación más importante que emerge en estos libros es que la relación «primaria» entre los cónyuges tiene que seguir siendo la primaria y que «no se permiten los rivales». La mayoría de los amantes han de poder aceptar los límites de la relación y no estar buscando otro cónyuge u otra relación primaria. Estas guías también instan a las parejas a especificar cuánto tiempo pasan con una pareja secundaria, cualquier límite en la conducta sexual en la que debieran insistir y cuánto quieren saber de la relación del otro. Instan a que las cosas se muevan al ritmo del miembro más lento de la pareja y algunas parejas quieren discutir un encuentro de antemano, imponer un período de espera a un nuevo deseo —más o menos lo que hacemos al comprar una pistola— y dar a la pareja el «poder de veto» sobre el encuentro. Algunas parejas prohíben relaciones dentro de su círculo de amigos y conocidos, y la mayoría especifica que si alguno de los dos se siente incómodo con algo el otro debe renunciar. Casi todos estos matrimonios inspiran un criterio «al fresco» y «sin sorpresas« de sinceridad y aceptación.

9. Davidson: «Working with Polyamorous Clients», op. cit.

10. La fuerza de los celos podría estar sobrevalorada. El investigador del matrimonio James Ramey descubrió que las reacciones de celos se habían «reducido con el tiempo» en el 44 % de los encuestados; nunca habían sido un problema para el 20 %; y habían seguido igual para el restante 32 %. Cuando el cónyuge primario tenía una relación, el 60 % de sus encuestados tenía reacciones sin celos, «muy» positivas (30 %) o «bastante» positivas (30 %). Solo el 13 % tuvo respuestas «algo» negativas y nadie tuvo respuestas muy negativas. Para el 19 % su reacción fue «positiva y negativa a partes iguales». El 41 % «nunca« pensó que su relación primaria se debilitara. Ramey: «Intimate Groups and Networks», op. cit., p. 524.